Ernst Wille

Autonomie für die Schule

Begründungsmodelle, Argumentationsfiguren, Realisierungsprobleme und schulfachliche Bewertungen

Dissertationsschrift

eingereicht bei der Fakultät I
Erziehungs- und Bildungswissenschaften
der Carl von Ossietzky Universität Oldenburg

D1718974

Ernst Wille

Autonomie für die Schule

Begründungsmodelle, Argumentationsfiguren,
Realisierungsprobleme
und schulfachliche Bewertungen.

Igel Verlag *Gesellschaft*

Erziehungswissenschaften Band 1

Bibliographische Information der Deutschen Bibliothek:

Die Deutsche Bibliothek verzeichnet diese Publikation in *der Deutschen Nationalbibliografie*; detaillierte bibliographische Daten sind im Internet über *http://dnb.ddb.de* abrufbar.

Ernst Wille:
Autonomie für die Schule

1. Auflage 2008
ISBN 978-3-86815-011-7

© Igel Verlag GmbH, Hamburg, 2008 (www.igelverlag.com)
Alle Rechte vorbehalten

Inhalt

Vorwort

Das Thema „Autonomie für die Schule" ist für den Verfasser im Verlaufe seiner über 40-jährigen Dienstzeit in unterschiedlicher Weise bedeutsam gewesen.

In seiner mehr als achtjährigen Tätigkeit als Lehrer begegnete ihm Autonomie in der Form der „pädagogischen Freiheit" bei der Unterrichtsgestaltung.

In den folgenden 12 Jahren leitete er eine große Schule mit den Schulformen Hauptschule (einschließlich Klasse 10), Realschule und Orientierungsstufe. Daraus folgt, dass die Ausführungen in dieser Arbeit sich nur auf diesen Erfahrungshintergrund beziehen. Die für seine Schule zuständigen Schulaufsichtsbeamten (Schulräte) ließen ihn im Wesentlichen eigenständig arbeiten und gaben ihm keine Veranlassung, mehr Autonomie für seine Schule zu fordern.

Seine 21-jährige Tätigkeit als Schulaufsichtsbeamter führte ihn mit (wenigen) Schulleitern zusammen, die Schule gänzlich nach ihren Vorstellungen gestalten wollten, also die totale pädagogische Gestaltungsautonomie beanspruchten, und anderen, die klare Handlungsanweisungen für ihre Amtsführung und vor allem auch Hilfestellung bei der Auseinandersetzung mit renitenten Lehrkräften erwarteten. In der Ablehnung bürokratischer Regelungen waren sich fast alle einig.

Die beruflichen Erfahrungen regten den Verfasser dieser Arbeit an, sich intensiver mit der Autonomiethematik zu befassen, die in den 90er Jahren wieder an Bedeutung gewann und seitdem eine nahezu unüberschaubare Literaturfülle in Erziehungswissenschaft, Bildungspolitik und Schulverwaltung produziert hat.

„Autonomie" ist ein zentraler und komplexer Begriff (in) der Pädagogik; er kann verschiedenen Dimensionen zugeordnet werden. „Autonomie für die Schule" setzt einen Schwerpunkt.

Ich danke Herrn Prof. Dr. Hilbert Meyer für seine stets motivierende Beratung, den Damen und Herren, die sich so bereitwillig und aufgeschlossen für die Interviews zur Verfügung gestellt haben, und meiner Frau für ihre verständnisvolle Unterstützung.

A. Theorieteil

1. Problemaufriss

1.1 Vorbemerkungen

Die Forderung nach (mehr) Autonomie für die Schule steht in einem geschichtlichen Kontext und besitzt hohe Aktualität. Ging es ursprünglich um die Befreiung der Schule aus der Umklammerung durch die geistliche Schulaufsicht und um die relative Eigenständigkeit der Erziehung gegenüber gesellschaftlichen Ansprüchen, so drückt sich in der Formel „Mehr Autonomie für die Schule" später - und besonders in Zeiten der inneren Schulreform - die Auflehnung der Pädagogen gegenüber dem Druck „von oben", der Widerstand gegen eine bürokratische, zentrale Schulverwaltung aus.

Seit den Anfängen der 90er Jahre des vergangenen Jahrhunderts macht sich der Staat in der BRD paradoxerweise die Forderung nach Schulautonomie zu eigen und diese somit gleichsam zu einer Forderung „von oben". Die Bundesländer haben - unterschiedlich radikal - damit begonnen, durch Änderung der Schulgesetzgebung ihre Verfügungsmacht über die Schule selbst zu begrenzen und deren Handlungsspielräume auszuweiten. Diese neue Tendenz, den Schulen Autonomie gewissermaßen zu verordnen, hat dem Staat den Vorwurf eingebracht, er gebe den Schulen unter dem Druck der leeren Kassen „Freiheit statt Geld". Die den Schulen zugestandene Autonomie sei lediglich ein raffiniertes Manöver zur Begegnung der katastrophalen Finanznot, ein Danaer-Geschenk, ein „Trojanisches Pferd" (E & W).

1.2 Untersuchungsinteresse und materiale Struktur der Arbeit

Das Untersuchungsinteresse des literaturorientierten (daher zitatenreichen) Theorieteils dieser Arbeit ist schwerpunktmäßig auf den Begründungszusammenhang gerichtet, in dem eine Forderung nach Autonomie für die Schule steht, auf den Kontext, innerhalb dessen sie erhoben wird und der ihr die Tiefe, die Qualität gibt. In dieser Hinsicht geht es sozusagen um erweiterte Autonomie-Semantiken. En passant wird dabei der Bedeutungswandel des Begriffs „Autonomie" in den Blick genommen. Unvermeidbar ist, dass die Darstellung dieses Kontextes in den betreffenden Kapiteln 3 bis 8 einen größeren Raum einnehmen wird als die sich jeweils anschließenden Bemerkungen zum Autonomiebegriff. Das Untersuchungsinteresse gilt des Weiteren den neuen Schwierigkeiten, die sich für die Akteure in der Schule durch eine größere Autonomie ihrer Institution ergeben, und dem Problem der internen und externen Steuerung der Schule mit mehr Eigenverantwortlichkeit.

Es gibt in der Literatur verschiedene Ansätze, die Motive für die Forderung nach Autonomie zu differenzieren und zu klassifizieren.

Wolfgang Klafki beschränkt sich auf den pädagogischen Aspekt und unterscheidet ein „demokratietheoretisches" und ein „innovationsstrategisches" Motiv.[1] Aus der Aufgabe, die jungen Menschen zu demokratischen Einstellungen zu erziehen, ergibt sich für ihn die Notwendigkeit, dass die Schule selbst in hohem Maße über die Gestaltung der Institution, über Unterricht und Schulleben entscheidet. „Schulentwicklung" bildet für ihn das innovationsstrategische Motiv für die Forderung nach Dezentralisierung von Entscheidungstendenzen im Schulbereich.

Eine andere Autorin subsumiert verschiedene Beiträge der Debatte um die Schulautonomie unter einer „pädagogisch-demokratietheoretischen" und einer „ökonomisch-managementtheoretischen" Argumentationslinie.[2]

Ingo Richter unterscheidet sechs theoretische Ansätze, die er verschiedenen Wissenschaften zuordnet, und verspricht sich davon „eine gewisse Orientierung im Dschungel der Argumente."[3] Im Einzelnen nennt er

- Demokratisierung der Gesellschaft (Politikwissenschaft)

- gesellschaftliche Selbstverwaltung (Verwaltungswissenschaft)

- pädagogische Freiheit als Funktionsprinzip der Schule (Soziologie)

- kollektives Elternrecht - kollektives Schülerrecht (Verfassungspolitik)

- Erziehung zur Demokratie (Pädagogik)

- Schule als Betrieb (Ökonomie)

Kurt Biehler hat eine umfangreiche und sehr interessante Untersuchung zur „Gestaltungsautonomie an Grundschulen" vorgelegt.[4] Auch er geht im theoretischen Teil von ausgewählten Bezugswissenschaften aus und befragt sie nach dem jeweiligen Beitrag, den sie für die Gestaltungsautonomie der Schule leisten können.

---

[1] Vgl. Klafki, W.: Schultheorie, Schulforschung und Schulentwicklung im politisch-gesellschaftlichen Kontext, S. 163 f.

[2] Vgl. Magotsiu-Schweizerhof, E.: Zur deutschen Debatte um die Schulautonomie und die Folgen für die Chancengleichheit von Migrantenkindern. In: Radtke, F.-O./Weiß, M. (Hrg.): Schulautonomie, Wohlfahrtsstaat und Chancengleichheit, S. 227 ff.

[3] Vgl. Richter, I.: Theorien der Schulautonomie. In: Daschner, P., Rolff, H.-E., Stryck, T. (Hrg.): Schulautonomie - Chancen und Grenzen, S. 13 ff.

[4] Biehler, K.: Gestaltungsautonomie an Grundschulen. Untersuchung zur Einstellung von Lehrern, Schulleitern und Schulräten. Verlag Empirische Pädagogik, Landau 2001.

Wie die Kapitelüberschriften ausweisen, haben diese nicht in jedem Fall eindeutigen Klassifizierungsversuche die Anlage dieser Arbeit in begrenztem Umfang beeinflusst, ohne u. E. die eigenständige Konzeption zu gefährden.

Mit Blick auf die Geschichte der Pädagogik und der Schule des vergangenen Jahrhunderts werden sechs „Stationen" ausgewählt, wo Autonomie für die Schule durch bekannte Akteure/Autoren in Theorie und/ oder Praxis eine besondere Ausprägung erfahren hat.

Methodologisch verweist die Vorgehensweise, „aktuelle pädagogische Probleme auf ihre historischen Hintergründe zu untersuchen und die in der Gegenwart noch nachwirkende Geschichte aufzuspüren" (W. Klafki), auf die geisteswissenschaftliche Pädagogik, deren Grundannahmen - weiterentwickelt und ergänzt durch die kritisch-konstruktive Erziehungswissenschaft[5] - dem Verf. nahe liegen.

Darüber hinaus kann die Anlage dieser Arbeit als eine Verbindung von historisch-hermeneutischer und empirischer Forschung im Sinne des späten Klafki gelesen werden.

Wesentliche Ströme des Autonomiegedankens fließen aber nun gerade in der Reformpädagogik und in der sie reflektierenden geisteswissenschaftlichen Pädagogik zusammen. Daher nimmt die Untersuchung nach einer kurzen Annäherung an den Begriff „Autonomie" (2.) hier ihren Ausgangspunkt (3.). Anhand einer Dissertation des Nohl-Schülers Georg Geißler werden die Ströme zu ihrer Quelle in der Geschichte der Pädagogik zurückverfolgt. Die Bedeutung des Autonomiebegriffs in der Reformpädagogik und bei Herman Nohl wird im Verlaufe des 3. Kapitels aufbereitet und ansatzweise kritisch betrachtet. Die relativ ausführliche Darstellung ist der fundamentalen Bedeutung dieser Epoche für die Definition des Autonomiebegriffs und seiner Problematik geschuldet.

In einem ersten Exkurs wird anschließend die aktuelle Bedeutung von „Autonomie" als Erziehungsziel reflektiert.

Das 4. Kapitel befasst sich mit dem Demokratiebegriff des amerikanischen Pragmatikers John Dewey (1859 - 1952) und der damit verbundenen Erziehungskonzeption, durch die Schule, Lernen und Erziehung gegenüber traditionellen Auffassungen eine andere Definition erfahren. Danach müssen das Lernen und die Lebenserfahrung der Kinder in den Mittelpunkt rücken.

---

[5]   Vgl. Klafki, W.: Schultheorie, Schulforschung und Schulentwicklung im politisch-gesellschaftlichen Kontext, S. 12 ff.

Aus diesem reformerischen Ansatz lässt sich - wie dargestellt wird - ein komplexes, höherwertiges Autonomieverständnis ableiten.[6]

Im 5. Kapitel wird untersucht, in welchem Kontext die Autonomieforderung von H.-J. Gamm, einem Vertreter der materialistischen Pädagogik, in seiner Streitschrift „Kritische Schule" steht.

Der 2. Exkurs thematisiert den Begriff „Emanzipation", eine Grundkategorie der materialistischen Pädagogik.

Aus soziologischer Perspektive erfährt die Forderung der Pädagogen nach Autonomie für die Schule eine überraschende Einschätzung. Sie greift sozusagen ins Leere, denn sie ist gegeben. Im 6. Kapitel wird dem Autonomiebegriff in Niklas Luhmanns Supertheorie nachgegangen und in bescheidenem Rahmen einige Implikationen für das Erziehungssystem aufgezeigt.

Unter dem Stichwort „Selbstorganisation" wird im folgenden Exkurs die Möglichkeit staatlicher Steuerung von Schulen erörtert und das konstruktivistische Modell des selbst organisierten Lehrens und Lernens einer kurzen kritischen Würdigung unterzogen.

In den Kapiteln 7 und 8 werden Zusammenhänge reflektiert, in denen der Autonomiebegriff eine andere Qualität erfährt. Der Wandel von der geforderten zur gewährten Autonomie deutet sich bereits im „Institutionalisierten Schulentwicklungsprogramm" von H.-G. Rolff an und setzt sich im neoliberalistischen Diskurs fort, eine Entwicklung, die von finanzpolitischen und marktwirtschaftlichen Überlegungen und einer damit verbundenen Umdeutung des Bildungsbegriffs verbunden ist.

Zwischen den beiden zuletzt genannten Kapiteln wird ein Exkurs platziert, in dem der Fokus auf Phänomene des sozio-kulturellen Wandels und ihre Auswirkungen auf die Gestaltung von Schule gerichtet ist. Ein besonderer Abschnitt wird dem prekären Zustand der Hauptschule gewidmet.

Im 9. Kapitel wird der Frage nachgegangen, wie die (scheinbare) Lockerung der staatlichen Eingriffsmöglichkeiten, die Tendenz zur Eigenverantwortlichkeit der Schule aus juristischer Sicht beurteilt wird.

Dass (mehr) Autonomie das System verändert, dürfte unmittelbar einleuchtend sein. Einige daraus resultierende Probleme der internen Steuerung werden im 10. Kapitel beleuchtet.

---

[6] Zur Wahl des amerikanischen Pragmatikers hat auch das besondere Interesse des Verf. beigetragen, der vor 45 Jahren eine Hausarbeit mit dem Thema „Kerschensteiners und Deweys sozialpädagogische Gedanken" anzufertigen hatte.

Auch ein Thema wie „Schulautonomie" kann nicht mehr in nationaler Begrenzung gesehen werden. Darauf verweist der vorletzte Abschnitt mit einigen problematisierenden Bemerkungen zur Globalisierung von Autonomie (11.).

Nach einem bewertenden Resümee (12.) wird der Theorieteil mit einem Epilog abgeschlossen (13.), in dem Autonomie im Erziehungs- und Unterrichtsbereich, aber auch die Autonomie des modernen Subjekts als ein Wechselspiel, ein Spannungsverhältnis von Freiheit und Bindung erscheint.

Insgesamt gesehen bildet der theoretische Teil das Repertoire und die Hintergrundfolie für die Fragestellungen in den geplanten Interviews im empirischen Teil.

1.3 Anmerkungen zur formalen Gestaltung

Die plakativen Kapitelüberschriften dienen in erster Linie einer übersichtlichen Gliederung. Bei den Kapiteln 4 bis 7 beziehen sie sich jeweils ausschließlich auf den zu behandelnden Autor. „Autonomie – soziologisch gegeben" bedeutet also keineswegs, dass Luhmanns Theorie der Autopoiesis gängige Auffassung in der Soziologie sei.

Die Komplexität der einzelnen Kapitel macht es erforderlich, sie durchgängig mit erklärenden oder einschränkenden Vorbemerkungen einzuleiten. Eine gewisse daraus resultierende Stereotypie wird in Kauf genommen.

Die Exkurse entfalten jeweils Problemstellungen, die im Zusammenhang mit dem vorhergehenden Kapitel stehen. Sie lassen sich alle dem übergeordneten Thema „Autonomie" zuordnen. Die Ausführungen zu ihrer Thematik beschränken sich auf ausgewählte Aspekte.

Einige wenige Textteile sind kursiv gedruckt. Dabei handelt es sich einerseits um Ergänzungen/Erläuterungen, die nicht zwingend notwendig sind, auf die aber auch nicht verzichtet werden soll, andererseits um persönliche Erfahrungen des Verfassers.

2. Zum Begriff „Autonomie" – eine Annäherung

Die Herkunft des Begriffs „Autonomie" (griech. autós: selbst und nómos: Gesetz) weist auf die Antike hin, die neben politischen Bestimmungen auch schon die Formel „Leben nach eigenen Gesetzen" kannte. Allgemein bezeichnet „Autonomie" die „Selbstgesetzlichkeit, Eigengesetzlichkeit, Unabhängigkeit (z. B. einer Person, des Handelns, eines Gebietes, einer Wissenschaft)".[7]

In den einzelnen Fachdisziplinen hat der Terminus eine je spezifische Bedeutung. Als philosophische Kategorie verweist „Autonomie" auf die Forderung Kants, der Mensch müsse sich seiner eigenen Vernunft bedienen, statt sich von fremden Autoritäten und von Tradition bestimmen zu lassen. Dieser Form der Selbstgesetzgebung hat Kant bekanntlich die formale Struktur des kategorischen Imperativs verliehen.

Die eigenartige Anwendung des Autonomiebegriffs auf Personen und Institutionen findet sich auch im pädagogischen Bereich. Autonomie der Institution Schule kann nur in Zusammenhang mit der Autonomie der in ihr agierenden Personen, der Lehrer und Schüler gedacht werden. Und umgekehrt gilt: Wer die Freiheit dieses Personenkreises reflektiert, wird auch die institutionelle Freiheit, die Autonomie der Schule in den Blick nehmen müssen.

Schulautonomie ist nicht nur ein vielschichtiger, schillernder Begriff, dem heute die unterschiedlichsten Inhalte zugeordnet werden, er ist auch juristisch problematisch. Einige Schulrechtler lehnen es daher ab, den Begriff „Autonomie" im Zusammenhang mit der Organisation Schule überhaupt zu verwenden.

H. Avenarius spricht von „Schulischer Selbstverwaltung", denn „Autonomie als Rechtsbegriff ist die Befugnis einer juristischen Person des öffentlichen Rechts, ihre Angelegenheiten durch Erlass von Rechtsnormen selbst zu regeln. Schulen sind aber keine juristischen Personen des öffentlichen Rechts, sondern nicht rechtsfähige öffentliche Anstalten; ..."[8] . Schulen sind nicht mit Selbstverwaltungsrechten ausgestattet und können ihre Angelegenheiten nicht eigenverantwortlich regeln.

In der Schulpolitik Niedersachsens wird dennoch zur Zeit mit dem Begriff „Eigenverantwortliche Schule" gearbeitet. Die das ursprüngliche Auto-

---

[7] Grothoff/Stallmann (Hrg).: Pädagogisches Lexikon, 4. Aufl., 1968, S. 51.
[8] Avenarius, H.: Schulische Selbstverwaltung. In: Recht der Jugend und der Bildung, Heft 2/94, S. 260.

nomieverständnis erweiternden Facetten (personelle und finanzielle Autonomie) werden dabei in den Diskurs einbezogen.

In dieser Arbeit wird der gefällige Begriff „Autonomie" bevorzugt, und zwar auch im Hinblick auf den historischen Kontext, der im folgenden Kapitel erörtert werden soll.

3. Autonomie – pädagogisch gefordert

3.1 Vorbemerkungen

Der Autonomiegedanke lässt sich bis weit in die Geschichte der Pädagogik zurückverfolgen. In der Reformpädagogik mit ihren unterschiedlichen Facetten und in der sie beschreibenden geisteswissenschaftlichen Pädagogik gewinnt er eine große Bedeutung.

Die relative Eigenständigkeit der Erziehung in Theorie und Praxis zählt zu den zentralen wissenschaftstheoretischen Grundannahmen der geisteswissenschaftlichen Pädagogik.[9] Von allen Vertretern dieser „prominentesten und folgenreichsten Strömung" (Krüger) ist das Autonomieproblem unter verschiedenen Aspekten behandelt worden.[10]

Besonders bei Herman Nohl, dem vielleicht bedeutendsten Repräsentanten der geisteswissenschaftlichen Pädagogik und wichtigsten „Interpreten" (Geißler) der pädagogischen Reformbewegung im ersten Drittel des 20. Jahrhunderts, bildet das Prinzip der pädagogischen Autonomie einen wesentlichen, einen umgreifenden Bestandteil seiner Bildungstheorie.[11]

Die folgenden Ausführungen berücksichtigen im Wesentlichen das Nohl'-sche Gedankengut zum Thema. Das dieser Arbeit zugrunde liegende Unter-

---

[9] Vgl. Krüger, H.-H.: Einführung in Theorien und Methoden der Erziehungswissenschaft, S. 26.

[10] Nach Krüger bezeichnet pädagogische Eigenständigkeit in ihrem Verständnis eine ständige Aufgabe, die unter jeweils neuen historischen Bedingungen produktiv ausgelegt und um deren Verwirklichung ständig gegen widerstrebende Interessen gekämpft werden müsse. (Vgl. Krüger, H.-H.: Einführung in Theorien und Methoden ... S. 30).

[11] Auf den Diskurs über die Historiographie der „Reformpädagogik" und die umstrittene Stellung Herman Nohls („Schöpfer", „Erfinder", „Beschreiber", „Betreiber", „Erzähler") geht D. Klika kurz ein. In: Herman Nohl. Sein „Pädagogischer Bezug" in Theorie, Biographie und Handlungspraxis, S. 2 f. W. Klafki stellt fest, dass Nohl sein gesamtes Werk nicht zuletzt als systematische Klärung der Fülle pädagogischer Anregungen der Reformpädagogik verstand. Vgl. Tillmann, K.-J. (Hg.): Schultheorien, S. 28.

suchungsinteresse, eine Übersicht über Formen von und Begründungen für Autonomie zu gewinnen und nicht eine Rekonstruktion oder Transformation des Autonomiebegriffs in der Reformpädagogik und bei den einzelnen Vertretern der geisteswissenschaftlichen Pädagogik leisten zu wollen, mag diese Vorgehensweise rechtfertigen.

Das Thema dieses Kapitels wird nicht mit direktem Bezug auf das Nohl'sche Werk entfaltet, sondern anhand einer Dissertation seines Schülers Georg Geißler (1902 - 1980), der das Autonomieproblem im damaligen Verständnis anerkannt fundiert, prägnant und übersichtlich behandelt hat.[12] Seine Ausführungen zur historischen Entwicklung der drei Ebenen des Autonomiebegriffs bilden sozusagen das Gerüst dieses Kapitels. Die relativ ausführliche Wiedergabe seiner Gedankengänge mag irritieren. Sie soll Stringenz und Qualität seiner Darstellung widerspiegeln; sie bietet darüber hinaus die Möglichkeit, aus heutiger Sicht Kritisches oder Ergänzenswertes schon in die Fußnoten zu platzieren.

Im Einzelnen wird das Kapitel wie folgt gegliedert: In enger Anlehnung an Georg Geißler wird zunächst der erste Bereich des Autonomiebegriffs - die Erziehung als ein selbständiges Lebensgebiet - mit kritischen Anmerkungen referiert (3.2.1 mit Unterpunkten). Die Zusammenfassung des zweiten Bereichs des Autonomiebegriffs - Pädagogik als Wissenschaft - (3.2.2/3.2.2.1) wird ergänzt durch eine Darstellung des Begriffs der „Erziehungswirklichkeit" bei H. Nohl (3.2.2.2) und seines innersten Kerns, des „pädagogischen Bezugs" (3.2.2.3). Diese Begriffe sind einerseits unerlässlich für ein umfassendes Verständnis seines Autonomiebegriffs, andererseits aber auch deswegen bedeutungsvoll innerhalb der Nohl'schen Theorie, weil er mit ihnen die Autonomie der Pädagogik als Wissenschaft begründen und absichern will, ein Aspekt, der hier aufgenommen wird, obwohl er keinen direkten Bezug zum Thema dieser Untersuchung hat. Nach einigen kritischen Anmerkungen zum pädagogischen Bezug (3.2.2.4) werden im dritten Abschnitt Geißlers Ausführungen zur Autonomie der Institution wiedergegeben (3.2.3). Es folgt eine schematische Übersicht über den Autonomiebegriff bei Herman Nohl mit Erläuterungen (3.2.4). In einem abschließenden Punkt werden relevante kritische Anmerkungen verschiedener Autoren zum normativen

---

[12] Geißler, G.: Die Autonomie der Pädagogik. Auch Wolfgang Hörner bezieht sich in seiner Schrift „Von der Autonomie der Pädagogik zur Autonomie des Schulsystems" (Oldenburger Universitätsreden Nr. 46) auf Geißler. Nach Roland Bast stellt Geißlers Dissertation den Versuch dar, die pädagogische Autonomie durch eine tiefergreifende historisch-systematische Untersuchung zum Gegenstand grundsätzlich pädagogisch-theoretischer Reflexion zu machen, um ihr als systematische Rechtfertigungsfigur Eingang in das pädagogisch einheimische Begriffsvokabular zu verschaffen. Vgl. Bast, R.: Pädagogische Autonomie, S. 48.

Autonomiebegriff zusammengefasst (3.2.5). Ein erster Exkurs zur „Mündigkeit" (Autonomie) als Erziehungsziel schließt sich an.

3.2. Die drei Bereiche des Autonomiebegriffs nach Georg Geißler

3.2.1 Die Erziehung als selbständiges Lebensgebiet

3.2.1.1 Zur geschichtlichen Entwicklung des pädagogischen Autonomiebegriffs

Geißler beschreibt die geschichtliche Entwicklung der pädagogischen Autonomie zwar in enger Anlehnung an Herman Nohls historischen Rückblick auf den „Emanzipationsprozess der Pädagogik"[13], aber mit einer eigenständigen kritischen Betrachtung der maßgeblichen Erzieherpersönlichkeiten und der Zeitströmungen.

Nach Geißler kann im Mittelalter von einer Selbständigkeit der Erziehung noch keine Rede sein. Sie stehe ganz im Dienste der das gesamte kulturelle Leben umfassenden und behütenden Kirche. Auch die sich in der Renaissance allmählich entwickelnde Wertschätzung des Individuums gegenüber der objektiven Welt sei für die Pädagogik zunächst ohne grundlegende Bedeutung geblieben.

J.-J. Rousseau schreibt er den entscheidenden Schritt aus der mittelalterlichen, der kirchlichen Tradition verhafteten Einstellung zu einer neuen Wesensauffassung der Erziehung zu. Er sei der eigentliche Begründer der pädagogischen Autonomie.[14] War die Pädagogik vorher „Garant der Kulturtradition" und damit „Werkzeug der Kulturmächte", so treten nun die objektiven Mächte im Erziehungsprozess zurück, die subjektiven Faktoren gewinnen an Bedeutung; die Erziehung bekommt eine eigene Verantwortung. Es geht in ihr um die freie Entwicklung des von Natur aus guten Menschen und die Entfaltung der im Einzelnen angelegten Möglichkeiten.[15] „Emile" ist

---

[13] Vgl. Nohl, H.: Die pädagogische Entwicklung in Deutschland und ihre Theorie, S. 124. Nohl spricht von einer Emanzipationsbewegung, mit der sich jede Kulturfunktion langsam von den Bindungen an Kirche, Stand und Staat habe befreien und das Recht ihres eigenen Wesens erkämpfen müssen.

[14] Nach H. Blankertz ist die These umstritten, dass mit Rousseau überhaupt erst die moderne Pädagogik, die Wissenschaft der Erziehung, beginne. (Vgl. Blankertz, H.: Die Geschichte der Pädagogik, S. 70).

[15] Rousseau fragt nach Blankertz zum ersten Mal ausdrücklich nach einem eigenen Ziel der Erziehung. Danach „musste die Erziehung des Menschen zur Mündigkeit, zur Selbständigkeit, zu eigenem Urteil, zur Vertretung dessen, was er selber war, wollte und nach Maßen des in ihm selbst liegenden Gesetzes sein musste, führen." (Vgl. Blankertz, H.: Die Geschichte der Pädagogik, S. 71).

nach Geißler das erste Dokument dieser neuen Auffassung, die die Eigenart des Kindes, das kindliche Dasein als selbständigen Wert anerkennt, das nicht um des späteren Lebens willen mißachtet oder aufgeopfert werden darf.[16] Mit Rousseau - so Geißler - habe die Autonomie der Pädagogik ihren radikalen Ausdruck gesucht, die Pädagogik ihre Autonomie als wesentliche Forderung gewonnen.

Die an die kindliche Aktivität geknüpfte zu hohe Erwartung und die völlige Isolierung des pädagogischen Bezugs von allen sonstigen Lebensbezügen sieht Geißler als die entscheidenden Grenzen Rousseaus an, bezeichnet diese Übersteigerungen aber geradezu als Notwendigkeiten für die Verdeutlichung des neuen Lebensgefühls der Pädagogik.

Pestalozzi habe die Erziehung wieder in den Lebenszusammenhang gestellt. Aber auch für ihn sei das Kind Ausgangspunkt der Erziehung, nicht die objektive Kultur. Die Erziehung habe nicht zu entscheiden, wohin das Kind geführt werden soll, sie erforsche zuerst, wozu es befähigt ist. Die Individuallage des Kindes ist von entscheidender Bedeutung. Das Verhältnis Mutter und Kind wird für Pestalozzi zum Urbild des pädagogischen Bezuges, die Familie zur natürlichen Bildungsgemeinschaft. Nach Geißler erfüllt sich bei Pestalozzi die pädagogische Funktion des Verhältnisses zwischen Mutter und Kind im Zusammenwirken der drei Faktoren Kraftentfaltung, Bejahung des kindlichen Eigenlebens, Schutz vor unpädagogischen Anforderungen. Pestalozzi kritisiere die Schule seiner Zeit[17] und fordere, dass sie die natürliche Fortsetzung der Mutterstube sei. Durch „kategoriale Bildung"[18] sei das Kind in die Welt der objektiven Kultur einzuführen. Als Konsequenz der pädagogischen Autonomie erscheint nach Geißler die „formale Bildung".[19] Geißler kritisiert, dass Pestalozzi bei der Betonung der von allen Zwecken freien Erziehung die Rettung der Menschheit von der völligen Pädagogisierung aller Lebensmächte erwartet habe. Er habe verkannt, dass die Autonomie der Pädagogik in der Autonomie der anderen Lebensgebiete ihre Grenze

---

[16]   Rousseau ist mit der Begründung des Eigenrechts des Kindes, der These also, dass das Kind kein kleiner unvollkommener Erwachsener sei, sondern ein Wesen, welches seine Erfüllung und Kräfte in sich selber trage, in die Geschichte der Pädagogik eingegangen. (Vgl. Blankertz, H.: Die Geschichte der Pädagogik, S. 73).

[17]   Blankertz, H.: Die Geschichte der Pädagogik, S. 107: „Die rationalistische, planwirtschaftlich-abstrakte Schulkonstruktion wurde von Pestalozzi verworfen."

[18]   Es handelt sich hier offenbar um einen „Vorläufer" des Begriffs der kategorialen Bildung bei Klafki.

[19]   Nach neuerer Definition haben formale Bildungstheorien die möglichst umfassende Entfaltung der individuellen Persönlichkeit zum Ziel und fragen, welche Inhalte und Methoden geeignet sind, um zur Entfaltung der inneren Kräfte und Fähigkeiten des Individuums beizutragen. S. dazu Arnold, R./Pätzold, H.: Schulpädagogik kompakt, S. 39 und Jank, W./ Meyer, H.: Didaktische Modelle, S. 212 ff.

habe; er habe die Relativität der Pädagogik nicht erkannt. Rousseau und Pestalozzi hätten sich ganz auf die Seite des Kindes gestellt. Die Erziehung habe bei ihnen ihre Autonomie gewonnen, die objektive Seite sei aber bei beiden zu kurz gekommen.

Nach Geißler suchte der Neuhumanismus[20] die Welt der objektiven Gehalte für die Bildungsarbeit fruchtbar zu machen, ohne den eigenen Sinn der Erziehung wieder aus dem Blick zu verlieren. Im Mittelpunkt der Humboldt'schen Bildungstheorie sieht er die freie geistige Entfaltung des Individuums mit den drei Wesensmomenten seiner Humanitätsidee, der Individualität, Universalität und Totalität.[21] Der Neuhumanismus habe später aber über der Universalität die Individualität vergessen und so seinen pädagogischen Charakter verloren. Er habe im Wesentlichen die Bildung der höheren geistigen Funktionen des Menschen erstrebt. Das Ideal seiner Humanität habe er aus der Antike zu gewinnen versucht. Weil man bei den Griechen die zweckfreie Bildung zum Menschen am reinsten verwirklicht glaubte, habe man das Griechentum betrieben. Die Bildungstheorie dieser Bewegung sei eine Theorie der formalen Bildung mit der Antike als Mittel zur formalen Kräftebildung. Die Grenze dieser Theorie sieht Geißler darin, dass sie sich über den Eigenwert der Inhalte hinwegsetzte und sie nur als Mittel benutzte. In dieser Theorie fehle der pädagogische Bezug. Der Erzieher spiele in der Pädagogik kaum eine Rolle, er sei Philologe, nicht Pädagoge. Im Neuhumanismus sei vorwiegend zu einer ästhetisch-beschaulichen Haltung gebildet worden, die dem Ganzen des menschlichen Lebens nicht gerecht werde.

3.2.1.2 Die reformpädagogische Bewegung

Unter diesem Stichwort beschäftigt Geißler sich mit zeitgenössischen Beiträgen zur pädagogischen Autonomie.

Die pädagogische Reformbewegung setzt nach Geißler um die Wende des 19. Jahrhunderts ein; sie habe ihren Höhepunkt nach der Revolution von 1918 erreicht. In dieser Bewegung werde die Rousseausche Entdeckung vom

---

[20] Kurz gefasste Ausführungen zur Entstehung des neuen Humanismus, seiner kulturellen Bedeutung, seiner Auswirkung auf die „Deutsche Bewegung" und seiner zwiespältigen Beurteilung finden sich bei Blankertz, H.: Die Geschichte der Pädagogik, S. 89 ff.

[21] Blankertz erläutert: „Das 'Ganze' musste in individueller Besonderung repräsentiert sein - das meinte Humboldt mit Totalität: Die Schranke, die das Individuelle gegenüber der allgemeinen Idee des Menschen ausmacht, war damit als die wahre Möglichkeit der Selbstverwirklichung bestimmt." S. Blankertz, H.: Die Geschichte der Pädagogik, S. 103. Diese drei Wesensmomente finden sich später im „pädagogischen Bezug" wieder.

Eigenwert und Eigenrecht des Kindes **neu** gemacht und schärfer formuliert.[22] Die mit dem Schlagwort von Johannes Gläser „Vom Kinde aus" treffend zu charakterisierende Reformbewegung[23] stelle die Person des Zöglings, nicht die Sache in ihr Zentrum. Als bedeutsame Persönlichkeiten erwähnt er Ellen Key und Berthold Otto, dem er ein besonderes pädagogisches Format zuspricht, weil er seine Pädagogik ganz „vom Kinde her" aufgebaut habe.[24] Die neue pädagogische Generation habe im Sinne von Rousseau danach getrachtet, die Eigenart des kindlichen Lebens zu begreifen, und geglaubt, in der experimentellen Psychologie ein geeignetes Werkzeug zum Studium des Kindes gefunden zu haben. Der pädagogischen Psychologie bzw. „experimentellen Pädagogik" (Meumann) spricht er aber ab, bis zum eigentlichen Wesen der Erziehung vordringen zu können.[25] Für Geißler sind die eigentlichen pädagogischen Kräfte aber lebendig in der Kunsterziehungs- und Arbeitsschulbewegung, die beide die Produktivität des Kindes in den Mittelpunkt stellten, und bei den Vertretern der Einheitsschule, die das Problem des Schulaufbaus „vom Kinde aus" zu lösen suchten. Entscheidende Energien habe vor allem auch die Jugendbewegung entwickelt.[26] Diesen Formen der pädagogischen Bewegung sei der neue Wille zum Menschen und die tiefe Überzeugung von der Fragwürdigkeit der damaligen Kultur gemeinsam. Geißler beschreibt die Gefahr des Eindringens politischer Energien in die Erziehung der Nachkriegszeit, die ein neues Kulturideal aufzubauen im Sinn gehabt hätten. Dadurch würde die Pädagogik ihre Autonomie verlieren. Vor allem die Hamburger Lehrer aus dem „Wendekreis" hätten am selbständigen Sinn der Erziehung festgehalten.[27]

Die Doppelheit der Motive in der Nachkriegspädagogik - das kulturpolitische und das pädagogische Moment - veranschaulicht er ausführlich an der Volkshochschulbewegung nach dem Kriege.

---

[22] Mit dieser Formulierung zeigt sich Geißler auf der Höhe der aktuellen Forschungslage.

[23] Pädagogik „vom Kinde aus" als zentrale Ausgangsposition aller Reformpädagogen zu bezeichnen, gilt heute als irreführendes Darstellungsmuster. (Vgl. Lenzen, D. (Hg): Pädagogische Grundbegriffe, Bd. 2, S. 1304).

[24] Berthold Otto und seine Konzeption vom Gesamtunterricht als die Konkretisierung der „Pädagogik vom Kinde aus" zu bezeichnen, gilt heute ebenfalls als überholt. (Vgl. Lenzen, D.: Pädagogische Grundbegriffe, S. 1304).

[25] Mit dem Versagen der experimentellen Kinderpsychologie erklärt Jürgen Oelkers die Mythisierung des Bildes des Kindes. (Vgl. Oelkers, J.: Reformpädagogik, S. 105).

[26] Der der Jugendbewegung zugrunde liegende „Jugendmythos" wird heute eher kritisch gesehen.

[27] Jürgen Oelkers sieht das Wirken dieser Lehrergruppe negativ: „Gerade nach dem Ersten Weltkrieg verdichtete sich die Klagesemantik zu einem dramatischen Verfallsszenario, aus dem nur die radikale Kindorientierung heraushelfen könne. Derartige Forderungen wurden nach 1918 vor allem in den Großstädten diskutiert, etwa im 'Wendekreis Hamburger Lehrer'". (Vgl. Oelkers, J.: Reformpädagogik, S. 89).

Das Bemühen, alle lebendigen pädagogischen Kräfte dieser Zeit zusammenzufassen, sieht er beim „Bund entschiedener Schulreformer" gegeben, bei dem zunächst ganz die kulturpädagogischen Gesichtspunkte vorherrschend gewesen seien, bis die pädagogischen sich mehr und mehr durchgesetzt hätten, ohne dass es bis in die (Geißlers) Gegenwart zu einer klaren, für die pädagogische Autonomie unerlässlichen Entscheidung gekommen wäre. Er kritisiert Paul Oesterreich mit seiner Forderung nach einer „Pädagogisierung aller menschlichen Bezüge."[28]

3.2.1.3 Kritische Anmerkungen

Im Lichte der neueren Forschungsergebnisse, vor allem nach der von Oelkers und Tenorth vorgenommenen Dekomposition[29], kann die Reformpädagogik nicht mehr im Sinne der Konstruktion von Herman Nohl gelesen werden. Tenorth wirft der „professionalisierten Zunft der Erziehungshistoriker", die ihre Darstellungen und Untersuchungen auf Nohls Analyse aufbauen, thematische Verengung, Isolierung der Phänomene und normative Simplifizierung vor. Ihre dominierenden Themen aber, nämlich „Kulturkritik", „Autonomie" und „pädagogische Bewegung", bezeichnet er für den Versuch einer genuin geschichtlichen Interpretation der genannten Epoche als durchaus benutzbare Referenzpunkte.[30]

„Reformpädagogik" ist weder einer bestimmten Epoche zuzuordnen, noch kann sie als einheitliche Bewegung definiert werden. Sie beginnt auch nicht mit einem bestimmten Datum; sie war im ganzen 19. Jahrhundert angesagt.[31] Diese Vorgeschichte ist nach Oelkers ein entscheidender Faktor dessen, was mit „Reformpädagogik der Jahrhundertwende" bezeichnet wird.

Die „Vielzahl unterschiedlicher pädagogisch-praktischer Gedankengänge, Forderungen, Praktiken und Erfahrungen"[32] lassen sich nicht unter einer Bewegung subsumieren. ‚Reformpädagogik' war nie eine Bewegung, sondern definiert sich durch Heteronomie und also durch Differenz in allen wesentlichen Bereichen."[33]

Kritisch gesehen wird auch der immer wieder beschriebene Einfluss Rousseaus auf die Reformpädagogik. Als Ergebnis umfangreichen Quellenstudiums stellt Wiater fest, es dürfe nicht ohne Einschränkung behauptet wer-

---

[28] Zu den Ideen P. Oesterreichs s. Oelkers, J.: Reformpädagogik, S. 256.
[29] Vgl. Oelkers, J.; Reformpädagogik und Rülcker, T./Oelkers, J. (Hg.): Politische Reformpädagogik; Tenorth, H.-E.: Zur deutschen Bildungsgeschichte.
[30] Tenorth, H.-E.: Reformpädagogik, S. 24 ff.
[31] Vgl. Oelkers, J.: Reformpädagogik, S. 27.
[32] Nach Lenzen, D.: Pädagogische Grundbegriffe, Bd. 2, S. 1302.
[33] Oelkers, J.: Reformpädagogik, S. 24.

den, J.-J. Rousseau habe die reformpädagogische Bewegung maßgeblich beeinflusst. Rousseaus Pädagogik sei keineswegs identifizierbar mit den Reformansätzen einer Pädagogik „vom Kinde aus". Nach Wiater haben sich die Reformer nicht wirklich des Erbes der Vergangenheit vergewissert. Sie hätten vielmehr in der konkreten Erziehungssituation nach Wegen für die Lösung von Defiziten gesucht. Erst in der nachgehenden theoretischen Reflexion sollte mit dem Rückgriff auf Rousseau der Nachweis erbracht werden, in der Tradition pädagogischen Denkens zu stehen.[34]

3.2.2 Der Autonomiegedanke in systematischem Aufbau - Pädagogik als Wissenschaft

3.2.2.1 Die historischen Wurzeln

Bei Rousseau und Pestalozzi trat die Erziehung nach Georg Geißler zum ersten Mal als eine besondere, eigenen Gesetzen folgende Wirklichkeit in Erscheinung. Im Neuhumanismus wurde der humanistische Grundcharakter, auf den die Autonomie sich gründet, besonders deutlich.

Den Autonomiegedanken im systematischen Aufbau der pädagogischen Theorie, d. h. die Pädagogik als Wissenschaft, sieht er bei Herbart und Schleiermacher entwickelt. Ihre Überlegungen, die auf der Autonomie des erzieherischen Verhältnisses gründen, bezeichnet er als grundlegend und von nachhaltigem Einfluss für die Verselbständigung der Erziehungswissenschaft.

Herbart habe ein klares Bewusstsein von der pädagogischen Autonomie besessen. Bei ihm kündige sich auch der Gedanke einer autonomen Schule an, wenn er Schule, Staat und Kirche als gleichberechtigte Partner mit eigenen inneren Lebensgesetzen nebeneinander stellt. Er habe sich dagegen verwahrt, dass man die Pädagogik von der Philosophie abhängig mache, und eine pädagogisch-autonome Wissenschaft postuliert. Mit der Wendung von den objektiven Werten als Erziehungsziel auf bestimmte allgemeine Formen des inneren Lebens, das vielseitige Interesse und den sittlichen Charakter, habe er den Bereich der praktischen Philosophie verlassen und „einheimische" pädagogische Begriffe gewonnen. Er habe auch seine pädagogischen Hauptbegriffe - Regierung, Unterricht, Zucht - mit ihren Untergliederungen nicht seinem philosophischem System entnommen, sondern durch Analyse der „Erziehungswirklichkeit"[35] gewonnen. Da er aber an der Grundüberzeu-

---

[34] Vgl. Wiater, W.: Rezeptionsgeschichtliche Studien zur Reformpädagogik, S. 36 f. Zu dem o. g. Ergebnis kommt auch Oelkers, J.: Reformpädagogik, S. 48.

[35] Geißler verwendet hier einen zentralen Begriff der Nohlschen Bildungstheorie (s. Pkt. 3.2.2.2) und der geisteswissenschaftlichen Pädagogik überhaupt. Theodor Schultze hat

gung festgehalten habe, dass die Pädagogik ihr Ziel von der Ethik empfange, habe er allerdings die pädagogische Autonomie eigentlich wieder in Frage gestellt.

Auch Schleiermacher gehe von der Voraussetzung aus, dass die Erziehung ihr Ziel von der Ethik empfange. Wie Herbart konstatiere aber auch er, dass die Pädagogik sich nicht aus einer allgemeinen Ethik ableiten lasse. Daher müsse auf die empirische pädagogische Wirklichkeit zurückgegriffen werden. Erziehung bedeute für Schleiermacher das bildende Verhältnis zwischen der älteren Generation und der jüngeren. Er löse aber nicht die Spannung zwischen dem subjektiven Leben der jüngeren und dem weiterführenden Leben der älteren Generation einseitig auf, sondern suche den Bildungsprozess aus diesem wesensnotwendigen Gegensatz heraus zu begreifen. Trotz seiner Grundthese von der Erziehung als einem Generationenverhältnis halte Schleiermacher am Individuum fest. Aber das Individuum finde für ihn erst seine totale Erfüllung in der Hingabe an die großen Objektivationen des geistigen Lebens, die Gemeinschaften von Staat, Kirche, Gesellschaft und Wissenschaft. Die Erziehung habe eine mehr individuelle und eine mehr universelle Seite. Sie strebe die Ausbildung der persönlichen Eigentümlichkeit und die Hineinbildung in die großen Lebensgemeinschaften an. Beide Seiten zusammen kennzeichneten das Ganze der Erziehung.[36]

Schleiermacher erkenne das Recht des Individuums auf seine persönliche Bildung durchaus an, verkenne aber auch nicht die Bedeutung der Objektivität für den Erziehungsprozess. Dadurch erfahre die Relativität der pädagogischen Autonomie bei ihm wieder die notwendige Betonung. Seine Pädagogik sei autonom zu nennen, weil sie ihre Aussagen nicht von anderen Disziplinen übernimmt. Eine Einschränkung ergebe sich daraus, dass Erziehung bei ihm als eine ethische Forderung erscheine und der Bezug zwischen den Generationen als ein ethisch motiviertes Verhältnis.

---

diesen Schlüsselbegriff in der Theoriebildung Erich Wenigers einer konstruktiven Analyse unterzogen. Vgl.: Schultze, Th.: Die Wirklichkeit der Erziehungswirklichkeit und die Möglichkeiten der Erziehungswissenschaft. In: Hoffmann, D./Neumann, K. (Hg.): Tradition und Transformation der geisteswissenschaftlichen Pädagogik, S. 13 - 34.

[36] Johanne Hopfner hat die Subjekttheorie bei Herbart und Schleiermacher überzeugend dargestellt in: Das Subjekt im neuzeitlichen Erziehungsdenken. Weinheim und München 1999.

3.2.2.2 Herman Nohls Begriff der „Erziehungswirklichkeit"

Der Begriff der „Erziehungswirklichkeit" ist auf W. Dilthey zurückzuführen[37] und markiert einen Schlüsselbegriff bei verschiedenen Vertretern der geisteswissenschaftlichen Pädagogik. Die „Erziehungswirklichkeit" ist für H. Nohl wie auch für Weniger von fundamentaler Bedeutung für die Konstruktion einer Theorie der Erziehung. Zu Beginn des 20. Jahrhunderts war die Pädagogik noch eine unselbständige Disziplin im Gefolge von Philosophie und Psychologie.

„Der wahre Ausgangspunkt für eine allgemein gültige Theorie der Bildung ist die Tatsache der Erziehungswirklichkeit als einem sinnvollen Ganzen."[38] Der Begriff „Erziehungswirklichkeit" ist außerordentlich komplexer Natur.

Er umfasst nach Nohl die gesamte konkrete Wirklichkeit der pädagogischen Phänomene von der Erziehungstätigkeit der einzelnen Erzieher über die durch Erziehung gelenkte Entwicklung der Edukanden bis zu den pädagogischen Instituten, den pädagogischen Gedanken, Ideen und Theorien.[39]

Die „Erziehungswirklichkeit" stellt sich ihm als ein relativ selbständiges Kultursystem dar, das nicht isoliert gesehen werden darf, sondern stets in der Verflechtung mit anderen Kultursystemen, in der Abhängigkeit von ihnen und der Rückwirkung auf sie.[40] Nach Nohl hat die Pädagogik als letztes Kultursystem eine relative Selbständigkeit und damit ihr Eigenwesentliches, ihre relative Autonomie erreicht.[41] Das Eigenwesentliche der Pädagogik, wie es auch in der pädagogischen Idee aufscheint, besteht darin, die Rechte des sich bildenden Subjekts, des Individuums, zu vertreten.

Die „Erziehungswirklichkeit" ist nach Nohl durch drei polare Grundstrukturen dialektisch gekennzeichnet. Er nennt erstens das „pädagogische Erlebnis" einerseits und „die pädagogischen Objektivationen" andererseits.[42] Beim „pädagogischen Erlebnis" geht es um die individuelle, subjektive Perspektive, bei den „pädagogischen Objektivationen" handelt es sich um die

---

[37] Vgl. Bartels, K.: Die Pädagogik Herman Nohls, S. 126 ff.
[38] Nohl, H.: Die pädagogische Bewegung in Deutschland und ihre Theorie, S. 119.
[39] Ebd.
[40] Ebd., S. 120.
[41] Ebd., S. 109. Martin Stock kennzeichnet in seinem ausgezeichneten aus juristischer Perspektive verfassten Werk „Pädagogische Freiheit und politischer Auftrag der Schule" relative Autonomie wie folgt: „Diese relative Autonomie will sich zwischen zwei Grenzwerten anklammern: dem einer revolutionären absoluten Autonomie einerseits und dem der Aufsaugung jeder pädagogischen Autonomie durch heteronome staatsbzw. gruppenholistische „Weltanschauungen" andererseits." (S. 117)
[42] Vgl. Nohl, H.: Die pädagogische Bewegung ..., S. 119.

gesellschaftliche, objektive Perspektive.[43] Sie bilden das 'phaenomenon bene fundamentum', von dem die wissenschaftliche Theorie auszugehen habe.[44]

Eine zweite Grundstruktur zeigt sich ihm in dem Verhältnis von Geschichte und Aktualität in der „Erziehungswirklichkeit", dem die methodischen Formen von historischer und systematischer Betrachtungsweise entsprechen. Das Wesen der Erziehung erschließt sich nämlich nicht allein vom subjektiven Erleben aus. Durch eine systematische Analyse der Geschichte der Erziehung ist die Kontinuität der pädagogischen Idee in ihrer Entfaltung herauszuarbeiten. „Was Erziehung eigentlich ist, verstehen wir, wenn wir nicht bei dem immerhin beschränkten persönlichen Erlebnis stehenbleiben wollen, nur aus solcher systematischer Analyse ihrer Geschichte."[45]

Die dritte bipolare Grundstruktur stellt das Verhältnis von Theorie und Praxis in Erziehungswirklichkeit und Erziehungspraxis dar. Jede pädagogische Theorie erwächst nach Nohl immer aus der pädagogischen Praxis; sie entsteht aus einer Verbindung von individueller Anschauung und allgemeinen Ansichten. Umgekehrt wirkt aber jede Theorie immer auch auf die Praxis zurück.[46] Nach Hager sind die beiden ersten Grundstrukturen fundierend für eine Theorie der Pädagogik, die dritte ist davon eine Konsequenz.[47]

Die Erziehungswirklichkeit ist also für Nohl Gegenstand und Ausgangspunkt einer allgemeingültigen pädagogischen Theorie. Es handelt sich um ein relativ autonomes komplexes Teilsystem, einen Sektor der Gesamtkultur, der sich im Laufe der Geschichte in einem Emanzipationsprozess herausdifferenziert hat. Diese Auffassung trifft sich zumindest im Ergebnis mit dem soziologischen Erklärungsansatz von N. Luhmann, ohne allerdings dessen systemtheoretischer Ausrichtung zu folgen. Für Luhmann handelt es sich um einen evolutionären Prozess.

Die Erziehungswirklichkeit ist durchwirkt von der pädagogischen Idee, vielleicht vergleichbar mit dem „Erzieherischen" bei E. Weniger. Nach Nohl manifestiert sie sich in dem radikalen Blickwechsel von den objektiven Zwecken auf das Subjekt und seine Möglichkeiten[48] , ohne dass er allerdings die objektive Seite ganz vernachlässigt wissen wollte. Die Erziehungswirklichkeit ist das Richtmaß der Pädagogik, das sie nach Nohl in sich selbst gründet und mit dem sie jeder fremden Anforderung kritisch gegenübersteht.

---

[43] Vgl. Klika, D.: Herman Nohl. Sein „Pädagogischer Bezug" ..., S. 23.
[44] Vgl. Nohl, H.: Die pädagogische Bewegung ..., S. 119.
[45] Ebd.
[46] Ebd., S. 122 f.
[47] Vgl. Hager, Fr.-P.: Zur Bedeutung der Philosophie für die autonome Pädagogik bei Dilthey und Nohl. In: Pädagogische Rundschau 51, 1997, S. 250.
[48] Vgl. Nohl, H.: Die pädagogische Bewegung ..., S. 9, S. 124 f.

Es handelt sich also um eine eo ipso autonome pädagogische Idee, die im eigentlichen Sinne die Pädagogik als relativ autonome Wissenschaft ermöglicht.[49]

Bartels bestreitet aber, dass es Nohl damit gelungen sei, die Pädagogik wissenschaftstheoretisch zu konstituieren. Er vermisst vor allem „das strenge methodische Bewußtsein."[50] Hager weist zudem schlüssig nach, dass Nohls Neubegründung der Pädagogik - wie bei seinem Lehrer W. Dilthey auch - durchaus kulturphilosophisch und lebensphilosophisch untermauert ist.[51]

3.2.2.3 Der pädagogische Bezug

Wesentliche Faktoren der Erziehungswirklichkeit sind nach Nohl der Zögling und seine Bildsamkeit, der Erzieher als die führende und bildende Kraft, ihre Bildungsgemeinschaft, ihr Bildungsideal und ihre Bildungsmittel; diese Faktoren sind zu einem dynamischen Zusammenhang miteinander verbunden.[52] Die Theorie des pädagogischen Bezugs bildet als Theorie der „Kernzelle" der Erziehungswirklichkeit einen zentralen Bestandteil der Nohl'schen pädagogischen Theorie. Bartels beschreibt die Bedeutung des pädagogischen Bezugs wie folgt: „Als ein Verhältnis sui generis ermöglicht und begründet der pädagogische Bezug auch eine eigenständige Theorie. Da er zudem die Grundlage aller Erziehung ist, ist er konstituierend für die Erziehungswirklichkeit. So erfährt die Autonomie der Pädagogik eine letzte Begründung dadurch, dass sich der Gegenstand der pädagogischen Theorie, die Erziehungswirklichkeit, in ihrem innersten Kern, dem pädagogischen Bezug, als autonom erweist."[53] Der pädagogische Bezug wird bekanntlich von H. Nohl als das leidenschaftliche Verhältnis eines reifen Menschen zu einem werdenden Menschen gefasst, „und zwar um seiner selbst willen, dass er zu seinem Leben und zu seiner Form komme."[54]

Im Folgenden wird in enger Anlehnung an G. Geißler das Wesen des pädagogischen Bezugs aus der Sicht der Nohl-Schule beschrieben.[55] Nach dieser Lesart sind in jeder Erziehung - wie bereits oben erwähnt - drei Faktoren enthalten: Zögling, Erzieher und objektiver Wert (Idee, Gehalt), auf den bei-

---

[49] Vgl. Bartels, K.: Die Pädagogik Herman Nohls, S. 153.
[50] Ebd., S. 154.
[51] Vgl. Hager, Fr.-P.: Zur Bedeutung der Philosophie ..., S. 233 - 259.
[52] Vgl. Nohl, H.: Die pädagogische Bewegung.
[53] Bartels, K.: Die Pädagogik Herman Nohls, S. 184 f.
[54] Vgl. Nohl, H.: Die pädagogische Bewegung ..., S. 134.
[55] Vgl. Geißler, G.; Die Autonomie der Pädagogik, S. 77 ff. Geißler lässt keinen Zweifel daran, dass seine Ausführungen sich mit der Auffassung seines Lehrers H. Nohl decken, und verweist auf dessen Schrift „Jugendwohlfahrt".

de bezogen sind.[56] Der Erzieher ist der für das Ganze des Erziehungsprozesses verantwortliche Faktor. Durch die Frage nach seiner spezifischen Verantwortung wird das Problem der pädagogischen Autonomie erst akut. Es ist nicht die Sorge um die bestehende Kultur und ihre Überlieferung, sondern der Wille, den sich entwickelnden Menschen um seiner selbst willen zu helfen. Der pädagogische Bezug ist keiner außerhalb liegenden Objektivität verpflichtet. Der Erzieher begnügt sich aber nicht mit den vorgefundenen Gegebenheiten des Zöglings. Der Erziehung ist es um die Möglichkeiten seiner Entwicklung zu einem höheren Dasein, um seine ideale menschliche Existenz zu tun. Durch die Auseinandersetzung des Zöglings mit den Ideen und Werten gelangt er zu einer höheren Form des Lebens. Der Dienst am Objektiven kommt sozusagen aber erst nachträglich und um des zu erziehenden Menschen willen hinzu. Dieses erste und entscheidende Moment, das dem pädagogischen Bezug seinen autonomen Sinn verleiht, kann als Moment der Humanität bezeichnet werden. Damit hängt zusammen, dass die Erziehung stets den ganzen Menschen im Auge hat. Sie zielt auf die Entwicklung der Totalität ab. Damit ist nicht etwa eine objektive Totalität gemeint, sondern die subjektive Totalität, die Ganzheit der geistigen Grundrichtung des Zöglings. Diese ist immer individuell, im Gegensatz zur objektiven Totalität. Ihre besondere Akzentuierung hängt von den Anlagen und Fähigkeiten, dem Erlebniszusammenhang, den Neigungen und der besonderen Lage des Zöglings ab. Aus der Bedeutung der Individualität in der Erziehung ergibt sich für den Erzieher die Notwendigkeit einer eingehenden Kenntnis der Eigenart des Zöglings, sowohl der auf Anlage, Erlebnissen und Umwelt beruhenden, wie vor allem auch seiner durch die jeweilige Entwicklungsstufe bedingte Besonderheit. Ziel der Erziehung ist es, den Zögling dahin zu bringen, dass er zu einer freien geistigen Entscheidung fähig wird, d. h., ihn zur persönlichen Autonomie zu führen. Die eigentliche Grundlage, die den pädagogischen Bezug trägt und seinen selbständigen Existenzsinn begründet, ist das Recht des Menschen auf Bildung, auf das die pädagogische Autonomie sich letztlich stützt.[57]

---

[56] Vgl. Nohl, H.: Die pädagogische Bewegung ..., S. 120.

[57] Geißler betont die Verantwortung, die sich für die Pädagogik aus der Autonomie ergibt. Sie habe die Pflicht, den Rechtsanspruch des Menschen auf ein höheres Leben in allen Situationen zu vertreten. Die Pädagogik stehe allen objektiven Mächten autonom gegenüber, als Anwalt jedes einzelnen Kindes und seines Menschenrechtes auf Bildung. Er weist aber auch darauf hin, dass ein Absolutheitsanspruch der pädagogischen Autonomie verfehlt wäre, denn jede Autonomie sei relativ. (Vgl. Geißler, G.: Die Autonomie der Pädagogik, S. 82 f.).

3.2.2.4 Zur Kritik des pädagogischen Bezugs

Die in den Wesensmerkmalen des pädagogischen Bezugs zum Ausdruck kommenden Grundannahmen entsprechen nicht mehr dem heutigen Forschungsstand. Mit dem Individualitätsprinzip bleiben Nohl und seine Anhänger der Theorie funktionaler Bildung verhaftet, wenn auch der Einwirkung von außen durch den verantwortlichen Erzieher und den Einsatz von Bildungsgütern zur Stärkung und Entwicklung der Kräfte des Zöglings Raum gegeben wird.

Die geisteswissenschaftliche Pädagogik vertritt zwar nicht mehr die klassische Position des Entwicklungsgedankens durch Rekurs auf eine allgemeine Menschennatur, sie spricht nicht mehr von Entwicklung der Natur, sondern von natürlicher Entwicklung, bei der ein gegebenes Potential, die biologische Mitgift, durch pädagogische Einwirkung perfektioniert wird. Diese Auffassung der Entwicklung eines inneren Potentials erklärt die Abwehrhaltung gegenüber gesellschaftlichen Einflüssen. Die Kräfte und Anlagen entwickeln sich unter Anleitung des Erziehers zu einem höheren Dasein, zu seiner idealen menschlichen Existenz. Die heutige Auffassung geht eher dahin, dass die Potentiale eines Kindes, wenn man den Substanzgedanken überhaupt noch übernehmen will[58], sich als „psycho-physische Konfigurationen kontingenter Erfahrungen" (Oelkers) darstellen, die sich radikal plastisch entwickeln, wobei mit Plastizität nichts anderes als Lernfähigkeit gemeint ist. Entwicklung wird als Veränderung, nicht als zielgerichtete Bewegung verstanden. Neue Theorien vertreten darüber hinausgehend diese Position: Der Lernende wird als aktiv Bedeutungen und Wissensstrukturen „konstruierendes" Wesen verstanden.[59]

Das „harmonistische" und den Lehrer überfordernde „individualistische" Modell des pädagogischen Bezugs bei Nohl und anderen geisteswissenschaftlichen Vertretern ist vielfach kritisiert und in jüngerer Zeit vor allem von H. Gieseke[60] und D. Klika[61] eingehend rezipiert worden. Das erzieherische Verhältnis wird heute nicht mehr als individuelles Erziehungsverhältnis, als pädagogisch autonom und linear entwicklungsgemäß zu gestal-

---

[58] K. P. Biesenbach hat in „Subjektivität ohne Substanz" mit Rückgriff auf Simmels Individualitätsbegriff die Möglichkeit, Subjektivität ohne Substanz zu konstituieren, überzeugend herausgearbeitet.

[59] Vgl. Krapp, A.: Pädagogische Psychologie, S. 23.

[60] Gieseke, H.: Die Pädagogische Beziehung.

[61] Klika, D.: Herman Nohl. Sein „Pädagogischer Bezug...". Zu Recht weist D. Klika darauf hin, dass H. Nohl keineswegs eine dogmatisch einseitige Sichtweise vorzuwerfen sei. Nohl ist vielmehr zutiefst überzeugt von den Antinomien und Polaritäten in der Pädagogik. In „Erziehergestalten" kritisiert er die einseitige Pädagogik „Vom Kinde aus" (S. 79 f.).

tende Interaktion verstanden. Das bedeutet aber keineswegs, dass Werte wie Liebe, pädagogische Verantwortung, pädagogischer Takt und das Bemühen, schädliche Einflüsse von Kindern und Jugendlichen fernzuhalten, obsolet geworden wären.

3.2.3 Die Autonomie der Institution Schule[62]

Geißler skizziert in einem historischen Rückblick das Emanzipationsstreben der Schule wie folgt: Der Entstehung nach sei die Schule Bildungsinstrument objektiver Mächte; sie sei aus Bedürfnissen der Kirche, des Staates, der Wissenschaft oder aus wirtschaftlichen Interessen entstanden. Im 19. Jahrhundert habe das öffentliche Schulwesen langsam Impulse von der pädagogischen Reformbewegung aufgenommen. Die Reaktion nach den Freiheitskriegen habe aber die Ansätze zur Reform des Schulwesens im pädagogischen Sinne wieder unterdrückt. Die Volksschule sei im Gegensatz zum Gymnasium, das sich schon 1810 institutionell vom geistlichen Stand lösen konnte,[63] im 19. Jahrhundert noch in völliger Abhängigkeit von der Kirche geblieben. Die aus dem Gedankengut Pestalozzis hergeleitete Idee von der Eigenständigkeit der Erziehung sei leitende Idee des Emanzipationsstrebens der Volksschule und ihrer Lehrerschaft geworden. Ihr sei es darum gegangen, das Eigenrecht der Erziehung gegenüber den Ansprüchen der Parteien, Kirchen, Wirtschaft etc. zu schützen. Als Hauptwortführer im Kampf um die relative Selbständigkeit der Schule bezeichnet Geißler Adolf Diesterweg. Nach dem Zusammenbruch der 48er Revolution seien die Hoffnungen auf eine Verselbständigung der Schule, auf eine Trennung von der Kirche und ihre Unterstellung unter die Aufsicht vom Staat ernannter Behörden geschwunden. Durch den Ladenburg'schen Unterrichtsgesetzentwurf von 1850 sei die völlige Abhängigkeit von der Kirche wieder hergestellt worden. Diesterweg habe seinen Kampf zwar fortgesetzt, aber die Lehrerschaft habe ihm die Gefolgschaft versagt.

---

[62] Es ist nicht eindeutig zu klären, ob Nohl aus der Autonomie der pädagogischen Idee grundsätzlich die organisatorische Autonomie der Bildungsinstitutionen gefordert hat. Bartels und Schiess z. B. differieren in ihrer Meinung darüber.

[63] Gemeint ist die Humboldt-Süvern'sche Gymnasialreform mit ihrem einen Schwerpunkt, der Philologen- bzw. Gymnasiallehrerausbildung. Die Umwandlung der (alten) Lateinschulen in das neue Gymnasium erforderte eine entsprechende Lehrerbildung. Die Qualifikation für das höhere Lehramt sollte nicht mehr auf dem Wege durch die philosophische Universitätsfakultät und als Zwischenstation zu einem Theologenamt erreichbar sein. Gefordert wurde vielmehr ein eigener (vom Theologenstand getrennter) Lehrstand mit entsprechender berufsqualifizierender Ausbildung. Humboldt sicherte 1810 diese neue Lehrerbildung durch ein Edikt rechtlich ab. Das ist die Geburtsstunde eines neuen, selbständigen höheren Lehrerstandes, des Philologenstandes. (Nach: Hamann, B.: Geschichte des Schulwesens, S. 117 f.).

Durch die Stiehl'sche Regulative[64] sei jeder Reformansatz verhindert worden.

Ausführlich beschäftigt sich Geißler mit den Auffassungen von K. A. J. Lattmann und Fr. Paulsen[65]. Alle drei, Diesterweg, Lattmann und Paulsen, hätten im Grunde übersehen, dass die Schule einer eigenen, auf der spezifisch pädagogischen Idee gegründeten Gesetzlichkeit unterliege und daher trotz aller Abhängigkeit vom Leben und von der Kultur ihre Eigenbewegung habe.

In der bildungspolitischen Auseinandersetzung um den Entwurf für ein Reichsschulgesetz seien die gleichen Probleme wieder lebendig geworden, um deren Lösung schon Diesterweg gerungen habe.[66] Die schulrechtliche Frage, ob die Volksschule den Status einer konfessionellen Schule oder einer Gemeinschaftsschule erhalten sollte, sei nicht geklärt worden. Die Pädagogik könne die Auseinandersetzung nur erfolgreich gestalten, wenn sie sich auf ihre Autonomie besinne.[67]

Ausführlich setzt sich Geißler mit den unterschiedlichen Nuancierungen des Begriffs der pädagogischen Autonomie bei Spranger, Delekat und Flitner auseinander und begründet unter Berufung auf Sergius Hessen[68] die Notwendigkeit der Autonomie der staatlichen Bildungseinrichtungen. Bei Spranger, Delekat und Flitner werde vorausgesetzt, dass die Schule ihrem Wesen nach eine Bildungseinrichtung der sozialen Mächte sei. Für sie sei die Autonomie,

---

[64] Die Regulative des Ferdinand Stiehl (1812 - 1878) gaben für die Volksschule drei Ziele vor: fraglose kirchliche Gläubigkeit, Liebe zum Herrscherhaus und einige Kenntnisse für das praktische Leben. (Vgl. Blankert, H.: Die Geschichte der Pädagogik, S. 163). „Der Unterricht bestand auch nach der Aufhebung der Stiehlschen Regulative vorwiegend in rein mechanischem Lernen hauptsächlich religiöser Inhalte. Die Versuche des Kultusministers Falk, die geistliche durch die staatliche Schulaufsicht zu ersetzen, scheiterten, so dass trotz der einsetzenden Erhöhung der finanziellen Aufwendungen und der allmählichen Verbesserung der sozialen Lage der Lehrer die Klerikalisierung der Volksschule weiter fortschritt, bis mit dem Schulunterhaltgesetz von 1906 die Volksschule faktisch zur Konfessionsschule wurde, ein Modernitätsrückstand, der erst mit der Reichsschulkonferenz von 1920 wenigstens teilweise aufgeholt wurde." (Rückriem, G.: Kinder als Symptomträger? In: Erdmann/Rückriem/Wolf (Hg.): Kindheit heute, S. 31.

[65] Geißler weist darauf hin, dass Lattmann in einem 1860 in Göttingen erschienenen Buch wohl zum ersten Mal den Ausdruck „Autonomie der Pädagogik" gebraucht habe.

[66] Die Reichsschulkonferenz von 1920 konnte die ihr zugedachte Funktion eines pädagogisch legitimierten Wegweisers nicht erfüllen. Sie konnte keinen Bildungsgesamtplan als Konferenzergebnis vorweisen. (Vgl. Blankertz, H.: Die Geschichte der Pädagogik, S. 235).

[67] In einem Großteil der Länder bestanden die Bekenntnisschulen fort. Die Aufhebung der Konfessionsschulen zugunsten von Gemeinschaftsschulen wurde bekanntlich erst in der Zeit zwischen 1965 und 1970 durchgeführt.

[68] Sergius Hessen, Erziehungswissenschaftler russ. Herkunft (1887 - 1950)

sofern sie nicht wie bei Delekat überhaupt bestritten werde, sekundär. Die Erziehung berücksichtige zwar das Eigenrecht des Zöglings, sie trage auch Sorge, dass seine persönliche Autonomie nicht verletzt werde, aber im Grunde fühle sie sich doch von den objektiven Mächten beauftragt. Für Sergius Hessen sei die Pflichtschule in der Idee der Persönlichkeit und ihres Rechts auf Bildung verankert. Die staatliche Bildungseinrichtung erscheine nun nicht mehr als Mittel für heteronome Zwecke, sondern sie entspringe aus dem Menschenrecht auf Bildung, unterliege also dem Gesetz der pädagogischen Autonomie. Ihre Freiheit könne aber keine Lostrennung von den sozialen Mächten bedeuten.

Sergius Hessen hat sich in origineller Weise mit dem in dieser Arbeit zu verhandelnden Autonomiebegriff auseinandergesetzt. In seinen Ausführungen, die zwar auf überholten psychologischen und philosophischen Grundlagen beruhen, insbesondere der Kategorienlehre von Nikolai Hartmann, und nur noch eine geringe Bedeutung für die pädagogische Bildungstheorie besitzen, kommt er zu Ergebnissen, die durchaus noch aktuell sind. Aus der Eigenart der Autonomie des Bildungswertes weist er schlüssig nach, dass sich die Pädagogik nicht als „reine Erziehungswissenschaft" von der Philosophie werde lösen können und dass eine absolute Hegenomie des Bildungswesens ebenso wenig denkbar sei wie dessen absolute Autonomie.[69]

---

[69]   Vgl. Hessen, S.: Die Autonomie der Bildung. In: Faust, A. (Hrsg.): Festgabe für Heinrich Rickert zum 70. Geburtstag am 20. Mai 1933, S. 51 – 90.

3.2.4 Die relative Autonomie der pädagogischen Bereiche nach Herman Nohl (eine Zusammenfassung)

3.2.4.1 Schematische Übersicht

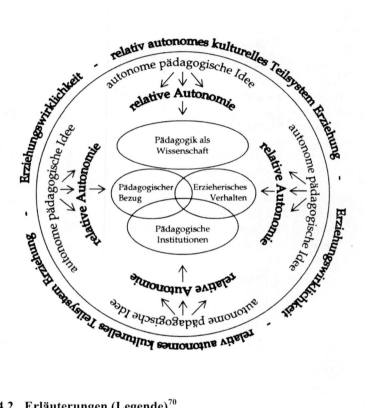

3.2.4.2 Erläuterungen (Legende)[70]

Mit „Erziehungswirklichkeit" bezeichnet Nohl das kulturelle Teilsystem „Erziehung". Es ist relativ selbständig, weil es stets eingebunden bleibt in den Zusammenhang des Kulturganzen. Die Erziehungswirklichkeit ist Gegenstand der pädagogischen Theorie und umfasst alle Bereiche, in denen erzieherisches Verhalten oder konkrete Bezüge möglich sind. Sie ist durchwirkt von der eo ipso autonomen „pädagogischen Idee", die das Richtmaß der Pädagogik darstellt, das sie in sich selber gründet und mit dem sie jeder frem-

---

[70] Vgl. Bartels, K.: Die Pädagogik Herman Nohls, S. 151 f.

den Anforderung kritisch gegenüber steht (Nohl). Sie wird wirksam im relativ autonomen „erzieherischen Verhalten" und im relativ autonomen „pädagogischen Bezug". Das erzieherische Verhalten ist einerseits umfassender als der pädagogische Bezug, insofern sich eine Person pädagogisch verhalten kann, ohne in direktem pädagogischen Bezug zu stehen, andererseits weniger umfassend als der pädagogische Bezug mit seinen differenzierten Faktoren Erzieher/Zögling/objektive Gehalte. In den pädagogischen Institutionen muss der autonome pädagogische Aspekt zur Geltung kommen. Aus der Autonomie der pädagogischen Idee kann aber nicht grundsätzlich die organisatorische Autonomie der Institution gefolgert werden. Die pädagogische Idee ermöglicht die relative Autonomie der Pädagogik als Wissenschaft.

3.2.5 Zur Kritik des normativen Autonomiebegriffs der Reformpädagogik

Der reformpädagogischen Bewegung im ausgehenden 19. Jahrhundert liegen bekanntlich externe und interne Ursachenkomplexe zugrunde.[71] An Pädagogik und Schule wurden hinsichtlich der Gestaltung des Generationenverhältnisses und der Stabilisierung der Gesellschaft hohe Erwartungen geknüpft.[72]

Nach Rückriem bestand der historisch-gesellschaftliche Bedarf der Modernisierung in einer „Autonomie als Form der Gesellschaftlichkeit".[73] Die Pädagogik habe sich vor der Aufgabe gesehen, „ein Kriterium zu finden, das beides sicherstellte: die Autonomie und die Gesellschaftlichkeit des Subjekts."[74] Das „Wohl des Kindes" habe sich als Kriterium dafür als untauglich erwiesen.

Die Dialektik von Autonomie und Gesellschaftlichkeit sei damals jedenfalls verlorengegangen und habe sich aufgespalten in dualistische Positionen, die sich jeweils auf einen dieser beiden Pole konzentrierten.

---

[71] Tenorth nennt als institutionelle Faktoren den abgeschlossenen Prozess der Inklusion (alle Kinder eines Jahrgangs besuchen öffentliche Schulen), die organisatorische Gestaltung des Bildungswesens, die Veränderung im Berufsbild des Lehrers, die Veränderung im Bildungswesen mit der Modernisierung von Strukturen, Inhalten, Leitbildern und einer Vielzahl von Reformvorhaben. Diese Veränderungen waren eingebettet in und resultierten aus politischen, ökonomischen, demografischen, kulturellen und sozialen Entwicklungen, wie sie für das Zeitalter des Imperialismus und des organisierten Kapitalismus charakteristisch sind. (Vgl. Tenorth, H.-E.: „Reformpädagogik" - erneuter Versuch, ein erstaunliches Phänomen zu verstehen. In: Zeitschrift für Pädagogik, 40. Jahrgang, 1994, Nr. 3, S. 588 f.).

[72] Vgl. Tenorth, H.-E.: „Reformpädagogik" ..., in: Zeitschrift für Pädagogik, S. 589.

[73] Rückriem, G.: Kinder als Symptomträger? In: Kindheit heute, S. 26.

[74] Ebd.

In gleichem Sinne stellt Oelkers fest, dass die Reformpädagogik in ihrem „Mythos der Kindheit" und in ihrem „Mythos der Gemeinschaft" die Bedingungen einer modernen Bildung verfehlt habe.[75]

Unter dem Einfluss neuerer Sozialtheorien kritisiert Tenorth Komplexität und Sinn des normativen Autonomiebegriffs, aber auch die bisherige Geschichtsschreibung. Akteure und Interpreten der reformpädagogischen Bewegung hätten ihn als einen normativen Kampfbegriff zur Abwehr von Außeneinflüssen und zur Einlösung der seit der Aufklärung bestehenden Ansprüche des Eigenrechts der Erziehung gefasst. In diesem Autonomieverständnis sieht er folgende Aspekte zusammengefasst: „das Recht des Kindes und die Eigengesetzlichkeit von Bildungsprozessen, die Freiheit der Lehrprofession von sozialer Kontrolle und die politische Autonomie des Bildungswesens sowie ein Konzept substantieller Rationalität, von dem aus überindividuelle Erwartungen ebenso wie subjektivistische Ansprüche begrenzt werden sollten, …"[76] Als Folge habe sich die pädagogische Reflexion in der Praxis überwiegend auf normative Erwägungen konzentriert, sich wenig sensibel für gegebene Möglichkeiten gezeigt und zu permanenten Reformforderungen im Bildungsbereich tendiert.[77] Ausweislich neuerer Sozialtheorien liege in Wirklichkeit der Autonomiethese nicht primär das individuelle Prinzip der Wahrung der berechtigten Ansprüche des Kindes und des lernenden Jugendlichen zugrunde, auch nicht die Unterstellung, erst die Ausbildung von Rationalität und Kritikfähigkeit bedeute die Realisierung des Autonomiepostulats. Autonomie sei vielmehr gesellschaftsstrukturell zugestanden. Darin drücke sich die Erwartung an das Bildungssystem aus, dass es seine „gesellschaftliche Funktion" zu erfüllen und zugleich die „Leistungserwartungen" anderer gesellschaftlicher Systeme zu befriedigen habe.[78] Mit diesen Feststellungen bezieht Tenorth sich ganz eindeutig auf Niklas Luhmann (s. Kapitel 8 dieser Arbeit), dessen Theorie den von ihm Kritisierten allerdings wohl nicht zur Verfügung stand.

---

[75]   Vgl. Oelkers, J. In: Zeitschrift für Pädagogik, 34. Jg., 1988, S. 579 ff. A. Flitner verwahrt sich gegen die abwertende Rede vom „Mythos". Er sieht in der Fülle der Entwürfe und Aktivitäten der Reformpädagogik „eine vielfältige Antwort auf inhumane Rationalität und rücksichtslose Formen der Vergesellschaftung." (Flitner, A.: Schulreform und praktisches Lernen. In: Deutsche Gegenwartspädagogik 1993, S. 110).

[76]   Tenorth, H.-E.: Zur deutschen Bildungsgeschichte 1918 - 1945, S. 38.
[77]   Ebd.
[78]   Ebd., S. 85.

1. Exkurs: „Mündigkeit – ein Erziehungsziel?"

„Die wichtigste Revolution aus dem Innern des Menschen ist: Der Ausgang desselben aus seiner selbst verschuldeten Unmündigkeit".
(I. Kant 1724 - 1804)

„Sapere aude! Habe Mut, dich deines eigenen Verstandes zu bedienen! ist also der Wahlspruch der Aufklärung."
(I. Kant)

1. Vorbemerkungen

Der Begriff „Mündigkeit" verbindet das vorhergehende Kapitel und diesen Exkurs. Mit der „Mündigkeit" des Zöglings ist das Ende des pädagogischen Bezugs gesetzt. Man könnte daher Mündigkeit als Erziehungsziel dieser Zweierbeziehung zwischen einem reifen und einem werdenden Menschen bezeichnen. Allerdings ist dieses Ziel nicht als eine Kategorie des Sollens aufzufassen, denn „Mündigkeit" ist in der geisteswissenschaftlichen Pädagogik kein von außen gesetztes normatives Ziel. In der geisteswissenschaftlichen Pädagogik wird - wie oben dargestellt - die Erziehungswirklichkeit beschrieben und interpretiert. Im pädagogischen Bezug werden die Kräfte und Anlagen des Zöglings weiterentwickelt und zur Fähigkeit freien Handelns aus eigener Vernunft geführt. Mit einem profilierten Vertreter der zweiten Generation der geisteswissenschaftlichen Pädagogik, Wolfgang Klafki, soll trotzdem von einem Erziehungsziel „Mündigkeit" gesprochen werden.[79]

Der Begriff „Mündigkeit" ist wie der mit ihm verstrickte Begriff „Emanzipation" Gegenstand zahlloser Diskurse verschiedener Denkrichtungen. Sie auch nur im Ansatz nachvollziehen zu wollen, wäre aus Raumgründen nicht möglich, im Hinblick auf das Thema dieser Arbeit nicht notwendig und vom dichter an der pädagogischen Praxis angesiedelten Verfasser auch nicht leistbar.

In diesem Exkurs werden zunächst einige Daten aus der Geschichte des Begriffs referiert (2.). Die Aufwertung des Begriffs „Mündigkeit" bei Jürgen Habermas ist Gegenstand im nächsten Abschnitt (3.). Die Problematik von Erziehungszielen wird im folgenden Punkt kurz erörtert (4.) und abschließend der Frage nachgegangen, ob „Mündigkeit" ein Erziehungsziel sein kann (5.).

Einige Aspekte des Begriffs „Emanzipation" werden gesondert im zweiten Exkurs behandelt.

---

[79] Vgl. Funk-Kolleg, Bd. 3, S. 264. Auf das Normenproblem der geisteswissenschaftlichen Pädagogik kann hier nicht weiter eingegangen werden.

2.　Zur Geschichte des Begriffs „Mündigkeit"[80]

Der Autonomie- oder Mündigkeitsbegriff lässt sich bis in die Antike zurückverfolgen. Er weist eine rechtlich-politische und eine bildungstheoretische Konnotation auf. In rechtlicher Hinsicht bezeichnet er die Rechtsstellung des Einzelnen mit Beginn der gesetzlich fixierten Volljährigkeit. Bildungstheoretisch verweist er auf die Fähigkeit des Menschen, die eigene Lebensführung zu reflektieren und zu dieser sowie zu den Formen des menschlichen Zusammenlebens Stellung nehmen zu können. Im Laufe der Geschichte hat es nicht an Bemühungen gefehlt, die beiden Bedeutungen in einem Begriff zusammenzufassen.

Kant hat den Begriff „Mündigkeit" mit seiner Definition von Aufklärung als „Ausgang des Menschen aus seiner selbstverschuldeten Unmündigkeit"[81] und seiner Aufforderung an ihn, sich seines eigenen Verstandes zu bedienen, zum Schlüsselbegriff der Aufklärung gemacht. Die Aufforderung, selbst zu denken, ergeht schon an die Heranwachsenden und wird ergänzt durch die Ermahnung der Erzieher, ihnen nicht als wissende und vollendete Mündige, sondern als an ihrer Bildung arbeitende Subjekte gegenüberzutreten.[82] Dieser Aspekt, dass Mündigkeit nur als Prozess zu verstehen ist, der lebenslanges Weiterlernen erfordert, ist von bleibender Bedeutung. Kant hat auch die heute bedeutsame soziale Perspektive, nach der Mündigkeit zwar zunächst auf den einzelnen Menschen bezogen ist, zugleich aber dem gesellschaftlich handlungsfähigen Subjekt zugeschrieben wird, bereits mitgedacht. Sie kommt in einer Formulierung des kategorischen Imperativs zum Ausdruck, die fordert, den Menschen jederzeit als Zweck, niemals bloß als Mittel zu gebrauchen.[83]

Nach Benner/Brüggen hat Schleiermacher den Prozesscharakter der durch Erziehung und Bildung zu befördernden Mündigkeit betont und das neuzeitliche Verständnis dieses Begriffs geschärft.

Hervorragende Denker, wie Humboldt, Hegel und Marx, haben in der Folgezeit das Problem der Mündigkeit in vielfältiger Weise reflektiert, die letztgenannten Philosophen mit dem Versuch, den oben erwähnten doppelten Sinn von Mündigkeit in einen Begriff zu überführen.

---

[80]　Die folgenden Ausführungen stützen sich auf Benner, D./Brüggen, F.: Mündigkeit. In: Historisches Wörterbuch der Pädagogik, S. 687 - 699, und Rieger-Ladich, M.: Pathosformel Mündigkeit. In: Vierteljahrsschrift für wissenschaftliche Pädagogik, 2002, Heft 2, S. 153 - 183.

[81]　Vgl. Kant, I.: Was ist Aufklärung? Ausgewählte kleine Schriften, S. 20 ff.

[82]　Vgl. Benner, D./Brüggen, F.: Mündigkeit, S. 692.

[83]　Vgl. Kant, I.: Grundlegung zur Metaphysik der Sitten, Felix Meiner Verlag, Hamburg 1999, S. 54 f.

Benner/Brüggen stellen fest, dass der Mündigkeitsbegriff in der ersten Hälfte des 20. Jahrhunderts keine wesentliche Rolle gespielt habe. Die bestimmende geisteswissenschaftliche Pädagogik, so ist dieser Sachverhalt vielleicht zu erklären, bewegt sich mit ihrem Erziehungsziel in der Tradition der Aufklärungspädagogik, in der Erziehung und Bildung als Selbstentfaltungs und Entwicklungsprozess formuliert wird, als dessen Ergebnis das einzigartige mündige Subjekt erscheint. Dieser Auffassung wird in der Pädagogik noch nicht widersprochen.

Nach dem 2. Weltkrieg ist der Begriff dann wieder Gegenstand unterschiedlicher Diskurse. Rieger-Ladich hat die bedeutendsten Formen mit ihren führenden Vertretern wie folgt zusammengefasst und charakterisiert:

a) Mündigkeit als Entwicklungsstadium mit ihrem Autor Romano Guardini, der die Notwendigkeit pädagogischer Begleitung beim Auftreten phasenspezifischer Krisen hervorhebt.

b) Mündigkeit als Lebensform des Erwachsenen, als Leitvorstellung des pädagogischen Diskurses und für alle erzieherischen Maßnahmen mit ihren Vertretern Heinrich Roth und Martinus J. Langeveld.

c) Mündigkeit als historisches Versprechen: ein zentrales Thema der gesellschaftskritischen Erziehungswissenschaft und ihres profiliertesten Vertreters Heinz-Joachim Heydorn. Neben der Kritik an der kapitalistischen Gesellschaft mit ihren Formen der Unterdrückung und Ausbeutung, der Ungerechtigkeit und Ungleichheit ging es in diesem Diskurs darum, in der Nachfolge von Marx die Erinnerung an den unabgeschlossenen menschlichen Emanzipationsprozess wach zu halten.

d) Mündigkeit als verlässliches Allheilmittel gegen gesellschaftliche Krisenzustände. Dieser pädagogische Diskurs ist vor allem mit den Namen Mertens, Gamm und Koneffke verbunden.[84]

In den unter c) und d) genannten Diskursen wird der Mündigkeitsbegriff mit dem Emanzipationsbegriff verbunden. Darauf wird im 3. Exkurs eingegangen.

---

[84] Vgl. Rieger-Ladich, M.: Mündigkeit als Pathosformel, S. 162 ff. Die genannten vier Punkte sind vom Verf. gekürzt.

3. „Mündigkeit" bei Jürgen Habermas[85]

Der Begriff der Mündigkeit ist durch die Arbeiten von Jürgen Habermas gewissermaßen geadelt worden. „Mündigkeit" ist zentraler Begriff seiner Theorie kommunikativen Handelns, mit der er die kritische Theorie weiterentwickelt, ohne den emanzipatorischen Gedanken aufzugeben. Kritik ist nach Habermas in der Sprache angelegt, denn sie eröffnet prinzipiell die Möglichkeit des Einspruchs. Mit der Sprache ist gleichsam die Mündigkeit des Menschen gesetzt. Sie ist entscheidend für die Konstitution der Gesellschaft. Die Lebenswelt, die den Einzelnen trägt und die er immer im Rücken hat, kann nur durch verständigungsorientiertes Handeln reproduziert werden. Das die gesellschaftliche Ordnung sichernde Handeln vollzieht sich auf der Grundlage der Eingebundenheit in die Lebenswelt als komplementäre Kategorie kommunikativen Handelns. Durch kommunikatives Handeln entwickelt sich der Mensch zu einem selbstbestimmten und vernünftigen Wesen, zu einer Persönlichkeit. Kommunikatives Handeln führt zur Individuierung. Im Sprechen ist Vernunft teleologisch angelegt. Der „zwanglose Zwang des besseren Arguments" führt zur Verständigung, zum Konsens, zur „Wahrheit". In den Interaktionen verbindet die Handelnden ein Einverständnis, das sich auf die anerkannten Normen und Werte der Gesellschaft bezieht, nämlich, sich wahr zu äußern, richtig zu verhalten und wahrhaftig darzustellen. Geltungsansprüche sind in den Gebrauch der Alltagssprache eingelassen; Emanzipation muss nicht instrumentell gefasst werden. Mündigkeit wird dem gesellschaftlich handlungsfähigen Subjekt zugeschrieben. Sie ist bei Habermas geradezu die Bedingung der Möglichkeit von Demokratie. Sie ist Voraussetzung für die Mitwirkung an der demokratischen Selbststeuerung der Gesellschaft durch kommunikatives Handeln.[86]

Habermas beschreibt mit seiner normativen Theorie den Umgang bereits Erzogener miteinander; eine pädagogische Handlungstheorie hat er nicht geliefert. Sein Einfluss auf die Pädagogik ist relativ gering geblieben.

---

[85] Zusammengestellt nach Notizen des Verf. aus zwei Veranstaltungen der Universität Oldenburg im Sommersemester 2005.

[86] Habermas' Theorie kommunikativen Handelns ist eine normative Theorie. Im Gegensatz zu Luhmann zielt er - wohl wissend, dass die gesellschaftliche Praxis anders aussieht und kommunikative Situationen in der Gefahr stehen, durch Macht und Geld besetzt zu werden - auf eine Verbesserung der Gesellschaft.

4. Zur Problematik von Erziehungszielen

Die Bedeutung von Normen im Erziehungs- und Unterrichtsbereich wird sehr unterschiedlich beurteilt. Lenzen lehnt Erziehungsziele dezidiert ab.[87] Für ihn ist die normative Pädagogik dysfunktional und in der Gefahr, politisch missbraucht zu werden: „Eine normative Pädagogik, d. h. eine Ableitung von Handlungsanweisungen aus obersten Normen, funktioniert nicht, weil die empirischen Randbedingungen dazu führen, dass ganz andere als die beabsichtigten Normen realisiert werden."[88]

Bei A. Flitner findet sich eine kritische Zustimmung.[89] Er hält es für pädagogisch und politisch undenkbar, dass Lehrer ohne ein Bewusstsein von Erziehungszusammenhängen und Bildungszielen unterrichten. Er weist aber auch darauf hin, dass sich Ziele für die Erziehung nur mit großer Vorsicht formulieren lassen. Er betont einerseits die Notwendigkeit eines bestimmten Konsenses in einer demokratischen Gesellschaft, hält andererseits aber auch die Förderung des Pluralismus in einem freiheitlichen Gesellschaftssystem für unverzichtbar.

Auch Jank/Meyer kommen zu dem Schluss, dass Schule und Unterricht ohne ein verbindliches normatives Fundament nicht funktionieren.[90]

Nach Auffassung des Verf. muss die Abwägung von Argumenten für und gegen Erziehungsziele[91] zu dem Ergebnis führen, dass sie bei aller Problematik wichtige Funktionen erfüllen und daher unverzichtbar sind.

---

[87] Vgl. Lenzen, D.: Orientierung Erziehungswissenschaft, Rowohlt Taschenbuch Verlag GmbH, April 1999, S. 26 ff.

[88] Ebd., S. 29.

[89] Vgl. Flitner, a.: Für das Leben - Oder für die Schule?, S. 77 ff.

[90] Vgl. Jank, W./Meyer, H. : Didaktische Modelle, 2002, S. 122.

[91] Vgl. Hobmayer, H. (Hg.): Pädagogik, S. 198. Hier werden die Funktionen „Verwirklichung von Wert- und Normvorstellungen, Verwirklichung von gesellschaftlichen Interessen, Organisation der Erziehung, Reflexion erzieherischen Verhaltens, Verbesserung der Erziehungspraxis, Planung sinnvoller Reformen" den folgenden Problemen gegenübergestellt: „Unsicherheit durch Werte- und Normenpluralismus, Normenkonflikt, unrealistische und unerreichbare Ideale, Verbauung der Zukunftsoffenheit, Leitbilder weltanschaulicher Manipulation, Erzeugung falschen Bewusstseins, Verschleierung von Macht- und Interessensansprüchen".

5. „Mündigkeit" – ein Erziehungsziel?

Zielvorstellungen kommen ohne die Idee der „Mündigkeit" nicht aus. „Bildung und Erziehung haben die Aufgabe, dem unmündigen Menschen zur Mündigkeit zu verhelfen." (W. Klafki)[92]

Hinsichtlich der inhaltlichen Füllung dieses Begriffs und der Realisierung der Zielnorm „Mündigkeit" bestehen divergierende Vorstellungen.

Vergleicht man Definitionen von Mündigkeit mit solchen von Allgemeinbildung, kann in vielen Fällen von Kongruenz gesprochen werden. Nach Heinrich Roth z. B. umfasst der pädagogische Begriff der Mündigkeit Kompetenz in dreifachem Sinne: Sozialkompetenz, Selbstkompetenz und Sachkompetenz.[93] Diese drei Aspekte finden sich in der folgenden Definition von Mündigkeit wieder:

„Mündigkeit als pädagogische Zielvorstellung bedeutet die Fähigkeit und Bereitschaft des Menschen, das soziale Leben zu bewältigen, sein eigenes Leben autonom zu gestalten und für sich selbst verantwortlich zu sein sowie mit der Sachwelt zurecht zu kommen und in dieser angemessen zu urteilen und zu handeln."[94] Jank/Meyer definieren ihren Bildungsbegriff etwa gleichsinnig (ergänzt um den Aspekt der Weiterentwicklung) wie folgt: „Allgemeinbildung bezeichnet die Fähigkeit eines Menschen, in der Auseinandersetzung mit der Welt selbstbestimmt, kritisch, sachkompetent und solidarisch zu denken, zu handeln und sich weiterzuentwickeln".[95] Sie fügen hinzu, dass diese Fähigkeit seit Kant mit dem Begriff der „Mündigkeit" beschrieben werde.

Folgerichtig beziehen sich auch bei Roth alle unterrichtlichen und erzieherischen Maßnahmen auf Bildung bzw. Mündigkeit.

---

[92] Zitiert nach Jank, W./ Meyer, H.: Didaktische Modelle, S. 209.

[93] Zitiert nach Hobmayer, H., Pädagogik, S. 200. Die einzelnen Begriffe werden wie folgt definiert:

- Sozial-Kompetenz ist „... die Fähigkeit zur partnerschaftlichen Begegnung mit anderen Menschen zur produktiven Teilnahme an Gruppenprozessen und zu aktiven Auseinandersetzung mit den Hintergründen und aktuellen Prozessen der gesellschaftlichen Entwicklungen".

- Selbst-Kompetenz ist „... die Fähigkeit, sich selbst zu erkennen und zu erfahren, über sich selbst zu bestimmen und sein Leben auf der Basis allgemein-menschlicher ... Verbindlichkeit selbst zu gestalten."

- Sachkompetenz ist die Fähigkeit, „ ... in Ausbildung, Beruf, öffentlichem und privatem Bereich die Sachgüterwelt kooperativ und verantwortlich so zu gebrauchen oder zu verändern, dass sie der gesamten Menschheit nutzbar gemacht und dennoch ihrer eigenen Strukturen und Gesetzmäßigkeiten nicht beraubt wird".

[94] Hobmayer, H. (Hrg.): Pädagogik, S. 198.

[95] Jank, W./Meyer, H.: Didaktische Modelle, S. 211.

In seiner Studie „Konturen eines neuen Allgemeinbildungskonzepts" verwendet Klafki den Begriff „Mündigkeit" nicht mehr. Daraus kann geschlossen werden, dass auch er ihn im Bildungsbegriff aufgehen lässt.[96]

Für Benner/Brüggen besteht die Identität von Bildung und Mündigkeit nicht.[97] Allerdings ist für sie Mündigkeit ohne Bildung und Wissen nicht denkbar. Sie dürfe aber allein schon aus Gründen der in Demokratien rechtlich fixierten Mündigkeit und Gleichheit nicht an bestimmte Grade von Bildung und Wissen zurückgebunden werden. Sie nennen folgende Teilkompetenzen eines Mündigkeitsbegriffs für eine moderne Gesellschaft mit ihrer Pluralität der Deutungsmuster, Weltanschauungen und Lebensformen[98]:

- Kritikfähigkeit, die sich in pluralen Kontexten bewährt;

- Partizipationsfähigkeit, die sich im experimentellen und innovatorischen Umgang mit Eigenem und Fremdem zeigt;

- Einsamkeitsfähigkeit, die den Einzelnen in die Lage versetzt, individuelle Entscheidungen zu treffen und deren mögliche Folgen auf sich zu nehmen;

- eine Skepsis hinsichtlich des erreichten Grades von Mündigkeit und die Einsicht in die Notwendigkeit ständiger Weiterarbeit an ihr.

Im Hinblick auf die unterrichtliche Praxis macht es u. E. Sinn, den Mündigkeitsbegriff nicht ganz im Bildungsbegriff aufgehen zu lassen, weil sich dann doch vielleicht Fähigkeiten, die dem Mündigkeitsbegriff zugeschrieben werden, im schulischen Alltag gezielt einüben lassen.

Schäfer, ein Vertreter der kommunikativen Didaktik, nimmt direkten Bezug auf die wissenschaftstheoretischen und persönlichkeitstheoretischen Arbeiten von J. Habermas und plädiert dafür, den Anteil komplementärer, d. h. hierarchischer Kommunikation in Erziehung und Unterricht abzubauen und die sozialen Lernprozesse in der Schule stärker zu betonen mit dem Ziel, die kommunikative Kompetenz und eine stabile Identität der Heranwachsenden zu fördern.[99]

Eine solche Konkretisierung der Erziehung zur Mündigkeit würde es auch erleichtern, diesen in der Praxis vernachlässigten Aspekt zum Gegenstand be-

---

[96] Vgl. Klafki, W.: Neue Studien zur Bildungstheorie und Didaktik, S. 12 - 30.
[97] Vgl. Benner, D./Brüggen, F.: Mündigkeit, S. 698.
[98] Ebd., S. 698 f.
[99] Vgl. Krüger, H.-H.: Entwicklungslinien und aktuelle Perspektiven einer kritischen Erziehungswissenschaft. In: Sünker, H./Krüger,H.-H.: Kritische Erziehungswissenschaft am Neubeginn?!, S. 171.

wusster und systematischer Reflexion in den betreffenden Schulkonferenzen zu machen.

4. Autonomie – demokratietheoretisch notwendig

4.1 Vorbemerkungen

Eine Zielsetzung, Begründungen für „Autonomie von Schule" zu diskutieren, kann die politikwissenschaftliche Variante mit ihrem Mittelpunkt einer Erziehung zur Demokratie nicht übergehen. Wenn hier dem amerikanischen Pragmatiker John Dewey, dem nach Ansicht des Neopragmatisten Richard Rorty wichtigsten Denker des 20. Jahrhunderts neben Heidegger und Wittgenstein[100], der Vorzug vor dem deutschen Protagonisten Hartmut von Hentig mit seiner auf Dewey zurückzuführenden Vorstellung von „Schule als polis" gegeben wird, ist eine Entscheidung notwendig. Bei der hier beabsichtigten relativ kurzen Skizzierung verbietet sich ein intensiver Rückgriff auf das umfangreiche Werk des amerikanischen Philosophen mit seinen nach Ansicht etlicher Interpreten vielen unklaren und häufig widersprüchlichen Aussagen. Die Erschließung des Themas soll vielmehr anhand ausgewählter, anspruchsvoller Sekundärliteratur und mit Bezug auf sein Hauptwerk „Demokratie und Erziehung" erfolgen. Diese Vorgehensweise erscheint hier auch deswegen vertretbar, weil mit den folgenden Ausführungen keine Neubewertung Dewey'scher Ideen beabsichtigt ist, die sich weit stärker auf die Primärliteratur beziehen müsste.

Das Kapitel wird wie folgt gegliedert: Zunächst werden einige Merkmale des amerikanischen Pragmatismus beschrieben (4.2). Es folgt eine kurze Darstellung der Wesenszüge des Dewey'schen Instrumentalismus (4.3), einer Sonderform des Pragmatismus. Im nächsten Abschnitt wird der Zusammenhang von Philosophie und Demokratie bei John Dewey skizziert (4.4). Die Ausführungen unter den beiden zuletzt genannten Punkten stützen sich auf ein exzellentes Werk von Dirk Jörke[101]. Unter Punkt 4.5 wird der Zusammenhang von Philosophie und Erziehung bei John Dewey beschrieben. Einer kurzen Betrachtung der Funktion der Schule für die Erziehung zur Demokratie (4.6) folgt abschließend eine Beschreibung des Autonomiegedankens in der Pädagogik John Deweys (4.7).

---

[100]   Vgl. Joas, H. (Hg.): John Dewey - Der Philosoph der Demokratie, 2000, S. 8.
[101]   Jörke, D.: Demokratie als Erfahrung. John Dewey und die politische Philosophie der Gegenwart, 2003.

4.2 Zum Pragmatismus

Der Pragmatismus wurde von Charles Sanders Pierce (1839 - 1914) begründet und stellt eine eigenständige Philosophie mit unterschiedlichen Auffassungen ihrer klassischen Vertreter Pierce, James (radikaler Empirismus), Mead (Interaktionismus) und Dewey (Instrumentalismus) dar. Der Begriff Pragmatismus leitet sich vom griechischen pragma = Handlung ab.[102] Damit wird die konkrete Handlung in den Vordergrund des Denkens gerückt: Begriffe, Ideen, Vorstellungen sollen im Kontext der Praxis beurteilt werden. Alles Denken dient der Steuerung des Verhaltens und dem Erreichen lebenspraktischer Ziele. „Als philosophische Richtung betrachtet, ist der Pragmatismus weniger ein Ensemble festgefügter Dogmen ... denn eine Einladung, eine bestimmte Perspektive einzunehmen. Diese Perspektive ist die Betrachtung von Wissenschaft, Religion, Politik usw. als Tätigkeiten, in denen Menschen engagiert und gewissermaßen eingebettet sind."[103]

L. Nagl hat Wesen und steigende Attraktivität des Pragmatismus in einer für den hier verfolgten Zweck ausreichenden Weise auf den Punkt gebracht.[104] Die folgenden Ausführungen lehnen sich eng daran an:

Der Pragmatismus ist erstens antifundamentalistisch, d. h., er bestreitet die rationalistische These, dass es überhistorisch stabile Aprioris gibt, ohne allerdings in einen universellen Relativismus zu verfallen. Es gibt im pragmatischen Denken keine „über jeden künftigen Zweifel erhabene, d. h., als invariant gültig erwiesene 'Absoluta'."[105] Das pragmatische Denken kritisiert zweitens jede Universalisierung deterministischer Erklärungsmuster, d. h., Entwicklungen vollziehen sich nicht mit einer vorgegebenen Notwendigkeit, sie sind durch kein innewohnendes Gesetz sichergestellt. Das pragmatische Denken ist drittens pluralistisch, d. h. u. a., es gibt in den Wissenschaften eine Vielzahl gleichberechtigter, miteinander konkurrierender Methoden, die Reduzierung auf ein Methodenideal (z. B. das physikalische) verbietet sich.

Mit seiner Stoßrichtung gegen den Totalitätsanspruch physikalischer Systeme, seiner Beteiligung an dem Desillusionisierungsprozess der großen Philosophien, seiner Grundtendenz zu einer allgemeinen Liberalisierung des

---

[102] Vgl. Ulfig, A.: Lexikon der philosophischen Begriffe, 1933. Dass bereits hier die Dinge nicht so einfach liegen, verdeutlicht Gräser mit Hinweis auf die unterschiedliche Interpretation des Begriffs Pragmatismus bei Pierce und James. Letzterer beziehe sich auf Platon, Pierce dagegen auf Kant mit entsprechenden Auswirkungen (vgl. Gräser, A.: Positionen der Gegenwartsphilosophie. Vom Pragmatismus bis zur Postmoderne, S. 20)

[103] Gräser, A.: Positionen der Gegenwartsphilosophie, S. 18.

[104] Vgl. Nagl, L.: Pragmatismus. 1998, S. 7 ff.

[105] Ebd., S. 7

Denkens und wegen der offenkundigen Dauerkrise des (Neo-)Positivismus gewinnt der Pragmatismus an Aktualität und Brisanz.

4.3 John Deweys Pragmatismus

John Dewey hat seine Version des Pragmatismus selbst mit Instrumentalismus gekennzeichnet und sich damit dem Vorwurf ausgesetzt, eine instrumentalistische Reduktion der Rationalität geliefert zu haben. Deweys Vorstellungen zur Entwicklung der Demokratie, zur Rolle der Erziehung und zur Funktion der Schule sind ohne Kenntnis der Kernstücke seines Ansatzes, seiner naturalistischen Philosophie der Erfahrung und seiner Auffassung vom Denken als Problemlösungshandeln nicht voll zu verstehen. Die folgenden Ausführungen zu den wesentlichen Facetten seiner Philosophie des aktiven Eingreifens in die Welt stützen sich - wie oben angekündigt - auf die u. E. ausgezeichnete Werkinterpretation von Dirk Jörke.

Der frühe Dewey war von Hegels Denken stark beeindruckt; Motiven Hegels bleibt er zeit seines Lebens verpflichtet.[106] Hegels Dialektik liefert ihm den Ansatzpunkt zur Überwindung der traditionellen Dualismen, einem Anliegen, das sich in seiner gesamten Philosophie widerspiegelt. Wegen ihrer spekulativen Prämissen entfernte er sich aber später von der idealistischen Philosophie. Maßgeblich beeinflusst von W. James und Ch. Darwin, entwickelte er seine naturalistische Philosophie. James beeindruckte ihn durch seine Abkehr von einer spekulativ-philosophischen Betrachtung der Welt, seiner Anwendung der experimentellen Methode und seinem radikalen Empirismus.[107] Der Evolutionstheorie Darwins entnahm er die These von der Kontinuität des Lebens, die Überzeugung, dass das menschliche Leben und der menschliche Geist sich aus niederen Formen entwickelt haben. Hieraus leitet er sein Kontinuitätsprinzip ab, nach dem es keinen unüberbrückbaren Gegensatz von Erfahrung und Natur gibt. Der von James und Darwin behauptete dynamische Charakter der Welt, ihre ständige Veränderung und Entwicklung, veranlassen Dewey, Kontingenz, Wandel und Wachstum als unhintergehbare Bestandteile der menschlichen Erfahrungswelt anzuerkennen.[108] Deweys naturalistischer Humanismus[109] bricht mit der Suche nach letzten Prinzipien,

---

[106] Vgl. Nagl, L.: Pragmatismus. 1998, S. 114.

[107] Nach dem Metzlerschen Lexikon der Philosophie bezeichnet Empirismus die erkenntnistheoretische Lehre, der zufolge alles Wissen seinen Ursprung allein in der Erfahrung hat, d. h. nicht im Verstand oder in der Vernunft, wie der Rationalismus es annehmen würde (S. 122 f.).

[108] Nicht nur in dieser Beziehung erweist sich Dewey durchaus als postmoderner Philosoph.

[109] Nach Jörke besagt der Terminus, dass der Mensch in der Welt zu Hause ist, sich aber gleichwohl unablässig mit ihr auseinandersetzen muss; er ist in ihr nicht geborgen.

Grundlagen, Gewissheiten. Er kritisiert den „intellektualistischen Fehlschluss" der abendländischen Philosophie. Sie habe Erfahrung oder Realität immer nur als erkannte Erfahrung oder Realität in den Brennpunkt ihrer Reflexion genommen. Nach Dewey darf aber Philosophie als Form der reflexiblen Erfahrung den Bezug zur primären Erfahrung nicht verlieren. Der Mensch existiert in der Natur. Er begegnet der Welt meist präkognitiv. Erfahrung ist für Dewey wesentlich umfangreicher als Erkennen, sie schließt die unmittelbare Erfahrung ein. Philosophie muss als Form der sekundären reflexiblen Erfahrung zu den primären Erfahrungen der Menschen in Verbindung stehen.[110] Sie muss praktische Orientierung in einer Weise ermöglichen, die einen Unterschied in Richtung auf eine Verbesserung des alltäglichen Lebens bedeutet. Ihr Bezug zur Praxis ist ein doppelter: Sie ist gefragt, wenn Handlungsorientierungen brüchig geworden sind und wenn es gilt, neue Handlungsmöglichkeiten zu entwickeln. Deweys Naturalismus ist also auf eine Verbesserung des Handelns gerichtet; er hat produktiven Charakter.

Der erweiterte Erfahrungsbegriff führt zu Deweys Begriff vom Problemlösungshandeln und zur seiner Theorie erfolgreichen Denkens.[111] Der Mensch lebt und agiert zumeist ohne besondere Reflexion in seiner Umwelt, was mit dem Begriff der primären Erfahrung abgedeckt ist (s.o.). Problematische Situationen aber erfordern Intelligenz zu ihrer Überwindung. In solchen Situationen zerfällt die vorbewußte Einheit von Organismus und Umwelt. Denken bedeutet nun die Suche nach Problemlösungen. Diese Beziehung zwischen Denken und Handeln bezeichnet Dewey mit „Instrumentalismus". Immer dann, wenn ein Konflikt kreativ gelöst wird, entsteht eine neue

---

[110]   In einer Schlussbetrachtung fasst Jörke Deweys Erfahrungsbegriff so zusammen: „In der primären Erfahrung ist die Welt dem Menschen unmittelbar und vorreflexiv gegeben; er hat sie; er ist in der Welt, so wie der Fisch im Wasser ist. Wenn das Gleichgewicht zwischen Mensch und Umwelt, zwischen Erfahrung und Natur jedoch gestört ist, wird eine Suche nach Lösungen in Gang gesetzt, deren Ziel die Wiederherstellung der unmittelbaren Einheit ist. Diesen Prozess bezeichnet Dewey als sekundäre und reflexible Erfahrung; in ihr werden Subjekt und Objekt zu funktionalen Zwecken getrennt". (Jörke, D.: Demokratie als Erfahrung, S. 239). Eine interessante Untersuchung des zentralen Dewey'schen Konzepts der Erfahrung liefert Richard Shusterman in: Dewey über Erfahrung: Fundamentalphilosophie oder Rekonstruktion? In: Joas, H. (Hg): Philosophie der Demokratie, S. 81 ff.

[111]   „Denken, so ist das Argument in Deweys 'Studies in Logical Theory', entwickelt sich nicht in Reaktion auf abstrakte Fragen der Logik, sondern von spezifischen Situationen, in denen wir auf konkrete Hindernisse stoßen. Als Antwort auf solche Situationen konzipieren wir Pläne zweckorientierten Handelns zur Beeinflussung der Abläufe in unserer Umwelt". Kloppenberg, J. T.: Demokratie und Entzauberung der Welt: Von Weber und Dewey zu Habermas und Rorty. In: Joas, H. (Hg.): Philosophie der Demokratie, S. 56.

Handlungsgewohnheit und damit ein Wachstum der Erfahrung. Dieser Prozess ist nie abgeschlossen; die Richtung des Wachstums ist nicht voraussagbar.

In seiner Theorie der „Inquiry" beschreibt Dewey den Prozess des Denkens beim Problemlösungshandeln entsprechend der Vorgehensweise von Wissenschaftlern beim Forschungsprozess in fünf Schritten: I. Man begegnet einer Schwierigkeit; II. Sie wird lokalisiert und präzisiert; III. Ansatz einer möglichen Lösung; IV. Logische Entwicklung der Konsequenzen des Ansatzes; V. Weitere Beobachtung und experimentelles Vorgehen führen zur Annahme oder Ablehnung.[112]

Im Forschungsprozess muss die Hypothese in einem abschließenden Experiment bestätigt werden; im alltäglichen Problemlösungshandeln muss sich das Ergebnis der Inquiry im praktischen Handeln bewähren. Der Kooperation misst Dewey sowohl im Forschungsprozess als auch im alltäglichen Problemlösungshandeln große Bedeutung zu.[113]

4.4   Philosophie und Demokratie bei John Dewey

In John Deweys naturalistischer Philosophie spielt - wie oben dargestellt - die Idee des Wachstums der Erfahrung eine herausragende Rolle. Nicht jede Gesellschaftsform ermöglicht aber die Entfaltung des Wachstumspotentials. Wachstum ist nur in einer Welt denkbar, die durch Offenheit und Kontingenz gekennzeichnet ist. Beeinflusst durch seinen Freund G. H. Mead und dessen Interaktionismus, gilt Kommunikation bei Dewey als eine wesentliche Voraussetzung für die Möglichkeit des Wachstums sowohl der Gesellschaft als auch des Einzelnen. Demokratische Verhältnisse allein ermöglichen einen

---

[112]   Zitiert nach Schilmöller, R.: Projektunterricht, Möglichkeiten und Grenzen entschulten Lernens in der Schule. In: Regenbrecht, A./Pöppel, K. G.: Erfahrung und schulisches Lernen, S. 180. Die fünf Phasen/Stadien des Forschungsprozesses werden ausführlich dargestellt in Jörke, D.: Demokratie als Erfahrung, S. 80 ff. und Nagl, L.: Pragmatismus, S. 119 ff. Eine sehr anspruchsvolle Darstellung liefert Hans-Peter Krüger in: Prozesse der öffentlichen Untersuchung. Zum Potential einer zweiten Modernisierung in John Deweys „Logic. The Theory of Inquiry". In: Joas, H. (Hg.): Philosophie der Demokratie, S. 194 - 234.

[113]   Habermas äußert sich dazu wie folgt: „Dewey geht von dem Bild einer kooperierenden Gemeinschaft aus, die mit den Kontingenzen ihrer überraschenden Umwelt offensiv zurechtkommt. Sie bewältigt herausfordernde Situationen gleichviel, ob es sich um theoretische oder praktische Fragen handelt, auf dieselbe Weise, nämlich durch intelligentes Verhalten. Darunter versteht Dewey ein Problemlösungsverhalten, das durch soziale Zusammenarbeit, einfallsreiches hypothetisches Denken und experimentellen Zugriff charakterisiert ist." Habermas, J.: Werte und Normen. Ein Kommentar zu Hilary Putnams Kantischen Pragmatismus. In: Raters, M.-L./Willaschek, M.: Hilary Putnam und die Tradition des Pragmatismus, S. 299.

ungehinderten Kommunikationsfluss und das ungehinderte Wachstum des Individuums.[114] Diese Demokratie als Lebensform, die umfassendere von zwei komplementären Demokratiekonzeptionen bei Dewey, ermöglicht also die größtmögliche Entfaltung des Individuums. Sie ist kein Besitz, sondern Aufgabe, gewaltlose „permanente Revolution" (Habermas). Das zweite Verständnis von Demokratie bei Dewey zielt nach Jörke auf politisches Handeln im engeren Sinne, auf die prozedurale Demokratie ab. Im Kern geht es bei dieser Konzeption um die kooperative Lösung öffentlicher Probleme mit Hilfe von Forschungsgemeinschaften. „In demokratischen wie in wissenschaftlichen Gemeinschaften überprüfen freie und kreative Individuen gemeinsam Hypothesen, um herauszufinden, was am besten funktioniert."[115] Auch hier gilt, dass „Kommunikation, so unvollendet sie auch immer sein mag, den Dauerprozess der Dauerbewältigung sozialer Probleme, den Dewey als Wesenskern von Demokratie verstand,"[116] erst ermöglicht.

Die Ausbreitung eines kompromisslosen Forschergeistes und demokratische Kommunikation und Problembewältigung stellten für Dewey das Mittel zum in permanenter Weiterentwicklung befindlichen Zweck von Gleichheit und Gerechtigkeit dar.[117] Die beiden Demokratiemodelle beeinflussen und ergänzen sich gegenseitig. „In einer Gesellschaft, die weitgehend demokratisch verfasst ist, werden Dewey zufolge auch die Konfliktlösungsmechanismen intelligentere Ergebnisse produzieren, und je demokratischer der politische Prozess strukturiert ist, umso größer ist die Wahrscheinlichkeit, dass sich entsprechende Rückkopplungen auf die anderen Sphären der Gesellschaft ergeben."[118]

---

[114] Nach Alan Ryan war Dewey der Grundüberzeugung, dass die liberale Demokratie das einzig tolerierbare politische Glaubensbekenntnis der modernen Welt sei. Vgl. Ryan, A.: Pragmatismus, soziale Identität, Patriotismus und Selbstkritik. In: Joas, H. (Hg.): Philosophie der Demokratie, S. 317.

[115] Kloppenberg, J. T.: Demokratie und Entzauberung der Welt. In: Joas, H. (Hg.): Philosophie der Demokratie, S. 61.

[116] Ebd., S. 71.

[117] Ebd., S. 78.

[118] Jörke, D.: Demokratie als Erfahrung, S. 207.

4.5 Philosophie und Erziehung

Deweys Vorstellung von Erziehung[119] steht im Widerspruch zu denen der traditionellen Pädagogik, die sie als Förderung der Entwicklung naturgegebener Anlagen (Rousseau) oder als pädagogisch definierte Einwirkung (Locke) begriff.[120] Für Dewey ist Lernen gebunden an Handeln und nicht einfach als innerpsychische Aktivität zu begreifen.[121] Erziehung vollzieht sich nach Dewey primär als informal education außerhalb der Schule.[122] Diese ist maßgebend auch für die formal education in der Schule. Kinder stoßen auf Probleme und suchen nach Lösungswegen. Erkenntnis und Lernfortschritt gehen in das weitere Handeln ein. Die bereits mehrfach erwähnte Idee des Wachstums führt ihn zur Auffassung, „dass Erziehung eine ununterbrochene Rekonstruktion, eine ständige Neuorganisation der Erfahrung sei."[123] Die gegebene Erfahrung dient als Mittel zur fortschreitenden Erweiterung und Verbesserung der Erfahrung. Daraus ergibt sich Deweys fachwissenschaftliche Definition der Erziehung: „Sie ist diejenige Rekonstruktion und Reorganisation der Erfahrung, die die Bedeutung der Erfahrung erhöht und die Fähigkeit, den Lauf der folgenden Erfahrung zu leiten, vermehrt."[124] Bei diesem Vorgang werden neben der eigenen Erfahrung über Sprache und Kommunikation die Erfahrungen anderer, auch früherer Generationen, einbezogen. Die Grundstrukturen von Deweys Begriff der Erziehung korrespondieren also mit denen

---

[119] In einem Vortrag anlässlich eines Kolloquiums zum Thema „Erziehen - Lehren - Lernen" am 09.07.2004 in der Carl von Ossietzky Universität Oldenburg hat Jürgen Oelkers nachgewiesen, dass die Auffassung einer demokratischen Erziehung lange vor Dewey entwickelt wurde.

[120] Vgl. Oelkers, J.: Bruch und Kontinuität. Zum Modernisierungseffekt der Reformpädagogik. In: Zeitschrift für Pädagogik, 1994, Nr. 4, S. 568.

[121] Den Zusammenhang von Erkennen, Handeln und Wachstum der Erfahrung hat Dewey selbst wie folgt veranschaulicht: „Was geschieht z. B., wenn ein Zimmermann an seinem Brett oder ein Graveur an seiner Platte arbeitet - oder bei irgendeiner anderen Art zusammenhängenden Tuns? Während einerseits jede Bewegung dem durch die Sinnesorgane angezeigten Stand der Dinge in der Welt angepasst ist, formt diese Bewegung zugleich den nächsten Reiz. Verallgemeinern wir diese Feststellung, so können wir sagen: das Gehirn ist das Werkzeug einer beständigen Neugestaltung des menschlichen Tuns im Sinne der Aufrechterhaltung seines Zusammenhanges, d. h., es dient einer solchen Abänderung des zukünftigen Handelns, wie sie durch das frühere Handeln notwendig gemacht wird." Dewey, J.: Demokratie und Erziehung, S. 432.

[122] Vgl. Bohnsack, F.: Demokratie als erfülltes Leben, S. 25.

[123] Dewey, J.: Demokratie und Erziehung, S. 108.

[124] Ebd., S. 108 und 415. Dazu Jürgen Oelkers: Deweys Pragmatismus erlaubt eine handlungstheoretische Rekonstruktion des Entwicklungsgedankens, welcher dann ganz einfach als Wachstum (growth) der Erfahrung des Kindes konzipiert wird." In: Theorien der Erziehung - Erziehung als historisches und aktuelles Problem in: Roth, L. (Hg.): Pädagogik - Handbuch für Studium und Praxis, S. 270.

seines Demokratiebegriffs. „Insofern kann er Erziehung und Demokratie weitgehend identifizieren."[125]

Die angestrebte zielstrebige Neuordnung des Erfahrungsstoffes durch Handeln ist mit dem Begriff „Intelligenz" zu fassen. Damit ist das philosophische Denken in seinem pragmatischen Funktionalismus gemeint, mit dem sich Dewey vom „Geist", vom „Erkennen" der dualistischen Philosophien absetzt.[126]

Nach Dewey beschäftigt sich Philosophie mit Problemen des sozialen Lebens.[127] Wenn aber „Erziehung als Vorgang der Formung grundlegender geistiger und Gemütsdispositionen für das Verhalten zur Natur und zu den Mitmenschen" bezeichnet werden kann, wird seine Definition verständlich, nach der Philosophie die Theorie der Erziehung in ihrer allgemeinsten Gestalt und Erziehung die planmäßige Durchführung der Philosophie in der Praxis ist.[128]

4.6   Zur Funktion der Schule

Erziehung hat nach Dewey die Aufgabe, die Entwicklung einer demokratischen Gesellschaft zu fördern.[129] In den bestehenden Demokratien sieht er die Idee der Demokratie als „soziale Idee" nur unvollkommen realisiert. Selbst im eigenen Lande beobachtet er Verfallsformen des demokratischen Lebens.

Der Schule und dem Kindergarten als den wichtigsten Sozialisationsinstanzen stellt sich die Aufgabe, die beiden Facetten seines Demokratiebegriffs, Demokratie als Lebensform und Demokratie als Verfahren der kooperativen Problemlösungssuche, einzuführen.[130] Die traditionelle Schule sieht er eher als eine Gefahr als eine Stütze der Demokratie.[131] Damit sozialer Geist

---

[125]   Bohnsack, F.: Demokratie als erfülltes Leben, S. 25.
[126]   Vgl. Dewey, J.: Demokratie und Erziehung, S. 416.
[127]   Vgl. Dewey, J.: Demokratie und Erziehung, S. 417.
[128]   Ebd., S. 423, 426, 427.
[129]   Ebd., S. 162. Diese Auffassung ist nach Jürgen Oelkers keineswegs allein John Dewey zuzuschreiben. Im bereits erwähnten Vortrag in Oldenburg weist er darauf hin, dass Demokratie schon etwa seit Mitte des 19. Jahrhunderts Bezugsrahmen amerikanischer Pädagogik wird.
[130]   Jürgen Oelkers hat Deweys Erziehungstheorie in der Geschichte pädagogischen Denkens verortet und herausgestellt, dass er als erster „Demokratie" als Maßstab erziehungstheoretisch reflektiert habe. Vgl. Oelkers, J.: John Deweys Philosophie der Erziehung. In: Joas, H.: Philosophie der Demokratie, S. 280 ff.
[131]   Vgl. Flitner, A.: Reform der Erziehung. Impulse des 20. Jahrhunderts, S. 102. Auch Fritz Bohnsack sieht Deweys Bedeutung darin, dass er die Mängel der traditionellen Schule und der Gegenextreme der „Progressivisten" dialektisch überwunden habe. Vgl. Bohnsack, F.: John Dewey. In: Klassiker der Pädagogik 2, S. 87.Jürgen Oelkers weist

in der Schule wirksam werden kann - für Dewey sind die moralische und die soziale Seite des menschlichen Verhaltens miteinander identisch - müssen zwei Bedingungen erfüllt sein: Erstens muss das Schulleben selbst ein Gemeinschaftsleben sein, „eine Gemeinschaft in kleinem Maßstab, in der Wachsen und Lernen sozusagen Nebenerzeugnisse gemeinsamer Erfahrung sind."[132] Zweitens muss die übliche Trennung zwischen Schule und Leben aufgehoben werden. „Das Lernen innerhalb der Schule sollte in stetigem Zusammenhang mit dem außerhalb der Schule stehen. Zwischen Schule und Leben sollte ein freies Wechselspiel bestehen."[133] Entsprechend seiner pragmatischen Erkenntnistheorie stellt sich ihm schulisches Lehren und Lernen als kontinuierlicher Prozess der Erfahrung dar, in dem die Rezeptivität des herkömmlichen Schullernens aufgegeben und durch Selbsttätigkeit des Schülers und praktisches Tun - immer mit dem Denken, mit geistiger Aktivität verbunden[134] - ersetzt werden, Merkmale seiner „Projektmethode".[135/136]

---

in seinem o. g. Vortrag darauf hin, dass Ella Flaggjan bereits 1900 in ihrer Dissertation zum Thema ˝Isolation in the school" folgende Kritikpunkte an der alten Schule aufzählt: Die Einteilung der Schüler nach Jahrgängen und Stufen, die Abgrenzung der Fächer, das unzusammenhängende Curriculum, die starre Verteilung von Lehrern und Schülern, den minuziösen Zeitplan und den daraus resultierenden (mechanischen) Unterricht, der sich nach Methoden und nicht nach Schülern richtet. Dewey hat bekanntlich einige dieser Fehler der herkömmlichen Schule vermeiden wollen (s. u.).

[132] Dewey, J.: Demokratie und Erziehung, S. 457.

[133] Ebd., S. 458

[134] Die neuere Deweyforschung hat klargestellt, dass „Learning by Doing" im Deweyschen Sinne nicht vorrangig etwas „Praktisches" meint. Vgl. Popp, S./Hameyer, U.: „John Dewey neu lesen." In: Schreier, H.: Rekonstruktion der Schule, S. 98.

[135] R. Schilmöller hat in anspruchsvoller Weise und in Auseinandersetzung mit verschiedenen Kritikern des herkömmlichen Schulunterrichts Herkunft, Kennzeichen und theoretische Grundlage des Projektunterrichts untersucht und seine Möglichkeiten und Grenzen aufgezeigt. Er unterzieht dabei auch Deweys Konzeption des Projektunterrichts einer kritischen Betrachtung. Vgl.: Schilmöller, R.: Projektunterricht - Möglichkeiten und Grenzen entschulten Lernens in der Schule. In: Regenbrecht, A./Pöppel, K.-G. (Hg.): Münstersche Gespräche zu Themen der wissenschaftlichen Pädagogik, 1995, S. 166 ff.

[136] John Dewey hat seine Vorstellungen an der University Elementary School der neu gegründeten Universität von Chicago ausprobiert. Die Schule wurde 1896 eröffnet, zunächst mit 16 Schülern und 2 Lehrern, bis 1902 anwachsend auf 140 Schüler, 23 Lehrer und 10 Assistenten. Die Gründung dieser Modellschule ("Deweys School"/"Laboratory School"/"Model School") war die erste öffentliche Aktivität des Departement of Pedagogy - der Universität von Chicago, dem Dewey vorstand. Die Schule entsprach nach Meinung vieler Beobachter den hohen Erwartungen. Nach Auseinandersetzungen mit der Universitätsverwaltung kündigte Dewey und erhielt Ende 1904 einen Ruf an die Columbia University, wo er 1905 seine neue Tätigkeit aufnahm. Die Modellschule bestand zwar formell weiter, aber die Verknüpfung von reformerischem Charisma, origineller Theorie und großzügiger Praxis ging verloren. (Fast wörtlich nach Oelkers, J.: Reformpädagogik, S. 138).

4.7   Zum Autonomiebegriff bei John Dewey

Die Geschichte der Pädagogik hat aufgrund der Entstehungsgeschichte der Vereinigten Staaten in den USA einen anderen Verlauf genommen als in Deutschland. Zwar bestanden anfangs auch dort in verschiedenen Staaten Verbindungen zwischen Schule und Kirche, die Säkularisierung der Schule mit dem Gedanken einer staatlichen Schulaufsicht setzte sich aber bereits in der Zeit zwischen 1825 und 1860 durch.[137] Die Befreiung der Schule von nahezu allen kirchlichen Einflüssen ist in der Zeit des Wirkens von John Dewey bereits abgeschlossen. Wegen der gänzlich anderen Auffassung von Erziehung und der Bedeutung des Bildungswesens finden sich im Amerika dieser Zeit keine Bestrebungen, die dem Ringen um Eigenständigkeit des Bildungsbereichs, um Autonomie der Schule oder um einen Anspruch auf Autonomie des erzieherischen Verhältnisses wie in der Zeit der Reformpädagogik und bei den Vertretern der geisteswissenschaftlichen Pädagogik direkt vergleichbar wären. Erziehung und Bildung sind in Amerika von Anfang an mit Staat und Gesellschaft verbunden. „Die entscheidende Eigentümlichkeit des amerikanischen Bildungswesens ist sein demokratischer Grundcharakter, zu dem die Einstellung auf die soziale Aufgabe der Erziehung im weitesten Sinne dieses Wortes tritt."[138]

Von der Autonomie eines Kulturbereichs „Erziehung" wie bei Nohl kann bei Dewey also nicht die Rede sein. Kernpunkt des Dewey'schen Konzepts einer pädagogischen Autonomie ist ein dialektisches Verhältnis von Schule und Gesellschaft.[139] Eine absolute Unabhängigkeit der Schule von der Gesellschaft, die ja auch von den Vertretern der geisteswissenschaftlichen Pädagogik nie behauptet wurde, gibt es für Dewey nicht. Schule ist allein schon über die Lehrinhalte und durch die Orientierung ihrer Lernprozesse „am Leben" gesellschaftsbezogen. Will sie aber ihrem Auftrag zur Heranziehung kritisch urteilsfähiger Bürger gerecht werden, bedarf es in allen Gesellschaften ihrer Distanzierung von der Gesellschaft. Sie hat eine spezifische Funktion in und gegenüber der Gesellschaft. Sie nimmt in einer bereinigten Umwelt die künftige Gesellschaft vorweg und übt sie ein. Durch größere Autonomie gewinnt die Schule ihre Wirksamkeit als wesentliche Instanz für die Verbesserung der Gesellschaft und erfüllt so ihre gesellschaftliche Aufgabe.

Autonomie der Schule nach innen spiegelt sich in der Grundidee wider, dass die Schule selbst ein demokratisches Gebilde, ein Gemeinwesen in nuce sein muss. Ihr demokratischer Charakter zeigt sich erst dann, wenn die Ler-

---

[137]   Zur Entwicklung des Bildungswesens in den Vereinigten Staaten vgl. Hylla, E.: Das Bildungswesen der Vereinigten Staaten. In: „Amerikakunde", 1966, S. 401 ff.

[138]   Ebd., S. 443.

[139]   Ausführlich dargestellt in Bohnsack, F.: Erziehung zur Demokratie, S. 459 ff.

nenden an der Zielsetzung beteiligt werden. Die innere Zustimmung des Lernenden, seine Akzeptanz von Ziel, Inhalt und Methode sind Voraussetzungen für Erziehung. Die Schülerrolle muss sich in Richtung auf die Freisetzung der Eigenständigkeit ändern. Entsprechend verändert sich auch die Lehrerrolle. Der Lehrer wird zum Beobachter und Helfer. Er bleibt aber unumgängliches Medium zwischen den Inhalten und den individuellen Bedürfnissen der Schüler. Damit der Lehrer seiner Funktion besser nachkommen kann, fordert Dewey mehr Autonomie für ihn.[140]

Wie die pädagogische Bewegung seit Rousseau anerkennt auch Dewey den Eigenwert des Kindes und macht dem Lehrer die Abwehr unpädagogischer Ansprüche zur Aufgabe. Anders als Nohl, der Autonomie primär zum Schutz der kindlichen Entwicklung fordert, sieht Dewey vorrangig den gesellschaftlichen Fortschritt. Er verbindet die individuelle Seite der Erziehung mit der primären Orientierung am gesellschaftlichen Fortschritt. Die Entwicklung der subjektiven Denk- und Urteilsfähigkeit des Heranwachsenden erfolgt im Hinblick auf eine Steigerung der Lebensqualität für alle und damit zur Gesellschaftsveränderung.

Im Unterschied zum Autonomiebegriff der deutschen geisteswissenschaftlichen Pädagogik verknüpft Dewey also die Forderung nach Berücksichtigung des „Wohls" und der Emanzipation des Kindes von vornherein mit der Idee einer Verbesserung der gesellschaftlichen Verhältnisse.

Deweys Vorstellung von Schule als einer kleinen „embryonic democratic society", durch die diese Institution eine gesellschaftsverbessernde Funktion gewinnen soll, erfordert es, dass die Lehrkräfte in Zusammenarbeit mit den Eltern und Schülern in hohem Maße selbst über die Gestaltung der Schule, über den Unterricht und das Schulleben entscheiden. In dieser Vorstellung spiegelt sich ein unaufgebbares demokratietheoretisches Begründungsargument für die Autonomie von Schule.

---

[140] Bemerkenswert ist Deweys Forderung nach einer verbesserten Lehrerausbildung. Der Lehrer soll zum psychologisch vorgebildeten Fachmann für Erziehung und zum fachwissenschaftlich und fachdidaktisch geschulten Experten werden.

5. Autonomie – ideologisch mißbraucht

5.1 Vorbemerkungen

Der Gebrauch des Adverbs „ideologisch" erscheint problematisch; es ist vieldeutig und umstritten.[141] Legt man eine allgemeine Definition von „Ideologie" zugrunde, können alle Diskurse als „ideologisch" bezeichnet werden, weil alle in gewisser Weise gruppenspezifische Interessen ausdrücken. K. Salumun hat folgende sieben vom Verfasser gekürzte Gesichtspunkte zur Weltanschauungsanalyse und Identifizierung von Ideologien aufgestellt:[142]

- Absolutheitsansprüche in Form von Behauptungen über absolut wahre Einsichten und Prinzipien

- Das Denkmotiv eines „höheren" ausschließlichen Wissens, d. h. die Inanspruchnahme eines Interpretationsmonopols

- Die besondere Art der Abschirmung des beanspruchten Interpretationsprivilegs gegen Kritik („Immunisierungsstrategien")

- Dogmatisierte dichotomische Deutungsraster zur Interpretation der politischen Realität (z. B. „sozialistisch-bürgerlich")

- Vorhandensein dämonisierter Feindbilder und im Zusammenhang damit von Verschwörungstheorien

- Verbindung der ideologisch vorhandenen Gedankengebilde mit utopischmessianischen Heilsideen, deren Realisierung in der irdischen Welt in Aussicht gestellt wird

- Vermischung politisch-weltanschaulicher Gedankengebilde mit gut bestätigten wissenschaftlichen Hypothesen und Tatsachenerkenntnissen

Nun ist freilich der Marxismus-Leninismus als Großideologie hinreichend bekannt und diskreditiert und die sich auf ihn berufende materialistische Pädagogik dadurch ideologisch belastet. „Emanzipation" ist bei Marx ein Kampfbegriff, Zielperspektive und Heilsidee, in der materialistischen Pädagogik eine pädagogisch-politische Kategorie. Autonomie der Schule ist in ihr Voraussetzung für die Emanzipation ihrer Lehrer und Schüler.

Im Folgenden sollen nach einer kurzen Charakteristik der materialistischen Pädagogik (5.2) Grundzüge der „Kritischen Schule" (Streitschrift) von

---

[141] Vgl. Salumun, K.: Ist mit dem Verfall der Großideologien auch die Ideologiekritik zu Ende? In: Salumun, K. (Hg.): Ideologien und Ideologiekritik, S. 40 ff.
[142] Vgl. ders.: Ideologien und Ideologiekritik, S. 44 ff. Nützlich für die Beurteilung von Ideologien ist auch die restriktive Definition von P. v. Zima im o. g. Werk, S. 57 f.

Hans-Jochen Gamm[143] - nach H. Krüger einer der produktivsten und einfluss-
reichsten Vertreter der materialistischen Erziehungswissenschaft - dargestellt
(5.3) und in einigen Punkten kritisch betrachtet werden (5.4). Ein Exkurs zum
Thema „Emanzipation" schließt sich an.

5.2 Zur materialistischen Pädagogik

Die materialistische Pädagogik gründet auf den Materialismus mit seinen
verschiedenen Erscheinungsweisen, dem Nominalismus des späten Mittelal-
ters, dem Materialismus der französischen Aufklärungsphilosophie, dem Historischen Materialismus bei Feuerbach, Marx und Engels und der kritischen
Theorie von Horkheimer und Adorno.[144] Dem Materialismus liegt eine philosophische Weltsicht zugrunde, „die im Stoff (Körper) die Substanz aller
Wirklichkeit erkennt und den Geist (Bewußtsein) als davon abhängig betrachtet."[145] Allen Ausprägungen des Materialismus ist nach Gamm gemeinsam, dass sie das Widerständige, die Kraft des Subjekts betonen, sich gegen
die ihm zugemuteten Anpassungen und Verformungen zu wehren. Der Materialismus antizipiert in allen seinen Spielarten eine noch nicht in die Geschichte eingetretene befreite Gesellschaft.[146]

Nach materialistischem Verständnis stehen alle mentalen Vorgänge letztlich im Zusammenhang mit gesellschaftlichen Produktionsbedingungen.[147] In
Marx' historischem Materialismus wird Geschichte als Produktionsprozess
aufgefasst. Geschichtliche Bewusstseinsformen werden auf ökonomische
Produktionsstrukturen zurückgeführt. Der geistige Überbau, also alles Ideen-
hafte, z. B. Sittlichkeit, Recht, Religion, Kultur, wird durch das Ökonomische
bestimmt; er spiegelt nur die materiellen Voraussetzungen wider. Die ökonomischen Produktionsstrukturen formen das gesellschaftliche Sein des Menschen. Dieses Sein, die materielle Praxis des Menschen, bestimmt sein Bewußtsein. Das Selbstbewußtsein des Menschen erwächst aus den sozialen
Bedingungen und wird durch die herrschenden Verhältnisse ausgeformt, in

---

[143] Gamm, H.-J.: Kritische Schule. Eine Streitschrift für die Emanzipation von Lehrern
und Schülern. Paul List Verlag KG, München 1970. Heinz-Elmar Tenorth kennzeichnet Gamms „Kritische Schule" als eine der typischen Schriften der Pädagogik der
Neuen Linken, die sich um den politischen Kampf kümmern. (Vgl.: Die zweite Chance. In: Sünker, H./Krüger, H.-H.: kritische Erziehungswissenschaft am Neubeginn?!, S.
144 (Fußnote 25).

[144] Vgl. Gamm, H.-J.: Zehn Thesen zum Materialismus in pädagogischer Absicht. In:
Jahrbuch für Pädagogik 1997, S. 17 f.

[145] Beutler, K.: Zur Frage der marxistischen Methode in der Pädagogik. In: Jahrbuch für
Pädagogik 1997, S. 94.

[146] Vgl. Gamm, H.-J.: Jahrbuch für Pädagogik 1997, S. 18 f.

[147] Das Folgende z. T. nach Ulfig, A.: Lexikon der philosophischen Begriffe, Stichwort:
„Materialismus".

der spätbürgerlichen Gesellschaft als Folge der revolutionären kapitalistischen Produktionsverfahren verformt.

Der Materialismus zielt darauf ab, dass sich dem Menschen sein Gattungsbewußtsein erschließt. Der Weg dahin führt über eine grundlegende Kritik der politischen Ökonomie und der kapitalistischen Produktionsverfahren.

Der pädagogische Ansatz, das Individuum zur Bewährung in einer entfremdeten Welt aufzurufen, ist falsch. Eigentliche Aufgabe im Sinne der materialistischen Pädagogik ist es, die Wahrheit der Entfremdung ins kollektive Bewußtsein zu heben.[148] Schule ist der Ort der Kritik gegebener Verhältnisse. Aber sie existiert nicht als autonome Institution. Sie ist Teil der bestehenden Gesellschaft, spiegelt die gesellschaftlichen Verhältnisse wider - „eine auf Konkurrenzwirtschaft basierende Gesellschaft fordert auch in den Bildungsinstitutionen die Konkurrenz"[149] - und perpetuiert sie.

In der materialistischen Pädagogik treten nach Gamm die Begriffe Erziehung und Bildung auseinander, bleiben aber aufeinander verwiesen. Mit der Erziehung eignet sich das Individuum die Tradition an, baut sein rezeptives Vermögen auf und verinnerlicht Selbstdisziplin.[150] Aber Lernen muss auf Mündigkeit angelegt sein.

Pädagogen müssen erkennen, dass ihr Handeln ohne übergreifende Perspektive lediglich die Verwertbarkeit der angeleiteten Subjekte sichert. „Der vom Materialismus abgeleitete Bildungsbegriff richtet sich (daher) gegen die Positivität der vorfindlichen Wirklichkeit und deren eingeforderte Legitimation."[151]

---

[148] H.-H. Krüger kritisiert an der materialistischen Pädagogik u. a., dass sie mit der Marxschen Kritik der politischen Ökonomie ein gesellschaftstheoretisches Erklärungsmodell des 19. Jahrhunderts unhinterfragt fortgeschrieben habe. Als weitere Kritikpunkte nennt er das Festhalten an einem arbeitszentrierten Menschenbild unter Vernachlässigung anderer Dimensionen menschlicher Praxis, die Unklarheit hinsichtlich des Stellenwerts der favorisierten Psychoanalyse in diesem Theoriegebäude und die Problematik des im Anschluss an die Traditionen der Aufklärungs- und Arbeiterbewegung formulierten Bildungsbegriffs. (Vgl. Krüger, H.-H.: Einführung in Theorien und Methoden der Erziehungswissenschaft, S. 106 f.).

[149] Beutler, K.: Jahrbuch der Pädagogik 1997, S. 91.

[150] Vgl. Gamm, H.-J.: Zehn Thesen zum Materialismus in pädagogischer Absicht. In: Jahrbuch für Pädagogik 1997, S. 26.

[151] Ebd., S. 27.

5.3 Einige Wesenszüge der „Kritischen Schule" von Hans-Jochen Gamm[152]

Nach H.-J. Gamms Auffassung funktioniert die heutige staatliche Schule als Mittelklassenagentur und Verteilerin von Sozialchancen. Der Schüler ist den permanenten Leistungsanforderungen und der Qualifikationsauflage seiner Schule schutzlos ausgeliefert. Die Schule vernichtet die Produktivität des Schülers und verschüttet seine Kreativität. Die das pädagogische System tragende Lehrergruppe und die dahinter stehende gesellschaftliche Wirklichkeit sind dafür verantwortlich. Mit einem radikalen Konzept von Schule, das durch den Hinweis auf fehlende Haushaltsmittel und ein für allemal gültige Organisationsstrukturen von Schule nicht verhindert werden dürfe, sei die soziale Verklammerung von Herrschaft und Erziehung aufzubrechen. Die Institution Schule muss in Bezug auf ihren Funktionskreis und Vermittlungsaspekt eindeutig von den Erwartungen der Nachwachsenden bestimmt werden. Das Organisationsschema einer kritischen Schule besitzt das Merkmal der Entscheidung von unten. Die von der heutigen Schule aufgebaute Konkurrenzhaltung der Schüler ist in der heutigen sozialen Wirklichkeit erwünscht. In der kritischen Schule soll der Schüler erfahren, dass die Addition von Gruppenerfahrungen zur Summe seiner Handlungseinheit die Möglichkeiten eines Einzelnen bei weitem übersteigt. Durch diesen fundamentalen Lernprozess ohne Autorität wird ein politisches Bewußtsein geboren, das die Welt verändern kann. Im gesamten Erziehungsprozess ist auf Autorität zu verzichten; sie ist entbehrlich. Erziehung ist zunehmend als Angebot der Kooperation mit der Möglichkeit der Verweigerung zu verstehen. Spielregeln der gehorsamen Unterordnung oder auch nur ein Gesetz der Fremdbestimmung sind nicht zu akzeptieren. Das Begabungsproblem bedarf einer völlig neuen Perspektive, in der sich Begabung als explosive Macht zur gesellschaftlichen Veränderung erweist. Der individuelle Begabungsbegriff ist durch einen kollektiven zu erweitern. Zu diesem Zwecke wären die Lehrerrollen erheblich zu differenzieren und neuartige Funktionen zu schaffen.

Dem politischen Unterricht kommt in der kritischen Schule in vierfacher Hinsicht eine besondere Bedeutung zu: Er hat die Anerkennung des Sozialismus als politische Daseinsform zu gewährleisten. Er muss die Schüler objektiv in die politisch und sozial wichtigsten Ansätze der materialistischen Lehre einführen. Er hat durch Vergleich mit den Gegebenheiten der kapitalistischen Demokratie die völlig andere Rolle des Individuums und des Verhältnisses zum Privateigentum im Sozialismus aufzuzeigen und aus dem Vergleich der beiden Systeme die Entstehung kritischer Impulse gegenüber dem eigenen System anzuregen.

---

[152] Die Zusammenfassung erfolgt (stark gekürzt) in Anlehnung an Gamms Ausführungen.

Die kritische Schule tritt für eine menschenfreundliche Sexualität ein, wobei die sexualpädagogische Kommunikation zwischen Lehrern und Schülern große Bedeutung gewinnt. Die Sexualpädagogik wird in der kritischen Schule zu einer zentralen Disziplin der Charaktererziehung und zum Hebel einer Veränderung der gesellschaftlichen Erziehungspraktiken. Im Schulbau sind Räume zu schaffen für den unkontrollierten Aufenthalt der Schüler beider Geschlechter und der Möglichkeit zu erotischer Kommunikation. So erweist sich die kritische Schule als die übergreifende gesellschaftliche Institution, die auf breitester Basis das Geschlechtstabu auflöst.

Die durch ein anderes Konzept der Lehrerbildung zu gewährleistende neue Lehrerrolle sieht Gamm zwischen Sozialwissenschaft und Anthropologie angesiedelt. Mit sozialwissenschaftlichen Kategorien sind die Bedürfnisse des unvertauschbaren Menschen zu explorieren und in der pädagogischen Praxis zu berücksichtigen. Unter dem zweiten Aspekt gewinnt die Verhaltensforschung an großer Bedeutung. Im Unterrichtsfach Biologie müssen der Mensch und die Analyse seiner verhaltensbestimmenden Faktoren im Mittelpunkt stehen.

Das Unterrichtsgeschehen in der kritischen Schule wird durch ein pädagogisches Team übernommen, das aus einem Pädagogen, einem Psychologen und einem Soziologen besteht. An dem Prozess der Unterrichtsvorgänge in drei Stufen, dem Entwurfsstadium, der Einteilung des Programms und der Auswertung der Lernkontrolle, sind die Schüler wesentlich beteiligt.

Die kritische Schule ist eine Gesamtschule in viel weiterem Umfang als die integrierte und die integrierende Gesamtschule. Sie arbeitet - wie die Waldorfschule - ohne das Leistungsprinzip, verzichtet auf das traditionelle Zensurensystem, lehnt autoritäre Lehrer ab, kennt keine Sitzenbleiber und nimmt auch behinderte Kinder auf.

Die Schülermitverantwortung der kritischen Schule dient nicht den Schulleitungen als Instrument für den besseren Ablauf organisatorischer Akte, sondern der Artikulation eigener Interessen und Rechte.

Demokratisierung unter dem Gesichtspunkt einer kritischen Schule ist auf fünf Ebenen anzugehen (die hervorgehobenen Textteile beziehen sich auf den Autonomiegedanken):

- Realisierung der Chancengleichheit und Kompensation der Sozialunterschiede;

- **Verlagerung der Entscheidungsbefugnis auf die Basis der Erziehungsvorgänge selbst. Der Komplex Schule ist heute überhaupt nicht mehr ohne den dialektisch verstandenen Emanzipationsprozess der**

Lehrer und Schüler zu verstehen. Schulaufsicht setzt den Obrigkeitsstaat des 19. Jahrhunderts in seinen Strukturen fort. Verlagerung der Entscheidungsbefugnisse auf die Basis der Erziehungsvorgänge beinhaltet die Verwirklichung einer neuen Form des politischen Gemeindeprinzips, die auch über einen eigenen Haushalt verfügt. Das Zugeständnis der Autonomie an die Erziehungsgruppe besagt, dass in der kritischen Schule die einzelnen Lernverbände, Kurse und Arbeitsgemeinschaften unabhängig von den Vorstellungen der Schulverwaltungen ihre Ziele selber feststellen und ihre darauf bezogenen Methoden gleichermaßen entwickeln. Neben künstlerischen und sportlichen Curricula sind die folgenden sechs Fächerkomplexe Schwerpunkte in der kritischen Schule: die eigene Sprache; eine Fremdsprache und die sozialen Probleme des betreffenden Landes; Sozialpsychologie; Verhaltenslehre und Konflikttheorie; Polytechnik; Mathematik/Naturwissenschaft; Politik und Ökonomie;

- **Entwicklung der Schülermitverantwortung zum Schülerkollektiv, das über die legitime Interessenvertretung seiner Mitglieder hinaus zum pädagogischen Instrument einer kritischen Schule wird. Dadurch gewinnen die Schüler von Anfang an die selbstverständliche Überzeugung, dass sie die Schule konstituieren und dass die von der Gesellschaft abgeordneten Bildungsfunktionäre sie dabei unterstützen;**

- **Demokratisierung der Schule mit der totalen Umkehr der Herrschaftsstruktur ist komplementär mit der Notwendigkeit einer Friedenserziehung zu verbinden;**

- **Befähigung zur eigenen Leistungskontrolle. Mit diesem Ansatz ändert sich die Struktur der Schule grundlegend, weil sie Aufsicht und Kontrolle nicht mehr einer Außenlenkung überlässt, sondern sie entsprechend seiner wachsenden Führungskraft an das Kind/den Jugendlichen delegiert.**

Das schulische Kontrollsystem ist einer kritischen Schule unwürdig. Sie verzichtet auf jede von außen an den Schüler herangetragene Benotung und bevorzugt das mit Hilfe kontrollierter Programme und Tests mögliche System der immanenten Prüfung. Der Leistungsbegriff muss auf die kooperativen Fähigkeiten hin angelegt werden. Leistung und Kooperation werden zu einem dialektischen Abhängigkeitsverhältnis weiter entwickelt werden müssen.

Zentral in das Lehrprogramm der politischen Bildung der kritischen Schule gehört die Technik, Skandale auszulösen und mit ihnen subversiv zu wirken.

5.4 Kritische Anmerkungen zum Text

Mündigkeit/Emanzipation ist bekanntlich ein zentrales Thema erziehungswissenschaftlicher Reflexion, keineswegs nur der materialistischen Pädagogik. Der Begriff „Emanzipation" dieser Denkrichtung geht letztlich auf Marx zurück und hat als Zielperspektive die „menschliche Emanzipation". Nach Schmied-Kowarzik meint Marx damit den dialektischen Zusammenhang von freier Individualität und menschlicher (kommunistischer) Gemeinschaft. Bildungstheoretisch gehe es dabei um die Verknüpfung von Mündigkeit und Solidarität und gesellschaftstheoretisch um die Konstitution der Gesellschaft als freier Zusammenschluss der Individuen.[153]

Thematisch nimmt Gamm bei der Konzipierung seiner „kritischen Schule" eine Reihe von Störfaktoren für die Durchsetzung von Emanzipation auf, die den Zweck der „Mündigkeit" des Subjekts und die Befreiung der Heranwachsenden aus Herrschaftsverhältnissen verfolgt und in ihnen das Potential für gesellschaftliche Veränderungen hervorbringen will. Gamms Thesen können hier nicht im Einzelnen bewertet werden. Einige Gedankengänge und Forderungen sind nachvollziehbar und besitzen auch heute noch Aktualität und Relevanz. Ein größerer Teil seiner Ideen aber muss als überholt, bedenklich - im negativem Sinne - oder sogar abwegig eingestuft werden. Für eine Streitschrift in schwierigen gesellschaftlichen Verhältnissen bewusst überzogene Formulierungen gewählt zu haben, um am Ziel der sozialen Umgestaltung der gesamten Gesellschaft im Sinne einer sozialen Demokratie - Traum der 68er Generation - mitzuwirken, vermag den Urheber nicht zu entlasten. Die übergreifende marxistisch-leninistische Theorie verrät sich unmissverständlich in dem versteckten Aufruf zur Provokation von Skandalen und zur Subversion.

Der Mythos der natürlichen Begabung wird von Gamm zu Recht kritisiert.

Dass ökonomische Bedingungen den chancengleichen Zugang zu Bildungseinrichtungen verhindern oder zumindest einschränken, ist auch heute noch zutreffend und ein nicht hinnehmbares Faktum. Auf Abhilfe bedachte Bemühungen müssten u. a. erhebliche Fördermaßnahmen für Kinder unter-

---

[153] Vgl. Schmied-Kowarzik, W.: Marx und die Pädagogik der „menschlichen Emanzipation". In: Mündigkeit. Zur Neufassung materialistischer Pädagogik. Jahrbuch für Pädagogik 1997, S. 68.

previligierter Schichten ebenso ernsthaft in den Blick nehmen wie unterstützende Maßnahmen für die in mancher Beziehung benachteiligten Heranwachsenden in ländlichen Räumen. Kritikwürdig bleibt auch weiterhin das rückständige gegliederte Schulwesen mit der nach dem Regierungswechsel in Niedersachsen - trotz anders lautender Empfehlungen der PISA-Studie - wieder verschärften Abschottung der verschiedenen Schulformen, die weiterhin die Reproduktion der bestehenden gesellschaftlichen Schichtung stabilisiert. Eine Gesamtschule, die im Sinne Gamms auf Leistung und jede Form von Autorität verzichtet, ist nicht denkbar. Es gibt nicht wenige Stimmen, die einen Zusammenhang herstellen zwischen der in den 70er Jahren proklamierten antiautoritären Erziehung und den teilweise daraus resultierenden desaströsen Verhältnissen in vielen Schulen.

Es gehört heute wohl zu den gesicherten Erkenntnissen, dass ein sozialintegrativer Erziehungsstil für heutiges Erziehungshandeln als angemessen zu bezeichnen ist und Leistungsanforderungen in allen Schulformen unverzichtbar sind.

Die bei Gamm vertretene Einstellung zur Sexualerziehung spiegelt die allgemeine Euphorie in der Liberalisierungsphase Ende der 60er Jahre mit der Überbetonung und Überbewertung alles Sexuellen wider. Die Notwendigkeit einer von Gamm angemahnten emanzipatorischen Sexualerziehung im Sinne einer herrschaftsfreien, kultivierten, den Partner und die eigene Person nicht unterdrückenden, sozial verantwortungsbewußten und individuell befriedigenden Perspektive ist grundsätzlich nicht zu bestreiten; die hinsichtlich der methodisch-didaktischen Freiheiten der Lehrer, des Mitbestimmungsrechts der Eltern und der Zumutbarkeit (Verfrühung) unaufhebbaren Grenzen werden allerdings nicht ausreichend berücksichtigt. Eine bedingungslose Aufklärung und eine unreflektierte Freizügigkeit sind auch unter der Prämisse, dass der Fernsehkonsum nahezu alle Tabus abgebaut hat, schlechte Wegbereiter für den Aufbau einer angemessenen Einstellung von Kindern und Jugendlichen zur Sexualität.

Die kritische Schule als eine demokratische Schule ausweisen zu wollen, mutet sehr seltsam an.[154] Wenn von einer Umkehrung der Herrschaftsverhältnisse gesprochen wird, kann das nur als ein monistischer Herrschaftsanspruch des Schülerkollektivs gedeutet werden, dem sich jeder Schüler nolens volens unterwerfen muss. Die negative Einstellung zum Pluralismus, zum Konsens und zur Toleranz pervertieren das Bild von Schule und die Aufgabe von Erziehung und Bildung. Die Schule rückt bei aller mitgedachten

---

[154] Es ist bekannt, dass auch Diktatoren sich darauf berufen, die „wahre" Demokratie verwirklichen zu wollen. (Vgl. Heller, H.: Rechtsstaat oder Diktatur (1933). In: Gesammelte Werke, S. 457 ff.).

Emanzipation der Lehrer in die Nähe einer Schülerdiktatur.[155] Eine solche Schule wäre ihren eigentlichen Aufgaben nicht gewachsen. Sie ist realitätsfern und kann so nur gedacht werden, wenn ihre Funktion sich auf Klassenkampf und Gesellschaftsveränderung hin verengt. An der Differenz von Politik und Pädagogik muss aber festgehalten werden.[156]

Als junger Schulleiter hat der Verfasser mit Lehrkräften zusammengearbeitet, die im Geiste der materialistischen Pädagogik ausgebildet worden waren. Bei ihnen galt der Schulleiter als Arbeitgeber und damit als Herrschaft Ausübender, dessen Anweisungen man einerseits als Beamter Folge zu leisten hatte, andererseits aber auch zu unterlaufen suchte. Es gab ein Papier, das Ratschläge für den „richtigen Umgang" mit Schulleitern enthielt. Die Lehrkräfte zeigten ein gebrochenes Verhältnis zu den für Schule und Erziehung unverzichtbaren Sekundärtugenden. „Von dieser Art Ordnung halte ich nichts!", war z. B. die Bemerkung einer Kollegin auf die nach vielen Beschwerden des Reinigungspersonals notwendige Bitte, ihren Klassenraum nach Schulschluss in einem einigermaßen annehmbaren Zustand zurück zu lassen. Die Schüler wurden in ihren Wünschen und Forderungen unterstützt, auch gegen die Eltern. Das Thema „Hausaufgaben" war häufig Diskussionsgegenstand mit dem Ziel, sie abzuschaffen. Es soll aber nicht unerwähnt bleiben, dass diese Lehrkräfte sich fast ausnahmslos durch ein großes Engagement für Schule und Schüler auszeichneten.

Gamms Feststellung, Schulaufsicht setze den Obrigkeitsstaat des 19. Jahrhunderts in seinen Strukturen fort, ist auch heute noch ein gern verwendetes Argument zur Begründung von Dezentralisierung. Seine Vorstellung von Autonomie der Schule im Rahmen eines politischen Gemeindeprinzips ist verfassungsrechtlich nicht haltbar. Wenn Schule in die Eigenregie der Gesellschaft genommen wird, ist das Prinzip der Gleichberechtigung aller Staatsbürger beeinträchtigt.

---

[155] In welche prekäre Situation Lehrer und Schüler geraten, hat Rieger-Ladich mit Stoßrichtung auf Heydorns Rede von „Mündigkeit" glänzend formuliert: „Die kritische Lehrerschaft wird in abenteuerlicher Weise zum Anwalt der Zukunft stilisiert. Sie tritt gleichsam auf als Vollzugsorgan einer höheren Ordnung der Geschichte. Die Schülerinnen und Schüler gewinnen das Interesse der Lehrer nicht als Einzelperson mit je unterschiedlichen Biographien, vielmehr müssen sie den kritischen Lehrern, die doch als Agenten eines kollektiven Emanzipationsprinzips operieren, als jenes ersehnte Medium erscheinen, das den komplizierten Prozess der Befreiung des Menschengeschlechts entscheidend befördern kann." Nach Rieger-Ladich kommt es dadurch zu einer Spannung zwischen Geschichtsphilosophie und Bildungstheorie, die sich nicht mehr entschärfen lässt. (Vgl. Rieger-Ladich, S.: Pathosformel Mündigkeit, S. 167).

[156] Vgl. Ruhloff, J.: Emanzipation. In: Historisches Wörterbuch der Pädagogik, S. 285.

Autonomie von Schule, bei der doch die Autonomie aller Beteiligten, Schüler, Lehrer und Eltern mitgedacht werden muss, erhält hier keine sinnvolle Begründung.

2. Exkurs: „Emanzipation – eine pädagogische Kategorie ?"

„Alle Emanzipation ist Zurückführung der menschlichen Welt der Verhältnisse auf den Menschen selbst."
(K. Marx 1818 - 1883)

„In letzter Instanz muss die Frage, was wahre und was falsche Bedürfnisse sind, von den Individuen selbst beantwortet werden, d. h., sofern und wenn sie frei sind, ihre eigene Antwort zu geben."
(H. Marcuse 1898 - 1979)

1.   Vorbemerkungen

Der Bedeutungsgehalt des Begriffs „Emanzipation" steht in einem kaum eindeutig zu klärenden Verwandtschaftsbezug zum Begriff „Mündigkeit"[157]. Seit den 70er Jahren hat der Begriff „Emanzipation" als normativer pädagogischer Zielbegriff aufgrund der Veränderung der gesellschaftlichen Verhältnisse zwar an Bedeutung verloren[158], ganz aufgegeben wird er aber aus verständlichen Gründen nicht. Die in nicht geringem Maße kritikwürdige gesellschaftliche Verfassung mit den bekannten sozialen Mißständen erlaubt es nicht, ihn für obsolet zu erklären. Besonders die Vertreter einer neu zu fassenden „kritischen Erziehungswissenschaft" und um eine Neuformulierung der materialistischen Pädagogik bemühte Erziehungswissenschaftler[159] bestehen darauf, dass die Pädagogik zur Veränderung von Gesellschaft in Richtung auf Befreiung von Herrschaft und gerechtere Sozialstrukturen ihren Beitrag leisten könne und müsse. Den Schülern eine kritische Einstellung zu gesellschaftlichen Verhältnissen und Vorgängen zu vermitteln und ihnen zu helfen, später einen eigenen Standort im Widerstreit kontroverser Auffassungen und Interessen beziehen zu können, bezeichnet auch Klafki zu Recht als Grundaufgabe einer demokratischen Schule.[160]

---

[157] Die Metapher „Zwillingsschwester" erscheint sehr geeignet.
[158] Vgl. Sünker,/H.Krüger, H.-H,. (Hg.): Kritische Erziehungswissenschaft am Neubeginn? Suhrkamp Verlag 1999.
[159] Vgl. Gamm, H.-J./Konnefke, G.: Jahrbuch für Pädagogik 1997: Mündigkeit - Zur Neufassung materialistischer Pädagogik
[160] Vgl. Klafki, W.: Gesellschaftliche Funktionen und pädagogischer Auftrag der Schule in einer demokratischen Gesellschaft. In: Klafki: Schultheorie, Schulforschung und Schulentwicklung im politisch-gesellschaftlichen Kontext ..., S. 59.

2. Zur Geschichte des Begriffs[161]

Der Begriff „Emanzipation" entstammt der römischen Rechtssprache und bezeichnet das Entlassen eines Herrschaftsunterworfenen aus seiner Unfreiheit, insbesondere die Entlassung des Sohnes aus der väterlichen Erziehungsgewalt. Seit dem 14. Jahrhundert wird das Wort „Emanzipation" in die europäischen Volkssprachen übernommen. Mit Beginn der Aufklärung erweitert sich der Emanzipationsbegriff zu einer rechtlichen, politischen und moralischen, zunächst aber noch nicht zu einer pädagogischen Kategorie. Es wird angenommen, dass Georg Forster den Begriff im Deutschen 1792 erstmals positiv im Sinne von legitimer Selbstbefreiung von Herrschaft verwendete. Nach der Französischen Revolution wird „Emanzipation" zu einem Kampfbegriff für Freiheitsbewegungen aller Art. Mit seiner Definition der Aufklärung und Begründung eines neuen Mündigkeitsverständnisses als Leitziel in diesem Prozess leistet Kant eine entscheidende Erweiterung des Emanzipationsgedankens ins Anthropologische.[162] Durch Karl Marx wird die politische Kategorie in besonderer Weise ausgearbeitet.[163] Die Zerrissenheit der gegenwärtigen Welt, die sich in dem Widerspruch zwischen dem politischen Staat und der bürgerlichen Gesellschaft, in der Spaltung des Menschen in Staatsbürger und Privatmensch ausdrückt, muss überwunden werden. Das Proletariat gilt als jene Klasse, durch deren spezifische Emanzipation in einer proletarischen Weltrevolution die menschliche Emanzipation verwirklicht wird. In diesem Zustand wird der Mensch wieder Gattungswesen sein, individuell frei und in sittlicher Gesellschaft leben. Die Zielkategorie „Emanzipation" gewinnt dadurch die Qualität „eines geschichtsphilosophisch deduzierten Erlösungsbegriffes, der die endgültige Aufhebung von Entfremdung überhaupt verheißt." (Konsellek).[164] Inspiriert durch J. Habermas erfolgt in den 60er Jahren die pädagogische Rezeption des Emanzipationsbegriffs. „Habermas versucht, Mündigkeit und Emanzipation - die Geschichtsphilosophie der Aufklärung mit Einsichten des Historischen Materialismus - zu verknüpfen und prägt den Begriff des „emanzipatorischen Erkenntnisinteresses", das die emanzipierte Gesellschaft mit mündig gewordenen Bürgern antizipatorisch erschließt."[165] In der Folgezeit wurde „Emanzipation" zum pädagogischen Schlagwort, das den Bildungsbegriff der geisteswissenschaftlichen Pädago-

---

[161] Das Folgende z. T. nach Ruhloff, J.: Emanzipation, in: Historisches Wörterbuch der Pädagogik, S. 279 ff.

[162] Vgl. Matthes, E.: Von der geisteswissenschaftlichen zur kritisch-konstruktiven Pädagogik und Didaktik, S. 162.

[163] Das Folgende z. T. nach Fetscher, I.: Marx, Verlag Herder, S. 34 ff, 41 ff. 70 f.

[164] Zitiert nach Matthes, E.: Von der geisteswissenschaftlichen zur kritisch-konstruktiven Pädagogik ..., S. 163.

[165] Metzler Philosophie Lexikon, S. 342. Vgl. dazu Horster, D.: Jürgen Habermas, S. 23 ff.

gik zunächst zunehmend verdrängte, dann aber selbst einer differenzierten Kritik unterzogen wurde.[166] Klafki versucht Mitte der 70er Jahre den negativen Emanzipationsbegriff als obersten Zielbegriff der Pädagogik durch die Begriffe „Selbstbestimmungs-, Mitbestimmungs- und Solidaritätsfähigkeit" im positiven Sinne zu präzisieren.[167]

Ruhloff kritisiert den Begriff „Emanzipation" wie folgt:[168] Die Kategorie Emanzipation führe zu einer Unterbestimmung der pädagogischen Aufgabe. Sie überspringe die Differenz zwischen der ambivalenten Freisetzung aus Abhängigkeit und Befähigung zu vernünftiger Selbstbestimmung (Mündigkeit). Emanzipation sei angewiesen auf eine bildungstheoretische Bestimmung der Beweggründe vernünftiger Weltveränderung. Die Identifizierung von Emanzipation als theorie- und praxisleitendes Interesse verkenne das Problem der konkreten Motivation des Praktikers. Das Emanzipationspostulat sei ein gesellschaftspolitischer Begriff, der zwar in die Pädagogik hineinspiele, aber keine das Pädagogische konstituierende Kategorie darstelle. Die Pädagogik könne sich nicht in einen teleologisch aufgefassten Geschichtsprozess einspannen lassen. Nach der Aufzählung und Beschreibung der Verdienste emanzipatorischer Pädagogik stellt Ruhloff fest, dass der Begriff „Emanzipation" auch in der Gegenwart noch wirksam sei.[169]

Die Auffassung jedenfalls, dass es die gesellschaftliche Funktion der Pädagogik sei, in der heranwachsenden Generation das Potential gesellschaftlicher Veränderung hervorzubringen, wird heute den Pathosformeln, den großen Erzählungen zugerechnet, die es zu verabschieden gilt.

---

[166] E. Matthes diskutiert sehr ausführlich die Argumentation von R. Spaemann und die Überlegungen von L. Rössner und L. Kerstiens. Vgl.: Matthes, E., s. Fußnote 1, S. 167 ff.

[167] Vgl. Matthes, E., Von der geisteswissenschaftlichen zur kritisch-konstruktiven Pädagogik ..., S. 165. und 172 ff.

[168] Vgl. Ruhloff, J.: Emanzipation, S. 285 ff. Gunzelin Schmid Norr schließt sich begründet der Auffassung von Armin und Ruth Kaiser an, den pädagogischen Emanzipationsbegriff neben dem der Mündigkeit als Teilmoment des übergeordneten Begriffs der Bildung zu interpretieren. (Vgl. Schmid Norr, G.: Emanzipation des Subjekts von sich selbst? In: Zeitschrift für kritische Theorie, Heft 18/19, 2004, S. 10).

[169] Vgl. Ruhloff, J.: Emanzipation, S. 286.

3. Eine fiktive Gegenposition

Eine durchaus interessante Perspektive bietet R. Bast an:[170] Er fragt, ob nicht jede pädagogische Theorie, die ihr Selbstverständnis nahezu ausschließlich an einer idealistischen Überhöhung am Subjekt orientiere und damit konsequenterweise gesellschaftlich-institutionelle Anforderungen an das Subjekt als tendenziell unpädagogisch zurückweisen müsse, sich nicht von vornherein eine Sisyphusarbeit aufbürde, die in erster Linie der mit ihr arbeitende Erzieher zu tragen habe. Er fragt weiter, ob nicht der negative, pessimistische Zugang zur Gesellschaft von Seiten der Emanzipationspädagogik von vornherein zu kritisch angelegt sei, ob nicht vielmehr gerade die den Einzelnen vermeintlich verplanenden und auf sein Rollenverhalten reduzierenden gesamtgesellschaftlichen Strukturen genügend „Nischen" bieten, in denen sich die Individualität des Einzelnen durchaus entfalten kann. Er weist darauf hin, dass die doch so oft gescholtene industriegesellschaftliche Zweckrationalität erst durch die Stabilität, Planbarkeit und Berechenbarkeit ihres Systems die institutionelle Basis für die Freisetzung der subjektiven Entfaltung liefere. Er gibt zu bedenken, ob nicht die mangelnde Durchsetzungsfähigkeit der Emanzipationspädagogik damit zusammenhängen könnte, dass ihre gesellschaftliche Diagnose falsch sei. Aus dieser Perspektive leitet er die Frage ab, ob nicht die pädagogische Theorie besser beraten sei, die sich nicht bemühe, qua Erziehung das „System" zu transzendieren, sondern die Freiräume einer hoch komplexen Industriegesellschaft systematisch zu nutzen. In diesem Sinne, so schließt er seine Überlegungen ab, wäre der Gedanke der „pädagogischen Autonomie" neu zu beleben.

4. Aktuelle Ansätze

In der Literatur finden sich interessante Ansätze, die teilweise auch belegen, dass nach bescheidenen Möglichkeiten jenseits von großen Theorien gesucht wird:

- Im Rahmen der neuerlichen Auseinandersetzungen um den Bildungsbegriff im Anschluss an PISA beschäftigt Heinz Sünker sich mit dem gesellschaftspolitischen Beziehungsgefüge dieser pädagogischen Kategorie, die am Ende des letzten Jahrhunderts schon entbehrlich schien.[171] Mit Bezug vor allem auf Humboldt, Adorno, Heydorn und Lefebvre vertritt Sünker wesentliche Annahmen des Theorieprogramms der kritischen Erziehungswissenschaft. Er spricht sich gegen eine Definition des Bildungsbegriffs unter ökonomischen Wertgesichtspunkten als Wissen aus

---

[170] Vgl. Bast, R.: Grundbegriffe der Pädagogik, 1983, S. 66 f.
[171] Vgl. Sünker, H.: Politik, Bildung und soziale Gerechtigkeit. Perspektiven für eine demokratische Gesellschaft.

und tritt für eine „demokratietheoretisch wie -politisch notwendige Verallgemeinerung von Bildung ein."[172] Damit Bildung als Mittel der Befreiung verstanden werden kann, formuliert er im Anschluss an Heydorn
zwei Aufgabenstellungen für die gegenwärtige Erziehungswissenschaft:
eine kontinuierliche Analyse des Zusammenhangs von Bildungswesen
und gesellschaftlicher Verfassung und eine Analyse der Geschichte des
Verhältnisses von Bildung und Gesellschaft, aus der folge, dass die Bildung bis zur Gegenwart noch immer unabgegolten, weil immer noch
durch „Determination" bestimmt sei.[173] Er fordert eine Reformulierung
des Verhältnisses von Bildung und Demokratie, die auch für die Institution Schule Folgen habe, indem sie Möglichkeiten zur Beförderung von
Emanzipation und Mündigkeit für alle in ihr Arbeitenden freisetzt[174], und
plädiert für eine Pädagogik der Anerkennung, in der die dialogische
Struktur von Bildungsprozessen Beachtung finden müsse. Auch in seiner
Forderung, für die nachwachsende Generation Demokratie in Alltags-
leben und Institutionen lebbar und erfahrbar zu machen[175], erinnert Sünker sehr stark an Dewey.

- Rieger-Ladich setzt sich überzeugend dafür ein, von Pathosformeln
  „Mündigkeit" oder „Emanzipation" auch innerhalb der Erziehungswissenschaften Abschied zu nehmen und das Zugleich von Fremdbestimmung und Selbstbestimmung, Abhängigkeit und Freiheit, von Unmündigkeit und Mündigkeit in der pädagogischen Diskussion fruchtbar
  zu machen. Er beruft sich dabei auf Reflexionen von Foucault, Bourdieu
  und Lyotard[176] Sie hätten im Rückgriff auf Kant dafür sensibilisiert, dass
  sich die Unterscheidung Mündigkeit/Unmündigkeit extremen Vereinfa-
  chungen und künstlichen Polarisierungen verdanke. Jede Bemühung um
  eine selbstbestimmte verantwortliche Form der Lebensführung sei einge-

---

[172] Sünker, H.: s. Fußnote 2, S. 21. Die Rückkehr zur überlieferten Allgemeinbildung
entdeckt Shu-Mei-Chang auch in der emanzipatorischen Pädagogik von Hermann
Giesecke. Vgl.: Shu-Mei-Chang: Kontinuität und Wandlung der emanzipatorischen
Pädagogik bei Hermann Giesecke. In: Pädagogische Rundschau, 59, 2005, S. 451 -
465.

[173] Sünker, H.: Politik, Bildung und soziale Gerechtigkeit, Perspektiven für eine demokratische Gesellschaft, S. 35. H.-E. Tenorth erteilt solchen Überlegungen eine Absage:
„Zum Komplizen der Bildungspolitik kann Wissenschaft allenfalls gelegentlich, kaum
auf Dauer werden ... Die Logiken von Wissenschaft und Politik sind zu verschieden, so
verschieden wie die von Erziehung und Forschung". H.-E. Tenorth: Die zweite Chance. In: Sünker, H./Krüger, H.-H. (Hg.): Kritische Erziehungswissenschaft am Neubeginn?! S. 161 .

[174] Vgl. Sünker, H.: Politik, Bildung und soziale Gerechtigkeit, ..., S. 174.

[175] Ebd., S. 175.

[176] Vgl. Rieger-Ladich, M.: Pathosformel Mündigkeit. In: Vierteljahrsschrift für wissenschaftliche Pädagogik, 2002, Heft 2, S. 153 - 183.

lassen in zahlreiche Formen der Abhängigkeit, die allein deshalb unhintergehbar seien, weil sie bereits vor jeder Anfechtung durch das Individuum existierten. Er empfiehlt, „das Gravitationsfeld des subjektphilosophischen Paradigmas" zu verlassen und neue Denkformen auf dieser Grundlage zu entwickeln.

- Gruschka unterscheidet zwischen funktionaler und nichtfunktionaler Mündigkeit. Der nichtfunktionale Mündigkeitsbegriff entstamme der Tradition der Aufklärung und bedeute „die uneingeschränkte Fähigkeit eines Subjekts, sich autonom zu verhalten, selbständig zu denken und in beidem den Einsichten in das 'Wahre, Gute und Schöne' zu folgen."[177] Der mündige Mensch sei in diesem Sinne der gebildete Mensch. Zur Sicherung seiner Existenz in der Gesellschaft bedürfe es aber einer funktional bestimmten Form von Mündigkeit, eines gestaltenden Sicheinfügens in die Notwendigkeiten, einer instrumentell ausgerichteten Vernunft. Der Mündige müsse sich auf den Zwang der Umstände einlassen. Wirkliche, bedingungslose Mündigkeit sei eine Fiktion, die aber als ständige Kritik an ihrer willkürlichen Beschränkung stets gegenwärtig bleibe. Das öffentliche Erziehungswesen verdankt sich nach Gruschka geradezu der Möglichkeit einer Funktionalisierung von Mündigkeit und gewinnt daraus zugleich seine Legitimation. „Es legitimiert sich anhaltend mit der Dienstfertigkeit gegenüber der Gesellschaft, Produktionsagentur, gesellschaftlich lizenzierter Mündigkeit zu sein."[178] Angesichts der Schwierigkeit, nichtfunktionale Mündigkeit zu operationalisieren und Mündigkeit heute gehaltvoll zu beschreiben, empfiehlt Gruschka die Abwehr von Postulaten und der Neusortierung von Vokabularien und im Anschluss an Blankertz empirische Untersuchungen mit etwa folgenden Fragestellungen:

- Was tun Heranwachsende, um in der Wahrnehmung der unhintergehbaren funktionalisierten Erwartungen an ihr Verhalten mehr zu sein als ihnen gegenüber gehorsam?

- Wie funktionalisiert Erziehung gegen ihre normative Grundlegung Mündigkeit noch unter dem Niveau von Selbständigkeit, das als Entwicklungsmöglichkeit für den Nachwuchs offen steht?[179]

- Schmid Noerr sieht die Aufgabe emanzipatorischer Pädagogik vor allem darin, den Heranwachsenden zu helfen, sich in ihrer biografischen Unsicherheit und in einer widersprüchlichen und konturlos präsentierenden

---

[177] Gruschka, A.: Funktionalisierung von Mündigkeit, in: Jahrbuch für Pädagogik 1998, S. 99.

[178] Gruschka, A.: Funktionalisierung von Mündigkeit, S. 103.

[179] Gruschka, A.: Funktionalisierung von Mündigkeit, S. 114 f.

Wirklichkeit und gesellschaftlichen Krisenerfahrung zurechtzufinden, und ihren Anspruch auf „gelingende Ich-Identität" zu unterstützen. „Emanzipatorische Pädagogik heute dient der Förderung von Subjektivität, die den Paradoxien der Moderne standhält."[180]

Hier stellt sich natürlich sofort die Frage, welcher Art denn diese Identität ist, die sich in der hoch differenzierten, pluralen und vom schnellen Wandel gekennzeichneten (postmodernen) Gesellschaft bewähren kann. Bekanntlich wird in zahllosen Abhandlungen („Identitätsdiskurs der Moderne") der herkömmliche (klassische) Identitätsbegriff kritisiert; neue Vorstellungen werden mit Begriffen wie „multiple Identität", „Patchwork-Identität", „differenzielle Identität", „ambivalente Identität" etc. umschrieben.[181] Fraglich bleibt jedoch, ob sich aus irgendwelchen theoretisch gewonnenen Identitätsdefinitionen Handlungsanweisungen für die Schulpraxis entwickeln lassen. Für diese empfiehlt es sich wohl, auf einen großartigen theoretischen Überbau zu verzichten und gezielt und unpathetisch danach zu fragen, was für die Stärkung des Selbstwertgefühls/Selbstbewußtseins der jungen Menschen – speziell der benachteiligten - getan werden kann. Für Hauptschüler hat M. Bönsch dafür eine beachtenswerte, aber auch ergänzungsfähige Liste von Vorschlägen entwickelt:[182]

– Gerüst von tragfähigen Werten und Normen und guten Gewohnheiten schaffen

– soziale Wertschätzung (Bestätigung, Anerkennung) erfahren lassen

– Erfolgserlebnisse vermitteln[183]

– Lernen als sinnvoll erleben lassen

– Situationen des Wagens und Sich-Bewährens/Scheiterns schaffen

---

[180] Schmid Noerr, G.: Emanzipation des Subjekts - von sich selbst?, S. 25.
[181] Einen guten Überblick über den Diskurs geben Heiner Keupp u. a. in: Identitätskonstruktionen. Das Patchwork der Identitäten in der Spätmoderne.
[182] Vgl. Bönsch, M.: Identitätsfindung. In: Pädagogische Welt 12/97, S. 560 - 562.
[183] Besonders bemerkenswert ist sein Hinweis, dass das herkömmliche Lernen auch ganz anders gestaltet werden könnte. Eine Einschränkung der allgemeinen Bildung der Hauptschüler wäre u. E. bedenklich. Darauf wird in anderem Zusammenhang noch eingegangen. (s. 4. Exkurs).

5. „Emanzipation" aus der Sicht von Niklas Luhmann

Abschließend sei noch darauf hingewiesen, dass nach N. Luhmann „Emanzipation" zu den Begriffen gehört, deren Semantik die Pädagogik überdenken muss. Seine Auffassung aus systemtheoretischer Sicht lässt sich etwa wie folgt beschreiben:[184]

Die Zukunft ist prinzipiell unbekannt. Es ist nicht absehbar, auf welchen gesellschaftlichen Zustand hin eine wie geartete kritische Einstellung zu vermitteln ist; anders gewendet: auf welches Bild der Wirklichkeit hin Emanzipation im herkömmlichen Sinne entfaltet werden könnte. Gesellschaft und ihre wichtigsten Funktionssysteme sind als operativ geschlossene, selbstreferentielle Systeme zu betrachten, als Systeme mit selbst produzierter Ungewissheit. Aussagen über die Zukunft sind daher notwendigerweise von „Nichtwissen", „Unsicherheit" und „Risiko" geprägt. Aufgabe der Pädagogik ist es, den zu erziehenden Nachwuchs auf eine unbekannt bleibende Zukunft einzustellen. Eine wichtige Einsicht ist die, dass es zwar um Informationsbedarf geht, dessen Deckung die Begrenztheit der kognitiven Kapazität berücksichtigen muss. Die wichtigste Einsicht aber ergibt sich, wenn man das Unbekanntsein der Zukunft als Ressource betrachtet, als die Bedingung der Möglichkeit, Entscheidungen zu treffen. Dann muss nämlich das Lernen von Wissen durch das Lernen des Entscheidens ersetzt werden. Dafür allerdings gibt Luhmann keine Anregungen.[185]

6. Autonomie – soziologisch gegeben

6.1 Vorbemerkungen

Während in der deutschen Erziehungswissenschaft seit dem Ende der 60er Jahre der Autonomiebegriff bei der Bestimmung der spezifischen Funktion von Erziehung in der Gesellschaft kaum beachtet wurde, ist er in der Sozialwissenschaft vor allem in zwei Theorien besonders entfaltet worden: im kritischen Funktionalismus von Pierre Bourdieu und in der Systemtheorie von Niklas Luhmann.[186] Auf die Reproduktionstheorie von Bourdieu, mit der

---

[184] Nach Luhmann, N.: Das Erziehungssystem der Gesellschaft, S. 197 f.

[185] Tenorth sieht in der Konstruktion von Kompetenzmodellen die Möglichkeit, einen Überschuss an Kompetenzen und Fähigkeiten zu bilden und dadurch Lernen im Hinblick auf Offenheit, Wandel und Unbestimmtheit zu organisieren (vgl. Tenorth, H.-E.: Bildungsziele, Bildungsstandards und Kompetenzmodelle – Kritik und Begründungsversuche. In: Recht der Jugend und der Bildung, 2003, Heft 2, S. 158 ff.)

[186] Vgl. Tenorth, H.-E.: Zur deutschen Bildungsgeschichte 1918 - 1945, Bd. 28 Böhlau Verlag, Köln-Wien 1985.

er die getarnte Reproduktion der gesellschaftlichen Klassen durch das Bildungssystem aufdeckt und kritisiert[187], soll im Folgenden nicht eingegangen werden. Das Interesse des Verfassers richtet sich ausschließlich auf die Theorie von Niklas Luhmann und seinen Autonomiebegriff.

Das Kapitel wird wie folgt gegliedert: In einem sehr verkürzenden und vereinfachenden Überblick[188] sollen unter fünf Schlüsselbegriffen einige Grundgedanken der Luhmann'schen Systemtheorie herausgestellt werden, die dem besseren Verständnis der dann folgenden Ausführungen dienen (6.2.1). Die nächsten Abschnitte fassen Luhmanns Vorstellung zur Ausdifferenzierung des Gesellschaftssystems (6.2.2) und speziell des Erziehungssystems (6.2.3) etwas genauer. Einige Anmerkungen zu seinem Autonomiebegriff (6.2.4) und zu den Konsequenzen der Theorie der Autopoiesis für das Erziehungssystem schließen sich an (6.2.5). Die in diesem letzten Punkt angedeuteten Implikationen werden in einem Exkurs aufgegriffen und weiter entfaltet. Die Anlage dieses Kapitels führt zu einigen unvermeidbaren Wiederholungen von Begriffen und Definitionen, die aber nicht als schädlich, sondern eher als verständnisförderlich angesehen werden.

6.2 Der Autonomiebegriff in Niklas Luhmanns funktional-struktureller Systemtheorie

6.2.1 Niklas Luhmanns Systemtheorie - einige Grundzüge im (vereinfachenden) Überblick

6.2.1.1 Verständnisprobleme

Niklas Luhmann hat nach seinen eigenen Worten eine Theorie entwickelt, die den Anspruch erhebt, universalistisch zu sein, d. h. als Supertheorie alle Phänomene der sozialen Welt zu erfassen. Sie erhebt keinen Totalitätsanspruch, sie beansprucht also nicht, die einzig richtige zu sein. Eine Supertheorie kennzeichnet ein hohes Abstraktionsniveau. In „Soziale Systeme" stellt Luhmann selbst fest: „Diese Theorieanlage erzwingt eine Darstellung in ungewöhnlicher Abstraktionslage. Der Flug muss über den Wolken stattfinden, und es ist mit einer ziemlich geschlossenen Wolkendecke zu rechnen."[189] Eine zirkulär vernetzte Begrifflichkeit steigert die Komplexität dieser Theorie. Dazu bemerkt Luhmann im Vorwort des o. g. Werkes: „Die Theorieanlage

[187] Vgl. Bourdieu, P./Passeron, J. C.: Abhängigkeit in der Unabhängigkeit: Die relative gesellschaftliche Autonomie des Bildungssystems. In: Hurrelmann, K. (Hg.): Soziologie der Erziehung. Beltz Verlag, Weinheim-Basel 1974, S. 124 - 158.
[188] Vom Verf. zusammengestellt für einen Vergleich der Theorien von Luhmann und Habermas im Rahmen eines Seminars an der Uni Oldenburg im Sommersemester 05.
[189] Luhmann, N.: Soziale Systeme, S. 13.

gleicht also eher einem Labyrinth als einer Schnellstraße zum frohen Ende."[190] Das Verständnis erschwert auch, dass Luhmann - wie andere große Theoretiker - viele Begriffe anders als im gebräuchlichen Sinn definiert. Seine spätere Hinwendung zum „Autopoiesis-Paradigma" (1984) zwingt ihn darüber hinaus zu einigen Korrekturen vorher vertretener Auffassungen. Die Feststellung dieser Schwierigkeiten kann Mängel der folgenden Ausführungen verständlich machen; sie soll keineswegs eine faszinierende Theorie abwerten. Wie jede Theorie ist auch die Luhmann'sche nicht gegen Kritik geschützt, weil sie eine spezielle Sichtweise widerspiegelt und weil es die Wahrheit nicht gibt; sie beschreibt aber bestimmte soziale Phänomene besser als andere Theorien.

6.2.1.2 System-Umwelt-Differenz

Luhmann entfaltet seine Theorie mit der Feststellung: „Es gibt Systeme".[191] Damit distanziert er sich von traditionellen Auffassungen, die mit der „Ganzes-Teil-Vorstellung" arbeiteten. Er unterscheidet Maschinen, Organismen, soziale Systeme und psychische Systeme. Soziale Systeme sind nach Luhmann Interaktionen, Organisationen und Gesellschaften. Die Systemtheorie ersetzt die traditionelle Differenz vom Ganzen und Teil durch die Differenz von System und Umwelt. Alles, was in der Welt vorkommt, ist entweder System oder Umwelt. Die Systemtheorie ist also eine System-Umwelt-Theorie. Die Theorie sozialer Systeme ist eine Theorie über die soziale Welt aus der Sicht eines Beobachters. „Soziale Systeme sind, wie andere Systemarten auch, beobachtende Systeme."[192] Luhmann entwickelt eine allgemeine Theorie des Beobachtens, die vom Alltagsverständnis abweicht. Mit seinem Beobachtungsbegriff knüpft er an Spencer Brown an. Er besteht aus den Komponenten „Unterscheiden" und „Bezeichnen". Beim Beobachten wird eine Unterscheidung gewählt und eine der beiden Seiten der Unterscheidung bezeichnet. Es ist unmöglich, im Rahmen einer Beobachtung beide Seiten zu bezeichnen. Die Einheit kann nicht bezeichnet werden. Der Beobachter sieht die Einheit der Unterscheidung nicht. Er beobachtet mit einer Differenz, mit seinem blinden Fleck.[193] Die Grenze zwischen System und Umwelt wird durch das System selbst erzeugt. Das System grenzt sich durch seine spezifischen Operationen von der Umwelt ab. Es schließt eine Operation an die andere an, um seine Besonderheit zu bewahren. Systeme beziehen sich auf die Welt oder verarbeiten Welt, die durch hohe Komplexität gekennzeichnet

---

[190] Ebd., S. 14.
[191] Luhmann, N.: Soziale Systeme, S. 16.
[192] Kneer, G./Nassehi, A.: Niklas Luhmanns Theorie sozialer Systeme, S. 95.
[193] Vgl. dazu: Kneer, G./Nassehi, A.: Niklas LuhmannsTheorie sozialer Systeme 2, S. 95 ff.

ist. Sie reduzieren Komplexität, indem sie selektiv wahrnehmen und verarbeiten. Das gilt für psychische, lebende und soziale Systeme gleichermaßen. Systeme bauen im Innern eigene Komplexität auf, die zur Ausdifferenzierung von weiteren Systemen führt. Komplexitätsreduktion ist Voraussetzung für Komplexitätssteigerung, für systeminterne oder systemeigene Komplexität. Komplexität wird also durch Systembildung gelöst. „Es gibt Systeme, weil Komplexität in einer bestimmten Art und Weise und in Hinsicht auf eine bestimmte Problemlösung wahrgenommen und reduziert wurde."[194] Systeme sind Lösungen für Probleme; die Systemtheorie ist eine funktionalistische und keine kausal erklärende Theorie.

6.2.1.3 Kommunikation

Basiselemente, Letztelemente sozialer Systeme sind nicht die Menschen und ihre Handlungen, sondern Kommunikationen, und zwar deswegen, weil an Kommunikationen mindestens zwei psychische Systeme beteiligt sind und von Handlung in der Regel nur in Bezug auf Einzelpersonen gesprochen wird. „Der Handlungsbegriff unterläuft somit die Ebene des Sozialen."[195] Luhmanns Theorie sozialer Systeme ist keine Handlungstheorie (wie z.B. die von Weber oder Parsons), sondern eine Kommunikationstheorie. Soziale Systeme sind Kommunikationssysteme, sie sind emergente kommunikative Ordnungen, die sich auf spezifische Weise abgrenzen, sich gegenseitig und die Umwelt beobachten und Kommunikation an Kommunikation anschließen. Nicht der Mensch kommuniziert, sondern die Kommunikation kommuniziert. Im Theoriegefüge hat der konkrete Mensch keinen Platz.[196] Die Systemtheorie benötigt für soziale Systeme keine Subjekttheorie. Der Mensch besteht zwar aus operativ geschlossenen und autopoietisch operierenden Systemen, aber er ist kein soziales System. Allerdings ist die Kommunikation mindestens auf zwei Bewußtseinssysteme angewiesen. Diese sind zwar Umwelt für die Kommunikation, aber zugleich auch Bedingung. Kommunikation kann nicht ohne mitwirkendes Bewußtsein ablaufen und Bewußtsein nicht ohne Teilnahme an Kommunikation sein komplexes Leistungsvermögen gewin-

---

[194] Krieger, D. J.: Einführung in die allgemeine Systemtheorie, S. 18.

[195] Kneer, G./ Nassehi, A.: Niklas Luhmanns Theorie sozialer Systeme, S. 90.

[196] „Theorieimmanent lässt sich diese Entscheidung als Konsequenz aus der Nicht-Hintergehbarkeit der System/Umwelt-Differenz verstehen. Dem begriffstechnischen Zwang des so angelegten Theoriebauplanes folgend, müssen alle Beziehungen entweder als systeminterne oder als System/Umwelt-Beziehungen konstruiert werden. Kommunikation und die sie betreibenden Subjekte werden daher zu unterschiedlichen empirisch und operativ geschlossenen Systemen, die füreinander Erscheinungen der Umwelt sind." Schneider, W.-L.: Intersubjektivität als kommunikative Konstruktion. In: Der Mensch - das Medium der Gesellschaft, S. 189.

nen.[197] Bewußtseinssystem und Kommunikationssystem sind ständig strukturell gekoppelt. Luhmann entwickelt eine formale Theorie der Kommunikation, die sich von dem herkömmlichen Sender-Empfänger-Schema deutlich absetzt. Es geht in ihr nicht um Sinntransport zwischen Akteuren. Kommunikation bildet einen eigenständigen und eigendynamischen Prozess, eine Einheit der drei Selektionen Information - Mitteilung - Verstehen. „Was immer das psychische System während des dreigliedrigen Kommunikationsgeschehens auch denkt und versteht, es ereignet sich in der Umwelt des Kommunikationssystems."[198] Kommunikation produziert ihre eigene Anschlussfähigkeit; sie schafft immer wieder neue Situationen, die Kommunikationen auslösen.

Luhmann bricht mit dem alteuropäischen Verständnis vom Bewusstseinsakt. Er löst das Verstehen aus der Subjektbezogenheit heraus und schreibt es dem Bereich der Kommunikation zu. Die Kommunikation entscheidet, was verstanden, akzeptiert, abgelehnt oder weitergegeben wird.[199] Luhmann verabschiedet sich von der traditionellen Subjekttheorie und interpretiert das Verhältnis Individuum und Gesellschaft - den modernen gesellschaftlichen Gegebenheiten entsprechend - völlig neu. Das Soziale ist ein eigenständiges Geschehen, für das der Mensch Umwelt ist. Das bedeutet nach Luhmann allerdings keine Herabstufung des Menschen im Vergleich zur Tradition.[200] Die Systemtheorie geht nämlich von der Einheit der Differenz von System und Umwelt aus, woraus sich die konstitutive Bedeutung der Umwelt für diese Differenz ergibt. Das bedeutet, die Umwelt ist ebenso wichtig wie das System.[201] Die Unterscheidung von System und Umwelt eröffnet nach Luhmann die Möglichkeit, den Menschen als Teil der gesellschaftlichen Umwelt zugleich komplexer und ungebundener zu begreifen, als das möglich wäre, wenn er als Teil der Gesellschaft aufgefasst werden müsste, denn Umwelt weise höhere Komplexität und geringeres Geordnetsein auf.[202] Dem Menschen werde so auch die Freiheit zu unvernünftigem und unmoralischem Verhalten zugestanden. „Er ist nicht mehr Maß der Gesellschaft."[203]

---

[197] Dieser und der folgende Satz fast wörtlich nach Luhmann, N.: Das Kind als Medium der Erziehung. In: Luhmann, N.: Schriften zur Pädagogik, S. 161.

[198] Kneer, G./Nassehi, A.: Niklas Luhmanns Theorie sozialer Systeme, S. 84.

[199] Vgl. Gripp-Hagelstange, H.: Niklas Luhmann. Eine erkenntnistheoretische Einführung, S. 121 ff.

[200] Vgl. Luhmann, N.: Soziale Systeme, S. 288.

[201] Ebd., S. 289.

[202] Ebd.

[203] Ebd. Zur Stellung des Menschen in der Theorie Luhmanns s. auch Kneer, G./Nassehi, A.: Niklaus Luhmanns Theorie ..., S. 155 ff.

6.2.1.4 Autopoiese

Das Operieren der Systeme ist ein Beobachten der Umwelt, indem sie über sie kommunizieren. Seit 1984 bezeichnet Luhmann soziale Systeme in Anlehnung an die chilenischen Neurophysiologen Maturana und Varela als autopoietische Systeme.[204] Autopoiese heißt Selbstproduktion. Soziale Systeme produzieren und reproduzieren ihre Elemente aus sich selbst heraus. Als autopoietische Systeme sind sie operativ geschlossen. Sie sind autonom, aber nicht autark. Jede Kommunikation verweist als Operation selbstreferentiell (selbstbezüglich) auf vorhergehende Kommunikationen. Aber die Selbstreferenz muss mit Fremdreferenz angereichert werden. Die Abhängigkeit der Systeme voneinander wird mit struktureller Kopplung bezeichnet. Diese garantiert in gewisser Weise den Zusammenhalt der Systeme. Der Austausch zwischen System und Umwelt wird vom System selbst bestimmt.

6.2.1.5 Gesellschaft

Die Gesellschaft zählt - wie bereits erwähnt - zu den sozialen Systemen. Aus systemtheoretischer Sicht wird also Gesellschaft durch die Operation „Kommunikation" definiert. Sie ist die Gesamtheit aller zu erwartenden Kommunikationen. Die moderne Gesellschaft ist funktional differenziert. Funktionale Differenzierung als eine Form horizontaler Differenzierung unterscheidet die moderne Gesellschaft von der vormodernen mit ihrer segmentären Differenzierung (nach regionalen Gegebenheiten bzw. Verwandtschaftsbeziehungen), der Differenzierung nach Zentrum und Peripherie und der stratifikatorischen Differenzierung (Schichtendifferenzierung in Adelsgesellschaften).[205]

Ausdifferenzierung in Teilsysteme ist nach Luhmann das Entwicklungsprinzip der modernen Gesellschaft. Ausdifferenzierung ist ein evolutionärer Prozess; er ist nicht linear oder zielgerichtet. Die moderne Gesellschaft hat eine große Zahl von funktionalen Teilsystemen ausdifferenziert, die in einer System-Umwelt-Beziehung zueinander stehen und in spezifischer Weise miteinander kommunizieren. Für „Ausdifferenzierung" liefert Luhmann eine systemtheoretische Definition, die er selber als kompliziert bezeichnet: „Funktionale Differenzierung besagt, dass der Gesichtspunkt der Einheit, unter dem eine Differenz von System und Umwelt ausdifferenziert ist, die Funktion ist, die das ausdifferenzierte System (also nicht: dessen Umwelt) für das Gesamtsystem erfüllt."[206]

---

[204] Die genannten Wissenschaftler wollten allerdings den Autopoiesisbegriff nicht auf soziale Systeme angewendet wissen.

[205] Vgl. Luhmann, N.: Die Gesellschaft der Gesellschaft, 2. Teilband, S. 613.

[206] Ebd., S. 745 f.

Luhmann knüpft zwar an Parsons an, verändert aber dessen Fragestellung. Parsons fragt nach der Struktur, die die Gesellschaft sichert. Er geht davon aus, dass soziale Systeme durch bestimmte Norm- und Wertmuster, durch spezifische Strukturen charakterisiert sind. Im Mittelpunkt seiner strukturfunktionalistischen Theorie steht die Frage nach der Bestandserhaltung des Ganzen. Luhmann interessiert dagegen Problembewältigung. Er stellt in seiner funktional-strukturellen Theorie die Funktion sozialer Systeme in den Vordergrund. Seine Frage ist, welche Funktion bestimmte Systemleistungen erfüllen und welche Äquivalente sie ersetzen können. Nach seiner Meinung verfügen moderne pluralistische Gesellschaften nicht mehr über ein verbindliches Normen- und Wertesystem.

Auch für die Teilsysteme der Gesellschaft gilt: Sie sind autopoietische Systeme, d. h., sie sind operativ geschlossen, sie produzieren und reproduzieren die eigenen Operationen nur durch die eigenen Operationen. Sie sind selbstreferentiell und selbstproduktiv. Durch seine spezifische Operationsweise erhält sich ein System, grenzt sich zugleich von seiner Umwelt ab, stabilisiert sich dabei selbst, unterstützt die Abgrenzungsmöglichkeiten anderer Systeme und dient dadurch der Stabilisierung der ganzen Gesellschaft. Die Subsysteme der Gesellschaft sind also auf die Erfüllung einer bestimmten Funktion spezialisiert. Daraus ergibt sich ihre Ungleichheit. In dieser Ungleichheit aber sind sie alle gleich, d. h., es gibt keine Rangordnung der Funktionen. Staat und Wirtschaft dominieren nicht, wie allgemein angenommen wird. Die moderne Gesellschaft funktioniert „ohne Spitze und Zentrum" (Luhmann). Alle Systeme beobachten und kommunizieren nach einem funktionsspezifischen binären Code in Verbindung mit funktionsspezifischen Programmen.

6.2.2 Zur Ausdifferenzierung der gesellschaftlichen Subsysteme

Die großen Subsysteme der Gesellschaft[207] verdanken ihr Entstehen dem Auftreten bestimmter Kommunikationsweisen, die einen funktionsspezifischen Code entwickeln, mit dem das System die Welt, die Gesellschaft und seine eigenen Operationen beobachtet. Der Code ist binär, d. h., er stellt der Beobachtung zwei Seiten zur Bezeichnung zur Verfügung, eine negative, die zu vermeiden ist, und eine positive, die vorzuziehen ist; dritte Werte sind ausgeschlossen. Der binäre Code begründet und sichert die Existenz eines Systems, weil es sich mit ihm von anderen Systemen unterscheidet und so die

---

[207] Nach Schimank werden bei Luhmann folgende Teilsysteme genannt: Wirtschaft, Politik, Recht, Militär, Wissenschaft, Kunst, Massenkommunikation, Erziehung, Gesundheit, Sport, Familie, Intimbeziehungen. Vgl. Schimank, U.: Theorien gesellschaftlicher Differenzierung, S. 154.

System-Umweltgrenze markiert. Der Code entscheidet darüber, welche Umweltereignisse und Umweltveränderungen als „Rauschen" wahrgenommen werden und welche systeminterne Resonanzen auslösen. Er reduziert durch funktionsspezifische Selektion Weltkomplexität und ermöglicht den Aufbau systemeigener Komplexität, der zu weiteren Ausdifferenzierungen führt, wie sie z. B. in den Fachrichtungen und Fächern des Subsystems Wissenschaft vorliegen. Teilsysteme sind allerdings auf Kriterien angewiesen, mit denen sie ihre Codes anwenden können. Diese Programme eines Systems bestehen aus rekursiv (an eigenen Resultaten anschließenden) ausgebildeten Regeln, die darüber entscheiden, wie Informationen systemintern bearbeitet werden. „Der Code liefert die Struktur für die Kontingenz[208] des Systems, die Programme erst begründen das, was im System unter den Bedingungen seines Codes als richtiges Verhalten akzeptiert werden kann."[209]

Auf diese Dualität von Codierung und Programmierung führt Luhmann die Ausdifferenzierung eines besonderen Funktionssystems in der Gesellschaft und die Gewinnung der Systemautonomie zurück[210], mit anderen Worten: Systemautonomie ist Folge von Codierung und Programmierung. Für den frühen Luhmann ist also Autonomie „nichts anderes als die Herstellung der eigenen Einheit durch die eigenen Operationen des Systems."[211]

Als weitere Bedingung für die Ausdifferenzierung der Teilsysteme bezeichnet Luhmann die evolutionäre Herausbildung von (teilweise) „symbolisch generalisierten Kommunikationsmedien". Sie grenzen ein Gebiet ab, machen anschlussfähige Kommunikationen wahrscheinlicher und erhöhen die Annahmechancen. „Die Verfügung über ein eigenes Medium ... , ist eine wichtige Voraussetzung für die Einrichtung einer rekursiv geschlossenen Orientierung an eigenen Formen."[212] Solche Medien sind z. B. Geld für das Wirtschaftssystem, Macht als Medium des politischen Systems, Liebe als Medium der Intimbeziehungen. Auf die diesbezügliche besondere Problematik im Teilsystem Erziehung wird im folgenden Abschnitt eingegangen.

---

[208] Der Begriff „Kontingenz" verweist darauf, dass das Handeln in Systemen in gewissem Sinne nicht determiniert ist.

[209] Luhmann, N.: Codierung und Programmierung. In: Tenorth, H.-E. (Hg.): Allgemeine Bildung, S. 166 f.

[210] Vgl. Luhmann, N: Die Gesellschaft der Gesellschaft, S. 565.

[211] Luhmann, N.: Die Wissenschaft der Gesellschaft, S. 289.

[212] Vgl. Luhmann, N.: Das Erziehungssystem der Gesellschaft, S. 112.

6.2.3 Zur Ausdifferenzierung des Erziehungssystems

Trends zur Ausdifferenzierung eines besonderen Funktionssystems für Erziehung sieht Luhmann erst in der zweiten Hälfte des 18. Jahrhunderts, erkennbar vor allem an der Absicht, ein Schulsystem für die gesamte Bevölkerung einzurichten und häusliche Erziehung zu privatisieren.[213] Er konstatiert zunächst gewisse Schwierigkeiten, die Doppelfunktion des Erziehungswesens, nämlich Selektion vorzunehmen und zu erziehen, auf eine binäre Codierung zu reduzieren.[214] Er stellt fest, dass soziale Selektion der eigentliche Vorgang sei, mit der das Erziehungssystem Einfluss auf die Umwelt ausübe. Das Erziehungssystem sei dadurch codiert, dass es ein Stück Karriere in der Hand hält.[215] Im Hinblick auf die Förderung der Karriere sei demnach „besser/schlechter" („karriereförderlich/karrierehinderlich") der zutreffende Code.[216] Später bezeichnet er - einem Vorschlag von Jochen Kade folgend[217] - die auf Themen und Schüler gleichermaßen anwendbare Unterscheidung „vermittelbar/nicht vermittelbar" als geeigneten Code des Erziehungssystems und „besser/schlechter" als notwendige aber nachgeordnete Zweitcodierung.[218] Mit dieser Codierung geht es in der Erziehung um die Korrektur selbstläufiger Sozialisationsprozesse der Individuen.[219]

Wie bereits erwähnt, werden die Codes der Teilsysteme durch Programme als weitere Erwartungsstrukturen teilsystemischer Kommunikationen flankiert. Sie sind „... vorgegebene Bedingungen für die Richtigkeit von Operationen."[220] Sie bestimmen, was für die systeminterne Kommunikation zugelassen wird. Im Erziehungssystem stellen Bildung, Lehr- und Lernpläne, Richtlinien und Verwaltungsvorschriften solche Programme dar. Es ist leicht erkennbar, dass auf empirischer Ebene in solche Programme auch Elemente eingehen, die aus anderen Teilsystemen stammen, wenn z. B. Forderungen aus dem Gesundheitswesen oder aus dem Wirtschaftssystem („Schlüssel-

---

[213] Ebd.
[214] Vgl. Luhmann, N., Codierung und Programmierung. In: Tenorth, H.-E. (Hg.): Allgemeine Bildung, S. 158.
[215] Ebd., S. 163.
[216] Ebd., S. 164.
[217] Vgl. Kade, J.: „Vermittelbar"/„nicht vermittelbar": Vermitteln aneignen. In: Lenzen, D./Luhmann, N. (Hg.): Bildung und Weiterbildung im Erziehungssystem, S. 30 - 70.
[218] Vgl. Luhmann, N.: Das Erziehungssystem der Gesellschaft, S. 59 und S. 73. D. Benner kommentiert in einer Rezension von Luhmanns Werk „Das Erziehungssystem der Gesellschaft" diese Korrektur wie folgt: „Luhmann erkennt damit an, was die Pädagogik seit langem wusste, dass nämlich die Professionalität des Lehrers nicht darin aufgeht, bessere von schlechteren Schülern zu unterscheiden, sondern sich darauf bezieht, Lernprozesse Heranwachsender zu fördern."
[219] Vgl. Stark, C./Lahusen, Chr.: Theorien der Gesellschaft, S. 111.
[220] Luhmann, N.: Ökologische Kommunikation, S. 91.

qualifikationen") sich in den Lehrplänen niederschlagen. Systemtheoretisch gesehen ermöglicht die Differenzierung von Codierung und Programmierung einem System, als geschlossenes und offenes System zugleich zu operieren.[221] Anders gewendet: Auf der Programmebene ist das pädagogische System mit anderen sozialen Systemen strukturell gekoppelt.

Die oben angesprochenen Probleme der Codierung des Erziehungssystems müssen im Zusammenhang mit der Schwierigkeit gesehen werden, für das Erziehungssystem ein den Medien der anderen Subsysteme vergleichbares Medium zu nennen. Luhmanns diesbezügliche Reflexionen, denen hier nicht nachgegangen werden kann, führen zunächst zu dem überraschenden Schluss: Das Medium ist das Kind.[222] Später revidiert er seine Auffassung und bezeichnet - wiederum im Anschluss an Jochen Kade - den „Lebenslauf" als Kommunikationsmedium des Erziehungssystems.[223]

Die Autonomie des Erziehungssystems beruht wie die der anderen (Teil-) Systeme „auf der Spezifik der systembildenden Operationen und ihrer strukturellen Kondensate".[224] „Wir definieren deshalb Autonomie als operative Schließung des Systems und operative Schließung als autopoietische Reproduktion der Elemente des Systems durch das Netzwerk eben dieser Elemente."[225] Im Falle des Erziehungswesens bedeutet Autopoiesis, „dass das Erziehungssystem nur pädagogisch relevante Operationen verwenden kann und diese in einem rekursiven Netzwerk solcher Operationen selbst erzeugt."[226] Wie bereits erwähnt, bedeutet Systemautonomie als Ergebnis von Ausdifferenzierungsprozessen keinesfalls Autarkie, kausale Unabhängigkeit des Systems von seiner Umwelt. Die Abhängigkeit von der Umwelt - auf die im nächsten Abschnitt noch eingegangen wird - ist geradezu Bedingung der Existenz der Systeme. Die Geschlossenheit autopoietischer Systeme ist zugleich Voraussetzung für ihre Offenheit. „Beziehungen zu dieser Umwelt kann das System nur aufgrund von Eigenleistungen herstellen, nur im Vollzug eigener Operationen, die nur dank jener rekursiven Vernetzung möglich sind, die wir als geschlossen bezeichnen. Oder kurz gesagt: Offenheit ist nur

---

[221] Ebd.

[222] Vgl. Luhmann, N.: Das Kind als Medium der Erziehung. In: Schriften zur Pädagogik, S. 159 ff.

[223] J. Kade hat in einem hoch interessanten jüngeren Beitrag „Erziehung als pädagogische Kommunikation" die binäre Codierung des Erziehungssystems im Zusammenhang mit dem Medium Kind/Lebenslauf (Biografie - Karriere) auf hohem Komplexitätsniveau beschrieben. In: Lenzen, D. (Hg.): Irritationen des Erziehungssystems (S. 199 - 225).

[224] Luhmann, N.: Das Erziehungssystem der Gesellschaft, S. 114.

[225] Ebd.

[226] Ebd.

aufgrund von Geschlossenheit möglich."[227] Für Luhmann ist das Erziehungssystem wie alle anderen Teilsysteme aus gesellschaftsstrukturellen Gründen autonom. Es verwirklicht keine Idee, für die der Freiraum erst eingeklagt werden muss.

6.2.4 Anmerkungen zum Autonomiebegriff

Durch die autopoietische Wende verliert Luhmanns Autonomiebegriff u. E. an Erklärungspotential.[228] Vorher war er Ausdruck seiner spezifischen Aufgabe, die in einem permanenten Balancieren zwischen seiner eigenen Funktion und den vielfältigen Leistungserwartungen anderer gesellschaftlicher Bereiche bestand, und erinnerte damit an das Autonomieverständnis der deutschen pädagogischen Tradition der 20er Jahre, das sich als „Selbständigkeit in der Abhängigkeit" begreifen lässt. In dieser ursprünglichen Auffassung erschien „Autonomie als Produkt und Moment funktionaler Differenzierung" (Tenorth). Sie erlaubte es, historische Zustände von Erziehungssystemen „als ausgehandeltes und intern symbolisiertes Zusammenspiel von Funktionserfordernissen der Erziehung einerseits und Leistungserwartungen anderer gesellschaftlicher Systeme andererseits (zu) beschreiben."[229]

Mit der von ihm behaupteten selbstreferentiellen Geschlossenheit der Teilsysteme radikalisiert Luhmann seinen Autonomiebegriff mit der autopoietischen Wende; er gerinnt - noch negativer formuliert - zu einer starren Form: Autonomie ist definitiv gegeben. Autonomie und Abhängigkeit sind nun nicht mehr als Gegensätze zu begreifen, eine Sichtweise, die es ihm erlaubte, einen empirischen Zustand als graduelle Abstufung zu verorten und von „relativer Autonomie" zu sprechen.[230] „Der Begriff des autopoietischen Systems zwingt zu dieser Festlegung des Begriffs der Autonomie. Er schließt damit den unklaren Begriff der „relativen Autonomie" ebenso aus wie die Behandlung der Autonomie als eine Variable, die alles abdeckt, was zwischen vollständiger Abhängigkeit (also Ununterscheidbarkeit) des Systems von der Umwelt und vollständiger Isolation liegt."[231]

Autonomie und Abhängigkeit sind nunmehr für Luhmann zwei voneinander unabhängige Größen. „Die Betrachtung sozialer Systeme als autopoie-

---

[227] Luhmann, N.: Das Recht der Gesellschaft, S. 76. Eine sehr interessante Studie zum Thema „Geschlossenheit und Offenheit" hat Armin Nassehi vorgelegt. Sie ist als Suhrkamp Taschenbuch Wissenschaft 1636 im Jahre 2003 im Suhrkamp Verlag erschienen.

[228] Das Folgende in Anlehnung an Tenorth, H.-E.: Zur deutschen Bildungsgeschichte 1918 - 1945, S. 39. Tenorth konnte freilich die „autopoietische Wende" in seinem 1985 erschienen Buch noch nicht berücksichtigen.

[229] Tenorth, H.-E.: Zur deutschen Bildungsgeschichte 1918 - 1945, S. 39.

[230] Nach Schimank, U.: Theorien gesellschaftlicher Differenzierung, S. 166.

[231] Luhmann, N.: Die Wissenschaft der Gesellschaft, S. 290.

tische Kommunikationszusammenhänge ermöglicht es ihm hingegen, Autonomie und Abhängigkeit als zwei verschiedene Dimensionen zu sehen, die dementsprechend unabhängig voneinander variieren können."[232]

Die Beziehungen eines Systems zur Umwelt beschreibt Luhmann - wie bereits erwähnt - mit dem von Maturana entliehenen, allerdings abgewandelten Begriff der strukturellen Kopplung.[233] Die strukturelle Kopplung bezieht sich nur auf die Strukturen eines Systems. Sie „interferiert nicht mit der Autopoiesis des Systems."[234] Anders gewendet: Strukturelle Kopplung ist mit der Autopoiesis und der Autonomie des Systems kompatibel, d. h., sie determiniert den Zustand des Systems nicht. Sie versorgt es nur mit Störungen, denn kein Funktionssystem kann in einem anderen Operationen durchführen. „Strukturelle Kopplung" sorgt so für das erforderliche Minimum an gesellschaftlicher Systemintegration.

Nach Luhmann sind strukturelle Kopplungen hoch selektiv. Nicht alles, was es gibt, ist mit dem System strukturell gekoppelt. Aufgrund hoch selektiver Patterns „kann das System auf Irritationen und „Perturbationen" (Maturana) reagieren, d. h., sie als Information verstehen und die Strukturen entsprechend anpassen oder Operationen entsprechend einsetzen, um die Strukturen zu transformieren."[235] Die Reduktion der außen gegebenen Komplexität ist dabei zugleich Bedingung des Aufbaus von hoher Komplexität innerhalb des Systems.[236] Luhmann selbst hat u. a. die strukturelle Kopplung zwischen dem Erziehungssystem, der Wirtschaft, der Politik und der Wissenschaft relativ ausführlich untersucht und diese Außenbeziehungen unter dem Aspekt auflösungsbedürftiger Paradoxien behandelt.[237]

---

[232] Schimank, U.: Theorien gesellschaftlicher Differenzierung, S. 166.

[233] Luhmann, N.: Einführung in die Systemtheorie, S. 124 f: „Maturana spricht auch von der „Pertubierung" des Systems. Ich bevorzuge die Ausdrücke „Irritation", „Reizung" oder auch, vom System her gesehen „Resonanzfähigkeit". Die Resonanz des Systems wird durch strukturelle Kopplungen aktiviert".

[234] Luhmann, N.: Einführung in die Systemtheorie, S. 120.

[235] Luhmann, N.: Einführung in die Systemtheorie, S. 121.

[236] Ebd., S. 121.

[237] Vgl. Luhmann, N.: Das Erziehungssystem und die Systeme seiner Umwelt. In: Schriften zur Pädagogik, S. 209 ff.

6.2.5 Zur Anwendung der Theorie der Autopoiesis auf das Erziehungssystem

Es ist schwierig, die systemtheoretisch formulierten Sachverhalte empirisch auszuwerten, sie in die gelebte Welt zu transformieren. Das Konzept der strukturellen Kopplung bietet nach Auffassung vieler Kritiker kein ausreichendes Instrumentarium dafür. Luhmann selbst hat die Idee der Co-Evolution der Teilsysteme und ihre vielfältigen Verflechtungen nur ansatzweise entfaltet. Der Rückgriff auf das Autopoiesiskonzept und auf den Autonomiebegriff ermöglicht aber durchaus eine kritische und damit fruchtbare Betrachtungsweise von gesellschaftlichen Vorgängen zwischen dem Erziehungssystem und anderen Teilsystemen und traditioneller Praktiken im Erziehungssystem selbst.

Die Wirtschaft - wie die Politik strukturell mit dem Erziehungssystem gekoppelt - unternimmt in den letzten Jahren massive Anstrengungen, auf Schule und Bildung Einfluss zu gewinnen: Unternehmensverbände entwickeln Leitbilder für Schulleiter und Lehrkräfte. Wirtschaftsbetriebe erheben Forderungen, die die Gestaltung von Schule und Unterricht tangieren. Manager aus Industrie und Wirtschaft leiten Fortbildungskurse für Schulleute. Folgt man Luhmanns Theorie der Autopoiese, sind Tiefenwirkungen nicht zu erwarten, allenfalls Veränderungen im Programm, in den Lehrplänen, wenn sich gewisse Vorstellungen aus der Wirtschaft über die Kultusbürokratie in entsprechenden Verordnungen und Richtlinien niederschlagen oder – systemtheoretisch gesprochen - wenn sie über die Beobachtung im Rahmen des funktionsbezogenen Codes Eingang in die Kommunikation des Erziehungssystems finden. An der Basis hat die Pädagogik zur Abwehr unberechtigter Forderungen den lapidaren Satz bereit: „Die Wirtschaft klagt immer."

Die Politik kann ihren Einfluss nutzen und strukturelle Veränderungen im Erziehungssystem vornehmen, z. B. durch die Auflösung der Orientierungsstufe im Schulsystem, wie im Jahr 2004 in Niedersachsen geschehen. Wenn dadurch auch bei den betroffenen Akteuren die Arbeitsmoral sinkt, Dienst nach Vorschrift und Flucht in die Krankheit als Folgereaktionen zu beobachten sind, Auswirkungen auf die pädagogische Autopoiese hat das nicht.

Die Frage der Bedeutung der Organisation bei Luhmann für die gesellschaftliche Funktion der Erziehung und im Erziehungssystem sowie ihr Verhältnis zur Interaktion soll hier nicht erörtert werden. Ausführlich beschreibt Luhmann das Interaktionssystem Schulklasse.[238] Erziehung ist für ihn nicht

---

[238] Vgl. Luhmann, N.: Das Erziehungssystem und die Systeme seiner Umwelt. In: Schriften zur Pädagogik, S. 102 ff. Harm Kuper hat das Thema „Organisation in den Arbei-

länger als Verhältnis zwischen Subjekten zu verstehen, geschweige denn als Beziehung zwischen einem Erzieher und nur einem Zögling. Es ist - extrem formuliert - nicht der Lehrer, der erzieht, sondern das soziale System, das Interaktionssystem Schulklasse.[239]

Zweifelsfrei ist aber die Schule als Organisation ein soziales System, ein autopoietisches Gebilde. Sie ist für das Erziehungssystem Umwelt und folgt einer eigenen Logik. Sie „verschließt sich" einer angemessenen Rekonstruktion ihrer eigenen Wirklichkeit. Daraus lassen sich erhebliche Schwierigkeiten hinsichtlich ihrer externen Beratung oder gar Steuerung ableiten. Schulen sind durch Einflussnahme von außen schwer zu verändern. „Wenn aber schon eine angemessene Fremdbeobachtung und Deutung von Schulen ein echtes Problem darstellt, dann wird Fremdsteuerung vollends zur Illusion ... Schulentwicklung hat dann lediglich eine Chance als Anregung von Selbstorganisation,...."[240]

Übertragen auf Bewußtseinssysteme bedeutet das Konzept „Selbstorganisation", dass auch alle an Erziehung und Bildung beteiligten Personen, Lehrer wie Schüler, informationsmäßig gesehen operativ geschlossene Systeme darstellen, die von außen nur in sehr beschränktem Maße durchschaut werden können. „Als lebende Systeme verhalten sie sich weitgehend selbstreferentiell und selbstorganisierend, sie konstruieren sich ihre Welt und folgen eigenen Gesetzen."[241] Als Konsequenz folgt daraus die prinzipielle Unmöglichkeit, die Selbstorganisation eines personalen und sozialen Systems hinreichend zu beobachten oder gar durch Fremdorganisation zu determinieren. Büeler schlußfolgert daraus, dass Erziehung nur noch paradox gedacht werden könne, „nämlich als fremdorganisierte Auslösung von mentalen Selbstorganisationsprozessen."[242]

H. Fend hat in seiner „Neuen Theorie der Schule" den nach seiner Meinung nützlichen Beiträgen des systemtheoretischen Ansatzes für das Verständnis von Bildungsinstitutionen die Grenzen dieser Sichtweise gegenüber-

---

ten Luhmanns über das Erziehungssystem" weiterführend analysiert in: Lenzen, D. (Hg.): Irritationen des Erziehungssystems, S. 122 – 151.

[239] Vgl. Luhmann, N.: Das Erziehungssystem und die Systeme seiner Umwelt. In: Schriften zur Pädagogik, S. 43 ff. S. dazu in einem neueren Beitrag Vanderstraeten, R.: Erziehung als Kommunikation. In: Lenzen, D. (Hg.): Irritationen des Erziehungssystems, S. 57.

[240] Büeler, X.: „Schulqualität - Prozess oder Produkt". In: Bildung und Erziehung, Heft 2, 1996, S. 144.

[241] Büeler, X.: „Schulqualität - Prozess oder Produkt". In: Bildung und Erziehung, Heft 2, 1996, S. 143.

[242] Ebd.

gestellt.[243] Einige seiner Argumente, die im Folgenden nur in Kernsätzen ohne die bei ihm beschriebenen Implikationen wiedergegeben werden, decken sich mit Ausführungen in diesem Kapitel und im nächsten Exkurs, in dem die oben angesprochenen Gedanken weiter entfaltet werden sollen.

Die Fruchtbarkeit der systemtheoretischen Sichtweise nach Luhmann sieht Fend in den folgenden Punkten:

- Systeme handeln gegenüber Umwelten, und zwar vor allem gegenüber sozialen Umwelten, psychischen Umwelten und kulturellen Symbolsystemen.

- Bildungssysteme folgen einer Eigenlogik.

- Die systematische Berücksichtigung der Selbstreferenzialität, also des Wissens im System, ist von immenser Bedeutung.

- Die Systemtheorie konzeptualisiert „Kausalität" in besonderer Weise; infolgedessen fehlt auch eine direkte Technologie, mit der wie in der Naturwissenschaft sichere Ergebnisse erzielt werden könnten.

Die Grenzen beschreibt er wie folgt:

- In der systemtheoretischen Perspektive verflüchtigt sich die Rolle der Handlungssubjekte im Interaktionsprozess und ihre Bedeutung im Entstehensprozess sozialer Systeme.

- Die Geschichte der sozialen Systeme erscheint in der Gestalt einer evolutionär notwendigen funktionalen Differenzierung, aber nicht in der einer konkreten Ereignis- oder Mentalitätsgeschichte.

- Die Systemtheorie beschreibt die soziale „Umwelt" menschlichen Handelns zu ungenau.

- Der Systemtheorie fehlt ein ausgearbeiteter Begriff der Kultur und der Öffentlichkeit, in der gemeinsame Gestaltungsdiskurse stattfinden.

Nach H. Fend ist ein tiefer gehendes Verständnis des Bildungswesens und der Bildungsinstitutionen nur durch einen (ergänzenden) handlungs- und akteurorientierten Zugriff zu erreichen. In seinem o. g. Werk setzt er dazu bei Max Weber an.[244]

---

[243] Vgl. Fend, H.: Neue Theorie der Schule, S. 134 – 137.

[244] Vgl. Fend, H.: Neue Theorie der Schule, S. 137 ff. Anknüpfend an die Auseinandersetzung mit Luhmann in der deutschen Diskussion hat vor allem Uwe Schimank eine Verbindung systemtheoretischer Vorstellungen mit einer akteurtheoretischen Herangehensweise zur Erklärung gesellschaftlicher Differenzierung herausgearbeitet (in: Schimank, U.: Theorien gesellschaftlicher Differenzierung, S. 241 ff.).

Die Anlage der vorliegenden Arbeit spiegelt wider, dass der Verfasser dieser Auffassung zustimmt.

3. Exkurs: „Selbstorganisation – Schule, Lehren und Lernen aus system-theoretisch-konstruktivistischer Perspektive"

„Jede Operation wirkt auf das System zurück und bringt es dabei hervor."
(Heinz von Foerster 1911 - 2002)

„Ich bin zwar verantwortlich für das, was ich sage, aber nicht für das, was Sie hören."
(Umberto Maturana * 1928)

1.   Zum Begriff „Selbstorganisation"

„Neuere Theorien aus dem Bereich der Biologie und der Kognition zeigen, dass sich biologische Systeme unter operativer Geschlossenheit selbst erhalten und entwickeln. Diese Erkenntnis wird heute von Soziologen – insbesondere von Niklas Luhmann - auf soziale Systeme übertragen und hat damit zu grundlegend neuen Erkenntnissen über die Evolution sozialer Prozesse in modernen Gesellschaften und ihrer Organisation geführt." (Schriftliche Ankündigung einer Vorlesung an der Carl von Ossietzky Universität Oldenburg von Prof. Dr. H. Krafft †).

Mit der Formulierung der Überschrift wird zum Ausdruck gebracht, dass es Parallelen zwischen der Systemtheorie Luhmanns und dem Konstruktivismus gibt. Lenzen spricht sogar von einer Verknüpfung der Systemtheorie mit dem radikalen Konstruktivismus.[245]

Luhmann hat Begriffe und Annahmen des Konstruktivismus umgeformt und in seiner anspruchsvollen Theorie verarbeitet.[246] Mit dem Konzept der Selbstorganisation knüpft er an ältere Forschungen an, vor allem aber an Ma-

---

[245]   Lenzen, D.: Orientierung Erziehungswissenschaft, S. 155. Luhmann vertritt einen operativen Konstruktivismus. Er selbst hat sich mit den Wissenschaftstheorien, die durch den Sammelbegriff „Konstruktivismus" zusammengefasst werden, ausführlich auseinandergesetzt und sich vom „radikalen Konstruktivismus" abgegrenzt (Die Wissenschaft der Gesellschaft, S. 510 ff).Für das Verständnis förderlich ist Georg Lohmanns Beitrag „Beobachtung" und Konstruktion von Wirklichkeit - Bemerkungen zum Luhmannschen Konstruktivismus. (In: Konstruktivismus und Sozialtheorie, S. 205 - 219).

[246]   Zu den verschiedenen Spielarten des Konstruktivismus und zum Zusammenhang mit Luhmanns Theorie sozialer Systeme s. auch von Ameln, F. von: Konstruktivismus.

turanas Theorie der Autopoiesis.[247] Ursprünglich unterscheidet Luhmann die beiden Begriffe „Selbstorganisation" und „Autopoiesis". Er erklärt sie von dem Theorem der operativen Geschlossenheit des Systems her.[248] Ein System zieht sich mit eigenen Operationen Grenzen, unterscheidet sich so von der Umwelt und kann nur so als System beobachtet werden. Durch systemspezifische Operationen erzeugt es die Differenz zur Umwelt. Diese Operationen sind immer nur in Systemen möglich, sie können nicht in die Umwelt ausgreifen. Operative oder operationale Geschlossenheit bedeutet, dass ein System seine Operation nicht benutzen kann, um sich mit der Umwelt in Verbindung zu setzen. Operative Geschlossenheit gilt nach Luhmann für lebende Systeme (Zelle), bewußte Systeme (Mensch) und soziale Systeme (Interaktionen, Organisationen, Gesellschaft) gleichermaßen. Die Strukturen eines operational geschlossenen Systems müssen durch die eigenen Strukturen aufgebaut werden. Die Erzeugung einer Struktur durch die eigenen Operationen nennt Luhmann „Selbstorganisation". Mit „Autopoiesis" beschreibt er die „Determination des Zustandes, von dem aus weitere Operationen möglich sind, durch die Operationen desselben Systems."[249] Die Verwendung beider Begriffe dient ihm nur zur „schärferen Trennung zwischen Strukturen und Operationen."[250] Den Begriff der „Selbstorganisation" ersetzt Luhmann später öfter durch „Autopoiesis".

Die von Luhmann behauptete operationale Geschlossenheit von Systemen findet eine Parallele im „Trivialisierungskonzept" von Heinz von Foerster, das Luhmann anerkennt und auf alle sinnverarbeitenden Systeme angewendet wissen will. Triviale Maschinen reagieren auf einen bestimmten Input mit einem bestimmten Output. Sie verbinden - anders gewendet - durch die Art des Operierens bestimmte Eingangswerte mit bestimmten Ausgangswerten. Sie sind synthetisch determiniert, analytisch bestimmbar, vergangenheitsunabhängig, voraussagbar. Lebende Systeme sind nicht-triviale Maschinen. Sie ändern während der Operation ihren internen Zustand in Abhängigkeit von

---

[247] Eine prägnante Übersicht über die Selbstorganisationsforschung in verschiedenen Wissenschaftsbereichen seit den 30er Jahren des 20. Jahrhunderts liefert Jürgen Kriz in: Systemtheorie für Physiotherapeuten, Psychologen und Mediziner: Eine Einführung, S. 13 ff.

[248] Vgl. Baecker, D. (Hg.): Luhmann, N.: Einführung in die Systemtheorie, S. 100 ff. Es handelt sich bei diesem Werk um die Transkription einer von Luhmann an der Universität Bielefeld auf einem vergleichsweise niedrigeren Abstraktionsniveau gehaltenen Vorlesung.

[249] Luhmann, N.: Einführung in die Systemtheorie, S. 101.

[250] Ebd., S. 110.

einem Input. Sie sind synthetisch determiniert, analytisch unbestimmbar, vergangenheitsabhängig, nicht voraussagbar.[251]

2. Kontextuelle Steuerung von Schulen

Die Theorie der Autopoiesis ist folgenreich für die Beurteilung von Einwirkungsmöglichkeiten auf Organisationen wie die Schule und für das Lehren und Lernen in ihr.[252] Sie stützt und erklärt die Erfahrung von Schulaufsichtsbeamten, die eher auf Kooperation und weniger auf Kontrolle setzen, dass Schulen sich einer angemessenen Rekonstruktion ihrer Wirklichkeit verschließen (s. o.). Die Arbeit der nun auch in Niedersachsen nach englischem und niederländischem Muster in Mode kommenden Schulinspektion beruht u. E. auf der Illusion, die Wirkweise von Schulen in wenigen Tagen mit linear-kausaler Denkweise erkennen und analytisch verstehen zu können. Wenn es aber zumindest problematisch erscheint, Funktion und Qualität eines hoch komplexen nicht trivialen Systems wie die Schule durch Beobachtung von außen auch nur einigermaßen adäquat zu erfassen, wird - wie oben bereits ausgeführt - Fremdsteuerung nahezu aussichtslos. Dem Prinzip der Fremdsteuerung liegt eine kausale und mechanistische Konstruktion (Sichtweise) zugrunde, die mit den Gegebenheiten selbstreferenziell operierender Systeme kollidiert und deshalb in der Regel zu unbefriedigenden praktischen Ergebnissen führt.[253]

Die zahlreichen wissenschaftlichen Befunde hinsichtlich der mangelnden Effizienz schulaufsichtlicher Beratung, oft allerdings begründet mit der In-

---

[251] Vgl. Kriz, J.: Systemtheorie für Psychotherapeuten, Psychologen und Mediziner, S. 88 ff. Luhmann selbst hat sich ausführlich zu diesem Konzept geäußert: Vgl. Luhmann, N.: Codierung und Programmierung. Bildung und Selektion im Erziehungssystem. In: Lenzen, D. (Hg): „Schriften zur Pädagogik", S. 23 ff.

[252] Es wurde bereits darauf hingewiesen, dass Varela und Maturana den Begriff „Autopoiesis" nicht auf soziale Systeme angewendet wissen wollten. P. M. Hejl hat das Verständnis lebender Systeme durch eine präzise Definition ihrer Eigenschaften geschärft. Er begründet schlüssig, dass seine Definition der Eigenschaften „selbstorganisierend", „selbsterhaltend" und „selbstreferenziell" nicht auf soziale Systeme übertragbar sei. Seiner Meinung nach verlangt die Phänomenologie sozialer Systeme die Schaffung einer eigenständigen Modellklasse. Er schlägt vor, soziale Systeme als „synreferenziell" zu bezeichnen. Selbstreferenzialität sei deswegen nicht gegeben, weil die Komponenten sozialer Systeme und damit sie selber durch die Interaktion ihrer Individuen in anderen sozialen Systemen verändert werden können. Nach Hejl ist von einem sozialen System dann zu sprechen, wenn die Gruppenmitglieder „eine gemeinsame Realität und damit einen Bereich sinnvollen Handelns und Kommunizierens erzeugt haben und auf ihn bezogen interagieren (Synreferenzialität)". Vgl. Hejl, P. M.: Selbstorganisation und Emergenz in sozialen Systemen. In: Krohn, W./Küppers, G. (Hg.): Emergenz: Die Entstehung von Ordnung, Organisation und Bedeutung, S. 269 ff.

[253] Vgl.: Krafft, A./Ulrich, G.: Theorie und Praxis regionaler Selbstorganisation, S. 6.

kompatibilität „formativer" und „summativer" Evaluation (Beurteilung)[254], ließen sich also durch systemtheoretische Einsichten abstützen. Vordergründig wäre dann das mehrdeutige Wortspiel „Beratung macht Schule"[255] zu verändern in „Beratung macht Schule selbst". Aber der Staat kann und darf die Schulen natürlich nicht ganz sich selbst überlassen. Erfolgversprechend scheint die Steuerungsstrategie zu sein, die Helmut Willke aus systemtheoretischer Sicht der Politik in ihrem Verhalten zu den anderen Subsystemen empfiehlt: kontextuelle Steuerung und Supervision.

Willke hat Wesen und Wirken kontextueller Steuerung mit systemtheoretischer Begrifflichkeit präzise so beschrieben: „Kontextuelle Steuerung zielt also darauf, 'unwahrscheinliche' Selektionen von Optionen zu fördern, um so die Trajektorien der ablaufenden Kommunikationen in eine bestimmte Richtung zu bringen. Die operative Steuerung kann immer nur das zu steuernde System ausführen, da niemand sonst in seine internen Handlungsabläufe eingreifen kann, ohne die Autonomie und Integrität des Systems zu zerstören, operative Steuerung ist immer Selbststeuerung. Eine kontextuelle Steuerung allerdings ist auch von außen möglich, weil sie nicht in die interne Operationsweise eingreift, sondern Bedingungen setzt, an denen sich das zu steuernde System in seinen eigenen Selektionen orientieren kann und im gelingenden Fall im eigenen Interesse orientieren wird. Es liegt auf der Hand, dass eine solche Einflussnahme um so besser funktioniert, je stärker selbstorganisierende und selbststeuernde Systeme sich durch den Aufbau von Reflexionskapazität und der Fähigkeit zur Selbstbindung für alternative Operationen öffnen...."[256]

Im Hinblick auf die Notwendigkeit der Weiterentwicklung von Schulen könnte kontextuelle Steuerung z. B. bedeuten, dass ihnen durch die Bereitstellung der erforderlichen Ressourcen die Möglichkeit eröffnet wird, sich zu lernenden Organisationen zu entwickeln und lernende Netzwerke zu installieren. Dabei wird ein breiter Raum den Fortbildungsangeboten und dem Erfahrungsaustausch zwischen Lehrpersonen, der Kooperation mit der Universität, mit Verlagen, Ausbildungsseminaren, Fortbildungszentren und dergl. gewährt werden müssen. Zwar sind diese Gedanken nicht neu, sie sind aber auch nie nur annähernd realisiert worden. Durch solche Maßnahmen würden Lehrpersonen - systemtheoretisch gesprochen - zu Beobachtern zweiter Ordnung und damit in begrenztem Maße befähigt, ihre blinden Flecke zu erkennen und ihr tägliches Handeln im System und die Gesamtoperation im

---

[254] Vgl. Bessoth, R.: Lehrerberatung - Lehrerbeurteilung, S. 124 ff.
[255] Titel eines 1996 im Studienverlag Innsbruck-Wien erschienenen Buches.
[256] Willke, H.: Supervision des Staates, S. 141.

System kritisch zu reflektieren und Veränderungen in die systemeigene Logik einzubauen.

Diese kontextuelle Steuerung wäre noch zu ergänzen durch Supervision.[257] Sie ist - kurz gefasst - nach Willke eine Veranstaltung, in der es nicht um Kontrolle und Fehlerkorrektur geht, sondern um die hypothetische Erprobung von Veränderungsplänen. Sie bedeutet „eine Kontrastierung unterschied licher Konstruktionen von Realität, unterschiedlicher Visionen der Identität des Systems und unterschiedlicher Perspektiven für ein Verstehen der Dynamik des Systems".[258] Zielsetzung sei dabei, „die Ressourcen des supervidierten Systems zu aktivieren, blinde Flecken zu bezeichnen und die unvermeidliche Verengung kommunikativer Prozesse wieder aufzubrechen."[259]

Die Problematik der Supervision ergibt sich vor allem aus der operativen Geschlossenheit und Autonomie des supervidierten Systems und aus der Tatsache, dass auch die supervidierende Tätigkeit als ein nicht trivialer, selbstreferenzieller, selbstgesteuerter Prozess zu verstehen ist, der keiner Input-Output-Mechanik gehorcht.[260]

---

[257] Zur Organisationsberatung vgl. auch Groth, T.: Wie systemtheoretisch ist „systemische Organisationsberatung"?

[258] Willke, H.: Supervision des Staates, S. 64.

[259] Ebd.

[260] Vgl. ebd., S. 71. Als Luhmann-Schüler folgt Willke dessen Diktion, wenn er feststellt, dass Supervision eigentlich nicht gelingen kann, und den positiven Ausgang bescheiden und paradoxal so formuliert: „Gezielte Selbstveränderung mit Hilfe eines Supervisors bezeichnet den unwahrscheinlichen Fall, dass beide Beteiligten sehen, dass die Verhältnisse zu komplex für hierarchisch gesteuerte Anweisungen sind und zu interdependent für weltvergessene Selbstverwirklichung". Damit ist Supervision aber keineswegs entwertet.

3.   Konstruktivistisches Lehren und Lernen

Die Anerkennung der Schüler als operativ autonome, also nichttriviale Systeme[261] ist folgenreich für die „Wissensvermittlung" bzw. Wissensaneignung, für Planung und Gestaltung des Unterrichts. „Selbstentwicklung eines kognitiven Systems" muss die Rolle des Lehrers entscheidend verändern. Eine direkte Einflussnahme erscheint problematisch. Lernen ist ein innerer Strukturierungsprozess mit hohen Eigenanteilen.

Zur konkreten Gestaltung des Unterrichts hat Luhmann sich im Einzelnen nicht geäußert. Viel diskutiert ist sein Hinweis auf ein Technologiedefizit in der Erziehung und im Unterricht, womit er zum Ausdruck bringen wollte, dass das Erziehungssystem die angestrebten Effekte in Erziehung und Unterricht nicht gesetzesförmig bewirken und daher auch nicht zuverlässig kontrollieren kann.[262] Systemtheoretisch ist damit die Schwierigkeit der pädagogischen Absicht beschrieben, über Kommunikation Einfluss auf psychische Systeme zu gewinnen. Kommunikation und Bewußtsein sind getrennt voneinander operierende, strukturell allerdings gekoppelte autopoietische Systeme. Luhmann interessiert vorrangig das „Interaktionssystem Unterricht" als soziales System.[263] Seine wenigen Anmerkungen zur Unterrichtspraxis und die oben erwähnte Akzeptanz des „Trivialisierungskonzepts" lassen aber den Schluss zu, dass er der konstruktivistischen Denkweise nicht fern steht.

Vertreter des Konstruktivismus haben aus der Annahme, dass das Lernen nichttrivialer Systeme nicht als einfacher Input-Output-Prozess begriffen werden kann, Konsequenzen für die Unterrichtspraxis gezogen.[264] Sie behaupten einen epistemologischen Zusammenhang zwischen den Prinzipien des Konstruktivismus und dem unterrichtlichen Handeln. Diese Grundprinzipien bauen auf Piagets Theorie der kognitiven Entwicklung auf, ohne dessen Auffassung zu teilen, dass Lernen konstruktive Aneignung von Reali-

---

[261]   Nach Luhmanns Auffassung werden die Schüler in der heutigen Schule allerdings als triviale Maschinen behandelt. Diese reagieren darauf durch Selbstsozialisation, d. h., sie stellen sich darauf ein. (Vgl. Luhmann, N.: Das Erziehungssystem der Gesellschaft, S. 79). Eine Erklärung dafür, warum das Erziehungssystem nichttriviale Systeme als triviale Systeme erzieht, hat Luhmann ausführlich dargelegt in: Codierung und Programmierung. Bildung und Selektion im Erziehungssystem. In: Tenorth, H.-E. (Hg.): Allgemeine Bildung, S. 154 ff.

[262]   Vgl. Luhmann, N.: Strukturelle Defizite. Bemerkungen zur systemtheoretischen Analyse des Erziehungssystems. In: Oelkers, J./Tenorth, H.-E. (Hg.): Pädagogik, Erziehungswissenschaft und Systemtheorie, S. 57 ff.

[263]   Vgl. Luhmann, N.: Das Erziehungssystem der Gesellschaft, S. 102 ff.

[264]   Vgl. z. B. die im Literaturverzeichnis angegebenen Werke von Reinhard Voss und Kersten Reich.

täten sei. Von Glasersfeld formuliert die wesentlichen Elemente des konstruktivistischen Paradigmas wie folgt:

1. (a) Wissen wird nicht passiv aufgenommen, weder durch die Sinnesorgane noch durch Kommunikation.

    (b) Wissen wird vom denkenden Subjekt aktiv aufgebaut.

2. (a) Die Funktion der Kognition ist adaptiver Art, und zwar im biologischen Sinne des Wortes, und zielt auf Passung oder Viabilität;

    (b) Kognition dient der Organisation der Erfahrungswelt des Subjekts und nicht der „Erkenntnis" einer objektiven ontologischen Realität.[265]

Verwandt ist diese Position des radikalen Konstruktivismus mit dem sozialen Konstruktionismus, der den Menschen als soziale Konstruktion begreift und der Sprache, dem Diskurs, dem Dialog daher eine besondere Bedeutung beimisst.[266]

4. Zur Beurteilung konstruktivistischer Unterrichtsplanung

H. Krüssel hat im Anschluss an Aufschnaiter, Dubs und Kosel/Scheerer sieben Prinzipien einer konstruktivistischen Unterrichtsplanung formuliert.[267]

–   das Prinzip der Selbststrukturierung

–   das Prinzip der Problemorientierung

–   das Prinzip der Kooperativität

–   das Prinzip der Mehrperspektivität/multiplen Kontexte

–   das Prinzip der Viabilität

–   das Prinzip der Selbstevaluation und Co-Evaluation

–   Ethik der Bescheidenheit, Verantwortung, Toleranz

Eine sorgfältige Überprüfung der genannten Prinzipien mit ihren Erläuterungen enthüllt keine wesentlichen Neuerungen gegenüber modernen Vorstellungen erfolgreicher Unterrichtsgestaltung. Insoweit werden die kritischen Einschätzungen von Terhart[268] und Jank/Meyer[269] geteilt. Bei einer im Gan-

---

[265]   Von Glasersfeld, E.: Radikaler Konstruktivismus, S. 96.
[266]   Eine Zusammenfassung dieser Position findet sich in: von Ameln, F. von : Konstruktivismus, S. 179 ff.
[267]   Krüssel, H.: Lehren als Bereitstellen von Perspektiven in: System Schule, Heft 4, Dez. 1998, S. 109.
[268]   Vgl. Terhart, E.: Konstruktivismus und Unterricht, 1999.

zen eher ablehnenden Einstellung gegenüber dem konstruktivistischen Ansatz führen die letztgenannten Autoren dennoch eine stattliche Liste starker konstruktivistischer Argumente auf[270], der wir zustimmen können. Die hier vertretene Auffassung soll mit einigen wenig systematisch vorgetragenen Anmerkungen konturiert werden:

Einer fundamentalistischen Auslegung des Prinzips grundsätzlicher Geschlossenheit lebender und sozialer Systeme kann nicht gefolgt werden. Der im Konstruktionismus vollzogene Wechsel vom geschlossenen Nervensystem zu den sozialen Beziehungen erscheint plausibler. Beeinflußbarkeit muss anerkannt werden, ist möglich, aber in weit geringerem Maße, als angenommen wird. Dass Wissen aktiv erarbeitet werden muss, klingt wie eine Binsenweisheit, ist aber durchaus nicht Allgemeingut. Als Ergebnis ungezählter Unterrichtsbesuche darf festgestellt werden, dass viele Lehrkräfte immer noch versuchen, ihren Stoff verbal in die Köpfe der Schüler zu übertragen. Die Schwierigkeit, dem ständig fließenden Bewußtseinsstrom des Einzelnen Informationen beizugeben, wird unterschätzt; die Bedeutung der Anschlussfähigkeit von Inhalten, die in der konstruktivistischen Unterrichtsarbeit zu Recht betont wird, bleibt oft unberücksichtigt.

Ein Beispiel aus der Schulzeit des Verf. soll das Problem verdeutlichen: In der Nachkriegszeit wurde ihm für einen bestimmten Zeitraum Physikunterricht durch eine Lehrerpersönlichkeit erteilt, die als genial galt. Physikunterricht litt in der damaligen Zeit unter dem Mangel an den notwendigen Geräten für die Durchführung von Versuchen. Im Gegensatz zu den bekannten Forderungen eines Martin Wagenschein war der Unterricht auf Buch-Physik und Lehrervortrag reduziert. Ein Teil der Schüler besaß keine Schulbücher, so dass sie kaum in der Lage waren, sich wenigstens das Buchwissen anzueignen. Der besagte Physiklehrer, selber ohne Frage von überragendem Wissen, „nahm" in wenigen Stunden Atomphysik „durch". Zum Abschluss ließ er eine Arbeit mit der Überschrift „Was ich von der Atomphysik weiß" schreiben. Das Ergebnis war schlecht. Ein Schüler beantwortete die Frage mit einem Wort: „Nichts!" Es ehrt den Lehrer, dass sich die Folgen für ihn (den Schüler) in Grenzen hielten. Die Anschlussfähigkeit wurde im doppelten Sinne verfehlt: bezogen auf den Stoff innerhalb des Lehrgangs und im Hinblick auf die Verstehensmöglichkeit der Schüler.

Nichtberücksichtigung der Anschlussfähigkeit ist in der Regel auch im Spiel, wenn Realschüler mit der Note „gut" in einem Fach nach dem Übergang ins Gymnasium sofort die Note „mangelhaft" erhalten.

---

[269] Jank, W./Meyer, H.: Didaktische Modelle, 5. völlig überarbeitete Auflage, 2002,S. 286 ff.

[270] Ebd., S. 300 f.

Der Toleranz gegenüber den von Schülern unter dem Begriff der Viabilität erarbeiteten Ergebnissen, die in nicht konstruktivistischer Ausdrucksweise als „falsch" zu bezeichnen wären, sind Grenzen gesetzt. Es gibt in der Schule, vor allem in den Fächern Mathematik und Physik, Fakten, deren Kenntnis für den weiteren Lehrgang unerlässlich ist. Vier plus drei ist eben gleich sieben. Und das Raketenprinzip beruht nicht auf einem Abstoßen des Flugkörpers von der Luft, sondern auf Schub, der als Reaktionskraft auftritt, wenn aus einem geschlossenen System eine Masse mit hoher Geschwindigkeit ausströmt. Auf die unstrittige Bedeutung von Konstruktivismus und Konstruktionismus für den Fremdsprachenunterricht, für den Spracherwerb des Lerners und die methodische Gestaltung des Unterrichts kann hier nur hingewiesen werden.

Die (Eigen-)Tätigkeit des Kindes bedarf besonders in den ersten Schuljahren einer behutsamen und individuellen Führung durch den Lehrer. In späteren Jahren wird die Rolle des Lehrers sich stärker in Richtung eines „Mediators für selbstgesteuerte Formen des Lernens" (Willke) bewegen. Das anzustrebende selbstgesteuerte Lernen erfordert einen bestimmten Grad von kognitiver Kompetenz des Zöglings. Das Ziel besteht allerdings nicht in einer externen Beeinflussung des Zöglings unter der Prämisse der Freiheit durch immer raffiniertere Methoden, sondern in der verständnisvollen Kontexturierung seiner Freiheit.[271]

7.   Autonomie – organisationssoziologisch unverzichtbar

7.1   Vorbemerkungen

In der Zeit nach dem Zweiten Weltkrieg spielte das Thema der pädagogischen Autonomie im Wesentlichen in akademischen Auseinandersetzungen zwischen Vertretern der geisteswissenschaftlichen Pädagogik, anderen Erziehungswissenschaftlern und katholischen und evangelischen Theologen eine Rolle.[272]

Mit der realistischen Wende der Pädagogik in den 60erJahren des letzten Jahrhunderts verlor die pädagogische Autonomie ihre ursprüngliche Bedeutung, als nicht mehr die – wie auch immer geartete – Abgrenzung der Schule von den gesellschaftlichen Mächten, sondern im Gegenteil ihre stärkere Integration in die Gesellschaft gefordert wurde.

---

[271] Vgl. Willke, H.: Supervision des Staats, S. 51.
[272] Einen guten Überblick gibt Bast, R. in: Pädagogische Autonomie, S. 68 ff.

Es ist eine interessante Frage, ob die Annäherung von Schule und Arbeitswelt mit der früher gern benutzten Metapher der Pendelbewegung (oder eines Kreislaufmodells) zu erklären ist, ob also diese Ausrichtung auf die gesellschaftlichen Ansprüche notwendigerweise als Gegenbewegung zum radikalen Leitgedanken „Vom Kinde aus" zu verstehen ist, der seinerseits ja Ausdruck eines Protestes gegen ein bedrückendes Gesellschaftssystem war. Vom Glauben an eine solche Gesetzmäßigkeit ginge sicherlich in einer Zeit bedingungsloser Dominanz ökonomischer Forderungen etwas Beruhigendes aus.

Von der kritischen Theorie mit ihrem emanzipatorischen Begriff von Erziehung im Rahmen einer gesellschaftlich akzentuierten kritischen Pädagogik wurde ein eigenständiger pädagogischer Bereich zwar abgelehnt, er behielt aber gleichwohl als „Kontrastfolie für das Anzustrebende innerhalb eines pädagogischen Verhältnisses" (Bast) durchaus einen Sinn.

Die Forderung nach einer größeren Autonomie von Schule wurde in der Reformphase im Makrosystem des Bildungswesens in der Zeit zwischen 1965 und 1975 mit ihren erheblichen Veränderungen im allgemein bildenden Schulwesen[273] immer wieder erhoben. Eine entsprechende Empfehlung des Deutschen Bildungsrates (1973) zur verstärkten Selbständigkeit von Schule blieb aber ebenso wie ein Vorschlag des Deutschen Juristentages (1981) ohne praktische Auswirkungen. Mitte der 80er Jahre wurden Themen der Reformphase von Schul- und Erziehungskritikern erneut aufgegriffen. Unter dem Konzept „Qualität von Schule" erfolgte ein Neuansatz für eine pädagogische oder innere Schulreform, ein sog. Paradigmenwechsel von der Makro-Politik zur Mikro-Politik, mit der Forderung, dass der Staat jeder Einzelschule ein gehöriges Maß an Gestaltungsautonomie einzuräumen habe, damit Schulentwicklung als organisationsbezogene Strategie zur Veränderung des Schulsystems betrieben werden könnte.[274]

Zu den vielen Modellen zur Organisationsentwicklung in Schulen, die seit den 80er Jahren in Deutschland diskutiert, konzipiert und erprobt wurden, zählen die Schulentwicklung unter dem „Kulturaspekt" und die Schulentwicklung im Sinne von Rolff/Dalin mit dem sog. „Institutionalisierten Schul-

---

[273] Zu den Beweggründen und Auswirkungen der sog. 2. Reformpädagogik s. Wiater, W.: Rezeptionsgeschichtliche Studien zur Reformpädagogik.

[274] Vgl. dazu Daschner, P./Rolff, H.-G./Stryck, T. (Hg.): Schulautonomie – Chancen und Grenzen, S. 38. Die diesen Perspektivwechsel begünstigenden sozialen Wandlungsprozesse werden im 4. Exkurs ausführlich behandelt. Zu den bildungspolitischen und schulreformerischen Hintergründen für die Entdeckung der Einzelschule als pädagogische Handlungseinheit s. Schnack, J.: Systemzwang und Schulentwicklung, S. 19 ff.

entwicklungsprogramm" (ISP), auf die im Folgenden etwas näher eingegangen wird (7.2., 7.3. und 7.4).[275]

7.2   Schulentwicklung unter dem Kulturaspekt

Zu Beginn der 80er Jahre des letzten Jahrhunderts erlebte der „Kulturbegriff" eine gewisse Renaissance.

Eine Quelle für Überlegungen in diesem semantischen Feld war die Reformpädagogik. Die Wiederentdeckung des Kulturbegriffs erfolgte in teilweiser Abkehr der Schultheorie von der sozialwissenschaftlichen Sichtweise von Schule, die ihren gesellschaftlichen Bezug in den Mittelpunkt stellte und Bildung eher als Ausbildung für gesellschaftliche Zwecke unter dem Blickwinkel des Verwertungsinteresses begriff.[276] Mit dem neuen Kulturbegriff wurde auf die reformpädagogische Einsicht in die relative Autonomie der Schule zurückgegriffen und Bildung – gewiss einseitig – eher als Bildung der Person verstanden. Die vorgesehene Stärkung von Schulkultur auf der Ebene der Einzelschule, wesentliche Perspektiven dieser Art von „Schulkultur" lassen sich mit folgenden Begriffen zumindest andeuten: Betonung der relativen Autonomie von Schule; Eigenwert der Schulzeit; Bedeutung der Kreativität; Betonung von Lernqualität; Berücksichtigung der Individuallage der Schule; Betonung von Individuierung und Enkulturation, nicht von Vergesellschaftung; Aufwertung von Begegnung und Gespräch neben dem „Lernen"; Berücksichtigung der Antinomien von Anpassung und Spiel, Arbeit und Muße; Offenheit für die unbeabsichtigten Wirkungen von Schule.[277]

Eine zweite Quelle, aus der die Entwicklung von Schule unter dem „Kulturbegriff" gespeist wurde, war die Managementtheorie der 80er Jahre. Durch die Organisationswissenschaft wurde das Thema „Unternehmenskultur" zum Schwerpunkt einer Managementphilosophie und mit den Feldern „Motivation versus Rationalität", „Kommunikation versus Arbeit" und „Organisation in Gesellschaft" abgesteckt.[278]

---

[275] Als Mitglied des Leitungsteams für die Schulleitungsfortbildung in Niedersachsen/Gruppe Weser-Ems war der Verf. an der Planung und Durchführung von Kursen für Schulleiter im Sinne des ISP beteiligt.

[276] Vgl. Dunker, L.: Kulturfragen der Schulpädagogik. In: Neue Sammlung 32 (1992), S. 17 – 33, und Fauser, P.: Nachdenken über pädagogische Kultur. In: Die Deutsche Schule 81 (1989), S. 5 – 25. E. Terhart nimmt zu beiden Beiträgen, in denen der Begriff „pädagogische Kultur" als schultheoretische (nicht schulpädagogische) Kategorie verstanden wird, kritisch Stellung. In: SchulKultur, Zeitschrift für Pädagogik 40 (1994), S. 685 – 699.

[277] Vgl. Dunker, L.: Kulturfragen der Schulpädagogik, S. 25 ff.

[278] Vgl. Baecker, D.: Organisation als System, S. 113 ff.

Bei den bekannten Schwierigkeiten, den Begriff „Kultur" zu definieren, kann es nicht überraschen, dass auch der Begriff „Unternehmenskultur" von vielen Autoren sehr individuell mit Inhalt gefüllt wird.[279] Vereinfacht ausgedrückt, kennzeichnen drei Elemente die Kultur erfolgreicher Unternehmen: systemspezifische Werte und Normen; Erkennbarkeit dieser Werte und Normen im Unternehmen und außerhalb des Unternehmens aufgrund von besonderen Symbolen, Ritualen und Interaktionsformen; die höchstmögliche kognitive und emotionale Identifikation der Organisationsmitglieder mit dem Unternehmen und seinen Werten und Normen zwecks gemeinsamer Erreichung des Marktziels.[280]

Im Rahmen der Organisationsentwicklung der Schulen übernahm die Pädagogik unter dem Motto „Von der Wirtschaft lernen" diesen Ansatz und produzierte ihrerseits eine Fülle von Literatur mit Anregungen zur schulpraktischen Weiterentwicklung einer Schulkultur. Dabei ging es keineswegs allein um die Verwendung des Kulturbegriffs auf Formen der Schulgestaltung oder des Schullebens, sondern durchaus auch um die effektive Bearbeitung von Problemsituationen, um Innovationen und eine angemessene Wahrnehmung der Dienstleistungsfunktion der Schule. Gleichzeitig entfaltete sich die betriebswirtschaftliche Semantik in dieser Diskussion um Schule und Kultur mit der Forderung nach effizienterer Leistungserstellung der Schulen durch ein entsprechendes Qualitätsmanagement, das von der Wirtschaft zur Erhaltung und Steigerung der Wettbewerbsfähigkeit entwickelt worden war.[281]

Für den Bereich der Wirtschaft sieht Dirk Baecker die Bedeutung des Kulturaspekts darin, dass er den Gedanken an das Kontingente, an andere, bessere Möglichkeiten wach hält:

„Seither markiert das Stichwort der „Unternehmenskultur" ein Thema, das eine Herausforderung darstellt, die so groß ist, dass man es vielfach vorzieht, das Thema zu vergessen. Aber das Thema lässt sich nicht vergessen. Es wird bis heute von einer Managementphilosophie kontinuiert, die nicht davon ablässt, ihre Frage nach dem Möglichen im Notwendigen zu stellen. Das Kulturthema leistet einen wichtigen Beitrag, um Vergleichshorizonte zu mobilisieren, in deren Schutz man sich dieser Frage nähern kann. Ganz sachte ver-

---

[279] Eine gute Übersicht über den schillernden Begriff findet sich bei Klusmeyer, J.: Unternehmenskultur als berufsspezifische Grundkategorie, S. 5 ff.

[280] Fast wörtlich übernommen von Wiater, W.: Schulkultur oder Schulkulturen? In: Kath. Erziehergemeinschaft (KEG): Gestaltete und verantwortete Schulkultur, S. 11.

[281] Ob von einer Überlagerung oder von einem Nacheinander zu sprechen ist, soll hier offen bleiben.

schiebt das Kulturthema das Notwendige in den Bereich des so und anders Möglichen."[282]

Aus pädagogischer Sicht formuliert Ewald Terhart ähnliche Gedanken:

„Die qualitative pädagogische Gestaltung von Schulkultur und Schulleben ist ein anspruchsvolles Ziel, welches in sich bereits die Idee der Unerreichbarkeit oder doch zumindest des Zurückbleibens hinter dem eigentlich Gemeinten mit sich bringt. Mit anderen Worten: Es ist eine pädagogische Perfektionsformel, …".[283]

7.3 Das Institutionalisierte Schulentwicklungsprogramm (ISP)

Ein bis heute viel diskutiertes Entwicklungskonzept für Schule stellt das „Institutionalisierte Schulentwicklungsprogramm" (ISP)[284] dar, das etwa seit Ende der 80er Jahre zur Weiterentwicklung der Schulen in Nordrhein-Westfalen, Bremen und Niedersachsen angewandt und in Schulleitungsfortbildungskursen auf verschiedenen Ebenen propagiert wurde. Mit diesem Konzept der Organisationsentwicklung wird das Ziel angestrebt, die Problemlösungsfähigkeit von Schule zu erweitern. Die Initiatoren berücksichtigen den seinerzeit aktuellen Organisationsforschungsstand, nach dem die Schule – im Gegensatz zur konventionellen Betrachtungsweise als bürokratische Organisation – als eine hochkomplexe soziale Organisation mit speziellen Besonderheiten gegenüber anderen sozialen Organisationen angesehen wird.[285] Ein solches Gebilde gestalten zu wollen, setzt nach ihrer Auffassung voraus, dass es in ihrer ganzen Komplexität verstanden wird. Dafür empfehlen sie eine systematische Variation des Blickwinkels zur Betrachtung der Schule, einen „Brillenwechsel".[286]

---

[282] Baecker, D.: Organisation als System, S. 125.

[283] Terhart, E.: SchulKultur. In: Zeitschrift für Pädagogik 40 (1994), S. 696. Dem Verf. dieser Arbeit ist die Kulturthematik sehr sympathisch. Bescheidene Überlegungen dazu hat er in einem kleinen Beitrag „Schule aus der Sicht der Schulaufsicht" vorgelegt (in: Meyer, H./Vogt, D.: Schulpädagogik, Bd. 1, Carl von Ossietzky Universität. Zentrum für pädagogische Berufspraxis 1997, S. 197 ff.).

[284] Vgl. Dalin, P./Rolff, H.-G. – unter Mitarbeit von Peter Buchen - : Institutionalisiertes Schulentwicklungsprogramm. Soester Verlagskontor 1990.

[285] H.-G. Rolff nennt vier Besonderheiten: Eigenart pädagogischer Ziele – begrenzte Technologisierbarkeit der Prozesse – immanente Erfolgs- und Kontrollunsicherheit – professioneller Berufszuschnitt. (Vgl. Daschner, P., u. a. : Schulautonomie – Chancen und Grenzen, S. 34 f.).

[286] H.-G. Rolff empfiehlt den Blick durch die strukturelle, politische, humanistische und symbolische Brille. Vgl. Dalin, P./Rolff, H.-G.: Institutionalisiertes Schulentwicklungsprogramm, S. 69 ff.

Sehr vereinfacht dargestellt, zielt das ISP darauf ab, eine Schule – ausgehend von einer Erhebung ihres Ist-Zustandes – mit Hilfe eines externen Moderators und einer schulinternen Steuergruppe in einen langfristigen, kontinuierlichen Entwicklungsprozess der Selbsterneuerung zu bringen und sie vom Status der fragmentierten (Normal-)Schule über die Projektschule dem Idealzustand der Problemlöseschule anzunähern, „in der Initiative, Kreativität und Entwicklung die Normen darstellen."[287] In diesem Prozess, in dem sich eine wechselseitige Entwicklung und Anpassung in den fünf Dimensionen Umfeld, Ziele/Werte, Strukturen, Beziehungen und Strategien/Methoden vollziehen soll[288], kommt dem Schulleiter als „Türöffner" und „Motor" eine Schlüsselrolle zu.[289] Er ermöglicht und unterstützt den Prozess.

Das ISP stellt unstrittig eine fundierte Strategie zur Organisationsentwicklung der Schule von innen heraus dar. Dem Pragmatiker erscheint es gleichwohl recht anspruchsvoll. Die Einbindung eines (im Idealfall) gesamten Kollegiums in ein permanentes Innovationscurriculum ist u. E. mit der Natur des Menschen, dem lebensnotwendigen Prinzip von Anspannung und Entspannung und mit dem Selbstverständnis von Lehrern schlecht vereinbar. Kritisch zu bewerten ist auch die – zumindest anfänglich – stärkere Betonung der Sachebene (Strukturen) im Verhältnis zur Beziehungsebene. H.-G. Rolff hat später aber selbst Schulentwicklung als eine Trias von Unterrichts-, Personal- und Organisationsentwicklung verstanden. Die notwendige Zustimmung der überwiegenden Mehrheit des Kollegiums für ein Schulentwicklungsprojekt stellt keine niedrige Hürde dar. Lehrkräfte sind nicht leicht bereit, Einbußen hinsichtlich der ihnen historisch zugestandenen Autonomie zu Gunsten der korporativen Autonomie hinzunehmen, die Konsens in wesentlichen Fragen und Kooperation auf hoher Stufe voraussetzt. Der Alltag der Organisation „Schule" ist in vielen Fällen eher durch „Krieg und Spiele" (Türk) gekennzeichnet als durch ein gemeinsames Ringen um eine verbindliche Zielvereinbarung und ein konsequentes Bemühen um Realisierung dieser Ziele.

[287] Dalin, P./Rolff, H.-G.: Institutionalisiertes Schulentwicklungsprogramm, S. 198.
[288] Vgl. ebd., S. 24 ff.
[289] Vgl. Rolff, H.-G.: Wandel durch Selbstorganisation, S. 176.

7.4 Zum Autonomiebegriff

Die Wendung von Gesamtsystem-(also Makro-)Strategien zur Verbesserung des Schulsystems zur Einzelschule[290] als Fokus von Schulentwicklung wurde von der Einsicht gesteuert, dass Innovationen zur Verbesserung der „Schulqualität", wie der Neuansatz von pädagogischer oder innerer Schulreform gekennzeichnet wurde, nur in der individuellen Schule – also von unten her – unter bestimmten Voraussetzungen implementiert werden können. Der Einzelschule musste zur eigenen Profilbildung und zur Erstellung ihres Schulprogramms ein hoher Grad von Gestaltungsautonomie zugebilligt werden.

H.-G. Rolff knüpft mit seiner Forderung nach Autonomie für die Einzelschule dezidiert an die Tradition der deutschen Erziehungswissenschaften an.[291] Er bringt dabei in Erinnerung, dass die Forderung nach Eigenständigkeit sich erstens auf die Wahrung einer spezifisch-pädagogischen Verantwortung für Kinder im Erziehungsprozess selbst und zweitens auf Emanzipation und Selbstbestimmung pädagogischer Institutionen gegenüber Obrigkeiten und Einflussnahme von Außengruppen bezieht.[292]

Im Eigentümlichen des pädagogischen Handelns (begrenzte Technologie) liege begründet, dass Autonomie konstitutiv für pädagogische Berufe und für pädagogische Arbeit in Schulen sei. Autonomie ist für ihn Voraussetzung für innere Schulreform.[293]

Die Erweiterung der individuellen Autonomie zur korporativen Autonomie nennt er Gestaltungsautonomie. Gestaltungsautonomie durch Organisationsentwicklung zu nutzen, bedeutet für ihn Schulreform von unten und unten.[294] Durch korporative Autonomie, die auch mehr Mitbestimmungs- und Beteiligungsrechte erfordere, sollen die Ziele der Reformpädagogik (überfachlicher Unterricht, Projektarbeit etc.) realisiert werden. Die Weiterentwicklung der Schulkultur der Einzelschule verfolgt – vergleichbar der Organisationsentwicklung anderer Institutionen – eine duale Zielsetzung:

---

[290] H.-G. Rolff stellt fest, dass die Einzelschule nicht nur aus pädagogischen Gründen ins Zentrum geraten sei, sondern aufgrund einer weltweiten Krise der Außensteuerung. Schulen seien unregierbar geworden. Zur Begründung der Unregierbarkeit von Schulen beruft er sich auf die Systemtheorie und folgert, dass Schulentwicklung ohne ein gehöriges Maß an Selbstorganisation nicht möglich sei. Vgl. Rolff, H.-G.: Selbstorganisation, Gesamtsteuerung und Koppelungsprobleme. In: Risse, E./Schmidt, H.-J. (Hg.): Von der Bildungsplanung zur Schulentwicklung. Luchterhand 1999, S. 63.

[291] Vgl. Rolff, H.-G.: Schulautonomie, Chancen und Grenzen, S. 34.

[292] Ebd.

[293] Ebd., S. 35.

[294] Ebd., S. 41.

- Verbesserung der Arbeitsbedingungen, um eine erhöhte Arbeitszufriedenheit und Motivation zu erreichen (Realisierung der Idee einer humanen Organisation) und

- Erhöhung der Effektivität, d. h. Optimierung des Erziehungs- und Bildungserfolgs (um die Idee der effektiven Organisation zu verwirklichen)[295]

Trotz seines entschiedenen Plädoyers für größere schulische Gestaltungsfreiheit ist es aber gerade H.-G. Rolff, der die Staatlichkeit der Schule und die Notwendigkeit der staatlichen Kontrolle, die Koppelung der Entwicklung der Einzelschule in Selbstorganisation mit der Entwicklung des Gesamtsystems durch „Systemsteuerung" betont. Für das Koppelungsproblem diskutiert er fünf Lösungsmöglichkeiten.[296]

Im Rahmen seiner Überlegungen zu mehr Gestaltungsautonomie für die Schule plädiert er auch für eine veränderte Schulaufsicht, die nach seiner Auffassung primär für Beratung, Sicherung der Vergleichbarkeit und Qualitätssicherung („beratend-steuerndes Unterstützungssystem") zuständig sein soll.

4. Exkurs: „Schule im Wandel"

Since 'tis Nature's law to change Constancy alone is strange.
(John Wilnot, 2nd Earl of Rochester,1647 - 1680)

Wenn der Wind des Wandels weht, bauen die einen Mauern, die anderen Windmühlen.
(chinesisches Sprichwort)

1. Vorbemerkungen

Warum muss Schule sich eigentlich verändern? Das ist auch heute noch eine oft und ernsthaft gestellte Frage. Mit Hinweis auf gesellschaftliche Wandlungsprozesse fordern reformfreudige Pädagogen eine grundlegende Neuorientierung, ohne dass im einzelnen Konsens über Art und Ziel der Weiterentwicklung bestünde. Ihre Gegner verweisen auf die „Widerstandsfähigkeit der alten Schule". Die Zahl derer, die der Überzeugung sind, dass im schulischen

---

[295] Vgl. Becker, H./Langosch, I.: Produktivität und Menschlichkeit, Stuttgart 1986, S. 14 ff. Eine ausführliche Definition von OE im Sinne H.-G. Rolffs findet sich in: Rolff, H.-G.: Wandel durch Selbstorganisation, S. 151 ff.

[296] Vgl. Rolff, H.-G.: Selbstorganisation, Gesamtsteuerung und Koppelungsprobleme. In: Risse, E. /Schmidt, H.-J. (Hg.): Von der Bildungsplanung zur Schulentwicklung, S. 63 ff.

Bereich alles in den gewohnten Bahnen weitergehen könne, ist nicht gering. Anknüpfend an die ursprüngliche Bedeutung von Schule (schola: Muße) wiesen sie dieser Institution immer noch die Aufgabe zu, ihre Funktion in relativer Abgeschiedenheit von der Außenwelt in sogenannter bewährter Manier wahrzunehmen. Diese Vorstellung wird gestützt durch die Tatsache, dass notwendige Veränderungen sowieso mit der Zeit quasi von selbst, also ungeplant, in den schulischen Raum eindringen.

Wandel ist in der Tat nicht nur ein Grundzug alles Lebendigen. Die Theoretiker der verschiedenen Schulen sozialen Wandels sind sich darin einig, „dass im konkreten Sinne des Wortes 'Wandel' (auch) jedes soziale System zu jeder Zeit im Wandel begriffen sei."[297] Veränderung, Wandel ist also allgegenwärtig, gleichsam eine Funktion der Zeit. Auch die Organisation Schule ist demnach einem ständigen Wandel unterworfen. Der Besuch eines Schulmuseums belegt dieses augenfällig: Die Veränderung (be-)trifft Personen, Philosophie, Programm, Gebäude. In klassischen wie in neueren Theorien sozialen Wandels gelten Organisationen nicht nur als ein spätes Produkt sozialer Wandlungsprozesse, sondern auch als wesentliche Dimension gesellschaftlichen Wandels.[298] Warum also bewusste und gesteuerte Weiterentwicklung? Die vorläufige Antwort ist folgende: Die heutige Gesellschaft verändert sich in einem rasanten Tempo. Dieser Wandel ist allgegenwärtig, tiefgreifend, komplex und immerwährend. Die Menschen verursachen den Wandel, und der Wandel verändert den Menschen. Wer diese Entwicklung als Pädagoge nicht zur Kenntnis nimmt, läuft Gefahr, dass er seine Schüler nicht mehr begreift, dass er sie mit seinen Methoden und Inhalten nicht mehr erreicht und dass er sie für eine Welt ausbildet, die es nicht mehr gibt. Eine Institution Schule, deren Pädagogen sich nicht auf den Wandel einstellen, verpassen auch die Chance, diesen Wandel in bescheidenem Rahmen zwar, aber doch mitzugestalten.

Im nächsten Punkt werden die Gründe für den beschleunigten Wandel dargestellt (2.). Es folgen Ausführungen zum Wertewandel (3.) und zur Veränderung der Schülerschaft (4. und 5.). Unter Pkt. 6 werden zwei weitere Fragen kurz aufgegriffen, die „Schule im Wandel" betreffen, und die Situation der Hauptschule in den Blick genommen.

---

[297] Strasser, H./Randall, S. C.: Einführung in die Theorien sozialen Wandels, S. 23.
[298] Vgl. Gabriel, K.: Organisationen und sozialer Wandel. In: Strasser/Randall ..., S. 325. Nach Fend wird das Bildungswesen gleichsam zu einem Instrument des sozialen Wandels, wenn es neue Qualifikationen vermitteln soll (will), um zukünftige Aufgaben bewältigen zu können. (Vgl. Fend: Neue Theorie der Schule, Wiesbaden 2006, S. 49).

2. Das Phänomen der beschleunigten Modernisierung[299]

Im 19. Jahrhundert lässt sich eine Phase sozialen Wandels beobachten, die mit beschleunigter Modernisierung zu kennzeichnen ist, in der sich die gesellschaftlichen Verhältnisse rasant entwickelten. Als allgemeinste Erklärung für die Entwicklung der Moderne wird die Aufwertung des Prinzips der Innovation gegenüber dem Prinzip der Tradition aufgrund von vier Leitideen gesehen, die ein gesellschaftliches Programm formten und der Durchsetzung der Moderne die notwendige Schubkraft verliehen: Fortschrittsdenken, individuelle Freiheit, Säkularisierung und Rationalität.

Für Europa zumindest wird folgende Stufenfolge von Veränderungsprozessen angenommen: Zunächst erfolgte ein Strukturwandel. Durch den Übergang von der stratifikatorischen zur funktional differenzierten Gesellschaft wurden Bewegung und Innovation möglich. Diese Strukturwandlung begründete die Individualisierung der Lebensweise, die ihrerseits eine Veränderung der Mentalität bewirkte. Diese Mentalitätsveränderung wiederum begünstigte den ab 1960 in allen wesentlichen Industriestaaten zu beobachtenden Wertewandel, für den technologische Modernisierung, die Bildungsrevolution, die sozial- und wohlfahrtsstaatliche Entwicklung sowie der wachsende Einfluss der Massenmedien als auslösende Faktoren genannt werden.[300]

Von Individualisierung und Wertewandel als Makrotheorien lassen sich die gesellschaftlichen Veränderungen ableiten, die den Wandel der Kindheit und der Jugendphase bedingen und für Schule bedeutsam sind.

---

[299] Die folgenden Ausführungen zur Geschichte des sozialen Wandels stützen sich auf Gensicke, Th.: Sozialer Wandel durch Modernisierung, Individualisierung und Wertewandel. In: „Aus Politik und Zeitgeschichte", Beilage zur Wochenzeitschrift Das Parlament, B 42/96, S. 3 ff.

[300] Vgl. Hepp, G.: Wertewandel und Bürgergesellschaft. In: „Aus Politik und Zeitgeschichte", Beilage zur Wochenzeitschrift Das Parlament, B 52 - 53/96, S. 4. Thomas Gensicke nennt als „harte Fakten", die den Wertewandel erklären, die Einführung der Demokratie in Deutschland durch die Alliierten, den sich ausbreitenden Massenkonsum, die soziale Sicherung, die Massenmotorisierung und die kulturelle Horizonterweiterung, die Massenbildung und die Medienrevolution. Vgl. Gensicke, Th.: Wertewandel und Erziehungsleitbilder. In: Pädagogik, Heft 7 - 8, 1994, S. 23.

3. Wertewandel

Der Wertewandel ist in der Forschung ein kontrovers geführtes Thema. „Der Wertewandel trifft auf vorangehende oder parallel verlaufende Prozesse der Differenzierung, Pluralisierung und Individualisierung und verstärkt sie."[301] Er ist also zugleich Folge und Motor gesellschaftlicher Veränderung. „Charakteristisch für die Wertewandelforschung sind ihre hohe theoretische Diffusität und die dementsprechende Heterogenität und Inkompatibilität ihrer Ergebnisse."[302] Stärke, Reichweite, Inhalte und Dauer des Wertewandels sind umstritten.[303]

Von einigen Theoretikern wird er negativ als Verfallserscheinung (z. B. E. Noelle-Neumann in ihrer Wertverfallstheorie) von anderen als Chance gedeutet (z. B. Klages in seiner Wertsynthesetheorie und O. Inglehart in seiner Postmaterialismustheorie). Der Wertewandel beschreibt einen Gewichtsverlagerungsprozess von „Pflicht- und Akzeptanzwerten" zu den Selbstentfaltungswerten.[304/305] Er erfasst alle Altersgruppen und ist daher „ein gesamtgesellschaftliches und kein jugendspezifisches Phänomen, allerdings

---

[301] Recum, H. von: Soziokultureller Wandel, Wertedynamik und Erziehung. In: Zeitschrift für internationale - und sozialwissenschaftliche Forschung (ZiesF) 12 (1995) S. 12 f.

[302] Winkel, O.: Wertewandel und Politikwandel als Ursache von Politikverdrossenheit und als Chance zu ihrer Überwindung. In: „Aus Politik und Zeitgeschichte", 12/1996, S. 14.

[303] Vgl. Recum, H. von: Soziokultureller Wandel, Wertedynamik und Erziehung, S. 2. Wie schwierig es ist, von „gesicherten Befunden" des Wertewandels zu sprechen und daraus Konsequenzen abzuleiten, belegen Bertrams Untersuchungen zur Stellung der Familie in individualisierten Gesellschaften. Bertram bestreitet nicht, dass familiäre Entwicklung von gesellschaftlichem Wandel beeinflusst werden kann, behauptet aber, dass die Beziehungen zwischen Eltern und Kindern und die Beziehungen zwischen Generationen mit Sicherheit auch einer Logik des familiären Zusammenlebens folgen. Vgl. Bertram, H.: Kulturelles Kapital in individualistischen Gesellschaften. In: Was hält die Gesellschaft zusammen, S. 115.

[304] Vgl. Klages, H.; Chancen des Wertewandels. In: Teufel, E. (Hrg.): Was hält die moderne Gesellschaft zusammen?, S. 46.

[305] Vgl. Winkel, O.: Wertewandel und Politikwandel als Ursache von Politikverdrossenheit und als Chance zu ihrer Überwindung. In: Aus Politik und Zeitgeschichte, Beilage zur Wochenzeitschrift Das Parlament, 12/1996, S. 18. Zu den Pflicht- und Akzeptanzwerten werden Disziplin, Gehorsamkeit, Leistung, Ordnung, Pflichterfüllung, Treue, Unterordnung, Fleiß, Bescheidenheit, Selbstbeherrschung, Pünktlichkeit, Anpassungsbereitschaft, Fügsamkeit, Enthaltsamkeit gerechnet. Selbstentfaltungswerte umfassen Emanzipation, Gleichbehandlung, Gleichheit, Demokratie, Partizipation, Autonomie, Genuss, Abenteuer, Spannung, Abwechslung, Ausleben emotionaler Bedürfnisse, Kreativität, Spontaneität, Selbstverwirklichung, Ungebundenheit, Eigenständigkeit (nach Fabian, R. und Winkel, O.).

zeigt er sich bei den Jugendlichen in besonders profilierter Form".[306] Es ist davon auszugehen, dass in der Bevölkerung eine große Bandbreite von Einstellungen zwischen den Extrempositionen beobachtet werden kann. Gensicke stellt zudem bei den Menschen eine Tendenz fest, „innerhalb eines Wertesystems, das auf Individualität angelegt ist, soziale und sekundäre Tugenden neu zu verorten und neu zu bewerten"[307], einen Vorgang, den Klages als Wertsynthese bezeichnet.[308]

Die Definition von Werten als „zentrale Orientierungs- und Steuerungsgrößen"[309] [310] erhellt den Zusammenhang zwischen Wertewandel und Dispositionen zur Verhaltensänderung und verdeutlicht die Relevanz dieses Themas für Erziehung und Schule. Es sind u. a. folgende Aspekte, die konfliktträchtige Situationen erwarten und Erziehung schwieriger erscheinen lassen: Ein Teil der heutigen Lehrkräfte wird noch durch „Pflicht- und Akzeptanzwerte" geprägt worden sein. Bei einem anderen Teil wird eine Präferenz für postmaterialistische Orientierung (Selbstentfaltungswerte) bestehen. Eltern- und Schülerschaften spiegeln die in der Gesellschaft vorhandenen Extrem- und Mischformen wider. Jüngere Eltern werden stärker durch Selbstentfaltungswerte geprägt sein. Menschen aber, die „Subjekte ihres Handelns" sein wollen, sind schwierige Menschen (H. Klages); darunter fallen nach Fabian auch die Schüler.[311] Die Organisation Schule bietet einen Ordnungsrahmen, der eine Orientierung an Pflicht- und Akzeptanzwerten voraussetzt, die von vielen Elternhäusern nicht vorbereitet sind. Unterricht im herkömmlichen Sinne erfordert Haltungen, die den beobachtbaren Erziehungsvorstellungen vieler junger Eltern widersprechen.

---

[306] Von Recum, H.: Soziokultureller Wandel, Wertedynamik und Erziehung. In: Zeitschrift für internationale und sozialwissenschaftliche Forschung (ZiesF), 1995, S. 2.

[307] Gensicke, Th.: Wertewandel und Erziehungsleitbilder. In: Pädagogik, Heft 7 - 8, 1994, S. 25.

[308] Klages, H.: Chancen des Wertewandels. In: Teufel, E. (Hrg.): Was hält die moderne Gesellschaft zusammen?, S. 46.

[309] Ebd., S. 45 ff.

[310] Olaf Winkel zitiert folgende Definition des Wertbegriffs des Informationszentrums Sozialwissenschaften der Arbeitsgemeinschaft sozialwissenschaftlicher Institute: „Als Werte verstehen wir objekt-unspezifische Orientierungsleitlinien zentralen Charakters, welche Realitätssicht, Einstellungen, Bedürfnisse und Handlungen einer Person steuern. Dies allerdings nicht vollständig determinierbar, sondern in situativ partiell flexibler Art und Weise. Werte sind also individuelle Orientierungsleitlinien mit Spielräumen für situationsgerechtes Agieren und Reagieren. Dieser individuell internalisierte Standard besitzt aber immer auch eine gesellschaftliche Bedeutung, ist gesamtgesellschaftlich oder subkulturell vermittelt. Werte haben also eine Mittlerfunktion zwischen Mensch und Gesellschaft". (Winkel, O.: Wertewandel und Politikwandel ..., S. 14).

[311] Fabian, R.: Schule und Wertewandel - Vom Unterricht zur Erziehung? Unveröffentlichtes Manuskript, S. 4.

4. Wandel der Kindheit

Weitestgehende Übereinstimmung herrscht in dem Urteil, dass die objektiven Bedingungen für das Kindsein sich im Laufe der letzten Jahrzehnte so dramatisch verändert haben, dass traditionelle Phänomenologien und Entwicklungspsychologien keine ausreichenden Antworten mehr auf die im Zusammenhang mit „Kindheit"[312] zu stellenden Fragen geben können.[313] Befunde zur Charakterisierung dieses Wandels sind in einer wahren Bücher- und Aufsätzeflut zu diesem Thema z. T. sehr griffig zusammengefasst.[314] Diese „Verdichtungen" können ohne Anspruch auf Vollständigkeit wie folgt zu einfachen Aussagen umformuliert werden:

Kinder leben häufig in einer Eineltternfamilie, oft ohne Geschwister. Viele Kinder wachsen nicht mehr in der Familie auf, in die sie hineingeboren wurden. In vielen Familien arbeiten beide Elternteile; in anderen ist der Ernährer arbeitslos. Viele Kinder wachsen in großer Armut auf. Hier gibt es luxuriös ausgestattete Kinderzimmer, dort fehlt ein Raum für das Kind zum Spielen und zum Anfertigen von Schularbeiten. Der kindlichen Tätigkeit im Freien und der Möglichkeit für die Kinder, Erfahrungen in der Natur zu machen, sind Grenzen gesetzt. Kinder haben z. T. schon ferne Länder gesehen, kennen aber wichtige Objekte in der näheren Umwelt nicht. Gespielt wird häufig in Häusern, oft mit vorgefertigtem Spielzeug. Spontaner sozialer Kontakt zu Gleichaltrigen ist vielfach eingeschränkt. Für die nachmittäglichen Aktivitäten existiert in vielen Fällen schon ein Terminkalender wie bei den Erwachsenen. Lernprozesse finden überwiegend in Institutionen statt, die von den Eltern angefahren werden. Die Lebenswelt der Kinder ist weitestgehend mediatisiert: Fernseher, Computer, Radiogeräte und Kassettenrekorder gibt es nahezu in jedem Haushalt. Zur Befriedigung der kindlichen Bedürfnisse steht ein Überangebot von Artikeln zur Verfügung, deren sich die Kinder konsumierend bedienen.[315]

---

[312] Dawid Archard bezeichnet die Dimensionen Kompetenz und Interesse als die wichtigsten Aspekte der gesellschaftlichen Abgrenzung von Kindheit. Die erste bezieht sich auf die zur Idealvorstellung des Erwachsenen gehörenden Kompetenzen, die durch Erziehung vermittelt werden sollen, die zweite auf das Interesse an einer getrennten Behandlung, das Kindern unterstellt wird. Vgl. Heyting, F.: Pragmatische Präsuppositionen als Indikatoren pädagogischer Reflexion. In: Lenzen, D. (Hrg.): Irritationen des Erziehungssystems, S. 98 f.

[313] Vgl. Cloer, E.: Die Sechs- bis Zehnjährigen. Ausgewählte Aspekte des Kindseins heute. In: Pädagogische Welt 11/1988, S. 483.

[314] Der Verf. hat in einem anderen Zusammenhang 40 Titel mit Aussagen über die veränderte Kindheit gesammelt.

[315] M. Bönsch verwendet folgende zusammenfassende Gliederungspunkte: Viel Beton und wenig Natur - Wenig Handlungsspielraum und Bewegungsvielfalt - Die Ver-

Verallgemeinerungen wären aber auch in diesem Zusammenhang nicht nur bedenklich, sondern falsch. M. Fölling-Albers hat zu Recht darauf aufmerksam gemacht, dass bei aller Gemeinsamkeit von Lebenswelten immer auch Differenzen bleiben: „Selbstverständlich betreffen ... die Veränderungen nicht alle Kinder in gleichem Maße und in gleicher Weise. Vielmehr kann man annehmen, dass ein Prozess zunehmender Diversifikation von Kindheitsmustern zu verzeichnen ist, begleitet von einer weiterhin zunehmenden Entwicklungsdifferenzierung.“[316]

Andere Autoren kritisieren, dass das Bild der Lebensverhältnisse der Kinder und Jugendlichen teilweise von Vorurteilen geprägt ist.[317] Verschiedene Autoren weisen auf die Ambivalenz der Befunde hin und raten, die Vorteile und Chancen der modernen Entwicklung nicht zu übersehen.

A. Hopf führt für die ambivalente Deutungsmöglichkeit eine Reihe von Beispielen an[318] und zieht angesichts unterschiedlicher Deutung und Bewertung der Befunde den Schluss, dass „die Bewertung bestimmter Sachverhalte, ja schon die Definition und Gewichtung bestimmter Erscheinungen in pädagogischer Absicht von Lehrerinnen und Lehrern erneut vorgenommen werden (müssen), obwohl sie von Sozialforschern schon einmal erfolgt sein können.“[319]

Schule muss auf die veränderte Kindheit und sich ständig weiter verändernde Kindheit reagieren. Sie muss reagieren, um ihre Zöglinge nicht zu verfehlen. Sozialer Wandel zwingt sozusagen die Organisation Schule zur Reform. Gefragt sind „didaktische Antworten auf neue Lebensverhältnisse“ (Hopf). Schule muss gegensteuern, verstärken, kanalisieren und kompensieren. Die Erziehungswissenschaft hat über die pädagogische Literatur eine Fülle von Anregungen gegeben. Viele Schulen sind seit langem auf dem richtigen Weg, aber durchaus noch nicht alle.

---

schlossenheit der Erwachsenenwelt - Die Ersatzwelt der Medien - Konsum statt Kreativität - Wandlungen der Familie. Vgl. Bönsch, M.; Schule verbessern, S. 37 ff.

[316] Fölling-Albers, M.: Kind und Grundschule. In: Pädagogische Welt 10/1992, S. 442.

[317] Vgl. Richter, I./Winkelhofer, U.: Veränderte Kindheit - veränderte Schule? In: Die Deutsche Schule, 89. Jg. 1997, Heft 4.

[318] Vgl. Hopf, A.: Grundschularbeit heute, S. 44.

[319] Ebd., S. 12.

5. Wandel der Jugend

Es liegt auf der Hand, dass gesellschaftlicher Wandel und Wandel der Kindheit auch einen Wandel der Jugend bedingen. In Theorien auf unterschiedlicher Ebene (Makro-, Mikro-, Makro-Mikro-) werden gesellschaftliche Wandlungsprozesse konstatiert, die sich auf die Jugendlichen auswirken oder die - vorsichtiger formuliert - als bedeutsam für die Heranwachsenden erklärt werden.[320]

Es fehlt nicht an Versuchen, den Strukturwandel der Jugendphase thesenhaft zu beschreiben.[321] Konsens besteht in der Jugendforschung offenbar darüber, dass die Jugendphase zwar ein eigenständiger Lebensbereich ist, der aber seine deutliche Abgrenzung von der Kindheit einerseits und dem Erwachsenensein andererseits verloren hat.

Es bleibt aber auch hier zu bezweifeln, ob mit globalen Verallgemeinerungen und generalisierenden Definitionen zufriedenstellend umschrieben werden kann, was Jugend ist und jugendliche Lebensweise bedeutet. A. Gmelch weist mit Recht darauf hin, dass solche Untersuchungen durch andere ergänzt werden müssen, die den Lebensweltbegriff einbeziehen.[322] Die Welt des Hauptschülers unterscheidet sich eben doch sehr von der Welt des Gymnasiasten. Auch hier ist davon auszugehen, dass sich der gesellschaftliche Wandel weder generell positiv, noch generell negativ auswirkt.

Trotz der einschränkenden Bemerkungen oben gibt es nun aber doch Verhaltensdispositionen bei Jugendlichen, die durchaus häufig anzutreffen sind, sich auf den Wertewandel zurückführen lassen und als solide Befunde auch von neueren Untersuchungen bestätigt werden. Ihre Bedeutung für Schule und Unterricht sind offenkundig. Erfahrungen belegen und Untersuchungen bestätigen, dass Lernunlust weit verbreitet ist. Die fehlende berufliche Perspektive unterminiert die Einsatzbereitschaft, Anstrengungsbereitschaft und Leistungsbereitschaft im Unterricht. Die Vorbereitung auf eine ungewisse

---

[320] S. Hofer und andere (Der Einfluss des Wertewandels auf die Entwicklung im Jugendalter. In: Zeitschrift für Pädagogik, 51. Jg., 2005, Heft 1, S. 81 ff.) weisen darauf hin, dass der Zusammenhang zwischen gesellschaftlichen Veränderungen und Variablen auf Seiten der Jugendlichen eher auf Plausibilitätsannahmen beruhen und stringente Ableitungen, theoretische Fundierungen und empirische Belege nur teilweise vorliegen. Mit einem eigenständigen deduktiven Ansatz versuchen sie, „den Zusammenhang zwischen Wertewandel und Jugend differenzierter, theoretisch geleiteter und empirisch gehaltvoller zu modifizieren."

[321] Vgl. Ferchoff, W.: Jugend an der Wende des 20. Jahrhunderts. In: Seminar, Heft 1, 1988, S. 31 - 74. Münchmeyer, R.: „Entstrukturierung" der Jugendphase. In: Aus Politik und Zeitgeschichte. Beilage zur Wochenzeitung Das Parlament, Nr. 31/98.

[322] Vgl. Gmelch, A.: Erfahrungs- und handlungsorientiertes Lernen. In: Europäische Hochschulschriften, 1987.

Zukunft tritt gegenüber dem lustvollen Genuss des Augenblicks, dem Streben nach Wohlbefinden unter Nutzung des Marktangebots weitgehend in den Hintergrund. Auf diesen Befund muss Schule sich einstellen.

Obwohl es nicht vordringliche Aufgabe der Soziologen ist, aus ihren Forschungsergebnissen zum Wertewandel Konsequenzen für die Erziehungspraxis zu ziehen, fehlt es doch nicht gänzlich an Empfehlungen. Klages und Gensicke unterscheiden fünf unterschiedliche Wertetypen: Konventionalisten, Resignierte, Realisten, Hedomaterialisten und Idealisten.[323] Als sozialen Wunschtyp für eine pluralistische Gesellschaft und Erziehungsleitbild für eine moderne Erziehung sehen sie den Persönlichkeitstyp des aktiven Realisten an, denn „der Realist besitzt jene Eigenschaften, die für die Bewältigung der Lebensumstände in einer individualisierten Gesellschaft wichtig sind. Selbstbewusstsein, Rationalität, Geselligkeit und Kommunikativität verleihen dem Realisten die nötige Flexibilität, verschiedene Lebensumstände zu meistern und Rückschläge zu verkraften."[324] [325] Die Möglichkeiten der Erziehung werden etwas vage mit der Übertragung von Verantwortung an junge Menschen beschrieben: „Überall dort, wo junge Menschen durch attraktive Angebote zur Verantwortungsübernahme bewegt werden können und innerhalb dieser Rolle Selbstentfaltungschancen bestehen, ist es wahrscheinlich, dass die Werteentwicklung in Richtung Realist gesteuert wird."[326]

Umfänglicher skizziert H. v. Recum die Konsequenzen für das Erziehungswesen: Gegenüber den sich entwickelnden postmodernen pluralistischen Denkweisen und Lebensformen betont er die Notwendigkeit von festen Werten und klaren Strukturen. „Erziehung kann von ihrer Bestimmung her ohne Prinzipien, Beständigkeit und Berechenbarkeit nicht auskommen."[327] Sein Programm wird im Folgenden ohne den Begründungszusammenhang wiedergegeben:

- Basisbestand (Mindestkanon, wozu er die demokratischen Grundwerte rechnet) sozialkultureller Werte sichern helfen

- Ausbalancieren der „Ich-Tugenden" durch die „Wir-Tugenden"

- Autonomie und Solidarität sozial ausgleichend miteinander verbinden

---

[323] Vgl. Gensicke, Th.: Wertewandel und Erziehungsleitbilder. In: Pädagogik, Heft 7 - 8, 1994, S. 26.

[324] Ebd.

[325] Klages, H.: Chancen des Wertewandels, In: Teufel, E. (Hrg.): Was hält die moderne Gesellschaft zusammen? S. 46.

[326] Gensicke, Th.: Wertewandel und Erziehungsleitbilder, S. 26.

[327] Recum, H. von: Sozio-kultureller Wandel, Wertedynamik und Erziehung. In: Zeitschrift für internationale und sozialwissenschaftliche Forschung, 1995, S. 23.

- Vermitteln von Tugenden der Selbstdisziplinierung (verantwortungs-
  bewusste Selbstbestimmung des Handelns)

- Vermittlung sozialer Kompetenz (Kontakt-, Kooperations- und Kom-
  munikationsfähigkeit, Verantwortung für die eigene Person und für
  andere Menschen übernehmen)

- selbstverantwortetes Lernen ermöglichen

- Verbessern der innerschulischen Lebensbedingungen

- Schule zur Stätte sozialer Begegnung und gemeinsamer Grunderfah-
  rungen entwickeln

- Akzeptanz kultureller Diversität durch ein multikulturelles Konzept
  aufbauen

R. Fabian fasst die Aufgaben der Schule, die aus dem Wertewandel resultieren, in fünf Punkten zusammen[328]:

- Die Aufgabe der normativen Strukturierung der Kinder und Jugendlichen

- Die Begründungs- und Legitimationsarbeit von LehrerInnen

- Die Befähigung der SchülerInnen zur Urteils-, Konflikt- und Konsens-
  fähigkeit

- Die Formulierung und Ausgestaltung von Mitgliedschaftsentwürfen
  mit einem eigenen sozialisatorischen Gewicht

- Die verstärkte Forderung nach Erziehung zur Verantwortung und Ge-
  meinsinnorientierung angesichts eines wachsenden Anspruchs an
  Selbstverwirklichung und Autonomie auf der einen und hedonisti-
  schen Tendenzen auf der anderen Seite

---

[328] Fabian, R.: Schule und Wertewandel - Vom Unterricht zur Erziehung? Unveröffentlichtes Manuskript, S. 6 ff.

110

6.   Schule im Wandel

6.1   Offene Fragen

Die bisherigen Ausführungen nahmen die Veränderungen der Schülerschaft im gesellschaftlichen Wandel in den Blick und die Notwendigkeit, schulisch darauf zu reagieren. Einer Schule im Wandel stellen sich aber zwei weitere und weiterführende, miteinander verbundene Kernprobleme, die hier nur angedeutet werden können. Das erste lässt sich paradoxal so formulieren: Wie kann Schule ihre Schüler am besten auf eine ungewisse Zukunft vorbereiten? Das zweite fragt nach der Form, die Schule selbst im beschleunigten Wandel einnehmen muss, wenn „nachlaufende" Veränderungen (Arnold) nicht mehr angemessen sind. Die erste Frage rückt die Bedeutung des Unterrichts, die Qualität von „Lehren und Lernen" in den Mittelpunkt. Hier soll ausdrücklich der Gedanke der Abkehr von der traditionellen Lernkultur, vom „defensiven Lernen" zu einem „expansiven Lernen" mit einer Stärkung der Selbsttätigkeits- und Selbstorganisationsfähigkeit der Schüler unterstützt werden.[329]

Hinsichtlich der anzustrebenden Form der Schule kann auf die richtungsweisenden Ausführungen zur „lernenden Schule" als einer ihren eigenen Entwicklungsprozess reflektierenden und steuernden Schule hingewiesen werden.[330]

6.2   Zur Situation der Hauptschule

Opfer im Wandlungsprozess der Schulen und des politischen Machtwechsels in Niedersachsen ist die Hauptschule. Seit der Elternwille über die Wahl der weiterführenden Schule entscheidet, ist die Hauptschule - mit stark zunehmender Tendenz - zur Restschule mit den bekannten Nebenfolgen verkommen. Trotz dieser Entwicklung kann man freilich auch heute weder von **der** Hauptschule sprechen - zu erheblich sind die regionalen Unterschiede bezüglich der Zusammensetzung der Schülerschaft - noch **den** Hauptschüler typisieren, dem angeblich vor allem eine praktische Begabung zu eigen sei.

Die Landesregierung hat nach der Ablösung der SPD-Regierung im Jahre 2003 die Fortführung des dreigliedrigen Schulsystems und eine „Stärkung" der Hauptschule beschlossen. Der deutlich erweiterte Schwerpunkt „Berufsorientierung" bildet die wesentliche Korsettstange, die nicht nur den totalen Zusammenbruch dieser Schulform verhindern, sondern Festigung und Auf-

---

[329] Vgl. Arnold, R./Schüßler, I. : Wandel der Lernkulturen. Ideen und Bausteine für ein lebendiges Lernen, S. 21 ff und S. 213.

[330] Vgl. z. B. Meyer, H.: Türklinkendidaktik. Berlin 2001, S. 141 ff. Dirk Baecker (In: Organisation und Management, S. 179 ff.) lehnt aus systemtheoretischer Sicht den Begriff „lernende Organisation" ab und ersetzt ihn durch „kompetente Organisation".

schwung gewährleisten soll. Berufsorientierung wird Teil der Allgemeinbildung; die Hauptschule wird in gewisser Weise noch stärker an die Berufsbildende Schule angekoppelt. Diese Schwerpunktsetzung wäre zwar nicht ohne Bedenken, aber doch leichter hinzunehmen, wenn dadurch sichergestellt werden könnte, dass zumindest ein großer Teil der erfolgreichen Hauptschüler einen Ausbildungsplatz erhalten und ihm der für die Existenzsicherung und Identitätsbildung sehr bedeutsame Einstieg in das Erwerbsleben gelingen würde. Eine solche Garantie erscheint aber angesichts der krisenhaften Situation auf dem Ausbildungsstellen- und Arbeitsmarkt als blanke Illusion.

Die neue Betonung der Selektionsfunktion der Schule spiegelt sich auch in der Tatsache wider, dass ein Verbund von Hauptschule und Realschule - früher ausdrücklich befürwortet - heute kaum noch möglich ist. Das bedeutet: Durchlässigkeit wird nicht nur nicht mehr gefördert, sie erscheint geradezu wegen der unterschiedlichen curricularen Schwerpunktsetzung in den genannten Schulformen nahezu als unerwünscht. In diesem Sinne erweist sich die Stärkung der Schule paradoxerweise als eine Schwächung.

Bei dieser Kritik soll aber nicht übersehen werden, dass der entsprechende Erlass für die Hauptschule eine Reihe von Elementen enthält, die - wenn sie denn realisiert würden - sich durchaus positiv auf Schule und Schüler auswirken könnten. Die Umsetzung dieser förderlichen Maßnahmen erscheint aber im Hinblick auf die desolate Finanzsituation des Landes ebenfalls als eine Illusion.

Zu den profilierten Kritikern der niedersächsischen Bildungs- und Schulpolitik zählt Hanna Kiper, Erziehungswissenschaftlerin an der Carl von Ossietzky Universität Oldenburg.[331] Sie wendet sich u. a. gegen die Verkürzung der Schulzeit (Beschneidung der Phase der Allgemeinbildung) durch eine Vielzahl von Praxistagen in der Hauptschule, eine Form von Entschulung. Sie plädiert für ein anspruchsvolles kognitives Programm, für eine leistungsorientierte Pädagogik auch in der Hauptschule. Diese Forderung mag manchen Praktiker verstören und zum Widerspruch reizen. Sie wird verständlich vor dem Hintergrund einer Reihe von flankierenden Maßnahmen, die eine anspruchsvolle kognitive Förderung erst ermöglichen, und gestützt durch Forschungsergebnisse der Universität Oldenburg, die belegen, dass kognitive Leistungen bei entsprechender Aufbereitung der Unterrichtsinhalte und angemessener Strukturierung des Lernprozesses von jedem Schüler ohne geistige Behinderung erbracht werden können.[332] Dieser Anspruch, „Alle alles zu

---

[331] Vgl. Kiper, H.: Bildungspolitik (nicht nur) in Niedersachsen. Schulpädagogische Reflexionen und kritische Kommentare als Antwort auf bildungspolitische Impulse. Carl-von-Ossietzky-Universität Oldenburg. Didaktisches Zentrum. 1. Aufl. 2003.

[332] Zu den Ergebnissen s. Kiper, H./Mischke, W. (2006).

lehren"[333], mag auf Skepsis stoßen, er bewahrt aber davor, die Grenzen des unterrichtlich Machbaren in der Hauptschule zu eng zu ziehen und die kognitiven Möglichkeiten des Hauptschülers zu gering einzuschätzen. Aus eben diesen Gründen erschiene es auch als fragwürdig, die Hauptschule - wie gelegentlich gefordert - mit relativer Autonomie auszustatten, ohne die Frauge nach für alle Schulen dieser Schulform verbindlichen Standards zu klären.

Der Verf. hat bei seinen vielen Unterrichtsbesuchen in der Hauptschule außergewöhnlich gute Stunden in allen Fachbereichen erlebt. Mögen sie auch als Vorführ-, Feier- oder Sonntagsstunden bezeichnet werden können, die nicht unbedingt die Realität des Schulalltags widerspiegeln, belegen sie doch eindrucksvoll die oben angesprochenen Möglichkeiten. Schwache Stunden waren - wie nicht anders zu erwarten - vor allem auf methodische Mängel oder fehlende Kooperationsbereitschaft zwischen Lehrer und Schülern zurückzuführen.

Schulbesuche in jüngster Zeit verstärken allerdings den Eindruck, dass selbst gestandene Hauptschullehrer die Jugendlichen im Unterricht nicht mehr erreichen. Die Lehrkräfte berichten über strikte Ablehnung unterrichtlicher Angebote, über massive Unterrichtsstörungen, über verbale Drohungen und sogar über körperliche Angriffe. Nach Meinung vieler Hauptschulleiter ist eine Verbesserung der Situation ohne konsequente sozialpädagogische Unterstützung nicht zu erwarten.

8.   Autonomie – ökonomisch begründet

8.1   Vorbemerkungen

Die Übertragung von staatlichen Entscheidungsbefugnissen auf Bildungseinrichtungen, also eine wie auch immer geartete Form von Autonomie, ist untrennbar mit der Einführung ökonomischer Steuerungsmodelle verbunden. Der ökonomische Begründungszusammenhang für die Forderung nach (mehr) Autonomie für die Schule hat (mindestens) zwei wichtige Stränge: den bildungsökonomischen Diskurs der 60er und 70er Jahre des 20. Jahrhunderts und den aktuellen neoliberalen Diskurs. Der erste Strang wird in enger Anlehnung an E. Beckers Übersicht, die den beide Pole markierenden Titel „Von der Zukunftsinvestition zur Effektivitätskontrolle des Bildungs-

---

[333] Titel eines 1994 in der Wissenschaftlichen Buchgesellschaft Darmstadt erschienenen Buches von Heinz-Elmar Tenorth, mit dem er auf einen didaktischen Grundsatz von Comenius anspielt, den dieser aus Descartes' These von der Egalität der Räson und einer ihr immanenten Methode konzipiert hatte.

systems"[334] trägt, relativ kurz referiert (8.2). Die neoliberalistische Thematik soll wegen ihrer Aktualität und Brisanz etwas breiter ausgeleuchtet werden (8.3). Es folgen einige Anmerkungen zu zwei viel diskutierten Argumentationsfiguren des ökonomischen Diskurses (8.4), nämlich „Dezentralisierung" (8.4.1)[335] und „Schule als Wirtschaftsbetrieb" (8.4.2). Den Abschluss bildet die Zusammenfassung der Begründungen für Autonomie von Schule unter ökonomischem Aspekt (8.5).

8.2 Der bildungsökonomische Diskurs

Ende der 50er Jahre des letzten Jahrhunderts entwickelte sich die Bildungsökonomie als eine Disziplin der Wirtschaftswissenschaften in den USA. Dem „Sputnik-Schock" verdankte diese neue Disziplin öffentliches Interesse und finanzielle Unterstützung. Die Gründungsväter bemühten sich um den Nachweis, dass eine verstärkte Investition in den Bildungssektor sich gesamtwirtschaftlich auszahlen würde. Die durch Bildungsinvestitionen bewirkte Erhöhung der Qualifizierung der Beschäftigten trage zu einer Beschleunigung des technischen Wandels und zur Produktivitätssteigerung bei, wodurch das Wirtschaftswachstum angetrieben werde. Notwendige Voraussetzung sei eine Abstimmung zwischen Bildungs- und Beschäftigungssystem über Märkte oder durch staatliche Planung. Bildungsausgaben wurden im bildungsökonomischem Diskurs entweder als Investition betrachtet oder als Kosten. Unstrittig war die gewaltige ökonomische Potenz des Bildungssektors, sei es als Beitrag zur Leistungsfähigkeit einer Volkswirtschaft, sei es als kostenintensiver staatlicher Aufgabenbereich.

Im Anschluss an die Mitte der 60er Jahre von Georg Picht ausgerufene „deutsche Bildungskatastrophe"[336] entwickelte sich die Überzeugung, dass eine allgemeine Höherqualifizierung gesellschaftlich notwendig sei und diese nur durch eine grundlegende Reform und eine quantitative Expansion des Bildungswesens erreicht werden könnte. Nach Becker zeigte sich die deutsche Bildungsökonomie dadurch von Anfang an nahezu unauflösbar mit der staatlichen Bildungspolitik und Bildungsplanung verknüpft. In dem ökonomi-

---

[334] Vgl. Becker, E.: Von der Zukunftsinvestition zur Effektivitätskontrolle des Bildungssystems. In: Radtke/Weiß: Schulautonomie, Wohlfahrtsstaat und Chancengleichheit, S. 95.

[335] Aus der Tatsache, dass Dezentralisierung und Autonomie von Schule im Idealfall zusammenfallen, ergibt sich, dass es sich bei Dezentralisierung nicht nur um einen wichtigen Begriff im ökonomischen Diskurs handelt.

[336] Hasso von Recum weist darauf hin, dass Georg Picht zwar für einen starken bildungspolitischen Motivationsschub gesorgt habe, aber nicht Auslöser einer Entwicklung war, die bereits internationale Dimensionen erreicht hatte. (Vgl. von Recum, H.: Bildungspolitische Steuerung - Oder: Die Kunst, das Unmögliche möglich zu machen. In: ZiesF 14 (1997) 2, S. 233.

schen Diskurs der späten 60er und frühen 70er Jahre, in dem das umstrittene Konzept des Humankapitals (Unwort des Jahres 2004) eine Schlüsselrolle einnahm, verdrängten die Begriffe „Qualifikation" und „Produktion" nach und nach die klassischen Vorstellungen von Bildung und Erziehung. Konsens bestand in der Auffassung, dass eine erhebliche Steigerung der öffentlichen Ausgaben im gesamten Ausbildungs- und Forschungsbereich zwingend notwendig sei. Somit wurde die staatliche Bildungspolitik der Reformphase durch den bildungsökonomischen Diskurs legitimiert. An Kritik fehlte es freilich nicht: Kulturkritische Konservative beklagten die Übertragung ökonomischer Kategorien auf den Bildungsbereich; radikale Marxisten verwarfen den bürgerlichen Charakter des bildungsökonomischen Vokabulars und verurteilten die kapitalkonforme Strategie der staatlichen Bildungspolitik. Beide waren sich einig, dass Bildung und Wissenschaft nicht den kapitalistischen Marktgesetzen unterworfen werden dürften.

Zu Beginn der 70er Jahre schien der bildungsökonomische Diskurs am Ende. Bildungsökonomische Fragen wurden in der akademischen Erziehungswissenschaft mit anderen Themen wie „Schulautonomie" und „Schulentwicklung" verknüpft. Zunehmende Arbeitslosigkeit und Finanzkrise des Staates waren Ende der 70er Jahre die politisch dominierenden Themen. Das Argument, Ausgaben für das Bildungswesen würden langfristig das Wirtschaftswachstum sichern, verlor seine politische Überzeugungskraft. Seitdem dominiert eine betriebswirtschaftliche Sichtweise. Bildungsausgaben werden fast ausschließlich als konsumtive Kosten betrachtet. Schulen und Universitäten werden als moderne Dienstleistungsbetriebe angesehen, die durch neue Managementstrategien zu einem effizienten und marktgerechten Verhalten geführt werden sollen. Ein neoliberales betriebswirtschaftliches Vokabular setzt sich durch. Becker stellt fest[337], dass im gegenwärtigen ökonomischen Diskurs das Ökonomische mit dem Monitären und das Monitäre mit Kosten gleichgesetzt werde, Investition dann aber ein Fremdwort sei. Bei einer solchen Festlegung erscheine der gesamte Bildungsbereich als zu ineffektiv und der neoliberalen Roßkur bedürftig. Er sieht die folgenden fatalen Konsequenzen:[338]

– Entpolitisierung des Diskurses von der volkswirtschaftlichen auf die betriebswirtschaftliche Ebene mit einer Verschiebung der Verantwortlichkeiten und Risiken von Bildungsentscheidungen auf den Einzelnen;

---

[337] Vgl. Becker, E.: Von der Zukunftsinvestition zur Effektivitätskontrolle des Bildungssystems. In: Radtke/Weiß: Schulautonomie, Wohlfahrtsstaat und Chancengleichheit, S. 112.
[338] Ebd.

- Reduzierung von Autonomievorstellungen auf Finanzautonomie der Bildungsinstitutionen unter Knappheitsbedingungen. Dadurch erschienen die Begründer institutioneller Autonomie durch kulturell garantierte Subjektautonomie hoffnungslos antiquiert.

Becker hält es für politisch geboten, disziplinübergreifend an einem theoretisch tragfähigen Konzept des Humankapitals zu arbeiten, damit Bildungsausgaben begründet als Investitionen ausgewiesen werden könnten.

8.3 Der aktuelle neoliberale Diskurs

Mit Überlegungen auf makropolitischer Ebene zum Neoliberalismus und damit verbundenen Phänomenen wird das Feld der Zeitdiagnostik beschritten, das nach Stefan Lange eine „unübersichtliche Debattenlandschaft" darstellt.[339] In der Tat geht es hier um perspektivistische Sichtweisen, um Annahmen von Beobachtern, die nicht mit Wahrheit verwechselt werden dürfen, die es nach konstruktivistischer und systemtheoretischer Auffassung sensu Luhmann ja ohnehin nicht gibt.

Nach Stefan Lange gibt es - entsprechend der oben vertretenen Auffassung - keine einvernehmliche Zeitdiagnostik über das, was in der Welt vor sich geht und wie die Entwicklung sein wird. Mit „Entstaatlichung" werde z. B. je nach Diagnose Verfall, Ablösung oder Transformation des Nationalstaates prognostiziert. In einer interessanten Studie erhebt, kategorisiert und vergleicht er die diagnostischen Befunde von zwölf prominenten Zeitdiagnostikern. Er bewertet die verschiedenen Diagnosen als Signale aus dem literarischen und sozialwissenschaftlichen Bereich, die auf politisch relevante gesellschaftliche Veränderungen verweisen, über die aber kein wissenschaftlicher oder politischer Konsens besteht. Er empfiehlt, die Befunde und Argumentationsstile komplementär zu lesen, um ein gehaltvolles und facettenreiches Bild von der politischen Lage in der heutigen Zeit zu gewinnen. Als zweite Kontrollinstanz müsse die faktenorientierte Sozialwissenschaft eingeschaltet werden, um die Diagnosen abzuklären und einem fortlaufenden Realitätstest zu unterziehen.[340]

Ein zentraler Begriff des neoliberalen Diskurses ist Globalisierung.[341] Damit wird zunächst eine bestimmte Art weltwirtschaftlicher Verflechtung ge-

---

[339] Vgl. Lange, S.: Diagnosen der Entstaatlichung. Eine Ortsbestimmung der aktuellen politischen Zeitdiagnostik. In: Leviathan. Zeitschrift für Sozialwissenschaft 4/2002, S. 456.

[340] Ebd., S. 455 ff.

[341] Armin Nassehi setzt sich aus systemtheoretischer Perspektive in geistreicher Weise mit dem Begriff „Globalisierung" und üblichen Erklärungsversuchen (z. B. bei Giddens, Wallerstein) auseinander. Er stellt fest: „Das Neue, das sich im Begriff der Glo-

kennzeichnet. Zur Entstehung stellt Castells fest: In der wirtschaftlichen Krise der 70er Jahre reagierten die Unternehmer mit einer massiven Steigerung des Außenhandels, um neue Märkte zu erschließen und wertvolle Marktsegmente der verschiedenen Länder in einem globalen Netzwerk zu verbinden. Mobilität des Kapitals und erheblich verbesserte Kommunikationskapazitäten auf Seiten der Unternehmer waren notwendig. Deregulierung der Märkte und die neuen Informationstechnologien schufen ein neues Wirtschaftssystem: die globale Ökonomie.[342] Als Hauptantriebskräfte des weltweiten Handels nennt Hasso von Recum einen erstarkten Markt- und Finanzkapitalismus, die Liberalisierung und Globalisierung der Märkte, eine sich vermindernde Steuerungshoheit des Staates über die Ökonomie, das Ende der Konfrontation der Machtblöcke von Ost und West und nicht zuletzt die innovative Dynamik der neuen Schlüsselindustrien Telekommunikation und Informationstechnologien.[343]

Die sich bildenden multinationalen Korporationen stehen nach Habermas in ursächlichem Zusammenhang mit der sog. Entstaatlichung. Der Kern seiner Problemdiagnose ist folgender: Den Nationalstaaten sind in den multinationalen Korporationen mächtige Konkurrenten entstanden. Das Medium Geld tritt an die Stelle von Macht. Die Wirtschaft aber folgt anderen Geset-

---

balisierung anzudeuten scheint, ist die Art und Weise, wie man unter den Bedingungen der Weltgesellschaft die Welt beobachtet,... ". S. Nassehi, A.: Geschlossenheit und Offenheit, S. 196. Annette Scheunpflug führt zur Bestimmung dieses inflationär gebrauchten Schlagwortes folgende Facetten des Phänomens an: „Globalisierung bedeutet eine Veränderung des Raumes und neue Formen der Entgrenzung des Raumes. Der Globalisierungsdiskurs beschreibt eine 'Schrumpfung der Zeit', ein verändertes Zeitbewußtsein und eine Beschleunigung des sozialen Wandels. Mit Globalisierung wird eine gleichzeitige Bedeutungszunahme von lokalen wie globalen Prozessen beschrieben. Die Globalisierung bringt neue Problemlagen hervor, vor allem in Hinsicht auf den Umgang mit Komplexität und Kontingenz. Mit Globalisierung wird nicht nur eine Veränderung von Welt beschrieben, sondern auch eine subjektive Form der Bewußtseinsveränderung als Konstruktion einer gesellschaftlichen Wirklichkeit." S. Scheunpflug, A.: Stichwort: Globalisierung und Erziehungswissenschaft. Zeitschrift für Erziehungswissenschaft, Heft 2, 2003, S. 160 f.

[342] Vgl. Castells, M. in: Steinbicker, J.: Zur Theorie der Informationsgesellschaft. Lehrtexte Soziologie, Leske + Budrich, 2001, S. 86. Nach Castells ist der Staat an der Globalisierung durch Maßnahmen der Liberalisierung und Deregulierung von Märkten nicht unbeteiligt. Er scheint im Prozess der Globalisierung an Einfluss zu verlieren, gewinnt aber neue Bedeutung als „Entwicklungsstaat", der durch die Unterstützung der technologischen Entwicklung der heimischen Struktur dazu beiträgt, ihre Produktivität zu steigern und dadurch in der globalen Wirtschaft wettbewerbsfähig zu bleiben. (S. 86).

[343] Vgl. von Recum, H.: Annäherungen an die Zukunft - Bildung und Bildungssteuerung im Kräftefeld von Marktparadigma, Globalisierung und Wissenschaftsgesellschaft. In: ZiesF 16 (1999) 1/2 S. 74.

zen als die normalisierende Gewalt staatlicher Regulierung. Diese lässt sich demokratisieren. Die Möglichkeit demokratischer Selbststeuerung aber entfällt in dem Maße, wie die Regulierung gesellschaftlicher Bereiche vom Geld vorgenommen wird. In diesem Prozess verliert der Staat zunehmend seine Fähigkeit, Steuern abzuschöpfen und Wachstum anzuregen. Für diese wesentlichen Grundlagen seiner Legitimität entstehen keine funktionalen Äquivalente.[344]

Der Globalisierungsprozess gilt als unumkehrbar.

Mit Neoliberalismus wird eine Einstellung beschrieben, die entsprechend den Vorstellungen seines Gründungsvaters Friedrich Hajek[345] und anderer bedeutender Wirtschaftsliberaler auf den entfesselten Markt, das uneingeschränkte freie Spiel der Marktkräfte setzt und „Entstaatlichung" als erklärtes Ziel ausgibt, zumindest aber die Vorzüge eines minimalen oder schlanken Staates betont.[346] Ihrer Auffassung zufolge sind allein die Marktkräfte imstande, eine harmonische Gesellschaftsordnung zu garantieren.

Eine Beurteilung des Neoliberalismus erfolgt naturgemäß entsprechend der jeweils vertretenen Weltanschauung. Ohne Zweifel lässt sich eine Reihe echter Vorzüge dieser Sichtweise auflisten. Christoph Horn nennt als Vorteile ihre hohe Produktivität und Effizienz, ihre Bedürfnisorientierung, ihre Unabhängigkeit und Dezentralität, ihre Fähigkeit zu breiter Güterverteilung (Allokation), ihr für die Kunden vorteilhaftes Konkurrenzprinzip , ihre Akzentuierung von Leistung und persönlichem Einsatz, ihre Hervorhebung von Eigenverantwortung und Risikobereitschaft und die damit verbundene Pluralisierung und Liberalisierung der Gesellschaft. Die Bedenken gegen diese Wirtschaftsform fasst er mit folgenden Begriffen zusammen: Effizienzprobleme („Marktversagen"), Gerechtigkeitsdefizite und psychosoziale Folgewirkungen.[347]

---

[344] Vgl. Habermas, J.: Die postnationale Konstellation ist die Zukunft der Demokratie. In: Ders.: Die postnationale Konstellation, 1998, S. 119 ff.

[345] Eine kurze, aber gehaltvolle kritische Darstellung der diffizilen Gedankengänge von Hajek zur Kritik am Wohlfahrtsstaat zur Begründung einer freien Marktwirtschaft und zur Überlegenheit des Wettbewerbsprinzips mit dem dahinterstehenden Menschenbild liefert Stephanie Blankenburg in: Neoliberalismus. Ökonomische Theorie, gesellschaftliche Wirklichkeit und „Dritter Weg". In: Faber, R. (Hg.): Liberalismus in Geschichte und Gegenwart, Würzburg 2000, S. 179 ff.

[346] Nach Giddens ist zu berücksichtigen, dass Neoliberalismus ein dehnbarer Begriff ist, unter dem Gruppen, Bewegungen und Parteien mit durchaus verschiedenen Zielen und Überlegungen zusammengefasst werden. Er nennt z. B. die Konservativen und die radikal-liberalen Neoliberalisten. Vgl.: Giddens, A.: Der dritte Weg, S. 15.

[347] Vgl. Horn, Chr.: Einführung in die politische Philosophie. Darmstadt 2003, S. 140.

Der Neoliberalismus wird vielfach kritisiert. Die folgenden Zitate geben die Stimmung im Volke wieder: „Es herrscht das Matthäus-Prinzip: Wer hat, dem wird gegeben; wer nicht hat, bekommt noch weniger." Und: „Wir leben in einem Sozialstaat für Reiche."

Drastische Worte findet auch Rüdiger Safranski: „Der neoliberale Globalismus ist Legitimationsideologie für die ungehemmte Bewegung des Kapitals auf der Suche nach günstigen Verwertungsbedingungen ... Der Neoliberalismus ist ebenso ökonomisch wie es der Vulgärmarxismus einst war, er ist deshalb in gewissem Sinne die Wiederauferstehung des Marxismus als Management-Ideologie."[348]

Nach Stephanie Blankenburg umfasst der neoliberale Forschungskatalog die folgenden wirtschaftlichen und politischen Elemente: „Liberalisierung aller bestehenden regionalen, nationalen wie internationalen Märkte; Deregulierung und Dezentralisierung sowohl wirtschaftlicher als auch gesellschaftlicher Beziehungen; Privatisierung umfassender Bestandteile des öffentlichen Sektors; Abschaffung des gewerkschaftlichen „Arbeitsmonopols"; Entbürokratisierung des öffentlichen Lebens; Reorganisation des „Volksparteiensystems" mit dem Ziel der Einschränkung der Verfügungsgewalt des Parlaments."[349]

Sie findet dieses Programm in wesentlichen Teilen bei der neuen Sozialdemokratie und ihrem „Dritten Weg" oder der „Neuen Mitte" wieder. Damit kennzeichnet sie sowohl die Politik der Schröder-Regierung in der BRD als auch die Politik der von A. Giddens beratenen Labour-Regierung Großbritanniens als eine Variante des Neoliberalismus. Ihre Analysen wären dahingehend zu ergänzen, dass die von ihr genannten Länder unter einem enormen Druck der EG stehen, die ein exzessiv neoliberales Staats- und Gesellschaftsverständnis vertritt.[350]

Habermas teilt die „aufgesetzte Fröhlichkeit" einer neoliberalen Politik nicht. Er nimmt den Neoliberalismus in die Verantwortung: „Als normative Theorie übernimmt daher der Neoliberalismus die Beweislast für die starke Aussage, dass effiziente Märkte nicht nur ein optimales Verhältnis von Auf-

---

[348] Safranski, R.: Wieviel Globalisierung verträgt der Mensch? München, Wien, 2003, S. 21 f.

[349] Blankenburg, St.: Neoliberalismus. Ökonomische Theorie, gesellschaftliche Wirklichkeit und „Dritter Weg". In: Faber, R. (Hg.): Liberalismus in Geschichte und Gegenwart, S. 179 f.

[350] Die mit dem Machtwechsel 2005 in der Bundesrepublik Deutschland sich möglicherweise ergebende Kursänderung kann hier nicht berücksichtigt werden.

wand und Ertrag, sondern eine sozial gerechte Verteilung garantieren".[351] Angesichts der Herausforderungen der Globalisierung plädiert er für die Entwicklung neuer Formen einer demokratischen Selbststeuerung der Gesellschaft.

Bei aller verständlichen Parteinahme für den einen oder anderen Standpunkt darf nicht übersehen werden, dass niemand in der Lage ist, zu wissen und zu sagen, was z. B. mit Bezug auf die Bundesrepublik Deutschland wirtschaftlich und politisch wirklich notwendig ist, um den weiteren „Abstieg eines Superstars" (Steingart) zu verhindern.

8.4 Zwei Argumentationsfiguren des ökonomischen Diskurses

8.4.1 Dezentralisierung

Dezentralisierung ist neben Deregulierung ein Begriff der Unternehmensstrategie des „Lean Management", der sich auch die öffentliche Verwaltung unter dem Druck knapper werdender Ressourcen bei ständig steigender Leistungserwartung bedient. Ausgehend von der Annahme, dass zentrale Steuerung ineffektiv und hierarchische Gliederung disfunktional ist, soll die öffentliche Verwaltung durch Berücksichtigung von Elementen schlanker Betriebsführung[352] effizienter und effektiver werden und sich zu einer planenden, steuernden sowie autonom problemlösenden und lernenden Dienstleistungsorganisation weiterentwickeln.[353] Diese finanziell bedingte Umstrukturierung gilt auch für die Schulbürokratie und die Schulen. Deregulierung bezeichnet eine Verminderung von Regeln und Vorschriften, Dezentralisierung (auch Hierarchieabbau) die Verlagerung von Entscheidungskompetenzen auf eine andere Ebene. Sowohl Deregulierung als auch Dezentralisierung wirken sich auf die schulische Autonomie aus.

Dezentralisierung wird im schulischen Bereich in unterschiedlichen Formen realisiert. Sie tritt z. B. in Form einer Kommunalisierung auf, die als

---

[351] Habermas, J.: Die postnationale Konstellation und die Zukunft der Demokratie. In: Ders.: Die postnationale Konstellation, Frankfurt/M., 1998, S. 141.

[352] „Lean Management" weist nach der bekannten MIT-Studie von J. P. Womack, D. T. Jones und D. Roos als entscheidende Elemente „Persönlichkeit", „Teamarbeit", „Kommunikation" und „Simultaneität" auf. D. Baecker begründet ausführlich, dass alle vier Elemente auf „Kommunikation" reduziert werden könnten und bezeichnet „Lean Production" als „Name für die Wiederentdeckung der Arbeit als Kommunikation", eine Wiederentdeckung, die allerdings nicht auf Humanisierung, sondern auf Technologisierung ziele. S. Baecker, D.: Organisation und Management, suhrkamp taschenbuch verlag wissenschaft, 1614, S. 62.

[353] Vgl.: Tegethoff, H.-G./Wilkesman, U.: Lean Administration. In: Soziale Welt, 1/95, S. 29.

neue Form von Zentralisierung gewertet werden kann, wobei - wie in Schweden - die Verwaltung der Schulen den Gemeinden in der Form von Leitungsausschüssen obliegt, in denen die Eltern die Mehrheit haben (z. B. in Dänemark und in radikaler Form in den Niederlanden), oder aber in der Weise, dass die Gemeinden den Schulen einen erheblichen Teil der Aufgaben und Entscheidungsbefugnisse übertragen (z. B. in Norwegen).

Jede Form von Dezentralisierung führt zu einer Neudefinition des staatlichen Steuerungssystems, sofern der Staat sich nicht ganz aus der gesellschaftlichen Verantwortung für Schule und Bildung zurückziehen will.[354] In den Niederlanden und in den angelsächsischen Ländern ist der bildungspolitische Paradigmenwechsel (Abkehr von der technokratisch-zentralistischen staatlichen Globalsteuerung/Hinwendung zu markt- und wettbewerbsorientierten Steuerung des Bildungswesens) vollzogen. In den Niederlanden sind alle Schulen als Betriebe auf einem Markt organisiert, alle Dienste sind privatisiert, und die Schulen konkurrieren offen um die Schüler.[355] Dezentralisierung bedeutet hier die größtmögliche Autonomie der Schule: Der Markt ist das Steuerungsmodell.

Nach den bisherigen Ausführungen kann es nicht überraschen, dass einige Begründungen für Dezentralisierungsprozesse und für schulischen Autonomiezuwachs zusammenfallen. Der häufig genannte Grund, dass Schule auf beschleunigtem Wandel und plötzlich auftretende Herausforderungen bei größerer Entscheidungsfreiheit schneller und flexibler, d. h. angemessener reagieren kann, erscheint durchaus plausibel. Notwendige pädagogische und organisatorische Entscheidungen müssen unter Mitwirkung aller an Schule Beteiligten getroffen werden. Es ist wirklichkeitsfremd anzunehmen, auf bürokratischer Ebene könnte über guten Unterricht/gute Schulgestaltung entschieden werden. Nach Meyer/Vogt (1997) kann der Sinn praktischen Handelns nicht administrativ erzeugt werden. Dass Dezentralisierung per se eine positive Entwicklung an Schulen auslöst, kann aber ebenfalls nicht behauptet werden (s. Kap. 10). „Schulautonomie" - so ist dem Sinne nach einmal zu Recht behauptet worden - ist keine Zauberformel, welche die hässliche zentralistisch gesteuerte staatliche Schule in ein Märchenschloss verwandeln könnte. Empirische Befunde (Muijs/Huber 2006) belegen, dass Dezentralisierung und größere Eigenverantwortung der Schulen die Probleme „schlechter" Schulen verschärfen.

---

[354] Nach Olaf Radtke zieht Deregulierung Standardisierung nach sich, weil die neokonservativen Deregulierer nicht wirklich die Kontrolle verlieren wollen. Vgl. (In: Radtke, O.: Einleitung: Schulautonomie, Sozialstaat & Chancengleichheit, Opladen 2000, S. 25.

[355] Dalin, P.: Theorie und Praxis der Schulentwicklung, S. 310.

In Niedersachsen besteht zur Zeit die Tendenz, die Eigenverantwortlichkeit der Schulen zu stärken und die Schulen durch ein „Schulinspektionssystem" und zentrale Tests zu steuern. Diese Steuerungsmodelle müssen hinsichtlich ihrer Effektivität beobachtet werden. Aus systemtheoretischer Perspektive wurden in dieser Arbeit bereits Bedenken gegen die „Schulinspektion" geäußert. Es soll aber nicht unerwähnt bleiben, dass es aus der Praxis durchaus positive Rückmeldungen gibt. Bei den zentralen Tests gilt es, so weit wie möglich „Risiken und Nebenwirkungen" auszuschließen, die mit folgenden Stichwörtern zu umschreiben sind: Fixierung auf Ergebnisse, statt Konzentrierung auf den Lernprozess; spezielles Testtraining; Exklusion von schwachen Schülern; Überlagerung der Funktion der Verbesserung durch die Funktion der Rechenschaftslegung; Reduzierung von Vielfalt durch Standardisierung und Vereinheitlichung; Gefahr der plakativen Darstellung von Unterrichtsergebnissen ohne Berücksichtigung der Kontextbedingungen.[356] Systemtheoretisch argumentierende Wissenschaftler stellen fest, dass Output-Steuerung mit den Instrumenten Standards und Evaluation das von N. Luhmann diagnostizierte Technologiedefizit nicht beheben kann.[357]

8.4.2   Schule als Wirtschaftsbetrieb

Die folgenden Ausführungen erheben nicht den Anspruch, der Thematik neue Aspekte abzugewinnen. Intention ist vielmehr, einige wesentliche Gesichtspunkte hervorzuheben.

Es ist nichts Ungewöhnliches darin zu erblicken, dass als Folge der Verknappung finanzieller Ressourcen und der Ergebnisse von TIMMS, PISA und anderen Untersuchungen auch das finanziell aufwendige Bildungssystem in die gesellschaftliche Kritik und unter Rechtfertigungsdruck geraten ist. Das neue output-orientierte Steuerungsmodell in vielen Bereichen der öffentlichen Verwaltung und den Institutionen des Bildungsbereichs betont die Eigenverantwortlichkeit der Organisationen, verbunden mit der Verpflichtung, Rechenschaft über ihre Arbeitsergebnisse abzulegen. Kostensenkung und Leistungssteigerung sind die Begriffe, von denen die Qualitätsdebatte gesteuert wird. Modelle, wie das „Total Quality Management" (TQM) und die „European Foundation for Quality Management" (EFQM)[358] wurden entwickelt

---

[356] Vgl. Lange, H.: Qualitätssicherung in Schulen, Die Deutsche Schule, 91. Jahrgang 1999, Heft 2, S. 157 f.

[357] Vgl. z. B. Bellmann, J.: Ökonomische Dimensionen der Bildungsreform. In: Neue Sammlung, Heft 1, 2005, S. 15 - 31.

[358] S. dazu Weibel, W.: Was bringt die schulische Qualitätsdiskussion? In: Pädagogische Führung 4/2002 und ebenda Kotter, K.-H./Dell, J.: Ein Qualitätsmanagement-Modell für „School Excellence" und seine Anwendung in deutschen Schulen.

und Unternehmen aus allen gesellschaftlichen Bereichen zur Verbesserung ihrer Organisation und der Erhöhung ihres Erfolges angeboten.[359]

Die hier in gewisser Weise vorgenommene Gleichsetzung von Schule und Wirtschaftsbetrieb entspricht neoliberaler Denkweise. Einwände dagegen ergeben sich schon aus Common-Sense-Sicht: Schule ist keine Einrichtung, die ein Produkt herstellt, das am Markt an Kunden mit dem Ziel veräußert wird, Gewinne zu erzielen. Erwerbswirtschaftliche Unternehmen sind im Gegensatz zu gemeinwirtschaftlichen Einrichtungen auf Gewinnmaximierung angelegt. Sind die Eltern die Kunden oder - wie E. Risse meint[360] - die Schüler? Ist das Produkt der Schüler oder ein Bildungsgut, ein bestimmtes Wissen und Können, eine Kompetenz? Wie ist das Produkt beschreibbar? Ein wirtschaftliches Produkt kann in einem technologischen Prozess zu hoher Qualität gefertigt werden. Eine solche Technologie ist aber im Bildungsbereich kaum vorhanden. Nach Giegel steht der Pädagogik keine Theorie zur Verfügung, mit deren Hilfe auch nur ein Teil ihres Handelns rekonstruierbar wäre; für die Mehrzahl ihrer Handlungsschritte gäbe es allenfalls vage theoriegeleitete Konzepte.[361] Dieses Technologie-Defizit (Luhmann) kann - wie bereits erwähnt - auch durch die neue Form des „Controlling" pädagogischer Organisationen nicht behoben werden (s. 8.4.1).

Bereits die Schulwirkungsforschung hatte das Ziel, die Qualität von Schulen zu bestimmen. Neu ist jetzt das Bestreben, über Marktorientierung Qualitätskriterien zu entwickeln.

Diese ökonomisch bestimmte Qualitätsdebatte - in der Zeitschrift „die Sammlung" (Heft 2/2005) mit der witzigen Metapher „Währungsreform" bedacht - zielt auf verwertbare Kenntnisse und Fertigkeiten ab. Bildung wird auf Effektivität, auf Qualifikation für den Arbeitsmarkt reduziert. Damit werden klassische Vorstellungen von Bildung verdrängt und der Diskurs bedeutsamer Themen, die im Rahmen dieser Arbeit verschiedentlich angesprochen wurden, wie Demokratisierung, individuelle Emanzipation, Mündigkeit, unterdrückt. Es mangelt an einer sinnvollen Verknüpfung der beiden Pole durch

---

[359] Die Schlüsselfaktoren für den Erfolg sind nach dem letztgenannten Modell für alle Organisationsarten die Beschäftigten, die „Kunden" und die die Organisation umgebenden Gesellschaften. Die direkten und indirekten Zusammenhänge zwischen Erfolg und diesen Schlüsselfaktoren und die Vorteile eines systematischen Einsatzes des EFQM-Modells in Schulen haben Kotter und Dell ausführlich dargestellt. Vgl. Fußnote 1, S. 148 ff.

[360] Vgl. Risse, E.: Pädagogische Führung 6/1995, Heft 2, S. 69.

[361] In seinem lesenswerten Beitrag „Die Polarisierung der gesellschaftlichen Kultur und die Risikokommunikation" hat H. J. Giegel in sieben Dimensionen die Differenz der pädagogischen Praxis gegenüber der technologischen Operationsform ausgewiesen. Vgl. Giegel, H.-J.: Konflikt in modernen Gesellschaften, S. 89 ff.

einen zeitgemäßen Bildungsbegriff, der den Erfordernissen der Arbeitswelt, dem Leben in der Wissensgesellschaft gerecht würde und in dem unverzichtbare Facetten des klassischen Bildungsbegriffs aufgehoben wären.

Der Trend, von der Wirtschaft aus auf schulische Strukturen, auf Curriculum und Ziele Einfluss zu nehmen, wächst ständig, und zwar dem Anschein nach ohne große Gegeninitiative der Erziehungswissenschaft, die doch zumindest auf einem Abgleich der Forderungen der Wirtschaft mit den systemimmanenten, nicht aufgebbaren pädagogischen Werten bestehen müsste.

Als langjähriger pädagogischer Leiter eines Arbeitskreises Schule/ Wirtschaft hat der Verf. erlebt, wie die Vorstellungen der Wirtschaft zur Funktion des Schulleiters und zur Führung der Schule, zum Leitbild des Lehrers und zu den Unterrichtsinhalten (besondere Betonung der sog. Kulturtechniken Rechnen, Schreiben, Lesen) in schriftlichen Veröffenlichungen und vielen Vorträgen vehement - aber natürlich ohne Erfolgsgarantie - vertreten wurden, sicherlich in der guten Absicht, zur Rekrutierung hinreichend für die gestiegenen Qualifikationen der Arbeitswelt ausgebildeter Schulabgänger beizutragen. Diese Schwerpunktsetzung ist legitim. Selbstverständlich kann nicht erwartet werden, dass das Teilsystem Wirtschaft Schule als pädagogische Institution wahrnimmt, die nicht nur der Gesellschaft, sondern zugleich dem Individuum und seinem Bildungsanspruch verpflichtet ist. Auch das Teilsystem Wirtschaft „kann nicht sehen, was es nicht sieht". Dennoch wäre ein größeres Engagement bei der Entwicklung von Ideen für die - aus welchen Gründen auch immer – überforderten Jugendlichen, denen eine Integration in das Erwerbsleben der leistungsorientierten Konkurrenzgesellschaft nicht gelingen kann, auch wünschenswert gewesen. Das Problem der diesbezüglich drohenden Exklusion wurde immer nur sehr marginal thematisiert.

E. Terhart mahnt zu Recht: „Die Übernahme der im privatwirtschaftlichen Sektor geltenden ökonomischen Begrifflichkeiten und Modellrechnungen sowie die Übertragung von arbeitswissenschaftlichen und qualitätssichernden Instrumenten auf Prozesse und Produkte der Schule muss jedoch gravierende Kontextdifferenzen beachten."[362]

M. S. Honig untersucht in einem kurzen, aber gehaltvollem Beitrag die Besonderheit pädagogischer Qualität - zunächst mit Rückgriff auf Helmut

---

[362] Terhart, E.: Qualität und Qualitätssicherung im Schulsystem. In: Zeitschrift für Pädagogik. 46. Jahrgang, 2000, Nr. 6, S. 823. Terhart nennt folgende Differenzen zwischen dem staatlich regulierten steuerfinanzierten öffentlichen Schulwesen in Deutschland und privaten Wirtschaftsunternehmen: keine Preisbildung - keine Marktorientierung - stark eingeschränkte Kundenautonomie - kein Konkurs - Eigenart der Prozesse - keine Haftung - keine Personalflexibilität.

Heid - in einem handlungstheoretischen Rahmen und ergänzend und weiterführend im Rahmen der systemtheoretischen Analyse von Luhmann/Schorr zum „Technologieproblem der Pädagogik". Er fordert dazu auf, die „strukturellen Paradoxien pädagogischer Felder" gegenüber einer administrativen und betriebswirtschaftlichen Vorstellung von Effektivität stark zu machen. Für ihn ist die Frage nach der Qualität von Pädagogik nur aus einer Beobachterperspektive zu beantworten, denn sie ist eine Forschungsfrage, keine Frage „gelingender Praxis". Nach Honig darf nicht lediglich auf den Output geschaut werden, sondern man muss wissen, wie pädagogische Qualität entsteht. Es ist die Aufgabe wissenschaftlicher Beobachter des Erziehungssystems, die Eigenlogik pädagogischer Felder empirisch zu explizieren. Diesen Vorschlag verdeutlicht er durch die Beschreibung eines Forschungsprojekts zur pädagogischen Qualität von Kindertagesstätten.[363]

Das Modell des Qualitätsmanagements im Bildungsbereich, aus dem die Wahrnehmung von Schule als Betrieb hervorgeht, wird in neoliberaler Sicht mit einer Stärkung der Eltern als Bildungsnachfragern, einer Erweiterung der Schulauswahlmöglichkeiten sowie der Erhöhung der Angebotsvielfalt und Angebotsflexibilität durch Dezentralisierung, Deregulierung und Stärkung der Autonomie der Einzelschule verbunden.[364] Dieses sind konstitutive Merkmale für „Quasi-Märkte" im Bildungsbereich.[365] Die geforderte Autonomie der Einzelschule soll dabei die angemessene Reaktion auf „Marktsignale" gewährleisten. „Schule am Markt " entspricht der Idealvorstellung neoliberalen Denkens. Es ist kaum davon auszugehen, dass diese Vorstellung sich in der Bundesrepublik Deutschland im Primar- und Sekundarbereich I durchsetzen wird, wohl aber im Tertiärbereich. Insgesamt wird diese Idee, Bildung über den Markt zu regeln, kritisch eingeschätzt. M. Weiss beschließt seine Analyse mit einem ernüchternden Resümee: „Das die politische Rhetorik beherrschende Argument, durch marktorientierte Reformen im Schulbereich ließen sich nachhaltige Effizienzgewinne erzielen, hält einer kritischen Prüfung nicht stand. Die vorliegende Forschungsevidenz gibt zu berechtigten

---

[363] Vgl. Honig, M.-S.: Pädagogische Qualität als erziehungswissenschaftliches Problem. In: Neue Praxis, Heft 3, 2002, S. 216 - 230.

[364] Vgl. Weiss, M.: Quasi-Märkte im Schulbereich in: Zeitschrift für Pädagogik, 43. Beih. (2001), S. 69.

[365] Weiss nennt im Einzelnen folgende Merkmale von Quasi-Märkten: Die Bildungsnachfrager müssen zwischen verschiedenen schulischen Angeboten wählen können. Markterfolg muss „belohnt", Mißerfolg „bestraft" werden. Schulen müssen über einen hinreichenden Grad an Autonomie verfügen, um auf „Marktsignale" angemessen reagieren zu können. Funktionsfähige Quasi-Märkte bedürfen einer Infrastruktur in Form eines Informationssystems, das für Markttransparenz sorgt, eines Evaluationssystems zur Qualitätssicherung und eines leistungsfähigen Transportsystems. Vgl. Weiss, M.: Quasi-Märkte im Schulbereich, S. 71 ff.

Zweifeln an der 'Bildungstauglichkeit' der Wettbewerbssteuerung Anlass".[366] Nach Forschungsergebnissen in England ist weder eine Steigerung der Schülerleistungen festzustellen noch eine Reduzierung der sozialen Ungleichheit.[367]

Nach von Recum rechtfertigt die Analyse von Ergebnissen marktorientierter Bildungsreformen in England und Wales, USA, Australien, Neuseeland und Schweden nicht die hochgesteckten Erwartungen.[368]

Gegen die Ökonomisierung des Schulsystems ließe sich auch mit Habermas argumentieren, der die Einflussnahme der gesellschaftlichen Subsysteme Staat und Wirtschaft auf die Lebenswelt kritisiert und diese Kolonialisierung der Lebenswelt - wie er es nennt - durch die Systemimperative als eine große Gefahr betrachtet, der entgegengewirkt werden müsse. Wenn im Zuge des instrumentellen Rationalisierungsprozesses Bereiche der kommunikativen Interaktionen in der Öffentlichkeit - und das Bildungswesen ist ein solcher Bereich - durch Wirtschafts- und Verwaltungshandeln, durch Geld und Macht, also vom strategischen Handeln besetzt werden, sind nach Habermas Konflikte vorprogrammiert.[369]

Aus systemtheoretischer Sicht im Sinne von N. Luhmann muss es geradezu als ausgeschlossen bezeichnet werden, Schule als Wirtschaftsbetrieb zu denken. Fremde Strukturen lassen sich nicht ohne Rücksicht auf Systemunterschiede kopieren. Eine Organisationsform, die sich im Zuge der Ausdifferenzierung des Teilsystems Erziehung, dem sie angehört, in unverwechselbarer Weise entwickelt hat, kann nicht die Strukturen einer Institution eines anderen Teilsystems (Wirtschaft) annehmen. Wenn auch in beiden Fällen die Organisation als autopoietisches System Entscheidungen reproduziert[370], so differieren diese jedoch fundamental.

Ein Wirtschaftsbetrieb funktioniert nach einer anderen Logik als die Schule. Die Organisationen in der Wirtschaft und im Erziehungssystem operieren (kommunizieren) autopoietisch mit sehr verschiedenen Codes und Programmen. Insofern dürfte es einleuchten, um Luhmann zu zitieren, ...„wie

---

[366] Weiss, M.: Quasi-Märkte im Schulbereich, S. 82.

[367] S. entsprechende Hinweise bei Stephen J. Ball: Urbane Auswahl und urbane Ängste: Zur Politik elterlicher Schulwahlmöglichkeiten in: Widersprüche. Heft 89, 23. Jg. 2003, Nr. 3, S. 59 - 74 und Sharon Gewirtz: Die Managerialistische Schule: Konsequenzen und Widersprüche der Post-Wohlfahrtsstaatlichkeit in der Bildung; in derselben Ausgabe.

[368] Vgl. von Recum, H.: Annäherungen an die Zukunft - Bildung und Bildungssteuerung ... In: ZiesF 16 (1999) 1/2 S. 76.

[369] Vgl. Habermas, J.: Interview: Dialektik der Rationalisierung. In: Habermas, J.: Die Neue Unübersichtlichkeit, Frankfurt/M. 1985, S. 189.

[370] Vgl. Luhmann, N.: Das Erziehungssystem der Gesellschaft, S. 159.

wenig (ungeachtet der gegenwärtigen Mode, Markt- oder Kundenorientierungen zu verlangen) mit einer Produktorientierung oder mit Begriffen wie Effektivität oder Effizienz zu gewinnen ist."[371]

Die unauflösbare Differenz der Eigenlogik von pädagogischem und ökonomischem Denken und Handeln hat E. Matthes in feiner Weise wie folgt beschrieben:

„Setzt das ökonomische Prinzip auf Beschleunigung, nimmt sich das pädagogische Prinzip Zeit, setzt das ökonomische Prinzip auf Effektivität und Leistungssteigerung, setzt das pädagogische Prinzip auf ganzheitliche Entwicklung der Person, strebt das ökonomische Prinzip nach Ersetzbarkeit, betont das pädagogische Prinzip die personale Bedeutsamkeit und individuelle Einmaligkeit, fragt das ökonomische Prinzip nur nach Verwertbarkeit, setzt das pädagogische Prinzip die Zweckfreiheit entgegen."[372]

8.5 Autonomie – ökonomisch begründet

Verschiedene Facetten der Begründung von Autonomie unter ökonomischem Aspekt lassen sich wie folgt (variierend) formulieren:

- Autonomie der Schule ist eine Konsequenz der Finanzschwäche des Sozialstaats im Prozess fortschreitender Globalisierung und seiner Maßnahmen zur Strukturanpassung.[373]

- Autonomie der Schule ergibt sich aus der neoliberalistischen (neokonservativen) Forderung nach einem schlanken Staat und einer Stärkung der Bürgerinitiative, nach weitgehender Beseitigung der Schulbürokratie und zentralistischer Schulverwaltung mit ihren praxisfernen Entscheidungen.

- Autonomie der Schule ist Folge der Übertragung der Formel von der Freisetzung der Marktkräfte auf die Institutionen des Bildungswesens mit einer Marktsteuerung des Schulsystems im Extremfall. Autonomie ist dabei auch deswegen unumgänglich notwendig, damit die Einzelschule schnell und flexibel auf Veränderungen am Markt reagieren kann.

- Autonomie der Schule ist Voraussetzung für die aus dem Wirtschaftsbereich stammende Forderung nach Qualitätsentwicklung und -sicherung mit der Betonung von Leistung, Effektivität und Effizienz, damit der entsprechende Nachschub für den Bedarf eines zunehmend am Wettbewerb

---

[371] Luhmann, N.: Das Erziehungssystem der Gesellschaft, S. 165.

[372] Matthes, E.: Möglichkeiten und Grenzen der Pädagogik – einige Überlegungen im Anschluss an Theodor Litt. In: Pädagogische Rundschau 56, 2002, S. 281 – 295.

[373] Vgl. von Friedeburg, L.: Schulautonomie. In: Radtke/Weiss (Hg.): Schulautonomie, Wohlfahrtsstaat und Chancengleichheit, S. 67.

orientierten Marktes gewährleistet werden kann. Autonomie ist hier erforderlich, weil über Qualität nur vor Ort entschieden werden kann.

- Autonomie der Schule ist paradoxerweise - weil Autonomie im Prinzip ja
  Freiheit für eigene Entscheidung bedeutet - eine wichtige Voraussetzung
  für die Umsetzung der globalen Standardisierung des Bildungswesens
  und der sich daraus ergebenden Vergleichsmöglichkeiten, wie sie von der
  UNESCO mit ihren Weltbildungsberichten und der OECD mit ihren Bil-
  dungsprogrammen angestrebt wird.[374]

9. Autonomie – verfassungsrechtlich begrenzt?

Es liegt auf der Hand, dass der juristische Standpunkt bei der Beurteilung,
wieviel Autonomie der Schule eingeräumt werden dürfe, von immenser Bedeutung ist. Im Mittelpunkt rechtlicher Diskussion steht die Frage, ob eine
Verselbständigung der einzelnen Schulen, die ja zwangsläufig mit einer Reduktion der staatlichen Schulaufsicht verbunden ist, mit der Verfassung vereinbar sei. In der Auslegung des verfassungsrechtlichen Schulaufsichtsbegriffs differieren die Ansichten der Juristen. Es scheint sich aber die Auffassung durchzusetzen, dass die traditionelle, umfassende Ausformung des
Schulaufsichtsbegriffs dem Geist des Grundgesetzes und den durch Pluralismus gekennzeichneten gesellschaftlichen Verhältnissen nicht mehr entspricht. Der unterschiedliche Spielraum, der sich bei der Auslegung des
Schulaufsichtsbegriffs zeigt, spiegelt sich in den folgenden Positionen wider:

Einen relativ konservativen Standpunkt nimmt H. Avenarius ein.[375] Gegen die geforderte Selbstverwaltung der Schule führt er als wesentliches Argument das herkömmliche Verständnis der in Art. 7, Abs. 1 GG kon-
stituierten staatlichen Schulaufsicht an. Unter Berufung auf die gängige Meinung in der Rechtsprechung und in der juristischen Literatur sowie auf Formulierungen des Verfassungsgerichts verweist er auf die hier sehr um-
fängliche Bedeutung des Begriffs der Aufsicht, der die „Gesamtheit der staatlichen Befugnisse zur Organisation, Planung, Leitung und Beaufsichtigung

---

[374] Vgl. Scheunpflug, A.: Stichwort Globalisierung in der Erziehungswissenschaft. In:
Zeitschrift für die Erziehungswissenschaft, 6. Jg., Heft 2/2003, S. 164 f und Adick, C.:
Globale Trends weltweiter Schulentwicklung in der genannten Zeitschrift. S. auch
Kap. 11 dieser Arbeit.

[375] Vgl. Avenarius, H.: Schulische Selbstverwaltung - Grenzen und Möglichkeiten. In:
Recht der Jugend und des Bildungswesens, Heft 2/1994, S. 256 ff.

des Schulwesens"[376] umfasst, und führt eine entsprechende Formulierung des Bundesverfassungsgerichts an: „Die Schulaufsicht im Sinne des Art. 7, Abs. 1 GG, umfasst die Befugnisse des Staates zur Planung und Organisation des Schulwesens mit dem Ziel, ein Schulsystem zu gewährleisten, das allen jungen Bürgern gemäß ihren Fähigkeiten die dem heutigen gesellschaftlichen Leben entsprechende Bildungsmöglichkeiten eröffnet. Die organisatorische Gliederung der Schule und die strukturellen Festlegungen des Ausbildungssystems, das inhaltliche und didaktische Programm der Lernvorgänge und das Setzen der Lernziele sowie die Entscheidung darüber, ob und wie weit diese Ziele von dem Schüler erreicht worden sind, gehören zu dem staatlichen Gestaltungsbereich."[377]

Die staatliche Bestimmungsgewalt im öffentlichen Schulwesen sieht Avenarius durch die Grundrechte der Eltern und Schüler sowie durch die verfassungsrechtlich gebotene partizipatorisch ausgestaltete Schulverfassung begrenzt. Schulische Selbstverwaltung wird nach Avenarius des Weiteren wesentlich durch die Pflicht des Staates eingeschränkt, gemäß Art. 4, Abs. 1 GG durch seine Schulaufsicht für die religiös-weltanschauliche Neutralität der öffentlichen Schule zu sorgen. Schulische Selbstverwaltung dürfe sich auch nicht über das Demokratiegebot des Grundgesetzes hinwegsetzen, dem die partizipatorische Ausgestaltung der Schulverfassung entspricht. Die Schule selbst „demokratisieren" zu wollen, bezeichnet er als eine falsche Auslegung des Demokratieprinzips des Grundgesetzes. Der Gesetzgeber sei nach dem Demokratie- und Rechtsstaatsprinzip des Grundgesetzes dazu verpflichtet, die wesentlichen Entscheidungen im Schulwesen selbst zu treffen, wie das Bundesverfassungsgericht in ständiger Rechtsprechung betont habe. Zu diesen wesentlichen Entscheidungen zählt er z. B. die Festlegung des Fächerkanons und der fachspezifischen Lernziele sowie die Genehmigung von Schulbüchern.

Selbstverwaltung der Schule darf nach Avenarius weiterhin „nicht dazu führen, dass der Staat seine Pflicht, für ein leistungsfähiges und sozial gerechtes Schulwesen zu sorgen, nicht mehr erfüllen kann."[378]

Diese Verpflichtung leitet er aus dem Sozialstaatsgebot (Art. 20, Abs. 1, Art. 28, Abs. 1 GG) ab sowie aus dem Recht des Kindes auf gleiche Chancen bei der freien Entfaltung seiner Persönlichkeit und der freien Wahl der Ausbildungsstätte (Art. 2 Abs. 1 bzw. 12, Abs. 1 i. V. m. Art. 3, Abs. 1 GG). Un-

---

[376] Avenarius, H.: Schulische Selbstverwaltung - Grenzen und Möglichkeiten. In: Recht der Jugend und des Bildungswesens, Heft 2/1994, S. 259.

[377] Avenarius, H.: Schulische Selbstverwaltung - Grenzen und Möglichkeiten. In: Recht der Jugend und des Bildungswesens, Heft 2/1994, S. 259

[378] Ebd., S. 263.

verzichtbar sei, dass Schulen hinsichtlich ihrer Abschlüsse ein Mindestmaß an gleicher Qualität aufweisen müssten.

Schule ist für Avenarius „keine Insel im Rechtsstaat"[379], sie muss die verfassungsrechtlichen Grenzen beachten. Einen Raum für Selbstverwaltung sieht er in der Entwicklung eines eigenständigen Profils gegeben.

W. Höfling stellt bereits 1997 fest, dass zumindest in der Kultusadministration Bewegung in das Schulrecht gekommen sei.[380] Er untersucht, ob das grundsätzliche Demokratiegebot eine „Sperre" für eine größere Schulautonomie sei. Eine besondere Bedeutung komme dabei der Kategorie der staatlichen Schulaufsicht zu, auf die auch Avenarius hinweist (s. o.). Nach ständiger Rechtsprechung und herrschender Lehre sei der Begriff der Schulaufsicht weit auszulegen, wodurch zahlreiche Erscheinungsformen erweiterter schulischer Selbstverwaltung bzw. Selbstverantwortung im Sinne eines hierarchisch einheitsorientierten Konzepts als demokratiewidrig und damit verfassungswidrig einzustufen wären. Dieser monistischen Demokratiekonzeption setzt Höfling ein offenes Demokratiekonzept entgegen. Er weist schlüssig nach, dass der herrschende etatistische Schulaufsichtsbegriff kein zwingendes Gebot des grundsätzlichen Demokratieprinzips sei und dass dem Landesgesetzgeber ein demokratisch begründeter Gestaltungsspielraum zusteht, ob und wie weit er den öffentlichen Schulen Freiräume und erweiterte Verantwortung zuweisen will. Dem stehe das grundsätzliche Demokratiegebot nicht prinzipiell entgegen. Es biete vielmehr im Rahmen der parlamentarischen Steuerung unter Beachtung verfassungsrechtlicher Grenzen Raum für eine schulaufgabenadäquate, kommunikativ-kooperative und partizipatorische Modifizierung des idealtypisch-hierarchisch-zentralistischen Modells.

Auch F.-R. Jach kritisiert die historisch überlieferte, aber nach seiner Auffassung obsolete extensive Auslegung des Schulaufsichtsbegriffs, mit dem sich der Staat die Macht über das Schulwesen sichere, und fordert eine Neubestimmung der Auslegung des Art. 7, Abs. 1 GG[381]. Aus dem Grundgesetz leitet er sogar einen Verfassungsauftrag zur Schulvielfalt ab. Er sieht das Elternrecht und das staatliche Erziehungsrecht als eigenständige unabgeleitete Rechte nebeneinander und beruft sich dabei auf die Rechtsprechung des Bundesverfassungsgerichts.

---

[379] Avenarius, H.: Schulische Selbstverwaltung - Grenzen und Möglichkeiten. In: Recht der Jugend und des Bildungswesens, Heft 2/1994, S. 264.

[380] Höfling, W.: In: Recht der Jugend und des Bildungswesens, Heft 4/1997, S. 361.

[381] Vgl. Jach Dr., F.-R.: Schulvielfalt als Verfassungsgebot, Schriften zum öffentlichen Recht, Bd. 608, Dunker & Humblot, S. 18 ff.

Aus dieser Gleichordnung der genannten Rechte ergibt sich für ihn die Frage nach den Einflussmöglichkeiten der Eltern auf die Gestaltung des Schulwesens. Als sinnvolle Antwort auf das Spannungsverhältnis der Erziehungsrechte der Eltern zum Schulerziehungsrecht des Staates, das durch das Grundgesetz nicht aufgelöst werde, erscheint ihm die Änderung des Begriffs der staatlichen Schulaufsicht in einer Weise, die eine Verwirklichung der unterschiedlichen Erziehungsvorstellungen erlaube. Dies sei der Fall, wenn der Staat Schulvielfalt ermögliche.[382] Dieses Vielfaltsgebot könne auf zwei Wegen realisiert werden: durch Verwirklichung verschiedener pädagogischer Konzepte im staatlichen Schulsystem selbst oder durch ausreichende Förderung von Schulen in freier Trägerschaft mit besonderer pädagogischer Prägung. Eine solche pluralistische Organisation des Schulwesens entspreche einer Optimierung der Grundrechte, da durch das Vielfaltsgebot sichergestellt sei, dass sich die Persönlichkeitsentfaltung des Kindes nicht am Ideal einer staatlich vorgegebenen Erziehungskonzeption vollziehen müsse, sondern den vielfältigen Vorstellungen in der Gesellschaft über die Anforderungen, die an eine umfassende Entfaltung der Persönlichkeit des Kindes zu stellen sind, Rechnung trägt.[383]

Nach Jach sagt Art. 7, Abs. 1 GG nicht mehr, als dass der Staat über das Schulwesen wacht und von daher einen weiten Raum für die Organisation des öffentlichen Schulwesens bis hin zu Selbstverwaltungsmodellen lässt.[384]

E. Bärmeier dagegen stellt das „staatliche Schulehalten" radikal in Frage und fordert die Anwendung des Prinzips der Verhältnismäßigkeit zur Entscheidung über dessen Notwendigkeit.[385] Nach diesem Prinzip müssen bei Maßnahmen staatlicher Organe, die in individuelle Bürgerrechte eingreifen, das gewählte Mittel und der gewollte Zweck in einem vernünftigen Verhältnis zueinander stehen. Nach Bärmeier wäre im Rahmen der Verhältnismäßigkeitsprüfung zum einen zu klären, ob es zur Erfüllung der unstrittigen Gemeinschaftsaufgabe, ein leistungsfähiges Schulsystem zu gewährleisten, notwendig sei, dass dieses als staatliches Schulwesen in der überkommenen Form unterhalten wird, und zum anderen, ob das staatliche Schulwesen in der überkommenen Form geeignet sei, die entstehenden Gemeinschaftsaufgaben optimal zu erfüllen. Nur im Falle einer positiven Entscheidung dieser Fragen könne die mit dem „staatlichen Schulehalten" ver-

---

[382] Vgl. Jach Dr., F.-R.: Schulvielfalt als Verfassungsgebot, Schriften zum öffentlichen Recht, Bd. 608, Dunker & Humblot, S. 44.

[383] Ebd., S. 77.

[384] Ebd., S. 83.

[385] Vgl. Bärmeier, E.: Das Verfassungsprinzip der Verhältnismäßigkeit und der Unverhältnismäßigkeit staatlichen Schulehaltens. In: Recht der Jugend und des Bildungswesens, Heft 1/1993, S. 80 ff.

bundenen Einschränkungen von Grundrechten der Eltern, Schüler und Lehrer zumutbar und damit „verhältnismäßig" sein. Bärmeier sieht keinen Grund für die Annahme, „dass ein 'staatsfreies', sich selbst verwaltendes Schulsystem, eine genossenschaftliche, nicht autoritäre Schulverwaltung weniger effektiv wäre als das traditionelle System."[386] Hinweisen auf das Recht des Gesetzgebers, über Bildungsziele und Bildungsinhalte zu entscheiden, auf „organisatorische Notwendigkeiten", auf die Wahrnehmung hoheitlicher Tätigkeit, auf die Einheit des Bildungswesens, auf die Verwirklichung sozialer Integration misst Bärmeier keine argumentative Kraft zur Begründung der Erfordernis „staatlichen Schulehaltens" zu.[387]

Einer solch radikalen Auslegung, einer derart rigorosen Übertragung der Verantwortlichkeit in die gesellschaftliche Sphäre ist aber nicht zuzustimmen. Bärmeiers Vorstellungen beinhalten keinen Hinweis darauf, wie vermieden werden kann, dass andere Interessengruppen Bestimmungsgewalt über die Schule gewinnen. Sie lassen auch nicht erkennen, wie divergierende gesellschaftliche Meinungen in Einklang gebracht werden können, und geben keinen Hinweis, wie ein totales Auseinanderdriften des Schulsystems zu verhindern wäre.

Zu der in diesem Kapitel behandelten Fragestellung zieht J. P. Vogel bereits 1995 das folgende optimistische Fazit:

„Verselbständigung der staatlichen Einzelschule ist möglich; das Grundgesetz lässt einen breiten Spielraum. Sie bedarf gründlicher Vorbereitung und der Zustimmung der Beteiligten (...). Schulaufsicht, Lehrer und Eltern werden umlernen müssen: Mit der Verselbständigung wird eine weitgehend gleichberechtigte Partnerschaft der Beteiligten einhergehen müssen, in der die Schule als werbende Einrichtung, der Lehrer mit einer Prise Unternehmungsgeist, die Eltern und Schüler mit erhöhter Verantwortung und die Schulaufsicht mit einer qualifizierten Beratung auftreten. Dieses neue Rollenverständnis kann - so ist von den Niederlanden zu lernen - für alle Beteiligten und vor allem für die Schule von großem Nutzen sein."[388]

---

[386] Vgl. Bärmeier, E.: Das Verfassungsprinzip der Verhältnismäßigkeit und der Unverhältnismäßigkeit staatlichen Schulehaltens. In: Recht der Jugend und des Bildungswesens, Heft 1/1993, S. 84.

[387] Ebd.,S. 84 f.

[388] Vogel, J. P.: Verfassungsrechtliche Bemerkungen zur Verselbständigung der Schule. In: Zeitschrift für Pädagogik, 41/95, Nr. 1, S. 47.

10.   Autonomie – schulintern steuerbar ?

10.1   Vorbemerkungen

Ging es bisher vor allem um unterschiedliche Begründungen, die dem schulischen Autonomiegedanken zugrunde liegen, soll jetzt der Blick auf Chancen und Risiken, auf Realisierungsprobleme gerichtet werden, die mit dem Status der Eigenverantwortlichkeit einer Schule zu erwarten sind. Bereits die Vielzahl kritischer Stimmen – nicht allein aus gewerkschaftlichem Lager – signalisiert, dass zugestandene/verordnete Autonomie nicht per se und mit einem Schlag alle Schulprobleme zu lösen vermag. Es sollen also hier in gebotener Kürze Möglichkeiten interner Steuerung auf der Mikroebene – in der Schule selbst – diskutiert werden, durch die vielleicht die Funktionsfähigkeit der Schule im Sinne ihrer Verantwortung gegenüber der Gesellschaft und dem Individuum sichergestellt werden könnte. Das Thema „Selbstevaluation" – sehr wohl ein internes Steuerungsinstrument - wird wegen seiner Komplexität hier nicht behandelt. Auf die externe Steuerung (kontextuelle Steuerung, Schulinspektion, Standards, Tests) wurde an anderer Stelle bereits eingegangen. Die folgenden kurz gehaltenen Überlegungen beziehen sich zunächst auf neue Anforderungen, die an das Kollegium einer autonomen Schule zu stellen sind (10.2), und auf die Position des Schulleiters (10.3). Unter Punkt 10.4 wird das Selbstwirksamkeitskonzept vorgestellt, das die autonome Schule mit einem qualitätsfördernden „Klima des handlungsorientierten Optimismus" (Edelstein) durchfluten soll.

10.2   Individuelle versus korporative Autonomie

Schon bei der Durchsetzung des Marktgedankens in schwacher Form – damit ist die Orientierung an Qualitätsentwicklung gemeint – sind die Schulen gezwungen, mit der Erstellung eines Schulprogramms Qualitätsentwicklung und -sicherung zu gewährleisten.[389] Diese Aufgabe erfordert eine viel engere Kooperation der Lehrkräfte als im allgemeinen heute üblich. Die Entwicklung eines pädagogischen Konzepts der Einzelschule hängt davon ab, dass Konsens über wesentliche Schwerpunkte der Unterrichts- und Erziehungsarbeit erzielt werden kann. Wenn es auch unwahrscheinlich ist, dass solche Leitlinien von allen Lehrkräften einer Schule getragen werden, sollte doch eine mehrheitliche Zustimmung gegeben sein. Der Zwang zur Kooperation und zur kollektiven Verantwortung muss in der eigenverantwortlichen Schule mit der individuellen Verantwortung und der im Laufe der Geschichte

---

[389]   Zur Klärung des Begriffs „Schulprogramm" vgl. z. B. Meyer, H.: Türklinkendidaktik, S. 146 f. und Holtappels, H.-G.: Pädagogische Konzepte und Schulprogramme. In: schul-management, 30. Jg., Heft 1, 1999, S. 6 ff.

des Schulwesens erstrittenen und, solange Klassen geführt werden, auch unverzichtbaren pädagogischen Freiheit[390] nicht einfach ausbalanciert, sondern in ein viables Verhältnis gebracht, d. h. mit einer Schwerpunktverlagerung zu Gunsten von kollektiver Verantwortung und Kooperation versehen werden. Verständnis dafür und Bereitschaft zur Verhaltensänderung sind vielerorts noch unterentwickelt.[391]

Dieses Urteil basiert auf langjähriger Erfahrung im Umgang mit Schulen und vielen Gesprächen mit Schulleitern, Lehrern und Eltern. Die Mikropolitik der Schule ist - wie die anderer Organisationen auch – durch Spiele, Kämpfe und Verhandlungen gekennzeichnet. Außerdem dominiert immer noch die „Einzelkämpfer-Mentalität". Aus sehr unterschiedlichen Gründen fällt es vielen Lehrkräften schwer, ihr Interesse und ihren Einsatz auch auf das Ganze der Schule zu richten, Schule also als kommunikative Einheit zu begreifen. Nach der Einschätzung sehr engagierter SchulleiterInnen, denen weder Unkollegialität noch Larmoyance vorgeworfen werden kann, scheitert die Realisierung innovativer Ideen vor allem an der Überalterung und der fehlenden Professionalität vieler Lehrkräfte, die sich u. a. durch Jobdenken und mangelnde Kooperationsbereitschaft ausdrückt. Ein spezielles Problem stellen für sie teilzeitbeschäftigte Lehrkräfte dar, die – sicherlich verständlich – möglichst wenig Zeit über ihre Pflichtstundenzahl hinaus der Schule zur Verfügung stellen und in der Schule verbringen wollen. Die SchuleiterInnen schätzen daher die Möglichkeiten für die Weiterentwicklung von Schule relativ gering ein. Die Widerstände vor Ort sind nach ihren Aussagen immens. Vergleiche mit Wirtschaftsbetrieben sehen sie als unzulässig an. Es ist evident, dass der Hebel zur Verbesserung der Situation vor allem auch in der ersten Phase der Lehrerausbildung anzusetzen wäre. Das ab 2006 einsetzende altersbedingte Ausscheiden einer hohen Zahl von Lehrkräften eröffnet die Möglichkeit, durch junge motivierte Lehrkräfte Innovationen in den Schulen auf den Weg zu bringen. Eine mit Hinweis auf skandinavische Verhältnisse gern erhobene Forderung unter dem Motto „Nur die besten Studenten/ Studentinnen für den Lehrerberuf" ist allerdings ebenso unrealistisch wie fragwürdig.

In einer (teil-)autonomen Schule wird die gestärkte Führungsfunktion des Schulleiters aus Sicht der einzelnen Lehrkraft zusätzlich als bedrohlicher persönlicher Autonomieverlust erscheinen und dazu führen, dass die bisher vor-

---

[390] Zur Geschichte der pädagogischen Freiheit s. die exzellente Arbeit von Martin Stock: Pädagogische Freiheit und politischer Auftrag der Schule, Quelle und Meyer, Heidelberg 1971.

[391] In „Autonomie als Gestaltungsaufgabe" hat H.-G. Rolff Vorteile und Vorzüge korporativer Autonomie ausführlich dargestellt (in: Daschner, P. u. a. (Hg.): Schulautonomie – Chancen und Grenzen, S. 39 ff.).

herrschende „Gleichheitsphilosophie", in die auch der Schulleiter einbezogen war und mit der individuelle Freiräume abgeschirmt werden konnten, durch ein „Differenzdenken" abgelöst werden muss.[392] Mag dieser Vorgang im Ergebnis für die Gesamtleistung des Systems auch positiv zu bewerten sein, so birgt die Umstellung jedoch ohne Zweifel erheblichen Konfliktstoff.

10.3 Zur Funktion des Schulleiters

Rolle und Aufgaben der Schulleitung, ihre Rekrutierung und Qualifizierung werden im Zusammenhang mit den Themen Schulreform und Schulentwicklung seit Ende der 80er Jahre in der BRD diskutiert.[393] Durch die Schulqualitäts- und die Autonomiedebatte wird dieser Diskurs neu belebt. Die Schulleitungsfunktion wandelt sich von einer reduzierten Verwaltungs- und Kontrollfunktion hin zu einer Management- und Führungsfunktion.[394] „Auszufüllen ist eine Führungsfunktion, die – wie alle Führungsfunktionen – die Identität der Gruppe (Kohäsionsfunktion) ebenso zu sichern hat wie die bestmögliche Erreichung des Organisationszweckes (Lokomotionsfunktion) und die Qualifizierung des pädagogischen Handelns der Schule als Ausdruck von Ergebnisverantwortung einschließt (...)."[395]

Ein starker Schulleiter ist aus Binnen- und Außenperspektive eine besondere Größe im Steuerungssystem.[396] Als staatlicher Funktionsträger und Instrument externer administrativer Steuerung wird seine Amtsautorität in Niedersachsen durch die Zuweisung ehemals schulaufsichtlicher Machtbefugnisse/Aufgaben in allen Schulformen gestärkt. Er soll dem Staat garantieren, dass Schule funktioniert und das Kollegium im Sinne von Qualitätsentwicklung und –sicherung an der Weiterentwicklung der pädagogischen Kultur arbeitet, und zwar unter den beschriebenen problematischen Bedingungen. Wissinger stellt zutreffend fest, dass die sog. transformational leadership role – erwachsen aus der Verkopplung von Schul- und Verwaltungsreform –

---

[392] Vgl. Lange, H.: Schulaufsicht zwischen normativen Anforderungen und faktischen Wirkungsmöglichkeiten. In: Zeitschrift für Pädagogik, 49. Jg., 2003, 47. Beiheft, S. 137 – 155.

[393] Vgl. Wissinger, J.: Rolle und Aufgaben der Schulleitung bei der Qualitätssicherung und –entwicklung von Schulen. In: Zeitschrift für Pädagogik, 46. Jg., 2000, Nr. 6, S. 851 – 865.

[394] Vgl. ebd., S. 860.

[395] Lange, H.: Schulaufsicht zwischen normativen Anforderungen ..., S. 146.

[396] Hier wird die in der breiten Öffentlichkeit vorherrschende Meinung wiedergegeben. Wissinger weist darauf hin, dass sich in der Forschung diese Auffassung der Betonung der Bedeutung von Einzelpersonen im Gefolge der Abkehr von konkreten Einzelpersonen oder Gruppen zum System relativiert. Schulen und ihre Qualität werden danach unter dem Gesichtspunkt betrachtet, in welcher Weise relevante Dimensionen miteinander interagieren. (Vgl. Wissinger, J.: Rolle und Aufgaben ..., S. 862)

durch Komplexität, Unsicherheit und Risiko gekennzeichnet ist, höchste Anforderungen an Motivation und Engagement, an Lern- und Leistungsfähigkeit von Schulleiterinnen und Schulleitern stellt und zu einer starken psychischen Belastung führen kann.[397] Es stellt sich die Frage nach dem Leiterprofil und nach dem Ausleseverfahren. Beide Fragen können kaum zufriedenstellend beantwortet werden. Die Führungsforschung hat bisher weder einen besten Führungsstil noch eine beste Führungstheorie gefunden. Die Persönlichkeitsvariable ist nur eine von mehreren Einflussgrößen. Die Annahme, aus Charaktereigenschaften ein gutes Führungspotential oder eine effiziente Führung für alle Situationen vorhersagen zu können, gilt als widerlegt. Effektives Führungsverhalten ist nur in begrenztem Maße nachahmbar und trainierbar.[398]

H.-G. Rolff hat die Schulleitungsrolle in die Rollensegmente „Führen", „Managen" und „Moderieren" aufgeteilt.[399] Diesen – sich sicherlich auch überschneidenden – Tätigkeiten sind zahlreiche vom Schulleiter zu erbringende Teilleistungen zugeordnet worden, die hier nicht diskutiert werden können. Intelligenz, in Form von Selbstintelligenz für ein erfolgreiches Management der eigenen Person und sozialer Intelligenz als Voraussetzung für einen angemessenen Umgang mit den Anderen unter Berücksichtigung der menschlichen Grundbedürfnisse (Maslow), und kommunikative Kompetenz gehören wohl zu den Grundvoraussetzungen für eine Führungskompetenz im oben beschriebenen Sinne.

In Niedersachsen war geplant, die Auswahl von Schulleitern nach dem in Amerika entwickelten Assessment-Center-Verfahren vorzunehmen, obwohl Wirtschaftsbetriebe davon schon wieder abgerückt waren, weil es ihre besondere Aufgabe, die bessere Führungsauslese, nicht gewährleisten konnte. Für Neuberger ist das Verfahren ein „bedauerlicher Rückfall in eine überwunden geglaubte Vergangenheit, als man sich das Heil von ‚großen Führern' erwartete."[400] Letztlich erübrigte sich die Einführung dieses Auslese-Instruments aus Mangel an Bewerbern.

Es gibt also keine Faktoren oder Variablen, die eine langfristige erfolgreiche Schulleitung erwarten lassen. „Führungsleute passen mit ihren mitge-

---

[397] Vgl. Wissinger, J.: Rolle und Aufgaben der Schulleitung bei der Qualitätssicherung und -entwicklung von Schulen. In: Zeitschrift für Pädagogik, 46. Jg., 2000, Nr. 6, S. 861.

[398] Vgl. Neuberger, O.: Führen und Geführtwerden, 3. völlig überarbeitete Auflage von „Führung", 1990.

[399] Nach Aufzeichnungen des Verf. von einer Fortbildungstagung mit H.-G. Rolff am 21.05.1996 in Schortens.

[400] Neuberger, O.: Führen und Geführtwerden, S. 82.

brachten Anlagen, Fähigkeiten und Vorstellungen mehr oder weniger gut zu einer Organisation mit deren Führungsvorstellungen und -möglichkeiten. Was dann (auf beiden Seiten) zusammenpasst oder sich anpasst, ergibt schließlich die real praktizierte Führung."[401] Diese „real lebbare Führungskultur" (Strittmatter) kann im Sinne von interner Steuerung erfolgreich sein oder auch nicht.

Aus gegebenem Anlass wurde Mitte bis Ende der 90er Jahre auch in Niedersachsen das Führungsproblem diskutiert. Zu erheblicher Irritation unter den Schulleitern hatte das Vorgehen geführt, ihnen im Vorgriff auf eine Veränderung der Schulaufsicht und zur Vorbereitung der autonomen Schule Aufgaben zu übertragen, die geeignet waren, das im Primar- und Sekundar-I–Bereich überwiegend praktizierte „Primus-inter-Pares-Führungsmodell" in Frage zu stellen. Ein großer Teil der Schulleiter geriet in einen Rollenkonflikt und reagierte auf diese Veränderung mit Widerstand. Das neue Leitbild – Beraten im Unterricht, Führen durch Zielvereinbarung, neue Entscheidungsbefugnisse waren einige Elemente – wurde mehrheitlich nicht akzeptiert. Dass dabei in erster Linie Ängste eine Rolle spielten, kann vermutet werden. In einer kleinen Umfrage nach der von ihnen bevorzugten Rolle nannten die Schulleiter „Pädagoge", „Partner", „Mensch", „Innovator", „Manager". Das MK sah das Problem als zeitabhängig und mittelfristig lösbar/gelöst an.

10.4   Das Selbstwirksamkeitskonzept

H. Rumpf hat vor Jahren Schulen im Hinblick auf Ausstattung und Klima mit Finanzämtern verglichen. Diese Gleichsetzung dürfte heute – von Ausnahmen abgesehen – nicht mehr zulässig sein. Dennoch ist unstrittig, dass in vielen Schulen eine nicht gerade erbauliche Atmosphäre herrscht: Lehrer wirken gehetzt, frustriert, ausgebrannt. Schüler empfinden Schule und Unterricht als bedrückend und sinnentleert und reagieren mit Resignation, Leistungsverweigerung und Gewalt. Die Kooperation im Lehrkörper ist wie das Lehrer-Schüler-Verhältnis gestört; keine günstigen Bedingungen für die notwendige Weiterbildung der Institution Schule. Es ist zu vermuten, dass ein ursächlicher Zusammenhang zwischen den institutionellen Strukturen der „verwalteten Schule" und den genannten Missständen besteht. Zur Optimierung der Situation sind unterschiedliche organisations- und personenbezogene Strategien (Rolff, Schlee) entwickelt und erprobt worden, ohne dass sich ein durchschlagender Erfolg eingestellt hätte.

---

[401]   Strittmatter, A.: Schulleitungsleute tragen Sombreros. Zur Professionalisierung der Schulleitung. Unveröffentlichtes Manuskript 1994, S. 10.

Seit Mitte der 90er Jahre des vergangenen Jahrhunderts wird – relativ un-beachtet – in einigen Teilen der Bundesrepublik Deutschland ein Konzept erprobt, das als „psychologisches Schlüsselkonzept" (Edelstein) „für die drei Brennpunkte der Reform – Schüler, Lehrer, Kommunikations- und Koopera-tionszusammenhang Schule – gleichermaßen funktional"[402] sein soll: das Konzept der Selbstwirksamkeitsüberzeugung.[403] Dieses Konstrukt ist ein Spezialfall von Optimismus. Es wird „definiert als die subjektive Gewissheit, neue oder schwierige Anforderungssituationen aufgrund eigener Kompetenz bewältigen zu können."[404]

Das psychologische Selbstwirksamkeitskonzept ist auf Albert Bandura (geb. 1925), den amerikanischen Sozialpsychologen, zurückzuführen, der als Übergangsfigur zwischen Behaviorismus und der Theorie sozialen Lernens eingeordnet werden kann.[405] Bandura geht in seiner sozial-kognitiven Theorie – sehr vereinfacht dargestellt – davon aus, dass Menschen Verhaltensweisen durch Vorbild und Beobachtungslernen erwerben. Sie handeln erwartungs-basiert. Welche Erwartung ein Mensch bildet, hängt von vergangenen Erfah-rungen ab, aus denen sich Bewertungsmaßstäbe ergeben. Eine positive Er-folgserwartung kann die Motivation erhöhen. Es ist unschwer nachzuvoll-ziehen, dass Vertrauen in die eigene Kompetenz, also Selbstwirksam-keitserwartung, sich positiv auf alle Lebensbereiche auswirken kann und schulbezogen bei Schülern u. a. das Lern- und Leistungsverhalten, bei Leh-rern die Einstellung auf schwierige Anforderungen im Schulalltag und ihre Reaktion darauf beeinflussen kann. Der Schluss ist sicher zulässig, dass sich daraus auch positive Auswirkungen auf das Klima einer Schule ergeben kön-nen.[406]

Pädagogisch wesentlich ist die Frage nach Erwerb und Aufbau positiver Selbstwirksamkeits- bzw. Kompetenzerwartung. Schwarzer/Jerusalem nen-nen im Anschluss an Bandura vier Hauptquellen[407] : Danach stellen Erfolgs-erfahrungen das stärkste Mittel dar. Für den Pädagogen kommt es in diesem

---

[402] Edelstein, W.: Selbstwirksamkeit, Innovation und Schulreform. In: Zeitschrift für Pä-dagogik. 44. Beiheft, Mai 2002, S. 18.

[403] Vgl. Brockmeyer, R./Edelstein, W. (Hg.): Selbstwirksame Schulen, 1997.

[404] Schwarzer, R./Jerusalem, M. (Hg.): Das Konzept der Selbstwirksamkeit. In: Zeitschrift für Pädagogik. 44. Beiheft, Mai 2002, S. 35.

[405] Nach U. Laucken in einer Vorlesung der Uni Oldenburg im Wintersemester 2003/2004.

[406] Die positiven Auswirkungen des Konzepts der Selbstwirksamkeit in verschiedenen schulischen Handlungsfeldern werden im empirischen Teil der genannten Zeitschrift überzeugend dargestellt. Anerkannte Motivationsforscher wie Andreas Krapp und Ri-chard Ryan bestätigen den Zusammenhang von Selbstwirksamkeit und Lernmo-tivation.

[407] Vgl. Schwarzer, R./Jerusalem, M.: Das Konzept der Selbstwirksamkeit, S. 42 ff.

Zusammenhang darauf an, Erfolgserlebnisse zu vermitteln und sie angemessen zu interpretieren. Besondere Beachtung verdienen dabei die Art der Zielsetzung und die Vermittlung von Strategien zur Bewältigung von Aufgaben. An zweiter Stelle folgt die Beobachtung und Nachahmung von geeigneten Modellen; das sind nach Schwarzer/Jerusalem vor allem solche, die Schwierigkeiten bei der Erledigung einer Aufgabe kommunizierend überwinden. Schwächere Methoden des Erwerbs von Selbstwirksamkeitserwartung sind die Überredung, Vertrauen in die eigene Kompetenz zu haben, wobei die Sonderform einer angemessenen Rückmeldung des Lehrers eine große Rolle spielt, sowie schließlich die Reduktion von gefühlsmäßiger Erregung im Vorfeld von Anforderungen und bei der Problembearbeitung.

Bandura selbst hat das Konzept der Selbstwirksamkeitserwartung auch auf die Ebene der kollektiven Überzeugung übertragen. Daraus lässt sich zusätzlich die Bedeutung dieses Konzepts für den Umgang eines Kollegiums mit anspruchsvollen Reformvorhaben ableiten.

Die Selbstwirksamkeitsidee beinhaltet nicht nur die Veränderung von Schülern und Lehrern, sondern zielt auf die Umwandlung der „verwalteten Schule" in eine „lernende Organisation", in eine aus sich selbst heraus weitgehend eigenständig arbeitende Institution, eine weitgehend „autonome Schule".

Der Verf. hat als Schulaufsichtsbeamter in seinem Zuständigkeitsbereich die Entwicklung einer Hauptschule begleitet, die wesentliche Merkmale einer selbstwirksamen Schule aufwies. Geführt von einem im Sinne der oben beschriebenen Erfordernisse sehr befähigten Schulleiter, hatte sie schon früh aufgrund von Leidensdruck Strukturen und Arbeitsweisen entwickelt, die heute in den amtlichen Erlassen und Richtlinien für diese Schulform als relevant und hauptschulspezifisch ausgewiesen werden. Als „Projekt- und Praxisschule" arbeitete sie als eine der ersten Hauptschulen Niedersachsens an einem eigenständigen Profil mit den im Namen enthaltenen Schwerpunkten. Projekte und Trainingsprogramme wurden in allen Jahrgängen zu folgenden Schwerpunkten angeboten: Soziales Lernen, Interkulturelle Bildung und Erziehung, Methodenlernen und Informationsgewinnung. Die Praxisarbeit wies eine deutliche Akzentuierung im Bereich Arbeit-Wirtschaft-Technik aus. Mit den berufsbildenden Schulen und einer Institution im Bau-bereich wurde eine intensive Zusammenarbeit gepflegt. Für bestimmte Schülergruppen war für einen festgelegten Zeitraum innerhalb des Schuljahres ein wöchentlicher Praxistag vorgesehen. Lehrerteams planten den Unterricht für die einzelnen Jahrgänge; jeweils zwei Lehrkräfte übernahmen schwerpunktmäßig den Unterricht in einer Klasse. An der Wahrnehmung der Aufgaben der Schulleitung waren mehrere Personen beteiligt. Die Zusammenarbeit mit den Eltern wurde intensiviert. Mit der Carl von Ossietzky-Universität Oldenburg bestand ein Kooperationsvertrag, der eine wissenschaftliche Begleitung der Schule vorsah und der Universität die Möglichkeit bot, interessierten Studierenden gezielt hauptschulspezifische Praktika anzubieten.

An einer Stelle allerdings griff der Selbstwirksamkeitsgedanke der Schule zu kurz: Der Leistungsaspekt wurde vernachlässigt. Mangelnde Lernbereitschaft der Schüler, begrenztes Leistungsvermögen und auffälliges Verhalten waren immer wieder die Argumente, mit denen bei der Schulaufsicht bessere organisatorische Bedingungen durchgesetzt werden sollten. Zur Entlastung der Lehrerschaft darf aber nicht unerwähnt bleiben, dass es sich bei der beschriebenen Schule um eine Schule in einem schwierigen Umfeld mit einem hohen Ausländeranteil und vielen Schülern aus sozial schwachen und nicht intakten Elternhäusern handelt.

Ein (selbst)kritisches Wort zur Rolle der Schulaufsicht darf nicht fehlen. Die Unterstützungsmöglichkeiten des zuständigen Schulaufsichtsbeamten waren begrenzt: Er durfte keine Lehrkräfte dieser Schule stundenweise für die Entwicklungsarbeit freistellen. Bei der Planung der Unterrichtsversorgung konnte er die Schule nur in sehr geringem Umfang besser ausstatten. Lehrkräfte, die nicht in das Konzept der Schule passten, konnten nicht abgezogen und Wünsche der Schule bei Versetzungen nur in bescheidenem Maße berücksichtigt werden. Aus der Einsicht heraus, dass Reformschulen – auch im Hinblick auf ihre Bedeutung für das Ganze der Schulentwicklung – in besonderem Maße Autonomie, Rückendeckung und Rückenwind benötigen, hätte er der Schule mehr Anerkennung gewähren, abweichende Maßnahmen der Schule gelassener beurteilen und die Kritik aus den Reihen der Kollegen und der vorgesetzten Behörde entschiedener zurückweisen können.

Zum positiven Abschluss: Die Schule ist heute die einzige staatliche Haupt- und Realschule in Oldenburg, ein Verbund, der durch das zielgerichtete Zusammenwirken des Schuldezernenten der Stadt Oldenburg, des Schulleiters und des zuständigen Schulaufsichtsbeamten „in letzter Minute" noch durchgesetzt werden konnte. Dass die Zusammenfassung der beiden Schulformen angesichts der katastrophal rückläufigen Schülerzahlen in der Hauptschule vielleicht die einzige sinnvolle Maßnahme darstellt, wenn die weitere Einrichtung von Gesamtschulen ausgeschlossen ist, wird – Presseberichten zufolge – inzwischen auch im Niedersächsischen Kultusministerium eingesehen.

11. Autonomie – global verbreitet

Der Prozess, der mit dem Stichwort „Globalisierung" bezeichnet wird (s. Pkt. 8.3), beschleunigt die Einbindung der Staaten in internationale und supranationale Zusammenhänge und die rasante Zunahme gesellschaftlicher Verbindungen über die nationalstaatlichen Grenzen hinaus. Auch Luhmann diagnostiziert und begründet im Rahmen seiner Theorie die wachsende Interdependenz zwischen den Staaten und die Tendenz zur Weltgesellschaft (als erdumspannende Gesamtheit aller möglichen Kommunikationen).[408]

Wegen der Abhängigkeit der Teilsysteme der Gesellschaft voneinander überrascht es keineswegs, dass das Phänomen „Globalisierung" – beschleunigt durch die IuK-Technologien - auch das Erziehungssystem erfasst. Die bildungspolitische Globalisierung erwächst aus der ökonomischen Globalisierung; sie ist deren Begleiterscheinung. Der ökonomische Universalismus fordert auch für das Bildungswesen den Markt als Steuerungsinstrument.[409] Analysen für den Zusammenhang zwischen den Veränderungen auf dem Arbeitsmarkt und dem durch den neoliberalen Diskurs gesteuerten Wandel der Bildungspolitik liegen vor.[410]

Während Luhmann sich darauf beschränkt, das deutsche ausdifferenzierte Funktionssystem Erziehung zu reflektieren[411], beobachtet und skizziert A. Scheunpflug - ebenfalls mit systemtheoretischer Brille - die Globalisierung des Bildungswesens und im Bildungswesen, ohne - nach ihren eigenen Worten - bereits trennscharfe Unterscheidungen liefern zu wollen.[412] Dem erstgenannten Phänomen ordnet sie die unstrittig globale Verbreitung des Schulsystems und die globale Standardisierung des Bildungswesens zu. Sie weist dabei auf die Entwicklung einer weltweit geteilten Bildungssemantik und eines Weltcurriculums hin. Als Beispiel für die zweite Kategorie nennt sie die Deregulierungsdebatte auf den verschiedenen Ebenen. Auf der Mikroebene handele es sich u. a. um die Autonomie von Einzelschulen und deren Qualitätssi-

---

[408] Vgl. Luhmann, N.: Die Gesellschaft der Gesellschaft, 2. Teilband, S. 808 ff.

[409] Vgl. von Recum, H.: Bildungspolitischer Steuerung - Oder: Die Kunst, das Unmögliche möglich zu machen. In: ZiesF, 14 (1997), S. 236.

[410] Vgl. entsprechende Hinweise bei Stephen J. Ball in: Urbane Auswahl und urbane Ängste: Zur Politik elterlicher Schulwahlmöglichkeiten. In: Widersprüche, Heft 89, 23,. Jg., 2003, Nr. 3, S. 69.

[411] Erste Hinweise für eine zu erstellende systemtheoretische Theorie des Erziehungssystems in der Gesellschaft finden sich bei Kurtz, Th. in: Zur Respezifikation der pädagogischen Einheitsformel. In: Lenzen, D.: Irritationen des Erziehungssystems, S. 34 f.

[412] Vgl. Scheunpflug, A.: Stichwort: Globalisierung und Erziehungswissenschaft. In: Zeitschrift für Erziehungswissenschaft, Heft 2/2003, S. 159 ff.

cherung. Auf der Ebene einzelner Bildungswesen würden Fragen der Marktorientierung und der Privatisierung diskutiert. Auf supranationaler Ebene bestimme die Deregulierung des Bildungsmarktes den Diskurs, in dem es „um den ungehinderten Zugang zu Bildungsmärkten (beispielsweise für das Betreiben privater Schulen und Universitäten ohne staatliche Zustimmungspflicht) und um den Abbau staatlicher Subventionen in der Finanzierung des Bildungswesens zur Vermeidung von Marktverzerrungen" [413] gehe.

Aus anderer Perspektive sieht auch H.-W. Fuchs den Weg zu einem Weltcurriculum beschritten. Er analysiert in seinem Essay „Auf dem Wege zu einem Weltcurriculum?"[414] die durch Untersuchungen wie PISA von der OECD (Organisation for Economic Co-Operation and Development) verfolgten Interessen und formuliert die folgenden leicht veränderten beiden Thesen:[415]

1. Das Grundbildungskonzept von PISA ist funktionalistisch, instrumentell und kompetenzorientiert. Es basiert auf dem im angelsächsischen Raum verbreiteten pragmatischen Bildungsverständnis, in dem formale gegenüber materialdifferenzierten Gegenständen des schulischen Lernens betont werden. Kenntnis- und Kompetenzerwerb zielen auf Verwertbarkeit. Methodenkompetenz hat gegenüber Fachkompetenz Priorität.

2. Bezüglich der Aufgabe der Schule wird der Qualifikationsfunktion eine herausragende Bedeutung zugemessen; weitere Aufgaben werden nur peripher berücksichtigt. Aus dem Interesse an dem „Produktionsfaktor Bildung" räumt die OECD als Trägerorganisation von PISA den ökonomischen Zusammenhängen von Bildung und Schule Vorrang vor gesellschaftlichen oder kulturellen Aspekten ein.

Bedenklich ist dabei, dass mit der durch die OECD vorgenommenen Definition von Bildung die dialektische Spannung zwischen Individuum und Gesellschaft, Autonomie und Funktionalität aufgehoben und das Gewicht einseitig auf Lebensbewältigung und ökonomische Verwertbarkeit verlagert wird.

P. Euler als Vertreter der kritischen Bildungstheorie kritisiert: „Zu vermuten ist, dass der zur Formel erstarrte Begriff der Bildung nun aber mit all denjenigen Qualitäten aufgefüllt worden ist, die für den globalen Wettkampf der Gewinnwirtschaft in zu den grundlegend unsicher werdenden Sozialverhält-

---

[413] Scheunpflug, A.: Stichwort: Globalisierung und Erziehungswissenschaft. In: Zeitschrift für Erziehungswissenschaft, Heft 2/2003, S. 166.

[414] Vgl. Fuchs, H.-W.: Auf dem Weg zu einem Weltcurriculum? In: Zeitschrift für Pädagogik, 49, Jahrgang 2003, Heft 2.

[415] Vgl. ebd., S. 162.

nissen als notwendig gelten. Doch damit ist die Formel der Bildung nicht nur entleert und insofern beliebig einsetzbar, sie ist zugleich zum Vollmitglied der Weltbetriebswirtschaft aufgestiegen. Bildung ist nun gänzlich in die Mühlen der Vergesellschaftung geraten und damit restlos funktionalisiert worden."[416] Mit Rückgriff auf Heydorn entwickelt er dann schlüssig, dass aber gerade in der gesellschaftlichen Instrumentalisierung der Bildung, in ihrer gesellschaftlichen Funktionalität ihre Chance liege, ihren emanzipatorischen Auftrag zu erkennen.

Wer das Bildungsverständnis von Organisationen wie UNESCO und OECD und die dahinter stehende neoliberalistische Einstellung kritisiert, darf allerdings den positiven Effekt nicht unerwähnt lassen, dass diese internationalen Organisationen - ihrer Aufgabe entsprechend - weltweit für eine enorme Bildungsexpansion gesorgt haben.[417]

Es bleibt eine spannende Frage, ob sich das Erziehungssystem in Deutschland in der beschriebenen Weise von der Politik, die ja hinter der OECD steht, steuern lassen wird. Luhmann ist bekanntlich - wie mehrfach in dieser Arbeit erwähnt - hinsichtlich der Steuerungsfähigkeit der Subsysteme sehr skeptisch eingestellt (und natürlich auch dafür kritisiert worden).

Fest steht jedenfalls: Im Prozess der Globalisierung verbreitet sich die Bildungsreform mit ihren verschiedenen Facetten und die schulische Autonomie unter ökonomischem Aspekt. Die nationalen Bildungssysteme werden sich dem globalen Qualitätswettbewerb nicht entziehen, um auch im ökonomischen Wettbewerb der Staaten mithalten zu können[418], und den Druck zur Vereinheitlichung der Qualitätsstandards an die Bildungseinrichtungen wietergeben. Denkbar ist aber, dass in (teil)autonomen Schulen mit ihrer spezifischen Kultur und Tradition differenzierte Bildungs- und Erziehungsformen noch lange Bestand haben werden. Diese Annahme wird gestützt durch die keinesfalls neue Einsicht in die Eigenlogik von Bildungseinrichtungen, die Tenorth neben der Nutzung des Begriffs „Autonomie" zur Behauptung der Eigenständigkeit der Erziehungswissenschaft als Disziplin und zur Bestim-

---

[416] Euler, P.: Bildung als „Kritische" Kategorie. In: Zeitschrift für Pädagogik, 40. Jg., 2003, Heft 3, S. 414.

[417] Vgl. von Recum, H.: Die Kunst bildungspolitischer Steuerung, S. 233. Von Recum erwähnt zusätzlich die mit noch wirksameren Einflussmöglichkeiten ausgestattete Weltbank und weist darauf hin, dass die demokratische Legitimation international vermittelten bildungspolitischen Steuerungshandelns noch ungeklärt sei (S. 732).

[418] Der angenommene kausale Zusammenhang zwischen ökonomischem Erfolg und dem Beitrag der Bildung ist nicht unstrittig.

mung des Verhältnisses von Bildungssystem und Staat als vernachlässigte dritte Dimension der Autonomiethematik beschreibt.[419]

12.   Bewertendes Resümee

12.1   Vorbemerkungen

Nach einer kurzen kritischen Anmerkung zur Anlage der Arbeit (12.2) erfolgt eine Zusammenfassung der Kernpunkte der einzelnen Kapitel (12.3). Anschließend werden einige Grundideen formuliert, die aus den untersuchten Autonomie-Modellen gewonnen werden können (12.4). Mit einer persönlichen Stellungnahme des Verf. zur „Autonomie von Schule" wird dieses Kapitel abgeschlossen (12.5).

12.2   Kritische Anmerkungen zur Anlage der Arbeit

Mit der Problemstellung wurde nach dem Kontext gefragt, in dem eine Forderung nach/die Gewährung von schulischer Autonomie steht. Dafür wurden sechs Modelle (historische „Stationen") ausgewählt. Es zeigte sich, dass sich mit dem Thema „Autonomie für die Schule" eine Vielzahl relevanter Probleme der Pädagogik aufspannen lässt, die nicht alle angemessen berücksichtigt werden konnten. Es kann auch nicht der Anspruch erhoben werden, dass die behandelten Themen mit der notwendigen Ausführlichkeit erörtert wurden. Die Untersuchung ist dafür zu breit angelegt. Einige interessante Fragestellungen bedürfen einer weiteren Bearbeitung.

Autonomie für die Schule in unterschiedlichen Kontexten zu beobachten, enthüllt die Möglichkeiten, für die sie genutzt werden kann, und die Gefahren, denen sie nicht erliegen darf. Die Untersuchung stärkt das Verständnis für die Verantwortung, die mit der Freiheit gegeben ist. Der Blick auf Autonomie gewinnt dadurch gewissermaßen an Tiefenschärfe.

---

[419]   Vgl. Tenorth, H.-E.: Autonomie und Eigenlogik von Bildungseinrichtungen - ein pädagogisches Prinzip in historischer Perspektive. In: Zeitschrift für Pädagogik, 49. Jahrgang 2003, 47. Beiheft S. 106 - 136. Tenorth stellt fest, dass durch die Konzentration auf wissenschaftstheoretische und gesellschaftstheoretische Fragen die Binnenseite der Erziehungsarbeit weitgehend ausgeblendet worden sei. Im normativen Abwehrbegriff der Pädagogen gegen den Zugriff von Staat und Gesellschaft auf die Bildungsarbeit sei diese vernachlässigte Binnenseite der Erziehungsarbeit zwar enthalten, aber nicht umfassend bearbeitet worden. Dabei habe bereits K. A. J. Lattmann mit dem Begriff der „Concentration" das Prinzip der Schularbeit zu klären versucht. Bei der historischen Betrachtung dieses Problems der Eigendynamik und Eigenlogik von Bildungssystem und Erziehungsarbeit spannt Tenorth den Bogen von dem genannten Göttinger Schulmann über die geisteswissenschaftliche Pädagogik (Nohl, Weniger) bis zu den Autonomiethesen von Bourdieu, Passeron und Luhmann/Schorr.

12.3   Extrakt aus den einzelnen Kapiteln

Als Einstieg in die Darstellung von „Autonomie-Kontexten" bot sich die Reformpädagogik bzw. die sie in der Theorie zusammenfassende und überhöhende geisteswissenschaftliche Pädagogik an, deren Vertreter G. Geißler eine im wesentlichen noch gültige Übersicht über die historische Entwicklung der Facetten des pädagogischen Autonomiebegriffs geliefert hat.

Pädagogische Autonomie - zwar auch bei Nohl immer nur als relative beschrieben - kann heute nicht mehr in gleicher Weise wie in der geisteswissenschaftlichen Pädagogik gedacht werden. Schule ist nach heutiger Auffassung keine Insel im gesellschaftlichen Geschehen. Pädagogische Autonomie findet sich allenfalls in der Forderung nach pädagogischer Gestaltungsfreiheit - einem Teilaspekt des heutigen Autonomiebegriffs - und in der in gewissem Umfang gegebenen pädagogischen Freiheit der Lehrkräfte wieder. Die Vorstellung, einen Zögling im pädagogischen Bezug als einer Zweierbeziehung zur gewissermaßen abgeschlossenen Autonomie zu führen, ist aus heutiger Sicht abwegig. Der heutige Autonomiebegriff sieht das Subjekt als das Ergebnis der Auseinandersetzung des Einzelnen mit den Anderen in der Gesellschaft, wobei das Prozesshafte, die stets unvollendete Entwicklung im kommunikativen Handeln betont wird. Die Idee des pädagogischen Bezugs allerdings gehört zu den unaufgebbaren Wertvorstellungen des pädagogischen Systems. Der Erzieher ist und bleibt Stellvertreter und Anwalt des Heranwachsenden gegenüber den gesellschaftlichen Interessengruppen. Er ist verpflichtet, sich seinen Schülern mit ganzer Kraft zu widmen und - vorausblickend - Schaden von ihnen abzuwenden. Dazu gehört auch, dass Lehrkräfte sich in kritisch-nachdenklicher Distanznahme mit Folgenabschätzung (im Sinne von Klafki) mit den gesellschaftlichen Herausforderungen auseinandersetzen und in gleicher Weise auf die Veränderungen in den außerschulischen Lebensbedingungen ihrer Schüler reagieren. Die Bedeutung von Zuneigung und Fürsorge in Verbindung mit pädagogischer Verantwortung und pädagogischem Takt (wesentliche Begriffe bei Nohl) bleibt zeitlos gültig.

Nach H. Nohl wird der Zögling im pädagogischen Bezug durch die Entwicklung seiner inneren Anlagen zum höheren Dasein geführt. In diesem Zustand ist er zur freien geistigen Entscheidung fähig; er verfügt über persönliche Autonomie oder Mündigkeit. Der Tradition der Aufklärung folgend, ist für Nohl der gebildete Mensch der mündige Mensch. Im ersten Exkurs wurden Aspekte des schillernden Mündigkeitsbegriffs betrachtet. Positiv beantwortet wurde die Frage, ob Mündigkeit auch heute noch ein Erziehungs(teil)ziel bedeuten kann. Es wurde die Auffassung vertreten, dass es auch aus unterrichtspraktischen Gründen sinnvoll erscheint, den Mündigkeitsbegriff nicht ganz im Bildungsbegriff aufgehen zu lassen.

Der Autonomiebegriff des amerikanischen Pragmatikers John Dewey wird hohen Ansprüchen gerecht; seine Philosophie gibt ihm die Tiefe. Autonomie von Schule und der an ihr beteiligten Personen ist notwendiger Ausdruck einer demokratischen Lebensform. Schule und Gesellschaft stehen bei Dewey in einem dialektischen Verhältnis: Einerseits beansprucht Schule Autonomie, andererseits zeigt sie sich über die Lehrinhalte und durch die Orientierung der Lernprozesse am Leben gesellschaftsbezogen. Durch pädagogische Autonomie soll gute Pädagogik realisiert werden. Sie soll auch der Entwicklung des einzelnen Schülers dienen, erfolgt aber vor allem im Hinblick auf den gesellschaftlichen Fortschritt, auf Gesellschaftsveränderung im Sinne einer besseren Demokratie. In Distanz von der Gesellschaft übt Schule als ein Gemeinwesen in nuce demokratische Verhaltensweisen ein und gewinnt dadurch die Funktion einer gesellschaftsverbessernden Institution „...(p) Pädagogische Autonomie wird als Mittel der Distanzierung zum Medium intensivierter Relation in Form von Gesellschaftsveränderung" (Bohnsack, 1976, S. 478).

Die Aktualität der Gedanken Deweys spiegelt sich in dem Faktum wider, dass der pragmatische Bildungsbegriff - man mag ihm zustimmen oder nicht - Eingang in das Bildungskonzept von PISA gefunden hat. Es ist darüber hinaus nicht zu übersehen, dass Jürgen Oelkers, ein Erziehungswissenschaftler von hohem Rang, in seinen Arbeiten häufig auf Deweys pragmatische Erziehungsphilosophie Bezug nimmt und mit Jürgen Habermas ein führender deutscher Soziologe und Philosoph bei seinen demokratietheoretischen Gedanken an J. Dewey anknüpft. Der Frage, ob diese Wertschätzung Deweys durch einen der profiliertesten deutschen Erziehungswissenschaftler als Signal für eine fortschreitende Akzeptanz der instrumentellen Bildung im deutschen Raum gedeutet werden muss oder ob - naheliegender - Deweys Versuch, der Individualität und Sozialität des Menschen gerecht zu werden, als interessantes Anregungspotential für die gegenwärtige Situation Relevanz besitzt, soll hier nicht weiter nachgegangen werden.

Mit dem Rückblick auf die Autonomieforderung eines Vertreters der materialistischen Erziehungswissenschaft sollte auf die Gefahr hingewiesen werden, dass eine autonome Schule dem Zugriff einer gesellschaftlichen Gruppierung und damit dem Missbrauch anheim fallen kann. Das negative Beispiel erhellt zugleich die Bedeutung der Fragestellung: „Autonomie – wofür?".

In einem zweiten Exkurs wurde dem Emanzipationsgedanken nachgegangen, der die materialistische Pädagogik beherrscht. Dabei wurde die Auffassung vertreten, dass er zwar keine eigenständige pädagogische Kategorie mehr darstellt, aber in der heutigen Schulpraxis keineswegs ganz verzichtbar ist. Wie Gesellschaft funktioniert und wie die kapitalistische Gesellschaftsordnung Ungerechtigkeiten und soziale Missstände gebiert, sind auch oder gerade heute relevante Themen, an denen die für die Teilnahme am gesellschaftlichen Leben erforderliche Kritikfähigkeit angebahnt werden kann.

Dem Institutionalisierten Entwicklungsprogramm von Dalin/Rolff liegt ebenfalls ein gut begründeter, anspruchsvoller und komplexer Autonomiebegriff zugrunde. „Schulautonomie" ist notwendige Voraussetzung für den Umgang von Schulen mit den sich immer rascher wandelnden gesellschaftlichen Verhältnissen; sie gibt Schule erst die Möglichkeit, in Eigenregie rasch und direkt auf Wandel zu reagieren. Die Idee einer demokratischen Mitwirkung von allen an Schule Beteiligten ist in diesem Begriff von Schulautonomie ebenso aufgehoben wie der reformpädagogische Gedanke der Freiheit, aus der sich die Zufriedenheit von Lehrern und Schülern als Grundvoraussetzung für eine größere Effizienz und Effektivität von Schule entwickeln soll. Die Verpflichtung der Lehrkräfte zu verantwortungsvollem Handeln ist bei Rolff untrennbar mit dem Freiheitsbegriff verbunden. Autonomie von Schule bedeutet für ihn auch immer mehr Freiheit in Übereinstimmung mit den rechtlichen Gegebenheiten bei angemessener staatlicher Steuerung.

Im anschließenden Exkurs „Schule im Wandel" wurden Gründe für den beschleunigten „Fortschritt" und die Auswirkungen auf die für Schule bedeutsamen Faktoren dargestellt. Im Gegensatz zu der noch häufig anzutreffenden Meinung, dass Schule sich dem Wandel gegenüber „widerständig" zeigen sollte, wurde hier mit richtungsweisenden Vorschlägen aus der Schulpädagogik die Position vertreten, dass sie sich auf den Wandel einstellen müsse. Ein Blick auf die Situation der Hauptschule unterstrich die Fragwürdigkeit des dreigliedrigen Schulsystems.

Unter ökonomischem Aspekt wird Autonomie von einer von unten geforderten zu einer von oben gewährten oder verordneten, die als solche bereits den Widerspruch der Basis hervorruft. In der positiven Auswirkung der mit Autonomie gegebenen Beseitigung von Schulbürokratie und dem Fortfall praxisferner Entscheidungen sowie rascher Reaktion auf Wandel treffen sich sozusagen „verordnete" und „geforderte" Autonomie. Die Formel „Freiheit für Eigeninitiative und Wettbewerb" klingt zwar gut, es bleibt aber sehr fraglich, ob sie für den Bildungs- und Erziehungsbereich geeignet ist. Instrumentalisierung der Bildung und Vergesellschaftung des Menschen sind die unausweichlichen Folgen. Der Leistungsgedanke wird zu stark in den Vordergrund gerückt. Die Förderung der Elite wird zum Programm, weil nur dadurch die Wettbewerbsfähigkeit des Landes in der globalen Welt sichergestellt werden kann. Rekrutierung eines leistungsfähigen Nachwuchses für die Wirtschaft ist erklärtes Ziel neoliberaler Bildungspolitik. Das Schreckgespenst einer „Zwei-Klassen-Gesellschaft", in der sich „Wissensprivilegierte" und „Analphabeten" gegenüberstehen, erscheint im Rahmen solcher Überlegungen am Horizont des Möglichen. Die Konsequenzen, die sich ergeben, wenn (mit Habermas gesprochen) in die Bereiche, die durch das Medium kommunikativen Handelns zusammengehalten werden, zunehmend die Steuerungsmedien des Marktes, Macht und Geld, eindringen, sind im Einzelnen noch nicht abzusehen.

Der Autonomiebegriff verflacht, wenn mit ihm nur der Mensch als Gesellschaftswesen fokussiert wird, er gewinnt an Tiefe, wenn er zur Reflektion der Autonomie des Einzelnen **und** seiner Beziehungen zur Gesellschaft eingesetzt wird.

Eingefügt in die „Autonomie-Modelle" wurde Luhmanns Theorie der Autopoiesis sozialer Systeme, nach der es nichts zu fordern und nichts zu gewähren gibt, weil die Autonomie den Subsystemen der Gesellschaft und ihren Organisationen gegeben ist. Diese sozialwissenschaftlich diagnostizierte funktionale Eigenständigkeit besitzen also auch das Erziehungssystem und seine Institutionen. Pädagogische Autonomie muss sich nicht ständig als ausschließlich spezifisch pädagogische Legitimationsfigur rechtfertigen (Luhmann). Luhmanns Theorie liefert Beiträge, die sich zur Erfassung des komplexen Erziehungssystems als äußerst fruchtbar erweisen können. Sicher ist, dass lineare Erklärungsmodelle und einfache Ursache-Wirkung-Modelle der Komplexität der modernen Erziehung nicht gerecht werden und Luhmanns Annahme, dass die Organisation Schule und das Interaktionssystem im Klassenraum, aber auch Lehrer und Schüler als operational geschlossene Systeme zu betrachten sind, ein unerschöpfliches, noch nicht erschlossenes Potential zur Veränderung eingeschliffener Denkformen und gewohnter Sichtweisen darstellt.

Die Ausführungen im anschließenden Exkurs bewegten sich zunächst auf der abstrakten systemtheoretischen Ebene, um den Begriff „Selbstorganisation" in Luhmanns Theorie zu verorten. Der folgende Blick auf die Unterrichtspraxis im Sinne des Konstruktivismus enthüllt neben Bekanntem aus guter moderner Unterrichtspraxis auch Elemente, die für gelingenden Unterricht bedeutungsvoll sind, aber leicht vernachlässigt werden.

Der Blick auf die Rechtslage ließ die Tendenz zur Einschränkung des Schulaufsichtsbegriffs und zur Öffnung des Spielraums für eine weitergehende Verselbständigung der Einzelschule erkennen. Art. 7 GG verpflichtet den Staat zur realistischen und auf Wirkung gerichteten Konzeptionalisierung der staatlichen Steuerungsverantwortung[420], ohne dass damit das tradierte Modell

---

[420] Formuliert in Anlehnung an Ausführungen von H. Lange in seinem sehr instruktiven Beitrag „Schulaufsicht zwischen normativen Anforderungen und faktischen Wirkungsmöglichkeiten" (in: Zeitschrift für Pädagogik, 49. Jahrgang 2003, 47. Beiheft, S. 139).

bürokratisch hierarchischer Schulaufsicht festgeschrieben wäre. Einerseits ist die Verpflichtung des Staates unstrittig, für ein leistungsfähiges und sozial gerechtes Schulwesen zu sorgen und wesentliche Entscheidungen selbst zu treffen, wenn ein Auseinanderdriften des Schulsystems verhindert werden soll. Als notwendig wird andererseits aber die Beteiligung der mit größerer Gestaltungsfreiheit ausgestatteten Einzelschule an der Steuerungsverantwortung bei der Qualitätsentwicklung und Ergebnissicherung erkannt. Die Länder der Bundesrepublik Deutschland sind bemüht, ein geeignetes Modell zu entwickeln, das staatliche Steuerungsmaßnahmen sinnvoll mit schulischer Selbsterneuerung verbindet. Es ist auf lange Sicht nicht zu erwarten, dass sich ein Steuerungsmodell für alle Länder durchsetzen wird.

Im Kapitel zur internen Steuerung der autonomen Schule wurde die notwendige Umorientierung von der pädagogischen Freiheit des einzelnen Lehrers zur kollektiven Verantwortung für die gesamte Schule und die Installierung des Schulleiters als Dienstvorgesetzter als mögliche Störfaktoren für den Schulfrieden erkannt. Es ist davon auszugehen, dass Autonomie nur unter der Voraussetzung einer gemeinsamen Anstrengung und dem Willen zur Kooperation eine echte Chance hat. Eine wichtige Figur bei der Steuerung der vielfältigen systemischen Prozesse in der autonomen Schule bleibt der Schulleiter, der die Hauptlast eines erfolgreichen (Qualitäts-) Managements wird tragen müssen. Die Auswahlproblematik ist nicht zufriedenstellend zu lösen.

Wichtige Hinweise zur Entwicklung der Schule von einer veralteten Institution zur (teilautonomen) lernenden Organisation sind von Schulen zu erwarten, die nach der Selbstwirksamkeitsidee arbeiten. Vielleicht erweist sich die Selbstwirksamkeitskompetenz, wenn sie denn aufgebaut werden kann, tatsächlich als ein Faktor, der erfolgreiche Schularbeit garantiert.

Im 11. Kapitel wurde der Tendenz zu in ihrer Auswirkung noch schwer einschätzbaren globalen Ausbreitung von Schulautonomie unter ökonomischem Aspekt nachgegangen, einer Entwicklung, die durch Organisationen wie UNESCO und OECD vorangetrieben, durch die Kraft der Eigenlogik von Bildungseinrichtungen aber gebremst wird.

12.4   Kernideen des Autonomiediskurses

Dem Diskurs um Autonomie von Schule liegen Kernideen zugrunde, die sich z. T. überlagern und die sich um den Begriff „Freiheit" gruppieren lassen. Selten ist dabei der Freiheitsbegriff in seiner negativen Form, als Kontrastbegriff zur Entmündigung, zur Reglementierung, zu staatlicher Steuerung, also als Freiheitsbegriff der Unabhängigkeit, der Hindernislosigkeit, als Freiheit „von etwas" aufgefasst. In der vorliegenden Untersuchung zeigte er sich in diesem Gewande nur in der Forderung, die Einrichtung Schule der Gemeinschaft, der Eigeninitiative der Bürger, zu überantworten. Höherwertig ist der Freiheitsbegriff der „Optionalität, des aktiven Verfügens über positive Handlungsmöglichkeiten" (Chr. Horn), eine Freiheit „zu einem Zweck" (unabhängig davon, ob man diesem Zweck zustimmt).

Die im Folgenden ohne Anspruch auf Vollständigkeit formulierten Kernideen richten sich auf eine Veränderung von Schule und in der Regel - weiterführend - auf eine Veränderung der Gesellschaft:

- Schule muss frei sein, damit sie von unten und von innen her reformiert werden kann. Dieser reformpädagogische Ansatz bleibt stets relevant, weil die Aufgabe, den Erziehungs- und Bildungsprozess zu optimieren, niemals als abgeschlossen betrachtet werden kann; sie ist auf Dauer gestellt. In der Schulqualitätsdiskussion zeigt sich das Reformthema in einem modernen Gewand.

- Schule muss frei sein, damit sie auf Wandel rasch und flexibel reagieren kann.

- Schule muss frei sein, damit Demokratie als Lebens- und Politikform neue Impulse erhält.

- Schule muss frei sein, damit die Idee des Wettbewerbs, die Marktidee, im Bildungsbereich realisiert werden kann.

- Schule muss frei sein, weil so kostengünstiger gewirtschaftet werden kann.

Der Zeitgeist unterstützt gegenwärtig den ökonomischen Aspekt von Autonomie.

12.5 Stellungnahme zur Schulautonomie

Die Untersuchung war nicht so angelegt, dass am Ende ein Votum für oder gegen (mehr) schulische Autonomie stehen sollte.

Aus der gesichteten Literatur kann geschlossen werden, dass das strikt marktorientierte Modell in seinen Auswirkungen (trotz eines anders lautenden Untersuchungsergebnisses von Dieter Timmermann) eher negativ einzuschätzen ist.

Der Verf. teilt im Wesentlichen die sehr ausgewogenen Vorstellungen von H. G. Rolff, wie er sie in vielen Texten und Vorträgen vertreten hat. Das bedeutet konkret: Mit traditioneller staatlicher Steuerung sind die gegenwärtigen und zukünftigen Probleme und Herausforderungen der Schule nicht mehr zu lösen. Der Einzelschule sollte so viel Freiheit wie möglich zugestanden werden. Der Staat kann seine Regulationsfunktion auch im Bildungsbereich aber nicht ganz aufgeben. Wie mehrfach betont, bleibt er verpflichtet, für ein sozial gerechtes und leistungsstarkes Schulwesen zu sorgen. Die staatliche Gesamtverantwortung gebietet es, Freiheit zur Selbstorganisation der Einzelschule und unverzichtbare Steuerung sinnvoll miteinander zu verbinden. An diesem noch ungelösten (unlösbaren?) Problem wird in den einzelnen Ländern der Bundesrepublik Deutschland in unterschiedlicher Weise gearbeitet. Die Entscheidung über den Fächerkanon und in gewissem Umfang über Lernziele und Standards muss in den Händen des Gesetzgebers verbleiben. Dass gerade hinsichtlich der Curricula für die einzelnen Schulformen erheblicher Diskussionsbedarf besteht, bleibt davon unberührt. Die Gesamtsteuerung des Staates nach dem Kontextmodell (Willke) wurde oben beschrieben und positiv bewertet.

Die Rolle der Schulaufsicht bestünde darin, als Bindeglied zwischen Gesamtsystem und Einzelschulen Vergleichbarkeit und Qualität zu sichern, Schulen beratend zu unterstützen sowie Schulentwicklung zu fördern. Schulaufsichtliches Handeln wäre so nicht mehr auf das Handeln einzelner Lehrkräfte zu beziehen, sondern auf die Schule als eine organisatorische Einheit gerichtet.

Ein solches Steuerungsmodell ist in Niedersachsen nach der Auflösung der Bezirksregierungen nicht mehr zu realisieren. Die Zahl der in den Landeschulbehörden verbliebenen Dezernenten ist für diese anspruchsvolle Aufgabe zu gering.

Es ist kein Geheimnis, dass auch die staatlich gesteuerte Schule viel Freiraum für Eigeninitiative bietet/bot. Mehr Autonomie bedeutet noch mehr Freiraum. Diesen gilt es, im Sinne optionaler Freiheit, d. h. für positive Handlungsmöglichkeiten zu nutzen.

13. Epilog: „Autonomie – ein/im Wechselspiel von Freiheit und Bindung"

Wer in den deutschen Ländern ernsthaft über „Autonomie der Schule" diskutiert, darf – wie bereits erwähnt – nicht übersehen, dass Steuerung unverzichtbar ist. Weiterentwicklung von Schule ist u. E. nur in diesem Zusammenspiel freier Gestaltungsmöglichkeiten und steuernder Impulse denkbar. Auch hier zeigt sich die dialektische Verschränkung, das Aufeinanderbezogensein von Freiheit und Bindung, wie es als Prinzip die gesamte Erziehungswirklichkeit durchzieht.[421] Beide Elemente sind unauflöslich in einem wohlverstandenen pädagogischen Autonomiebegriff miteinander verbunden. Wo diese dialektische Verbindung nicht beachtet, ein Moment vernachlässigt oder ausgeblendet wird, sind Fehlentwicklungen die Folge, oder es liegen utopische Vorstellungen zu Grunde.

Die Bedeutung dieses Zusammenspiels im Erziehungs- und Unterrichtsbereich soll im Folgenden mit Rückgriff auf psychologische Forschungsergebnisse und Klassiker der Pädagogik kurz in den Blick genommen werden.

In der Kindheit wird dieses Zusammenspiel beschrieben mit den Begriffen „Führen" und „Wachsenlassen", im unterrichtlichen Bereich manifestiert es sich in den Begriffen „Instruktion" und „Selbsttätigkeit", bei den Organisationen spricht man von „Autonomie" und „Steuerung" (s. o.), und im philosophischen Bereich dienen die Begriffe „Autonomie" und „Heteronomie" zur Kennzeichnung des hier interessierenden Spannungsverhältnisses.

Bindung und Freiheit sind von existentieller Bedeutung für die frühe Kindheit, so bezeugt die Psychologie.[422] Obwohl das Kind mit vielen Fähigkeiten geboren wird, erfolgt die Aktualisierung seines Potentials erst durch die Vermittlung des empathischen Partners, im Regelfall der Mutter. Die dabei zunächst vor allem von ihr ausgehenden Stimuli sollen hier als „Einwirkung", „Führung" gedeutet werden. Das „delikate Ineinanderspiel" des Systems geht bald verloren. Die Autonomiebedürfnisse des Kindes vergrößern sich, wenn das Kind sein Selbst erkannt und seine verbesserte Motorik ausprobieren will.

---

[421] Der Begriff wird hier vor jeder erziehungsphilosophischen Interpretation verwendet.

[422] Vgl.: Köhler, L.: Das Selbst im Säuglings- und Kleinkindalter. In : Hartmann, H.-P., Milch, W. E., Kutter, P. und Paál, J. (Hrsg.): Das Selbst im Lebenszyklus. Suhrkamp Verlag Frankfurt/M. 1998, S. 26 – 48.

Die Bedeutung der Qualität der frühkindlichen Bindungsbeziehungen bestätigt aus einer anderen Perspektive auch die Hirnforschung. Jedes Kind verfügt danach über einzigartige Potentiale zur Ausbildung eines komplexen, vielfach vernetzten und zeitlebens lernfähigen Gehirns. Ob und wie diese Anlagen zur Entfaltung kommen, hängt wesentlich von den Entwicklungsbedingungen ab, denen das Kind ausgesetzt ist, und von den Erfahrungen, die es in der Phase seiner Gehirnreifung machen kann. „Jedes Kind braucht ein möglichst breites Spektrum unterschiedlicher Herausforderungen, um die in seinem Gehirn angelegten Verschaltungen auszubauen, weiterzuentwickeln und zu festigen, und jedes Kind braucht das Gefühl von Sicherheit und Geborgenheit, um neue Situationen und Erlebnisse nicht als Bedrohung, sondern als Herausforderung bewerten zu können."[423]

Auch bei Schulkindern setzt sich die Dialektik zwischen dem Streben nach Unabhängigkeit und dem Bindungsbedürfnis fort.[424]

Nach den Erkenntnissen der Selbstpsychologie besteht das Ziel der Adoleszenz nicht darin, „Separations- und Individuationsprozesse zum Abschluss zu bringen, sondern die Bandbreite und die Möglichkeiten altersadäquater Selbstobjekt-Erfahrungen im Bereich der Bindung zu vergrößern."[425]

Im schulischen Unterricht spiegelt sich die Grundspannung, die hier betrachtet wird, in den Begriffspaaren „Instruktion und Selbsttätigkeit" oder „Selbsttätigkeit und Rezeptivität" wider.

Aebli hat in einem gewissen Widerspruch zu seinem Lehrer Piaget den bedeutungsvollen Zusammenhang von systematischem Unterricht und der von Piaget behaupteten spontanen Entwicklung geistiger Strukturen für die Erkenntnisgewinnung aufgedeckt. Für ihn ist die Abhängigkeit des Schülers von der Führung des Lehrers eine notwendige Vorstufe des Endzustandes der geistigen Mündigkeit.[426]

Wie im 3. Exkurs dargestellt, läuft der Konstruktivismus Gefahr, das Unterrichtsprinzip „Selbsttätigkeit" zu stark zu betonen und die Bedeutung des notwendigen Wechselspiels von Instruktion und Selbsttätigkeit zu verkennen.

---

[423] Hüther, G.: Kinder brauchen Wurzeln. Zum Verhältnis von Bindung und Bildung. In: Schwan, A.: Bildung und Erziehung, Suhrkamp Verlag 2004, S. 23.

[424] Ornstein, A.: Die Psychologie des Kindes in der Latenzphase. In: Hartmann, H.-P. u. a. (Hrsg.): Das Selbst im Lebenszyklus, S. 55.

[425] Lichtenberg, J. D.: Eine selbstpsychologische Betrachtung der Adoleszenz: Übergangsphase oder Sturm-und-Drang-Komplex ?, In: Hartmann, H.-P. u. a. (Hrsg.): Das Selbst im Lebenszyklus, S. 65.

[426] Vgl.: Aebli, H.: Grundformen des Lernens, S. 149.

In der Pädagogik ist die einseitige Akzentuierung vor allem mit dem großen Namen J.-J. Rousseau verbunden und seinem Epoche machenden Gedanken, „dass jeder Mensch sich seine geistige Welt in eigener schöpferischer Tätigkeit selbst schaffen müsse" (Blättner), der sich in der Pädagogik „vom Kinde aus" wiederfindet.

Bei Schleiermacher entdeckt Stephanie Hellekamps den tieferen Sinn des dialektischen Verhältnisses von Selbsttätigkeit und Führung (Interaktion).[427] Danach macht Schleiermacher das Konzept einer pädagogisch vermittelten Aktivierung des Heranwachsenden gegen die bloß verhütende Tätigkeit geltend. Er bezeichnet die Hervorbringung eines selbsttätigen Subjekts als die moderne Aufgabe der Erziehung. Das selbsttätige Individuum bringt sich zwar selbst hervor, aber diese Hervorbringung ist interaktiv vermittelt. Dem heranwachsenden Individuum wird im Hervorlocken der Selbsttätigkeit Freiheitsfähigkeit unterstellt. Es ist prinzipiell dazu fähig, sich selbst in verschiedenen selbst gewählten Hinsichten zu bestimmen. Der pädagogisch Handelnde darf dem Individuum nicht zuschreiben, wie es ist und was es kann oder nicht kann, denn über es weiß man nur, dass es ein lebendiges ist. Der Prozess der Hervorlockung der Selbsttätigkeit sollte daher nach Schleiermacher die auswählende Erprobung der Gegenstände dieser Selbsttätigkeit einschließen. Hellekamps zitiert Benner mit dem schönen Satz „In der pädagogischen Interaktion wird einem heranwachsenden Menschen dabei geholfen, etwas selbst zu üben, was er noch nicht kann, um dadurch jemand zu werden, der er noch nicht ist."[428] Nach Schleiermacher kann er sich transzendieren und in der Reflexion ein erweitertes Selbstverständnis von sich gewinnen. Das erzieherische Hervorlocken der Selbsttätigkeit soll einer Person ermöglichen, sich selbst denkend und handelnd zu erproben. Das erzieherisch aufgeforderte Individuum entwirft sich selbst auf einen Zustand hin, in dem es sich noch nicht befindet. Indem es den gedanklichen Entwurf handelnd umsetzt, macht es die Erfahrung von sich selbst als einer Person, die nicht nur etwas entwirft, sondern diesen Entwurf auch verwirklichen kann. In der Reflexion auf ihre eigene Tätigkeit macht sich die Person bewusst, dass sie aufgrund ihres eigenen Konzeptes auf eine bestimmte Weise gehandelt hat. Indem sie die Erfahrung ihres Handelns in sich hinein nimmt, erweitert sie sich um das Bewusstsein und Empfinden davon, dass sie selbst etwas tun konnte,

---

[427] Vgl. Hellekamps, St.: Selbsterschaffung und Bildsamkeit. In: Zeitschrift für Pädagogik, Beltz, Julius Verlag GmbH & Co KG, 1996, Jg. 42, Nr. 5, S. 771.
Der Verfasser hält sich hier an ihre Formulierungen, die etwas verkürzt wiedergegeben werden.
[428] Vgl. Hellekamps, St.: Selbsterschaffung und Bildsamkeit. In: Zeitschrift für Pädagogik, Beltz, Julius Verlag GmbH & Co KG, 1996, Jg. 42, Nr. 5, S. 771.

was ihr zuvor nicht möglich war. Dieses so neu gewonnene Selbstverständnis drückt sich wiederum im weiteren Handeln aus.

Im Sinne seiner dialektisch-materialistischen Pädagogik bezeichnet auch L. Klingberg ein Konzept des bloßen „Wachsenlassens", ein Konzept „reiner" spontaner Entfaltung subjektiver Kräfte, ein Konzept des bloßen Behütens oder Bewahrens vor Entwicklungsschäden als keinen originär pädagogischen Standpunkt. „Die wissenschaftliche Pädagogik unterstreicht den Führungsaspekt pädagogischer Prozesse und sieht gerade im dialektischen Bezug dieses Aspekts auf den Aspekt der Subjektposition der zu Erziehenden eine Grundfrage der Erziehungstheorie und -praxis".[429] Für ihn ist die Kategorie „Tätigkeit" der Schlüsselbegriff im Sinne der marxistischen Pädagogik. Erziehung lässt sich nicht auf „Einwirkung" des Erziehers und auch nicht auf „Erziehertätigkeit" reduzieren; sie ist auch keine aparte Selbstentwicklung und Selbsterziehung. Erziehung bedeutet für ihn einen bipolaren Vorgang, dessen spezifisch pädagogische Dialektik immer wieder und immer weiter durchgearbeitet werden müsse.[430]

Theodor Litt hat bekanntlich das Problem unter dem Titel „ ‚Führen' oder ‚Wachsenlassen'" tiefsinnig behandelt und jeder Absolutsetzung des einen oder anderen Moments eine klare Absage erteilt. Eva Matthes fasst Litts Standpunkt wie folgt zusammen:

„ ‚Führen' meint die Anleitung zur Auseinandersetzung mit der Welt, die Gestaltung der Konfrontation mit der Welt, ‚Wachsenlassen' steht für die Offenheit des Ergebnisses dieser Konfrontation."[431]

Es sind diese plausiblen Reflexionen, an denen jeder Versuch letztlich scheitern muss, einseitige Konzepte – wie auch die antipädagogische „Vision von einer Welt ohne Erziehung" – zu rechtfertigen.

Die Metapher des Pädagogen als eines Gärtners, auf die sich im Anschluss an Rousseau eine Pädagogik „vom Kinde aus" stützt, und die Metapher des Pädagogen als eines Führers im wohlverstandenen Sinne gehören untrennbar zusammen.[432]

Das Janusköpfige der Formel „Autonomie der Schule", das Antinomische an ihr, das Spannungsverhältnis von Freiheit und Bindung, ist in den zu-

---

[429] Klingberg, L.: Lehrende und Lernende im Unterricht. Volk und Wissen Verlag GmbH. Berlin 1990, S. 29.

[430] Vgl. Klingberg, L.: Lehrende und Lernende im Unterricht, S. 38.

[431] Matthes, E.: Möglichkeiten und Grenzen der Pädagogik – Einige Überlegungen im Anschluss an Theodor Litt in: Pädagogische Rundschau 56, S. 289.

[432] Ausführungen zu diesen beiden Metaphern finden sich bei Tremel, A.: Allgemeine Pädagogik, S. 163 ff.

rückliegenden Kapiteln ausführlich erörtert worden. Die Autonomie der in ihr tätigen Lehrkräfte kann ebenfalls keine grenzenlose Freiheit bedeuten. Sie korreliert mit Bindungen, die auch aus ihrer Funktion als Staatsbedienstete resultieren. Als im staatlichen Auftrag Handelnde stehen sie wie die Institution Schule als Ganze dafür ein, dass die „Ressourcen, die eine freiheitliche Ordnung tragen, und von denen wir leben – ethisch-sittliche Grundhaltungen, ethosgeprägte Lebensformen, kulturelle Traditionen" [433] geweckt, gepflegt und weitergegeben werden, so schwierig und problematisch das auch in einer Zeit fortschreitender Individualisierung und Globalisierung erscheinen mag. Autonomie als bedingungslose Freiheit, wie sie als Grundkonzept menschlichen Zusammenlebens in der Zeit der Aufklärung gedacht wurde und als Gegenbewegung zur christlichen Tradition mit ihrer kirchlichen Autorität gedacht werden musste, wird heute als obsolet betrachtet. Dem gegenüber verweist der moderne Begriff der autonomen, der sittlich mündigen Person auf die Fähigkeit und Bereitschaft, Verantwortung zu übernehmen und Bindungen einzugehen. „Menschliche Freiheit ist Gebundensein" (Langeveld).

---

[433] Böckenförde, E.-W.: Fundamente der Freiheit. In: Was hält die moderne Gesellschaft zusammen? (Herausgegeben von Erwin Teufel), Suhrkamp Verlag, Frankfurt/M. 1996, S. 94.

B. Empirieteil

1. Das Untersuchungsinteresse

1.1 Vorbemerkung

Für die Gestaltung dieser Arbeit boten sich zwei unterschiedliche Wege an:

- Durchführung narrativer Interviews mit Schulfachleuten und Spiegelung ihrer subjektiven Schwerpunktsetzungen und Einschätzungen an der herrschenden Auffassung oder umgekehrt

- Einstieg mit einer Erörterung des historischen Hintergrunds und der aktuellen Argumentationslinien des Autonomieproblems als Folie und Spiegel für die Interviews mit Schulfachleuten.

Das Design des empirischen Teils dieser Arbeit mag etwas anspruchslos erscheinen, folgt aber der Entscheidung für den zweiten Weg. Die Möglichkeiten der ausgeschlossenen Alternative zeigen sich leider erst bei der Durchführung des gewählten Verfahrens.

1.2 Fragestellung und Erkenntnisinteresse

Das dem empirischen Teil zugrunde liegende Erkenntnisinteresse richtet sich einerseits auf die Beurteilung des Autonomiegedankens in seiner derzeitigen Ausprägung durch die Schulfachleute, auf ihre Begründungen von Pro- und Contraeinstellungen, andererseits auf deren Urteil über einige im Theorieteil thematisierte praxisrelevante Facetten des Autonomieproblems. Daneben soll in den Blick genommen werden, ob und wie die Interviewpartner ihr berufliches Handeln auf eine größere Gestaltungsfreiheit einstellen und den Autonomiegedanken unterstützen/stärken.

Die genannten Intentionen lassen sich mit folgenden Fragestellungen umschreiben:

1. Wie wird der Autonomiegedanke in der Praxis aufgenommen?

2. Wie beurteilen Schulfachleute im Theorieteil angesprochene praxisrelevante Probleme des Autonomiegedankens?

3. Welche Konsequenzen ziehen die Probanden aus ihrer Sicht des Autonomieproblems für ihr eigenes Rollenhandeln?

Eine Präzisierung der dritten Frage wird weiter unten vorgenommen (s. 2.3.1).

1.3   Zum Forschungsstand

Eine interessante, umfangreiche Befragung hat bereits Mitte der 90er Jahre des vergangenen Jahrhunderts in Österreich als Schulautonomie-Evaluation stattgefunden.[434] Aufgabe der Evaluationsgruppe war es, die Auswirkungen des Autonomiegesetzes in Österreich nach etwa zwei Jahren Praxis zu ermitteln. Diese Untersuchung differiert nicht nur in der Größenordnung von dem hier skizzierten Vorhaben. Dort wurde mit einer quantitativen Forschungsanlage, d. h. mit einer schriftlichen Befragung gearbeitet. Die dabei ermittelten Ergebnisse lassen sich wegen der unterschiedlichen Ausgangslage, des anderen historischen Hintergrundes und der anderen Mentalität der schulischen Akteure nicht ohne weiteres auf die Bundesrepublik Deutschland übertragen.

Ebenfalls nicht vergleichbar ist eine vom Schulleitungsverband Niedersachen e. V. 1993 durchgeführte empirische Erhebung zur Verwaltungsreform unter dem Thema „Autonomie der Schule in Niedersachsen".[435] In dieser schriftlichen Befragung, die sich an alle Schulformen richtete, wurden fünf Themenschwerpunkte angesprochen: Angaben zur Person der Schulleiterin bzw. des Schulleiters und zur Schule; Einstellungen der Schulleitungen zur rechtlich-organisatorischen und zur wirtschaftlichen Eigenverantwortung der Einzelschule; Fragen zur Kompetenzverteilung zwischen Schulleitung und Gesamtkonferenz sowie zur Neustrukturierung der Schulaufsicht und Aufgabenzuweisung.

Die Ergebnisse einer schriftlichen Befragung aller Schulleiterinnen und Schulleiter der allgemein bildenden Schulen Berlins zur Verantwortungsverlagerung hat Klaus Riedel unter dem Titel „Schulleiter urteilen über Schule in erweiterter Verantwortung" vorgelegt.[436] Die Fragestellungen der quantitativen Analyse und des im Rahmen der Untersuchung von Riedel verwendeten Leitfadens berühren sich zwar in einigen Punkten mit der hier vorgelegten Arbeit, deren Eigenständigkeit wird aber wegen des Unterschiedes hinsichtlich der Untersuchungsmethode, der Fallauswahl und letztlich auch des Untersuchungsinteresses nicht tangiert.

Im Rahmen der o. g. Untersuchung wurden offenbar auch leitfadenbezogene Interviews mit Schulleitern/Schulleiterinnen von sechs Berliner Schulen durchgeführt.[437] Die im Anhang abgedruckten Zusammenfassungen lassen

---

[434] Ein Zwischenbericht ist unter dem Titel „Schulautonomie – eine Chance der Schulentwicklung?" in der Zeitschrift „Erziehung und Unterricht" (April 4/96) abgedruckt (Autoren: Bachmann, H./Iby, M./Kern, A./Osinger, D./Radnitzky, F./Specht, W.).
[435] Vgl. Dokumentation in „Blickpunkt Schulleitung" Nr. 49, Mai 1995, 2/95
[436] Riedel 1998
[437] Vgl. Riedel 1998, S. 207 – 216.

den Schluss zu, dass sie mit den hier beabsichtigten Interviews und deren Auswertungen in keiner Weise vergleichbar sind.

Die Suche in der Literaturdatenbank fis bildung unter http://www. Fach-portal-paedagogik.de ergab keine weiteren für diese Arbeit wichtigen Titel.

2. Methodologische Überlegungen

2.1 Untersuchungsmethode

Für das Verständnis und zur Legitimation des im Rahmen der empirischen Untersuchung gewählten Forschungsansatzes erscheint es geboten, den in der Vorbemerkung angedeuteten Zusammenhang zwischen Theorie- und Empirieteil zu verdeutlichen.

Wie der Titel dieser Arbeit ausweist, war die Berücksichtigung von schul-fachlichen Aussagen zum „Autonomieproblem" von vornherein vorgesehen, allerdings als integriertes Element des literaturorientierten Theorieteils. Durch die Auseinandersetzung des Verf. mit den Forschungsmethoden erhielt der auf den Praxisbezug gerichtete Fokus eine eigene Relevanz. Gleichwohl sollte die Verbindung mit dem Theorieteil erhalten bleiben und die Stel-lungnahmen von Schulfachleuten zu den dort erörterten praxisrelevanten Themen den Kern des Untersuchungsinteresses darstellen.

Nach heutigem Verständnis[438] legt diese Entscheidung eher die Arbeit mit einer quantitativen Forschungsanlage in einem linearen Forschungspro-zess nahe. Die an der Modellbildung ansetzende klassische Variante in den quantifizierenden Sozialwissenschaften beschreibt Flick wie folgt:

„Der Wissenschaftler konstruiert vor Eintritt in das zu untersuchende Feld ‚am Schreibtisch' ein Modell der vermuteten Bedingungen und Zusam-menhänge. Ausgangspunkt sind theoretische Wissensbestände aus der Lite-ratur oder frühere, empirisch belegte Zusammenhänge. Daraus werden Hypo-thesen abgeleitet, die in operationalisierter Form an empirischen Zusammen-hängen überprüft werden... Ziel ist die Repräsentativität der gewonnenen Ergebnisse, die etwa durch die Zufallsauswahl der untersuchten Subjekte

---

[438] Jürgen Friedrichs vertritt noch die Auffassung, dass mit schriftlichen Verfahren dann zu arbeiten sei, wenn keine andere Methode als die der Befragung die notwendigen In-formationen erbringen würde und Interviews aus Zeit- und Kostengründen nicht mög-lich seien. Vgl. Friedrichs 1980, S. 237.

gewährleistet werden soll... Theorien und Methoden erhalten hier Priorität gegenüber dem Gegenstand der Forschung."[439]

Eine schriftliche Befragung wurde wegen der bekannten Nachteile[440], aus ökonomischen Erwägungen und im Hinblick auf das Untersuchungsinteresse, das auf ein vertiefendes Ausleuchten von schulfachlichen Urteilen, auf Hypothesenüberprüfung, aber in gewissem Sinne auch auf die Generierung von Theorie gerichtet ist, verworfen.

Die Durchführung mündlicher Interviews mit entsprechendem Fragebogen bot sich an. Die vorliegenden Beispiele für dieses Frage-Antwort-Spiel belegen die Unterkomplexität dieses Verfahrens gemessen am heutigen Anspruchsniveau.[441] Es erwies sich daher als notwendig, anspruchsvollere Verfahren der qualitativen Forschung zu berücksichtigen.

2.2 Methode der Datenerhebung

Die Erhebung der verbalen Daten soll durch Leitfaden-Interviews vorgenommen werden. Dieser Erhebungsform werden in der Literatur verschiedene Varianten zugeordnet. Flick nennt und vergleicht das fokussierte, das halbstandardisierte, das problemzentrierte, das ethnographische Interview und das Experteninterview.[442] Eine Überprüfung der Kriterien dieser Varianten führt zu der Entscheidung, den für diese Untersuchung gewählten Ansatz als Experteninterview auszuflaggen, für das Flick als Anwendungsbereich „Expertenwissen in Institutionen" angegeben hat.[443]

---

[439] Flick 2005, S. 68

[440] Vgl. Friedrichs 1980, S. 213. Friedrichs nennt: Niedrige Rücklaufquote; Unkontrollierbarkeit der Erhebungssituation; Unkenntnis der Art der Ausfälle; keine Erläuterung der Fragen oder nondirektes Nachfragen etc. durch Interviewer.

[441] S. z. B. Friedrichs 1980, S. 213

[442] Vgl. Flick 2005, S. 188 ff. Wegen der besseren Lesbarkeit wird in dieser Arbeit in der Regel die männliche Form verwendet.

[443] Ebd., S. 190

2.2.1 Das Experteninterview

Dem Experteninterview wird eine gewisse Randständigkeit in der Methodenliteratur zur empirischen Sozialforschung zugeschrieben[444] und die methodologische und begriffliche Unschärfe kritisiert.[445] Bogner/Menz konstatieren ein Missverhältnis zwischen der hohen forschungspraktischen Bedeutung und der geringen methodologischen und methodischen Reflexion im Falle des Experteninterviews.[446]

Der Frage, wer als Experte angesehen werden kann, der Definition des Expertenbegriffs also, muss im Hinblick auf die Eigenständigkeit dieser Erhebungsmethode und damit auch für die Fallauswahl im Rahmen dieser Untersuchung eine besondere Bedeutung zugemessen werden. In der Literatur werden drei Zugänge zur Bestimmung des Expertenbegriffs beschrieben und ein voluntaristischer, ein konstruktivistischer und ein wissenssoziologischer Expertenbegriff unterschieden.[447]

Nach dem voluntaristischen Expertenbegriff wären prinzipiell alle Menschen zugleich Experten. Die konstruktivistische Definition beinhaltet, dass Personen vom Forscher in den Status von Experten versetzt werden. Die wissenssoziologische Definition legt dem Experten eine spezifische Struktur seines Wissens zugrunde, die von Bogner/Menz wie folgt beschrieben wird:

„Der Experte verfügt über technisches Prozess- und Deutungswissen, das sich auf sein spezifisches professionelles oder berufliches Handlungsfeld bezieht. Insofern besteht das Expertenwissen nicht allein aus systematisiertem, reflexiv zugänglichem Fach- oder Sonderwissen, sondern es weist zu großen Teilen den Charakter von Praxis- oder Handlungswissen auf, in das verschiedene und durchaus disparate Handlungsmaximen und individuelle Entscheidungsregeln, kollektive Orientierungen und soziale Deutungsmuster einfließen. Das Wissen des Experten, seine Handlungsorientierungen, Relevanzen usw. weisen zudem – und das ist entscheidend – die Chance auf, in der Praxis in einem bestimmten organisationalen Funktionskontext hegemonial zu werden, das heißt, der Experte besitzt die Möglichkeit zur (zumindest partiellen) Durchsetzung seiner Orientierungen. Indem das Wissen des Experten praxiswirksam wird, strukturiert er die Handlungsbedingungen anderer Akteure in seinem Aktionsfeld in relevanter Weise mit."[448]

---

[444] Vgl. Meuser/Nagel in: Friebertshäuser/Pregel (Hrsg.) 2003, S. 483.
[445] Vgl. dazu die kritischen Beiträge in: Bogner/Littig/Menz (Hrsg.) 2002.
[446] Bogner/Menz in: Bogner, Littig/Menz (Hrsg.) 2002, S. 21.
[447] Vgl. Bogner/Menz in: Bogner/Littig/Menz (Hrsg.) 2002, S. 39 ff und Meuser/Nagel in: Friebertshäuser/Prengel (Hrsg.) 2003, S. 483 ff.
[448] Bogner/Menz in: Bogner/Littig/Menz (Hrsg.) 2002, S. 46.

In dieser Arbeit wird auf den konstruktivistischen und den wissenssoziologischen Expertenbegriff rekurriert. Dezernenten der Landesschulbehörde, Schulleitungspersonen und ausgewählte Lehrkräfte werden als Experten bezeichnet. Es wird angenommen, dass alle diese Personen über ein Wissen verfügen, das nicht jedem im Handlungsfeld „Schule" zugänglich ist. Nach Meuser/Nagel zielt das Experteninterview auf diesen Wissensvorsprung.[449] Dass dieses Wissen allein schon wegen des unterschiedlichen Aktionsfeldes bei den genannten Personen differiert, ist selbstverständlich.

Die Festlegung auf einen bestimmten Erhebungstypus verpflichtet zur Beachtung spezifischer Verfahrensweisen. Nach Flick interessiert beim Experteninterview der/die Befragte weniger als (ganze) Person, sondern in seiner Eigenschaft als Experte für ein bestimmtes Handlungsfeld. Er zählt auch nicht als Einzelfall, sondern als Repräsentant einer Gruppe von Experten (hier: Lehrer, Schulleiter, schulfachliche Dezernenten). Flick sieht daher die Bandbreite der Informationen, die der Interviewte liefern soll, eingeschränkt und hebt die Bedeutung des Leitfadens als Steuerungsinstrument im Hinblick auf den Ausschluss unergiebiger Themen hervor.[450] Meuser/Nagel plädieren dagegen für eine flexible, unbürokratische Handhabung des Leitfadens im Sinne eines Themenkomplexes und nicht im Sinne eines standardisierten Ablaufschemas.[451]

Durch die Formulierung der Fragestellungen und eine nondirektive Gesprächsführung möchte der Verf. dieser Arbeit einerseits ermöglichen, dass der Interviewte seine spezifische Sichtweise, die individuellen Bedeutungszusammenhänge, vielleicht sogar neue Facetten einbringen kann und narrative Elemente nicht ausgeschlossen werden; andererseits wird er aber auch darauf achten müssen, dass er Antworten auf seine Forschungsfragen erhält.

2.3   Fallgruppenauswahl, Fallauswahl und Samplestruktur

2.3.1   Fallgruppenauswahl

Als Fallgruppen werden in dieser Untersuchung die Dezernenten der Niedersächsischen Landesschulbehörde, Schulleiter, Konrektoren und Lehrer bezeichnet und im oben beschriebenen Sinne als Experten angesehen.

Die genannten Gruppen lassen sich mit eigentlich unzulässiger Pauschalierung wie folgt voneinander abgrenzen:

---

[449] Vgl. Meuser/Nagel in: Friebertshäuser/Prengel 2003, S. 484.
[450] Vgl. Flick 2002, S. 140.
[451] Vgl. Meuser/Nagel in: Friebertshäuser/Prengel 2003, 487.

Die Dezernenten waren in der Regel selbst Lehrer und Schulleiter, kennen die soziale Organisation Schule, haben bestimmte Vorstellungen von den Abläufen in den Schulen ihres Zuständigkeitsbereichs und einen Überblick über die Gesamtsituation in ihrem Wirkungsbereich. Bei ihnen ist ein höheres Informationsniveau bezüglich des Themas „Autonomie" zu erwarten. Sie sind – soziologisch gesehen – als Beobachter von Schule Beobachter zweiter Ordnung, womit natürlich kein hierarchisches Verhältnis bezeichnet wird. Als solche können sie die latenten Strukturen, die blinden Flecke der schulischen Akteure beobachten.

Schulleiter waren selbst Lehrer, spielen eine entscheidende Rolle für das Klima und die Entwicklung ihrer Schule, vertreten ihre Schule nach außen und beobachten das/agieren im Umfeld ihrer Schule.

Konrektoren tragen gewöhnlich die Hauptlast der organisatorischen Vorgänge in der Schule und stellen das Bindeglied zwischen Schulleiter und Kollegium dar. Ihr Blick ist stärker nach innen gerichtet.

Lehrkräfte sind im Wesentlichen auf die Arbeit in und mit ihren Klassen/Schülergruppen fokussiert/fixiert.

Die hier angedeutete unterschiedliche Perspektive der genannten Personengruppen lässt auch einen unterschiedlichen Umgang mit den beabsichtigten Fragestellungen erwarten.

Mit Bezug auf die zweite Teilfrage des unter 1.1 formulierten Untersuchungsinteresses soll wenigstens ansatzweise in den Blick genommen werden,

- ob und wie es den Dezernenten trotz abnehmender Kontakte zu den Schulleitern und schwindenden Einflusses auf „ihre Schulen", ständig notwendigen Krisenmanagements und der Erfüllung vieler „von oben" gestellter Aufgaben mit daraus resultierender Überlastung gelingt, die wichtige Gestaltungsaufgabe der Schulentwicklung wahrzunehmen;

- wie Schulleiter in gestärkter Position unter dem Druck vielfältiger Ansprüche und Erwartungen von innen und außen ihre Führungsrolle interpretieren und den Wandel ihrer Schule zu einer lernenden Organisation vorantreiben;

- ob Lehrkräfte den eigenen Autonomieverlust wahrnehmen und wie ihnen der Spagat gelingt zwischen der isolierten eigenverantwortlichen Arbeit in der Klasse und den Erfordernissen, die aus dem (zwar immer schon vorhandenen, aber) in einer Schule mit größerer Eigenverantwortlichkeit erhöhten Zwang zur Kommunikation, Kooperation und Konsensbildung erwachsen.

2.3.2 Fallauswahl

Als nächstes ist eine Entscheidung über die Fallauswahl zu treffen. Es liegt auf der Hand, dass die Bestimmung der Untersuchungsgruppe für den Forschungsprozess von großer Bedeutung ist. Die Frage der Verallgemeinerung von Resultaten (als Induktionsproblem in der Philosophie z. B. von D. Hume und K. Popper ohnehin verneint) stellt sich bei der qualitativen Forschung eher als bei der quantitativen Forschung mit ihrer genau definierten Stichprobenkonstruktion und Auswahl der Stichprobengröße.[452] Bei der qualitativen Forschung muss die Zulässigkeit einer Generalisierung der Ergebnisse argumentativ begründet werden. Eine hohe Zahl von Interviews ist keinesfalls unerlässliche Voraussetzung. Moser macht im Anschluss an Patton darauf aufmerksam, dass die bahnbrechenden Theorien von drei berühmten Forschern auf wenigen Fallstudien beruhen: Piaget habe im Wesentlichen seine eigenen beiden Kinder beobachtet[453]; Freud sei von wenigen Fallstudien an Klienten ausgegangen; Bandler und Krinder hätten das NLP (Neurolinguistisches Programmieren) durch die Untersuchung der Arbeitsweise von nur drei renommierten Therapeuten entwickelt. Moser weist außerdem darauf hin, dass die qualitative Forschung nicht allein auf Generalisierung von Erkenntnissen gerichtet sei. Es gehe vielmehr auch um die analytische Vertiefung der Einsicht in die Struktur von Fällen und den Informationsreichtum des ausgewählten Samples.

Denkbar wäre es, eine bestimmte Anzahl von Personen der genannten Gruppen durch „Primärauswahl" oder „Sekundärauswahl" in die Untersuchung einzubeziehen.[454] Aus verschiedenen Gründen soll hier die Auswahl der Fälle nach Zugehörigkeit zu einer Schule vorgenommen werden. Einerseits lässt sich dadurch im Sinne eines convenience sampling der Aufwand entscheidend minimieren, andererseits wird auch erwartet, dass das Datenmaterial von den Interviewten aus einem Kontext spezifische Besonderheiten/Unterschiede aufweisen und vielleicht interessante Einblicke in die institutionellen Gegebenheiten der betreffenden Organisation gewähren wird.

Die Auswahlentscheidung ist schließlich noch hinsichtlich der Zahl der Schulen und der Schulform zu präzisieren. Im Hinblick darauf, dass – wie

---

[452] Vgl. Moser 1995, S. 102

[453] Piaget ist zwar dafür kritisiert worden, aber nur auf diesem Wege hat er die kognitive und emotionale Entwicklung in verschiedenen Stadien differenziert verfolgen können.

[454] Nach J. M. Morse berücksichtigt Primärauswahl aussagekräftige Fälle, die über das notwendige Wissen und Erfahrung mit dem jeweiligen Thema oder Gegenstand verfügen, die die Fähigkeit zur Reflexion und Artikulation besitzen, Zeit für die Befragung haben und bereit sind, an der Untersuchung teilzunehmen. Mit Sekundärauswahl sind die Personen gemeint, die nicht alle genannten Kriterien erfüllen, aber bereit sind, sich an einem Interview zu beteiligen. Vgl. Flick 2002, S. 110 f

oben ausgeführt - auch eine relativ hohe Zahl von Interviews kein verallgemeinerungsfähiges Resultat erbringen würde, und im Interesse eines ökonomischen Vorgehens erfolgt hier eine Festlegung auf nur zwei Schulen. Es soll eine (im Sinne des Niedersächsischen Schulgesetzes) eigenverantwortliche Haupt- und Realschule aus dem Stadtgebiet und eine stadtnahe Schule gleichen Typs ohne den Status der Eigenverantwortlichkeit ausgewählt werden. Wären erhebliche Unterschiede zwischen der städtischen und der eher ländlichen Schule hinsichtlich der Einschätzung des Autonomieproblems zu erwarten, könnte von einer Sampling-Strategie gesprochen werden, die extreme Fälle berücksichtigt.[455] Eine solche Differenz soll nicht von vornherein angenommen, aber auch nicht ausgeschlossen werden. Aus beiden Schulen soll neben der Schulleitung eine besonders erfahrene und reflexionsfähige Lehrkraft ausgewählt werden, die an beiden Schulformen unterrichtet. Aus der Schulbehörde werden die für die jeweilige Schule zuständigen Dezernenten ausgewählt.

Die verschiedenen unhintergehbaren subjektbezogenen Einflussfaktoren, wie Geschlecht, Alter, Zugehörigkeit zu einem Lehrerverband, sollen – wiederum aus ökonomischen Gründen - weder bei der Fallauswahl noch bei der Auswertung des Datenmaterials besonders berücksichtigt werden.

2.3.3 Samplestruktur

Aus den oben diskutierten Auswahlentscheidungen ergibt sich folgende einfache Samplestruktur:

Schulen	*Dezernent*	*Schulleiter*	*Konrektor*	*Lehrkraft*
HS/RS Stadtgebiet (eigenverantwortlich)	x	x	x	x
HS/RS ländlich	x	x	x	x
Zahl der Interviews	2	2	2	2

Die Interviews sollen als Einzelinterviews durchgeführt werden. Denkbar wären auch schulbezogene Gruppeninterviews. Bei der Spezifität der Gruppen würden sich aber nach Meinung des Verf. die in der Literatur diskutierten Nachteile dieser Methode[456] besonders deutlich zeigen (Dominanz einzelner

---

[455]   Eine Übersicht über die möglichen Samplestrategien gibt Flick 2002, S. 108 ff
[456]   Vgl. Flick 2002, S. 170 ff

Teilnehmer; Konsensbildung im Interview; Überforderung des Interviewers als Moderator und Zuhörer; Auswertungsprobleme).

Ob die hier getroffenen Auswahlentscheidungen sich im Hinblick auf die Beantwortung der Forschungsfragen als angemessen erweisen, kann erst nach der Durchführung der vorgesehenen Interviews beurteilt werden. Eine Veränderung der Samplestruktur wird nicht ausgeschlossen. Diese methodische Flexibilität markiert einen entscheidenden Vorteil qualitativer gegenüber quantitativer Forschung.

2.4 Zu den Gütekriterien

Es ist weitgehend unstrittig, dass für qualitative wie für quantitative Forschung Gütekriterien erforderlich sind. Sie stellen die Maßstäbe für Forschungsprozesse und -ergebnisse dar.[457] Die folgenden Ausführungen beziehen sich auf den von Steinke (2004) vorgelegten Kriterienkatalog für die qualitative Forschung.[458] Die für diese Untersuchung u. E. relevanten Kriterien werden im Folgenden benannt, kurz beschrieben und mit den Indikatoren versehen. Es wird nicht ausgeschlossen, dass unerwähnte Kriterien nicht auch - wenigstens ansatzweise - Berücksichtigung finden.

1. **Intersubjektive Nachvollziehbarkeit:** Sie soll eine kritische Verständigung über die Arbeit ermöglichen. In dieser Untersuchung wird sie durch eine sorgfältige Dokumentation des Forschungsprozesses gewährleistet, die sich auf das Vorverständnis, die Erhebungsmethode, den Erhebungskontext, die Transkriptionsregeln, die Daten und die Auswertungsmethode erstreckt.

2. **Indikation des Forschungsprozesses:** Dieses Kriterium prüft die Angemessenheit des gesamten Forschungsprozesses. Ihm wird durch die Begründung für das qualitative Verfahren und die Methoden zur Auswahl und Auswertung sowie eine Beschreibung der Samplestrategie und der Transkription Rechnung getragen.

3. **Empirische Verankerung:** Nach Steinke muss die Bildung und Prüfung von Hypothesen bzw. Theorien in der qualitativen Forschung empirisch, d. h. in den Daten, begründet sein. Bei der Präsentation und Diskussion der Ergebnisse werden in dieser Untersuchung interpretierende Aussagen durch Textbelege gestützt.

---

[457] Vgl. Fichten/Meyer: Gütekriterien der Teamforschung. Unveröffentlichtes Manuskript (ohne Jahresangabe) S. 1.
[458] Vgl. Steinke in: Flick/Kardoff/Steinke (Hrsg.) 2004, S. 319 – 331.

4. Relevanz: Dieses Kriterium zielt auf den praktischen Nutzen der im Forschungsprozess generierten Theorie. Es wurde bereits darauf hingewiesen, dass diese Arbeit nicht als Theorie generierend im eigentlichen
Sinne ausgewiesen werden kann. Es geht vielmehr um ein Vergleichen
und vertiefendes Ausleuchten von Expertenmeinungen zu verschiedenen
Dimensionen des Themas „Autonomie". Die daraus interpretativ gewonnenen Einsichten können allerdings zu einer veränderten Sichtweise hinsichtlich bestimmter schulpraktischer Probleme und zu Praxis verän-
dernden Anregungen führen. Hier zeigt sich ein wichtiger Ansatzpunkt
für Weiterarbeit.

3.   Der Gesprächsleitfaden

3.1   Vorbemerkungen

Für die Entwicklung eines Gesprächsleitfadens sind zwei Schritte von besonderer Bedeutung: die dimensionale Analyse des Themenbereichs mit der Entscheidung über die untersuchungsrelevanten Gegenstandsdimensionen und –
daran anschließend – deren eindeutige sprachliche Fassung.

Die Strukturierung des Objektbereichs „Autonomie für die Schule" ist –
wenn auch nicht systematisch – im Theorieteil erfolgt. Dem Untersuchungsinteresse entsprechend sollen diese Gegenstandsdimensionen (Teilaspekte,
Problemfelder) in den (Experten-)Interviews thematisiert werden. Sie werden
im Folgenden zunächst benannt und mit einer Erläuterung versehen, die den
Bezug zum theoretischen Teil herstellt. Anschließend wird die Leitfrage formuliert. Die zu einigen Themen zusätzlich genannten Detailfragen können
Tiefe und Breite gewährleisten, müssen aber nicht zwingend im Gespräch
gestellt werden.

Nach Meuser/Nagel soll ein Leitfaden für das Experteninterview nur
Themen enthalten, die angesprochen werden sollen, nicht aber detaillierte
und ausformulierte Fragen.[459] Die hier eher an Flick orientierte Verfah-
rensweise ist keineswegs nur einem gewissen Sicherheitsdenken geschuldet,
sie erscheint vielmehr im Sinne des formulierten Untersuchungsinteresses als
notwendig. Gleichwohl soll in den Gesprächen - so weit wie möglich - auch
eine offene und flexible Interviewführung angestrebt werden, weil - wie unter
2.2.1 ausgeführt - die Hervorbringung neuer Facetten des Themas durch die
Interviewten, „unerwartete Themendimensionierungen der ExpertInnen"
(Meuser/Nagel) nicht nur nicht verhindert, sondern geradezu ermöglicht wer-

---

[459] Vgl. Meuser/Nagel in: Friebertshäuser/Prengel 2003, S. 487.

den sollen. Trotz der Berücksichtigung von offenen Fragen und des Zulassens von Erzählungen kann allerdings nicht von einer methodeninternen Triangulation gesprochen werden, denn eine solche liegt nach Flick nur dann vor, „wenn die unterschiedlichen Zugänge innerhalb einer Methode systematisch und theoretisch begründet werden."[460]

3.2   Entwicklung des Leitfadens

I. Philosophie der Autonomie (Freiheit)

Mit einer für die Einführung in das Gespräch geeigneten offenen Frage wird dem Interviewten Raum gegeben, seine Assoziationen zum Begriff „Autonomie für die Schule" darzulegen. Erwartet werden Gedanken und Begründungen, wie sie im Theorieteil vor allem in den Kapiteln 3, 4, 7 u. 8 beschrieben wurden.

Als eine schlüssige Begründung wurde dort z. B. erachtet, dass mehr Freiheit zur Entwicklung von Schule in Zeiten raschen Wandels erforderlich sei. Zu beachten ist auch die bei H. G. Rolff vertretene Auffassung, dass Autonomie dazu beitrage, Arbeitszufriedenheit und Effizienz zu sichern, und vielleicht sogar als Strukturmerkmal von Professionalität auch im Lehrerberuf zu bezeichnen sei.

Leitfrage:

„Welche Assoziationen verbinden Sie mit ‚Autonomie für die Schule'?"

Detailfrage:

- „Konkretisieren Sie bitte: Freiheit - wovon und Freiheit - wofür?"

II. Die Rolle des Staates

Die im Theorieteil vertretene Auffassung lässt sich wie folgt zusammenfassen: Der Staat sollte so wenig wie möglich eingreifen, aber bestimmte Entscheidungen (über den Fächerkanon, in gewissem Umfang über Lernziele und Standards) müssen beim Gesetzgeber verbleiben. Kontextuelle Steuerung und Supervision wurden als geeignete staatliche Steuerungsinstrumente beschrieben. Gezielte Maßnahmen staatlicher Steuerung werden im nächsten Themenkomplex zur Sprache gebracht.

---

[460] Flick 2004, S. 48

„Nach dem Grundgesetz kann der Staat seine Regulationspflicht nicht ganz aufgeben. Er ist verfassungsrechtlich verpflichtet, für ein sozial gerechtes und leistungsstarkes Schulsystem zu sorgen. Wie lässt sich diese Verpflichtung mit schulischer Autonomie verbinden?"

III. Externe Steuerung

An dieser Stelle werden konkrete Maßnahmen der neuen staatlichen Output-Steuerung [461] angesprochen.

Schulinspektion wurde im Theorieteil mit dem Hinweis auf die Komplexität und relative Uneinsehbarkeit des autopoietischen Systems Schule kritisch beurteilt. Hinsichtlich der in Niedersachsen üblichen Jahrgangstests wurde auf folgende Nebenwirkung verwiesen: Lernen mit Ergebnisorientierung statt Prozessorientierung.

Leitfrage:

„In Niedersachsen wird mit Schulinspektion und zentralen Jahrgangstests extern gesteuert. Wie schätzen Sie die Wirksamkeit dieser Steuerungsmaßnahmen ein?"

IV. Schulinterne Steuerung

Den Interviewpartnern werden interne Steuerungsmaßnahmen zur Beurteilung vorgelegt. Das Interesse richtet sich u. a. darauf, ob die Stärkung der Position des Schulleiters von den Lehrkräften als Autonomieverlust empfunden wird.

Leitfrage:

„Mehr Freiheit korreliert mit mehr Verantwortung. Welche Auswirkungen erwarten Sie schulintern?"

---

[461] Es wird in der Bildungspolitik von einem Paradigmenwechsel von der Input-Steuerung, deren Maßnahmen sich u. a. auf Richtlinien, Lehrpläne, Aus- und Fortbildung bezogen, zur Output-Steuerung gesprochen, bei der die Ergebnisse schulischer Arbeit im Hinblick auf verbindlich vorgeschriebene Bildungsstandards evaluiert werden. Die seit Februar 2006 flächendeckend durchgeführte Schulinspektion in Niedersachsen mit dem zentralen Ziel, die Qualität der einzelnen Schulen festzustellen, wird hier den Maßnahmen der Output-Steuerung zugerechnet. Zur Konzeption der Niedersächsischen Schulinspektion s. Hahn, R., 2007.

Die vorzusehenden Detailfragen richten sich auf die gestärkte Position des Schulleiters, auf die Selbstevaluation der Schule und darauf, ob sich größere Selbstgestaltungsfreiheit auf die Arbeit der Lehrkräfte auswirken wird.

V. Schulklima

In diesem Zusammenhang werden möglicherweise Beiträge von Pkt. I. und IV. wieder aufgegriffen. Hier soll gezielt nachgefragt werden, ob schulische Autonomie - wie im Theorieteil behauptet - zu einer Stärkung der Arbeitszufriedenheit der Lehrkräfte, einer besseren Zusammenarbeit mit Schülern und Eltern und damit zu einem besseren Schulklima beitragen kann oder ob eher Kooperationsprobleme erwartet werden.

Leitfrage:

„Wie schätzen Sie den Einfluss von größerer Autonomie auf das Schulklima ein?"

Diese Frage soll ggf. wie folgt konkretisiert werden:

„Welche positiven/negativen Auswirkungen auf die Kooperation, auf die Zusammenarbeit mit Eltern und Schülern, auf das Schulklima erwarten Sie von größerer Schulautonomie?"

VI. Unterricht

Diese Dimension wurde im Theorieteil nur peripher im Zusammenhang mit der Luhmann'schen Theorie der Autopoiesis angesprochen.

Leitfrage:

„Wie wird sich Ihrer Meinung nach größere schulische Autonomie auf die unterrichtliche Arbeit auswirken?"

VII. Marktmodell

In der Literatur wird das Marktmodell (gekennzeichnet durch die freie Entscheidung der Schule über ihr Bildungsangebot, freie Schulwahl durch die Eltern, einen hohen Grad an Autonomie für die Schule, Sponsoring der Schule durch Privatwirtschaft, Führung der Schule quasi als Wirtschaftsbetrieb) vielfach negativ bewertet, da es weder zur Leistungssteigerung noch zur Reduzierung der sozialen Ungleichheit beitrage.

Leitfrage:

„Neoliberalisten u. a. fordern eine stärkere Marktorientierung im Bildungsbereich wie in den Niederlanden und den angelsächsischen Ländern. Man
spricht von „Quasi-Märkten" im Schulbereich. Wie ist Ihre Meinung dazu?"

Zusätzlich soll erfragt werden, ob die Probanden es für denkbar halten,
dass die Schule wie ein Wirtschaftsbetrieb geführt wird.

VIII. Funktion der Schule

Bei der Untersuchung dieser Dimension des Themas „Autonomie" sollen
nicht die bekannten, vielfach beschriebenen und abgesicherten gesellschaftlichen Funktionen des Bildungssystems in modernen Gesellschaften
(Reproduktions-, Qualifikations-, Allokations-, Integrationsfunktion) mit ihren individuellen Handlungs- und Entwicklungschancen in Frage gestellt
werden[462]. Das Interesse ist vielmehr darauf gerichtet, ob die im Theorieteil
eher negativ beurteilte gegenwärtige Akzentuierung der Qualifikationsfunktion als Problem angesehen wird.

Leitfrage:

„Viel diskutiert wird die Frage nach der Funktion der Schule heute. Unterschiedliche Auffassungen kommen in folgenden Polaritäten zum Ausdruck:

– Bildung des Einzelnen versus Bildung des Staatsbürgers

– kritische Persönlichkeit versus berufstüchtige Persönlichkeit

– gesellschaftsstabilisierende Funktion versus gesellschaftsverändernde
   Funktion

Wie würden Sie sich positionieren?"

In möglichen Detailfragen soll die Gefahr einer Instrumentalisierung der
Bildung, der Stellenwert des Leistungsgedankens in der Hauptschule und vor
allem die Bedeutung des Erziehungszieles „Mündigkeit" angesprochen werden. Die größere Gestaltungsfreiheit (relative Autonomie) der Schule soll u.
E. der wohlverstandenen Autonomie der Schülerinnen und Schüler dienen;
dieses Ziel darf nicht aus den Augen verloren werden.

---

[462] Eine neue übersichtliche Darstellung der Doppelfunktion des Bildungswesens findet
       sich bei Fend 2006, S. 49 ff

IX. Schulsystem

Das Problem der Struktur des Schulsystems ist nicht zwingend dem Thema „Autonomie für die Schule" zuzuordnen. Die Frage, welche Schulform mit größerer Gestaltungsfreiheit ausgestattet werden soll, ist gleichwohl nicht gänzlich uninteressant. Denkbar wäre z. B., dass Schulfachleute sich für den Erhalt der Hauptschule mit einem äußersten Grad von Autonomie aussprechen.

Die Leistungsfähigkeit des dreigliedrigen Schulsystems in der Bundesrepublik Deutschland wird seit Jahrzehnten kontrovers diskutiert. Den eher konservativen Befürwortern stehen mit guten Argumenten die Vertreter einer integrativen Schulorganisation gegenüber.[463]

Leitfrage:

„Durch PISA ist der Gesamtschulgedanke wieder belebt worden. Wie beurteilen Sie die Dreigliedrigkeit des Schulsystems?"

X. Reflexion der eigenen Rolle

Leitfrage:

In unserem Gespräch ist Ihre Einstellung zur Autonomie von Schule deutlich geworden. Wie können Sie in Ihrer schwierigen Rolle den Autonomiegedanken und die Schulentwicklung unterstützen?

Im negativen Fall: Welche Bedeutung hat Ihre Einstellung im Hinblick auf Ihr Handeln?

---

[463] Eine gut lesbare Einführung in die Problematik geben Meyer/Vogt in: Schulpädagogik 1997, Bd. 2, S. 45 bis 69

3.3   Der Leitfaden – schematisch

Dimension/   Fragestellungen
Themenkomplex

Dimension/Themenkomplex	Fragestellungen
I. Philosophie der Autonomie	Leitfrage: Welche Assoziationen verbinden Sie mit „Autonomie für die Schule"? Nachfrage/Detailfrage: • Freiheit - wovon und wofür?
II. Die Rolle des Staates	Leitfrage: Nach dem Grundgesetz kann der Staat seine Regulationsfunktion nicht ganz aufgeben. Er ist verfassungsrechtlich verpflichtet, für ein sozial gerechtes und leistungsstarkes Schulsystem zu sorgen. Wie lässt sich diese Verpflichtung mit schulischer Autonomie verbinden?
III. Externe Steuerung	Leitfrage: In Niedersachsen wird mit Schulinspektion und zentralen Jahrgangstests extern gesteuert. Wie schätzen Sie die Wirksamkeit dieser Steuerungsmaßnahmen ein?
IV. Schulinterne Steuerung	Leitfrage: Mehr Freiheit korreliert mit mehr Verantwortung. Welche Auswirkungen erwarten Sie schulintern? Nachfragen/Detailfragen: • Wie beurteilen Sie die gestärkte Rolle des Schulleiters? • Wie wird sich „schulische Autonomie", also größere Selbstgestaltungsfreiheit, auf die Arbeit der Lehrkräfte auswirken? • Was bedeutet für Sie „Schulqualität"? • Wie bewerten Sie Selbstevaluation als schulinterne Steuerungsmaßnahme?

V. Schulklima	Leitfrage:
	Wie schätzen Sie den Einfluss von größerer Autonomie auf das Schulklima ein?
	Nachfrage/Detailfrage:
	• Welche positiven/negativen Auswirkungen auf die Kooperation, auf die Zusammenarbeit mit Eltern und Schülern, auf das Schulklima erwarten Sie von größerer Schulautonomie?
VI. Unterricht	Leitfrage:
	Wie wird sich Ihrer Meinung nach größere schulische Autonomie auf die unterrichtliche Arbeit auswirken?
VII. Marktmodell	Leitfrage:
	Neoliberalisten und Andere fordern eine stärkere Marktorientierung im Bildungsbereich wie in den Niederlanden und in den angelsächsischen Ländern. Man spricht von „Quasi-Märkten" im Schulbereich. Wie ist Ihre Meinung dazu?
	Nachfrage/Detailfrage:
	• Ist für Sie denkbar, dass Schule wie ein Wirtschaftsbetrieb geführt wird?
VIII. Funktion der Schule	Leitfrage:
	Viel diskutiert wird die Frage nach der Funktion der Schule heute. Unterschiedliche Auffassungen kommen in folgenden Polaritäten zum Ausdruck:
	– Bildung des Einzelnen versus Bildung des Staatsbürgers
	– kritische Persönlichkeit versus berufstüchtige Persönlichkeit
	– gesellschaftsstabilisierende Funktion versus gesellschaftsverändernde Funktion

	Wie würden Sie sich positionieren?
	Nachfragen/Detailfragen:
	• Sehen Sie die Gefahr einer Instrumentalisierung der Bildung?
	• Wird der Leistungsgedanke zu sehr in den Vordergrund gerückt?
	• Welche Bedeutung hat für Sie ein Erziehungsziel/Unterrichtsziel 'Mündigkeit' und wie lässt es sich Ihrer Meinung nach realisieren?
IX. Schulsystem	Leitfrage: Durch PISA ist der Gesamtschulgedanke wieder belebt worden. Wie beurteilen Sie die Dreigliedrigkeit des Schulsystems?
X. Reflexion der eigenen Rolle	Leitfrage: In unserem Gespräch ist Ihre Einstellung zur Autonomie von Schule deutlich geworden. Wie können Sie in Ihrer schwierigen Rolle den Autonomiegedanken und die Schulentwicklung unterstützen? (Im negativen Fall): Welche Bedeutung hat Ihre Einstellung für Ihr Handeln?

4. Datengewinnung

4.1 Zur Durchführung der Interviews

Der Leitfaden wurde in einem Interview mit dem Leiter einer nicht beteiligten Schule erprobt. Er erwies sich als gut handhabbar und lieferte aus der Sicht beider Interviewpartner brauchbare Daten.

Die für diese Untersuchung relevanten Interviews fanden in der Zeit vom 09.06.06 bis 27.07.06 statt.

Bei der Durchführung der Interviews ergaben sich keine wesentlichen Probleme. Der Interviewer war den Interviewten hinsichtlich seines professionellen Hintergrundes bekannt.

Bogner/Menz unterlegen der Wahrnehmung des Interviewers durch den Experten sechs Typen von Zuschreibungen,[464] die allerdings selten in Reinform auftreten. Der Verfasser wurde nach eigener Einschätzung als „Co-Experte", „Komplize" und „Autorität" mit allen daraus resultierenden Vorteilen angesehen.

Es ergab sich in jedem Fall eine horizontal ausgerichtete Kommunikationsstruktur, wobei der Interviewer sich zurückhielt und sich auf wenige Nachfragen und affirmative Redewendungen/Floskeln beschränkte.[465]

Es erwies sich als unproblematisch, die Befragten zum Reden zu bringen. Die erwarteten narrativen Passagen finden sich in allen Interviews.

Um den Vergleich der Fälle bei der Auswertung zu erleichtern, wurde – vielleicht zu stringent - auf die Einhaltung des Leitfadens geachtet. In einigen Gesprächen ergab sich eine Änderung der Reihenfolge der Fragen; in Einzelfällen wurde auf Detailfragen verzichtet.

4.2   Zur Datenaufbereitung

Die circa 40 bis 60 Minuten langen Interviews wurden mit einem Kassettenrekorder aufgenommen, auf CDs überspielt, vollständig transkribiert und anonymisiert. Auf eine genaue Erfassung von Betonungen, Sprechpausen oder anderen Auffälligkeiten wurde weitgehend verzichtet, weil das Erkenntnisinteresse auf den sachlichen Inhalt der Beiträge gerichtet ist.

Bei der Auswertung der Interviews wurden in wenigen Fällen überflüssige Gesprächsteile ausgespart.

---

[464] Vgl. Bogner/ Menz in: Bogner/Littig/Menz (Hrsg.) 2002, S. 50.
[465] Das „Engagement" des Interviewers wird in der Literatur unterschiedlich eingeschätzt (vgl. Bogner/Menz in Bogner/Littig/Menz 2002, S. 51, Fußnote).

4.3 Das Auswertungsverfahren

4.3.1 Vorbemerkungen

Das für die Auswertung der Interviews gewählte Verfahren besteht in einer zusammenfassenden Inhaltsanalyse und folgt im Wesentlichen einer Reduktionsstrategie in Anlehnung an Mayring[466] und dem „Pragmatischen Mischmodell der qualifizierten Inhaltsanalyse" von Fichten/Meyer.[467]

Nach Mayring ist die zusammenfassende Inhaltsanalyse eine von vier möglichen Vorgehensweisen, die sich anbietet, wenn nur ein Interesse an der inhaltlichen Ebene des Materials besteht und eine Komprimierung zu einem überschaubaren Kurztext benötigt wird.[468] Genau das ist in dieser Arbeit der Fall. Für die schrittweise durchzuführende Textreduktion (ein Destillationsverfahren) werden Anregungen von Fichten/Meyer aufgenommen und mit Abweichungen verwendet. Die einzelnen Arbeitsschritte dieses ökonomischen Verfahrens werden im Folgenden an einer ausgewählten Sequenz exemplarisch dargestellt.

4.3.2 Die Auswertungsschritte

4.3.2.1 Sequenzierung

Fichten/Meyer sehen als ersten Arbeitsschritt innerhalb des Verfahrens die Sequenzierung (thematische Gliederung) von Texten vor. In der vorliegenden Untersuchung werden die zu einer Dimension des Themas gehörenden Gesprächsteile als Sequenz bezeichnet. Eine größere Länge des Textes wird dabei in Kauf genommen. Neue durch Detailfragen innerhalb einer Dimension sich ergebende Sinneinheiten werden als neue Sequenz ausgewiesen. Sequenzen sind also Sinneinheiten innerhalb einer Dimension.

Die ausgewählte Sequenz bezieht sich auf die erste Frage des Interviews, bei der der Interviewpartner Gedanken zur Autonomie von Schule äußern soll. Sie hat folgenden Wortlaut:

I. *Herr ... ich sage erstmal herzlichen Dank dafür, dass Sie sich bereit erklärt haben, sich diesem Interview zu stellen. Das ist nicht selbstverständlich. Meine erste Frage – oder ich formuliere etwas anders: Sie dürfen philosophieren, wenn ich sage: Autonomie für die Schule, welche Gedanken verbinden Sie damit?*

---

[466] Vgl. Mayring in: Flick/Kardoff/Steinke (2004), S. 468 - 475

[467] Fichten/Meyer: Pragmatisches Mischmodell der qualitativen Inhaltsanalyse. Unveröffentlichtes Manuskript (Stand: 01.02.2006)

[468] Mayring in: Flick u. a. (2004), S. 472

IP. Ja, das erste, was ich damit verbinde ist, viel mehr Arbeit für die Schulleitung. Schade, dass grad der Gedanke als erster kommt, aber in Anbetracht der Tatsache, dass wir eh schon bis zum Anschlag arbeiten und jetzt noch mehr Dinge dazu kommen sollen, das ist eigentlich für mich kaum vorstellbar, wie man das noch bewerkstelligen soll. Es ist ja im Augenblick so, dass gerade die Konrektoren nicht gerade sehr gesegnet sind mit Stunden. Und ich kann's mir überhaupt nicht vorstellen, ich hab die Woche voll mit Arbeit, ich arbeite auch am Wochenende, und ich weiß nicht, wo da noch Zeit dafür übrig bleiben soll. Ansonsten finde ich den Aspekt, dass man selber Kollegen einstellen kann, dass man selber für seinen Etat zu sorgen hat, schon ne gute Idee, nur es müsste halt ... man müsste den Kopf frei haben dafür. Und es ist im Augenblick so, dass der zwischen Klassen und Unterricht und Verwaltungsarbeit einfach nicht frei ist, der Kopf dafür; Prüfungen und was noch alles dazu gekommen ist in den letzten Jahren. Von daher sehe ich das als ein bisschen schwierig an, sehr schwierig.

I. *Und Autonomie oder Freiheit wovon, wenn Sie sie im Grunde für erstrebenswert halten, obwohl jetzt vielleicht schwer realisierbar, Autonomie wovon und Autonomie wofür? Könnten Sie dazu einige Gedanken sagen?*

IP. Ja, Autonomie wofür: Man könnte versuchen, obwohl das jetzt eigentlich auch möglich ist, in einem bestimmten Rahmen eigene Perspektiven zu erarbeiten, eigene Vorstellungen von Unterricht zu verwirklichen und durchzuführen, die man eben mit dem Kollegium gemeinsam erarbeitet. Das würde ich schon gut finden. Ich habe mal, das ist schon einige Jahre her, in der Uni, das Peter Petersen-Prinzip gehabt in einer Vorlesung, und ich fand das faszinierend, weil dort mehr auf die Kinder eingegangen wird. Und nur, ob das wirklich durch diese Selbständigkeit, die eigenständige Schule wirklich passiert, oder ob man da vor lauter Verwaltungswust wieder den Kopf noch mehr voll hat, das weiß ich nicht. Also das wär schon ne Möglichkeit. Oder selber auch bestimmen zu können, dass man die Stundentafel erweitert, dass man die in ne bestimmte Richtung erweitert. Das macht man im Endeffekt ja sowieso aus Kürzungszwang sowieso schon, also hier kürzen wir oder da kürzen wir, damit wir da noch etwas beibehalten können. Die Profilbildung besteht nicht darin, dass man zusätzlich noch etwas macht, sondern die Profilbildung besteht darin, wo kürzen wir nun am wenigsten, und das ist dann unser Profil. So sehe ich das. Und wenn man davon freikommen könnte, wär das toll. Aber das ist, denke ich, eine Fi-

178

nanzfrage, und auch durch die selbständige Schule wird sich da nicht so furchtbar viel ändern. Was ich gut finden würde, wenn man z. B. auf dem freien Markt – in Häkchen - Lehrer einkaufen könnte, auch beschäftigen könnte. Z. B. fehlt's uns an Französischlehrern. Es gibt zwar Leute, die Französisch gelernt haben, die unterrichten können, aber die werden nicht eingestellt, weil keine Planstellen frei sind. Wenn das damit verbunden wäre, dass man das machen könnte, dann wär das schon Freiheit.

4.3.2.2 Paraphrasierung (textnahe Inhaltsangabe)

Bei diesem Schritt wird die Sequenz von überflüssigen Teilen befreit (lt. Duden bedeutet Paraphrase allerdings „die verdeutlichende Umschreibung eines Textes mit anderen (mehr) Worten"). Es erfolgt hier eine komprimierte textnahe Inhaltsangabe direkt am Wortlaut des „gereinigten" Textes:

Der Interviewte thematisiert als erstes einen negativen Aspekt. Für ihn bedeutet „Autonomie" viel mehr Arbeit für die Schulleitung. Ihm stellt sich die Frage, woher er die Zeit dafür nehmen solle. Er könne sich das gar nicht vorstellen, denn er habe die Woche voll mit Arbeit und arbeite auch am Wochenende. Er hielte es schon für eine gute Idee, selber Kollegen einstellen zu können und für seinen Etat zu sorgen, nur müsse man dafür den Kopf dafür frei haben. Das sei bei der Unterrichtsverpflichtung, der Verwaltungsarbeit und den Prüfungen nicht der Fall. Autonomie würde vielleicht erlauben, was jetzt aber auch schon möglich sei, in bestimmtem Rahmen eigene Perspektiven zu erarbeiten und eigene – mit den Kollegen erarbeitete – Vorstellungen von Unterricht zu verwirklichen, die es ermöglichen würden, mehr auf die Kinder einzugehen. Er frage sich, ob das bei mehr Autonomie wirklich möglich sei oder der Kopf vor lauter Verwaltungswust noch voller werden würde. Eine Erweiterung des Stundenplans in eine bestimmte Richtung wäre erstrebenswert. Profilbildung bestünde derzeit darin, dass man nicht zusätzlich noch etwas anbiete, sondern das zum Profil erkläre, wo am wenigsten gekürzt worden sei. Das müsste anders werden, sei aber eine Finanzfrage, und daran würde sich auch durch die selbständige Schule nicht viel ändern. Er fände es gut, wenn man auf dem freien Markt Lehrkräfte einkaufen und einsetzen könnte. Wenn das gegeben wäre, das wäre Freiheit.

4.3.2.3 Kodierung

Abweichend von Fichten/Meyer wird hier unter Kodierung eine weitere Eindampfung auf das Wesentliche, eine die Distanz zum Wortlaut der Paraphrase vergrößernde Abstraktion verstanden, die mit einer weiteren Angleichung an den Sprachgebrauch des Untersuchenden verbunden ist. Sprachlich ist dieser Schritt durch eine Veränderung der Oberflächenstruktur der Sätze, eine Verkürzung, eine stichwortartige Wiedergabe gekennzeichnet. Dieser Schritt bereitet Schwierigkeiten, wenn Experten druckreif, abstrakt und auf das Wesentliche zielend formulieren.

Negative Assoziation: Mehrarbeit für Schulleitung bei bestehendem großen Zeitmangel aufgrund von Unterrichtsverpflichtungen, Verwaltungsarbeit und Prüfungen.

Positive Aspekte durch Autonomie: Flexibilität bei der Stundenplanung; Verwirklichung schuleigener Unterrichtsvorstellungen; Realisierung einer echten Profilbildung; freier Umgang mit dem Budget; „Einkauf" und Beschäftigung von Lehrkräften.

Vergrößerung des Verwaltungsaufwandes bei Autonomie; Einschränkung der Möglichkeiten durch das Finanzproblem.

4.3.2.4 Resümierung

Fichten/Meyer bezeichnen diesen Schritt als „inhaltliche Zusammenfassung". Auf der Grundlage der Kodierung werden hier die wichtigsten Aussagen des Textes als Medium für den Vergleich mit anderen Fällen zusammengestellt.

4.3.2.5 Darstellung der Sequenzstruktur

Fichten/Meyer bieten dafür mehrere Möglichkeiten an. In dieser Arbeit wird jeweils eine schematisierende Darstellung vorgenommen, die in einigen Fällen verbesserungsfähig erscheinen mag.

Die beiden letztgenannten Schritte werden im Folgenden nebeneinander visualisiert.

4.3.2.4

Die erste Assoziation ist negativer Art: Autonomie wird zu Mehrarbeit für die Schulleitung führen. Es besteht bereits ein großer Zeitmangel aufgrund von Unterrichtsverpflichtungen, Verwaltungsarbeit und Prüfungen. *Bei größerer Autonomie könnten viele Ideen umgesetzt werden: eine größere Flexibilität bei der Stundenplangestaltung, die Realisierung einer echten Profilbildung, die Verwirklichung (schul-)eigener Unterrichtsvorstellungen, freie Verfügung über das Budget, „Einkauf" von „passenden" Lehrkräften.* Es bleibt zu befürchten, dass viele Möglichkeiten am Finanzproblem scheitern oder im „Verwaltungswust" ersticken werden.

4.3.2.5

Autonomie?

= Mehrarbeit für Schulleitung

Zeitproblem der Schulleitung

- *durch Unterrichtsver-
pflichtungen*

- *durch Verwaltungsarbeit*

- *durch Prüfungen*

- *durch …*

Autonomie!

Chancen:

- *Flexibilität bei Stundenplangestaltung*

- *Realisierung vernünftiger Profilbildung* *)[469]

- *Verwirklichung (schul-) eigener*

Unterrichtsvorstellungen

- *freie Verfügung über Budget* *)

- *„Einkauf" von „passenden" Lehrkräften*

Hindernisse:

- *Finanzproblem* *)

- *„Verwaltungswust"* *)

---

[469] Die mit *) gekennzeichneten Gesprächselemente werden unter 5.1.2.1 verwendet.

Die inhaltliche Zusammenfassung und die Sequenzstruktur liefern die Grundlage für den Vergleich der Fälle und die Auswahl von Äußerungen für die Präsentation und Diskussion der Ergebnisse.[470]

Bei der ersten Durcharbeit der Interviews wurden bemerkenswerte Zitate für eine mögliche Verwendung in den einzelnen Kapiteln markiert.

Das skizzierte Verfahren sichert eine gründliche Auseinandersetzung mit den Interviewbeiträgen, eine genaue Beachtung der Argumentation und erleichtert den Vergleich der Fälle. Dass die Trennschärfe zwischen den einzelnen Schritten nicht immer augenfällig ist, wird nicht als gravierend angesehen.

5. Präsentation und Diskussion der Ergebnisse

5.1 Schulfachliche Bewertungen praxisrelevanter Probleme

5.1.1 Vorbemerkungen

Entsprechend dem unter Ziff. 1.2 formulierten Teilziel dieser Untersuchung sollen ausgewählte Antworten und Überlegungen aus den Interviews mit den schulfachlichen Experten zu den unter Ziff. 3.2/3.3 beschriebenen Fragestellungen dargestellt und diskutiert werden. In Niedersachsen wird schulische Autonomie bekanntlich unter dem Etikett „Eigenverantwortliche Schule" behandelt, die ab 01.08.2007 flächendeckend eingeführt werden soll. Es kann daher nicht überraschen, dass im Folgenden Elemente dieses bildungspolitischen und schulpädagogischen Konzeptes kritisch betrachtet werden. Diese Kritik darf nicht als eine Art Abrechnung mit der Schulpolitik in Niedersachsen missverstanden werden, denn über die „Eigenverantwortliche Schule" kann erst nach einer angemessenen Erprobungszeit ernsthaft geurteilt werden. Vorhersagen sind bekanntlich riskant. Die folgenden Ausführungen mögen vielleicht – wenn sie denn gelesen werden - auf sich abzeichnende Fehlsteuerungen aufmerksam machen und in ganz bescheidenem Rahmen Kurskorrekturen mit anstoßen. Es soll auch nicht unerwähnt bleiben, dass an verantwortlicher Stelle bereits Maßnahmen zur Verbesserung des Konzeptes erarbeitet werden.

Für die Präsentation und Diskussion der Ergebnisse wird ein Ansatz gewählt, der als „ganzheitlich" bezeichnet werden soll und im ersten Kapitel wegen des Unterpunktes mit „Gesamtbetrachtung" gekennzeichnet wird. Da-

---

[470] In der dargestellten Weise wurden alle Interviews bearbeitet.

bei werden Interviewbeiträge zur jeweiligen Fragestellung zusammengefasst und auf die aktuelle Autonomiediskussion bezogen. Die Auswahl der Beiträge erfolgt in unterschiedlicher Weise: In einem Kapitel kommt es darauf an, möglichst alle die Dimension ausleuchtenden Meinungen zu erfassen, in anderen werden nur wesentliche, überraschende, kontrastierende Äußerungen berücksichtigt; in zwei Kapiteln schließlich werden die Einstellungen der Statusgruppenvertreter anhand der Resümierungen verglichen.

Bei der Auswertung der Interviews zum Thema „Philosophie der Autonomie" werden unter einem Unterpunkt durch einen Vergleich der Fälle die unterschiedlichen Einstellungen der Vertreter der beiden Schulen und der Dezernenten kurz reflektiert.

5.1.2 Philosophie der Autonomie

5.1.2.1 Gesamtbetrachtung

Trotz eindeutiger Ermutigung über den Begriff „Autonomie" im Hinblick auf Schule zu philosophieren, wird in den Interviews an keiner Stelle der enge Rahmen „Autonomie als Gestaltungsfreiheit" überschritten. Die historische Dimension des Begriffs wird nicht angesprochen. Freiheit als Grundvoraussetzung für eine Erziehung zur Demokratie, zur Demokratisierung der Gesellschaft oder als „Funktionsprinzip von Schule" (I. Richter) kommt nicht in den Blick. Solche Überlegungen können gegenwärtig als unzeitgemäß betrachtet werden. Die im Folgenden näher zu beschreibenden, sehr unterschiedlich formulierten Vorstellungen lassen sich unter dem Motto „Befreiung von administrativen Zwängen für einen größeren Gestaltungsspielraum" zusammenfassen.

Während die kritisierte, im pädagogischen Bereich kontraproduktive Regelungsflut (der Ausdruck spricht für sich) verständlicherweise nicht weiter exemplifiziert wird, gibt es für die Nutzung der erwünschten Gestaltungsfreiheit erwartungsgemäß eine Fülle von Anregungen. Sie soll z. B. der regionalen Anpassung der schulischen Arbeit dienen, Entscheidungsspielraum für verantwortlich Handelnde gewähren, situationsgerechtes Handeln vor Ort ermöglichen, die Gestaltung des eigenen Arbeitsplatzes gewährleisten und zur Schaffung eines geeigneten Lernumfeldes für die Schüler genutzt werden. Sehr ins Einzelne, allerdings auch ins Utopische, gehen die Vorstellungen einer ausgesprochen kompetenten Lehrkraft im Hinblick auf die stundenplantechnischen und klassenbezogenen Gestaltungsmöglichkeiten:

Freiheit zur Bildung von klassenübergreifenden Kleinstgruppen, Flexibilität in der Stundenplangestaltung, Auswahl der Fächer, Kombination von Fächern, Profilbildung.

Zur Profilbildung äußert sich ein anderer Interviewteilnehmer kritisch:

„Die Profilbildung besteht nicht darin, dass man zusätzlich noch etwas macht, sondern die Profilbildung besteht darin, wo kürzen wir nun am wenigsten, und das ist dann unser Profil."

Des Weiteren soll die Freiheit genutzt werden, den üblichen Umgang mit den Rahmenrichtlinien in der Weise zu verändern, dass weniger Stoff gründlicher durchzunehmen wäre, denn es gehe nicht um ein Abhaken von Themen, sondern um die Zusammensetzung zerstückelten Wissens in einigen Bereichen. Eine erfahrene (und tüchtige) Lehrkraft bemerkt dazu:

„Es ist sinnlos, sozusagen die Themen abzuhaken,…, steht in den Richtlinien, hab' ich, steht in den Richtlinien, hab' ich, steht in den Richtlinien, hab' ich. Ich muss sagen, ich mach' mir da schon lange nichts mehr draus. Dafür hab' ich schon zu lange Schule gemacht, und bei bestimmten Dingen sage ich einfach: Mach' ich nicht, mach' ich nicht, mach' ich nicht."

Dabei wird nicht nur zur Abkehr von der angeblich besonders bei jungen Kollegen anzutreffenden Richtliniengläubigkeit aufgerufen, sondern zu Recht darauf verwiesen, dass es keinen Zusammenhang zwischen durchgenommenem Stoff und der Ausbildungsfähigkeit gibt.

„… wer alles bietet, bietet jedem etwas, das (Motto) ist, …, in der Schule nicht angebracht."

Autonomie soll schließlich auch ermöglichen, über das Budget frei zu verfügen und zum Schulprofil passende Lehrkräfte auszuwählen oder „einzukaufen". Damit wird allerdings ein Anliegen formuliert, dem durch das Beamtengesetz eine enge Grenze gesetzt ist. In einem Interview wird ein Zusammenhang hergestellt zwischen größerer Gestaltungsfreiheit und einer daraus sich ergebenden Verantwortung, die Erfolgsaussichten der Schülerinnen und Schüler zu verbessern. Die geringen Chancen vieler Schüler und ihr Scheitern werden im Kontext einer unveränderbaren gesamtgesellschaftlichen Entwicklung gesehen, in der die Jugendlichen als Kaufkraftbesitzer benutzt werden, die diese zwingt, ihre ihnen zur Verfügung stehende Zeit zum Erwerb von Mitteln für den Konsum zu verwenden, anstatt sie in schulische Arbeit zu investieren.

Die mit Entscheidungsbefugnis unauflöslich verbundene Verantwortlichkeit wird gesehen und von einem Probanden kurz so formuliert:

„Es muss dort entschieden werden, wo gehandelt wird. Wer entscheidet, verantwortet auch."

In ausgezeichneter Weise thematisiert er das Verständnis der Lehrkräfte von Freiheit und Verantwortung. Der Zusammenhang sei zwar als Wissen vorhanden, aufgrund der erfahrenen Sozialisation könne das aber im Handeln nicht zum Ausdruck kommen. Die Angst vor Kontrolle beherrsche bei vielen die Psyche. Man sehe sich in einer Opferrolle, die allerdings als bequem zu bezeichnen sei, weil sie von der Rechenschaftslegung entbinde. Die Verantwortung wird bei denen gesehen, die eine definierte Machtposition innehaben und aus dieser heraus inquisitorisch tätig werden. Für den Interviewpartner muss dieses neue Prinzip von Freiheit – Verantwortung – Rechenschaftslegung erst erfahren und in einem langen Prozess internalisiert werden. Verantwortlicher Umgang mit Freiheit sei an einen hohen Beteiligungsgrad bei allen Entscheidungsprozessen gebunden, wobei immer deutlich sein müsse, wo der Einzelne auch Verantwortung zu tragen habe.

Eine Grenze für einen sinnvollen Umgang mit Gestaltungsfreiheit wird als Mentalitätsproblem beschrieben. Nicht wenige Kollegen und vor allem auch junge Lehrkräfte, denen zum Teil ein Mangel an perspektivischem Denken unterstellt wird, zeigten eine Beamtenmentalität: Sie fühlten sich nach der Verbeamtung in Sicherheit und handelten angstbesetzt nach Vorschrift.

„Ich neige manchmal zu dem Spruch hier ...: Gibt's hier eigentlich 'n Denkverbot? Da zucken einige zusammen."

Diese von Lehrkräften beider Schulen getroffene Feststellung ist nicht ohne Brisanz. Sie bedürfte in Bezug auf die jungen Lehrkräfte einer weiteren Untersuchung und wirft Fragen auf hinsichtlich der Ausbildung in der ersten und zweiten Phase, denen hier nicht nachgegangen werden kann, und den Möglichkeiten einer Veränderung dieser Einstellung.

Aus den folgenden Ausführungen, in denen der Fokus auf die Einschätzung von mehr Autonomie im Sinne von größerer Eigenverantwortlichkeit gerichtet wird, ergibt sich, dass die Voraussetzungen dafür nicht unbedingt als günstig zu bezeichnen sind: Vertreter beider Schulen zeigen große Skepsis hinsichtlich der weiteren Entwicklung. Ein Interviewpartner der Schule B äußert die Befürchtung, dass es viel mehr Arbeit für die Schule geben werde, wo doch heute schon die Zeit fehle, und dass die Finanzfrage die Möglichkeiten der Eigenständigkeit eingrenzen und der Verwaltungswust sie zum größten Teil ersticken würde.

Eine Vertreterin der Schule A spricht von unerfüllten Hoffnungen:

„... auf der einen Seite soll die Autonomie diesen Freiraum bieten, größere Selbständigkeit, ich hab' aber den Verdacht jetzt, es wird alles viel kleinschrittiger, viel kleinschrittiger vorgegeben und vorstrukturiert und verordnet, ... , diese Hoffnung, die man auch da reingesetzt hat, an positiver Entwicklung erstmal, das sehe ich noch nicht."

Auch aus Äußerungen anderer Interviewpartner lässt sich eine negative Einschätzung der Autonomie, eine Abwehrhaltung ihr gegenüber erkennen.

Diese offenbar verbreitete Skepsis, verbunden mit einem bei vielen Lehrkräften [471] vorhandenen Gefühl, ständig unter Zeitdruck und unter dem Druck von Seiten der Eltern, der Schüler und des Stoffplanes zu stehen, markiert eine schlechte Ausgangssituation für die Implementierung so umwälzender Veränderungen, die sich seit 2001 daraus ergeben, dass Qualität von Schule neu definiert und die Akzente zur Umgestaltung „von oben" (top down) gesetzt werden, wodurch Autonomie paradoxerweise als verordnete („Gestaltet selbst, aber nach unseren Vorschriften!"), als „Schulautonomie an der kurzen Leine", als verschärfte Fremdbestimmung erscheinen muss.

H. G. Rolff hat zu Recht darauf hingewiesen, dass Autonomie mit Emanzipation gemeinsam hat, dass sie von den Betroffenen gewollt, gelebt und in der Regel auch erkämpft werden muss. [472]

Zu dieser misslichen Situation hat sicher beigetragen, dass der diesen notwendigen Prozess begleitende Sparzwang sich in vielen Köpfen verselbständigt hat, so dass er als Auslöser für die (nach den obigen Ausführungen fragwürdige) Autonomie betrachtet wird. Wenn dann erwartete Freiräume ausbleiben, kann es nicht überraschen, dass der Verwendung des Begriffs „Eigenverantwortliche Schule" ein gewisser Zynismus unterstellt wird und sarkastische Formulierungen wie „Schulen wird nicht mehr Eigenverantwortung, sondern Verantwortung übertragen" (GEW) nicht ausbleiben.

Wesentlich scheint u. E. aber auch zu sein, dass in keiner Weise versucht worden ist, eine Art „Aufbruchstimmung", ein „Zukunftsleuchten" (Horx) im Hinblick auf die Bildungssituation in Deutschland zu erzeugen, um nicht von einem „Klinsmann-Effekt" (eine strapazierte, aber erklärungswirksame Redeweise) im bildungspolitischen Raum zu sprechen. Selbstgestaltungsfreiheit, Eigenverantwortlichkeit wird nicht als positive Option begriffen.

Es ist sicherlich zutreffend, dass anders als bei der Implementierung der „guten Schule", die ihre Ausprägung von der Basis her erfuhr, mit der Einführung neuer Bildungsstandards von oben gesteuert werden muss. Aber die

---

[471] Diese Generalisierung stützt sich auf viele Gespräche des Verf. mit Lehrerinnen und Lehrern.

[472] Den Behörden und Politikern hat H.-G. Rolff geraten, behutsam mit Autonomiekonzepten umzugehen: „Denn wenn der Kaffee erst einmal angebrannt ist, wird er auch durch Abkühlen nicht schmackhafter." H.-G. Rolff, 1995

Lehrer an den Schulen haben diese Vorstellungen umzusetzen. Daher wäre es wichtig (gewesen), sie von vornherein mitzunehmen. Offenheit und Transparenz von Weg und Ziel sind dafür notwendige Voraussetzungen. So aber steht drohend im Raum die Reaktion des Sisyphos, der bekanntlich die Götter mit Nichtbeachtung strafte, die im schulischen Bereich auf mancherlei Weise zum Ausdruck kommen kann.

5.1.2.2 Anmerkungen

Nach einem anhand der Resümierungen und Sequenzstrukturen vorgenommenen Vergleich der Fälle lassen sich mit der gebotenen Vorsicht folgende Schlussfolgerungen ziehen:[473]

Die Einschätzungen der Vertreter der eigenverantwortlichen Schule A sind von anderer Qualität als jene der Schule B. Das kann nicht überraschen. Durch jahrelange Arbeit am schuleigenen Profil zeigen sie eine wesentlich größere Aufgeschlossenheit dem Autonomiegedanken gegenüber und ein höheres Informationsniveau. Ihre Bewertung der derzeitigen Situation lässt sich mit „Enttäuschung von Erwartungen" beschreiben. Sie hatten eine Sanktionierung ihrer immer schon in Anspruch genommenen Gestaltungsfreiheit und eine weitere „Entgrenzung" erwartet. Die Reaktion der Vertreter der Schule B lässt sich eher als eine Mischung beschreiben aus Angst vor Neuem, verbunden mit Widerstand, Unsicherheit wegen mangelnder Information, Misstrauen gegenüber den in der Formel „Selbstgestaltungsfreiheit" (scheinbar) offerierten Möglichkeiten und Zweifel am eigenen Vermögen, solche Freiräume effizient nutzen zu können. Die Schule B kann – wie vermutlich viele andere im Lande – als Beispiel für die Bestätigung einer Erkenntnis der schwedischen Organisationsforschung herangezogen werden, nach der Reformen, die als organisationsverändernd wahrgenommen werden, häufig Blockierungen hervorrufen und nicht zum Wandel der Organisationen beitragen. Dass auf der „talk-Ebene" oft Reformbereitschaft signalisiert wird, während auf der „action-Ebene" der Organisation sich nichts verändert, ist eine weitere nicht unwesentliche Erkenntnis.[474] Am Beispiel der Schule A lässt sich beobachten, dass Profilbildung und Arbeit am Schulprogramm nicht nur Schulqualitätsentwicklung bedeutet, sondern auch Offenheit für Wandlungsprozesse generiert. Das Schulprogramm steht daher völlig zu Recht im Fokus der Schulinspektion.

---

[473] Um Missverständnissen vorzubeugen, die sich aus den folgenden Ausführungen ergeben können, sei an dieser Stelle darauf hingewiesen, dass es sich bei allen Interviewten ausnahmslos um sehr engagierte Pädagogen handelt.

[474] Vgl. Hasse/Krücken, 2005, S. 40.

5.1.3 Die Rolle des Staates

Weder im Rahmen des Gesprächs über die Philosophie der Autonomie noch bei der Erörterung der Rolle des Staates wird dessen Legitimation als Veranstalter und Kontrolleur des öffentlichen Unterrichts in Frage gestellt. Eine Organisation der Schule in selbst verwalteten Körperschaften unter Beschränkung der staatlichen Aufsicht auf Rechtsaufsicht – wie schon im 19. Jahrhundert gefordert – oder gar in Form eines staatsfreien, sich selbst verwaltenden Schulsystems (vgl. Vogel 1982) ist für Schulleute heute keine realistische Perspektive und bleibt daher unerwähnt.

Dass die Eigenverantwortlichkeit der Schule durch die staatliche Verantwortung für ein sozial gerechtes und leistungsstarkes Schulsystem begrenzt wird, ist für alle Interviewpartner unstrittig.

„..., andererseits wird aber auch der staatliche Zugriff auf Schule weiterhin erhalten bleiben. Es wird nicht so sein, dass Eigenverantwortung, wenn man das als Freiheit bezeichnen will, grenzenlose Freiheit sein wird."

Eine vernünftige Gestaltung dieses Spannungsverhältnisses bezeichnet das Kernproblem. Dafür werden allgemeine Hinweise gegeben oder konkrete Vorschläge gemacht: Der Freiraum der Schule für Selbstgestaltung könne wesentlich größer sein als der durch Vorgaben definierte Raum; der Staat müsse das Gerüst für die schulische Arbeit vorgeben, um Wildwuchs und Chaos zu verhindern. In diesem Gerüst müsse es Felder geben für schuleigene Schwerpunkte und für die Umsetzung von Erkenntnissen, die in langjähriger Tätigkeit erworben wurden. Ein Interviewpartner konkretisiert das Zusammenspiel von staatlicher Verantwortung und schulischer Autonomie im Hinblick auf den Umgang mit den Bildungsstandards: Die Festlegung der Kompetenzen (inhaltlich und hinsichtlich der zeitlichen Erreichbarkeit) sei Sache des Staates, die Gestaltung des Weges falle in die Verantwortung der Handelnden vor Ort.

Auch dort, wo ein großer Freiraum für die Schule gefordert wird, erfolgt ein Hinweis auf die Pflicht zur Rechenschaftslegung – aber der Gesellschaft gegenüber.

Dass die Personalplanung zwar der Mitwirkung der Schule bedürfe, aber im Wesentlichen Aufgabe der Dezernenten bleiben müsse, ergibt sich für einen Interviewpartner schon aus der Notwendigkeit der Gleichbehandlung der Regionen bei der Lehrerzuweisung. Ein anderer weist auf das Beamtengesetz als Grenze für Mitwirkungsbestrebungen hin:

„Ja, wir haben das Beamtengesetz. Selbst, wenn man's abschaffen wollte, würde es mindestens 30, 40 Jahre dauern, bis man die Folgen überwunden hätte, und insofern glaube ich, werden die Hoffnungen vieler Schulleitungen, sie könnten über Personaleinstellungen und möglicherweise auch Entlassungen selber entscheiden, von daher eigenverantwortlich handeln, nicht erfüllt werden. Sie werden weiterhin mit diesen Grenzen im Personalbereich leben müssen und trotzdem einem hohen Qualitätsanspruch ausgesetzt sein."

5.1.4 Externe Steuerung

Schulinspektion und Vergleichsarbeiten werden als externe Steuerungsmaßnahmen grundsätzlich akzeptiert, wobei einschränkend auf die schmale Erfahrungsbasis hingewiesen wird.

5.1.4.1 Schulinspektion

Die Ergebnisse der Schulinspektion mit der Aufdeckung der „blinden Flecke" werden als Rückspiegelung der schulischen Arbeit für wichtig erachtet. Die erkannten Schwachstellen könnten von den Schulleitungen auf dem „Auftragserfüllungswege" angegangen werden, wodurch sich die Beschreitung eines möglicherweise konfliktträchtigen Weges vermeiden ließe.

In einigen Fällen wird die Schulinspektion als Beratungsinstanz missverstanden; sie kontrolliert aber und definiert Defizitbereiche.

Die Vergabe recht positiver Urteile durch die Schulinspektoren wird als taktische Maßnahme in der Anfangssituation gewertet. Als zwingend erforderlich wird allgemein die Bereitstellung ausreichender Ressourcen für die Aufarbeitung der Defizite bezeichnet. In diesem Zusammenhang wird in einem Falle die frühere bewährte pädagogische und personalplanerische Unterstützung der Schulräte vermisst.

„Gut, auf jeden Fall hat man immer den Eindruck gehabt, das ist 'n Kooperationspartner, und das ändert sich nun mit der Schulinspektion total."

Die Auffassung des MK[475] , dass die Frage nach Unterstützung, Beratung und Ausbildung dezentral zu lösen, also in die Entscheidung und Organisation der eigenverantwortlichen Schule zu geben sei, die sich dann der verschiedenartigen Unterstützungssysteme (Universität, Einrichtungen der Erwachsenenbildung, …) bedienen könne, ist plausibel. Es bleibt zu hoffen, dass die notwendigen Gelder dafür auch zur Verfügung gestellt werden.

Ein Vertreter der Schulaufsicht plädiert für eine Veröffentlichung der Ergebnisse der Schulinspektion, weil die Schulen in der Verantwortung für die

---

[475] Vorgetragen von MinD Brockmann anlässlich der Veranstaltung „15 Jahre Arbeitsstelle Schulreform (AS)" am 12.09.2006 in der Carl-von-Ossietzky-Universität in Oldenburg.

Nutzung der öffentlichen Gelder stünden. Lehrkräfte lehnen dagegen ein Ranking von Schulen (oder gar von Lehrkräften) ab. Es wird darauf hingewiesen, dass das Ergebnis einer Schulinspektion die regionalen und lokalen Gegebenheiten, die Rahmenbedingungen der Schule, ihr soziales Umfeld und die personellen Ressourcen also, nicht berücksichtige und die Veröffentlichung eines punktuell erstellten Bildes zu dramatischen Auswirkungen führen könnte. Dabei ist sicherlich daran gedacht, dass durch Rankings auf vereinfachende Weise definiert wird, was „gute Schule" ist und so – die Freigabe der Schuleinzugsbereiche vorausgesetzt – die Schulwahl der Eltern beeinflusst wird.

Nach Strittmatter führen „Prangereffekte" nachweislich nicht zu erhöhten Qualitätsanstrengungen, sondern fördern die „Überlistung des Systems".

Einerseits ist die Einsicht vorhanden, dass ohne Datenerhebung keine Steuerung erfolgen kann, andererseits wird aber auch befürchtet, dass die Daten ohne Folgewirkung bleiben, auf dem Datenfriedhof landen könnten:

„ Wir hoffen, dass es nicht nur wieder für den Aktenordner ist und dann im Schrank verschwindet."

Tillmann weist im Zusammenhang mit Leistungsvergleichsstudien auf die Diskrepanz zwischen Datenmenge und der begrenzten Kapazität der Kultusministerien und Landesinstitute hin, die eine Verarbeitung solcher empirischen Ergebnisse kaum zulasse. Außerdem seien praktische Konsequenzen oft auch gar nicht erwünscht.[476]

Von der Professionalität der Schulinspektoren, von der Art der Rückmeldungen und den zur Verfügung stehenden Ressourcen wird es abhängen, ob Schulinspektion eine dauerhafte Akzeptanz und Wertschätzung der Schulleiter und Lehrkräfte gewinnt und sich zu einem guten externen Evaluationsinstrument entwickelt.

Diese Einschätzung wird von Huber/Muijs (2007) gestützt, wenn sie feststellen, dass externe Rechenschaftslegung als notwendiger Antrieb für Veränderungen genutzt werden kann, falls Rückmeldungen mit einem entsprechenden Unterstützungs- und Verbesserungsprogramm verbunden sind.[477]

Auch H. Bartnitzky betrachtet das Modell der Schulinspektion als ein für Evaluierung und Förderung der Bildungsqualität hilfreiches Instrument, wenn es auf kritisch-konstruktive Beobachtung und Kommunikation mit den Leh-

---

[476] Vgl. Tillmann, K.-J., 2001, S. 11.
[477] Vgl. Huber, St., Muijs, D., 2007, S. 101.

renden setzt und wenn es das komplexe Faktorengefüge im Blick hat, das eine „gute Schule" ausmacht.[478]

H. Kiper verbindet eine kritische Darstellung des Ablaufs der Schulinspektion mit Vorschlägen für eine angemessene Vorbereitung und einen sinnvollen Umgang mit den Ergebnissen im Hinblick auf Qualitätssicherung und Qualitätsentwicklung.[479]

5.1.4.2 Vergleichsarbeiten

Auch in Bezug auf die Vergleichsarbeiten wird angemerkt, dass die geringen Erfahrungen kein abschließendes Urteil erlauben. Dass die Standards landesweit an übergeordneter Stelle normiert und nicht im Austausch der Schulen miteinander auf der Grundlage der Rahmenrichtlinien entwickelt werden, wird nicht thematisiert. Die Kritik am Umfang der geforderten Rückmeldungen resultiert aus der verbreiteten Unkenntnis der vom MK vorgesehenen Entwicklungsschritte auf dem Wege zu einem validen Messinstrument. Moniert wird auch die zeitliche Kollision dieses arbeitsaufwendigen Verfahrens mit wichtigen anderen schulischen Aufgaben. Die Möglichkeit der gezielten Vorbereitung von Vergleichsarbeiten wird als nicht relevant angesehen, weil dabei die erforderlichen Kernkompetenzen erarbeitet werden müssten[480] und Lehrkräfte sich anhand der Beispielaufgaben mit verschiedenen Anspruchsniveaus auseinanderzusetzen hätten, die bei anderen Arbeiten berücksichtigt werden könnten. Allerdings wird darauf hingewiesen, dass man eine „Punktlandung" hinbekommen müsse und die Planung durch die Vergleichsarbeiten beeinträchtigt würde. Ein Interviewpartner sieht im Zusammenhang mit den Tests gar die Möglichkeit, den Gedanken der Leistungsbereitschaft in die Schülerschaft hineinzutragen. Kritisch wird an einer Stelle der wirtschaftliche Aspekt des Komplexes „Abschlussarbeiten" registriert, die Vermarktung der Leistungstests. Bestimmte Verlage hätten eine neue Einnahmequelle gefunden. Nicht alle Eltern könnten es sich leisten, das Material zur Vorbereitung der Tests zu kaufen; und durch die Elternarbeit werde ein Teil des Unterrichts vorweggenommen.

Wie bei den Stellungnahmen zur Schulinspektion wird auch hier auf die Bedeutung der Rahmenbedingungen einer Schule (soziales Umfeld, personelle Ressourcen) für das Ergebnis von Jahrgangstests und Abschlussarbeiten und die daraus resultierende Fragwürdigkeit von Rankings verwiesen.

---

[478] Vgl. Bartnitzky, H., 2006, S. 211.
[479] Vgl. Kiper, H., 2006 (Schulverwaltung), S. 43 – 46.
[480] Zu den Möglichkeiten, die Thematik „Vergleichsarbeiten" für die Unterrichtsentwicklung zu nutzen, s. Ballasch, H./Kiper, H., 2006 (Schulverwaltung), S. 241 – 243.

Huber/Muijs (2007) weisen auf ein interessantes, von der Bildungspolitik noch nicht berücksichtigtes Verfahren hin, das die Forschung in England entwickelt hat. Statt eines outcome-orientierten Ansatzes bevorzugt es den so genannten value-added-Ansatz, bei dem leistungsbezogene Daten einer Schülergruppe zu zwei verschiedenen Zeitpunkten erhoben und verglichen werden. Der „Mehrwert" gilt dann als Leistung der Schule. Mit diesem Ansatz konnte vielen Schulen in sozial benachteiligten Einzugsgebieten eine hervorragende Arbeit attestiert und der Nachweis erbracht werden, dass sie im offiziellen Ranking falsch eingestuft worden waren.

Einige potentielle Fehlentwicklungen[481], die mit der Durchführung von landesweiten Vergleichstests verbunden sind, kommen in den Interviews nicht in den Blick oder werden nur sehr beiläufig erwähnt. Zu denken wäre hier z. B. an die Spannungen in den Schulen und zwischen den Schulen durch Rankings; an die durch Vergleichstests verstärkte Tendenz, Rechenschaftslegung „nach außen und oben" zu bevorzugen („Systembefriedigung" statt Selbstevaluation zu praktizieren).

Das verbreitet (vorsichtig) positive Urteil über Vergleichsarbeiten lässt vermuten, dass ein Erklärungsansatz im pragmatischen Denken der vor Ort Handelnden zu suchen ist, das solche Zugriffe von außen verträglich anverwandelt. Vermutlich ist auch die gezielte Vorbereitung auf Tests doch verbreiteter, als es in den Interviews zum Ausdruck kommt. Vielleicht üben sich darin nicht immer nur die KollegInnen der Nachbarschulen. Es könnte sein, dass die gezielte Hinarbeit ein Stück Sicherheit im unterrichtlichen Tun vermittelt.

Nur ein Interviewpartner kritisiert dezidiert die Output-Steuerung, weil ein Teil des Unterrichts wegen des gezielten Hinarbeitens auf Tests fremdbestimmt werde, weil es dadurch zu einem nicht verankerten Wissen komme und erreichte Standards nichts über den Bildungsstand aussagten. Seine Argumente finden sich in der ausgefeilten Kritik von H. Bartnitzky wieder.[482]

Verständlich ist, dass nicht weiter hinterfragt wird (und eine Antwort darauf fiele auch schwer), welches Steuerungswissen die Administration aus den gewonnenen Daten gewinnt und in welcher Weise daraus Konsequenzen

---

[481] Eine Zusammenfassung findet sich bei Krainer, K., 2001, S. 41 f.

[482] H. Bartnitzky, 2006, S .204 f., unterstellt der Verwendung des Begriffs und der Idee der Output-Steuerung u. E. zu Recht einen doppelten Irrtum: Er führe erstens zu einer falschen Mittel-Zweck-Relation. Der Unterrichtsprozess werde zum Mittel für den Zweck des Unterrichtsziels. Dieses Bild technischer Produktion widerspreche dem Bildungsprozess. Er suggeriere zweitens, dass Bildungsprozesse und Entwicklungsprozesse junger Menschen und Förderprozesse professionell Lehrender wie technische Vorgänge steuerbar seien.

für die Praxis, für die Qualitätsentwicklung der Schulen gezogen werden. Aber Folgen werden in den Schulen erwartet.

5.1.5 Schulinterne Steuerung

Diese Dimension umfasst in dieser Untersuchung die Kategorien „Schulqualität", „Selbstevaluation" und „Schulleiterrolle".

5.1.5.1 Schulqualität

Steuerung steht in engem Zusammenhang mit „Schulqualität", besser gesagt: Steuerung soll Schulqualität sichern und weiterentwickeln. Voraussetzung ist, dass die in Schule Handelnden einen Begriff von Schulqualität haben. Das Problem, pädagogische Qualität zu beschreiben, ist im Theorieteil behandelt worden. Hier soll zunächst interessieren, wie die interviewten Personen darüber denken.

Aus schulaufsichtlicher Perspektive wird die Feststellung getroffen, dass Unklarheit hinsichtlich des Begriffs besteht. Von den Schulleitungen und Lehrkräften werden folgende Merkmale und Indikatoren genannt: Schulqualität zeige sich im Leistungsstand von Schülern und Lehrern, in der Erziehungsarbeit und in der Kommunikation im Zusammenleben.

Die Bedeutung klarer Kommunikationsstrukturen nach innen und außen - vor allem in größeren Systemen - , für die der Schulleiter verantwortlich sei, wird für besonders wichtig gehalten:

„Zur Qualität von Schule gehört für mich auch, dass Kommunikationsprozesse innerhalb von Schule nicht zufällig ablaufen, sondern klar strukturiert, für jeden nachvollziehbar, ja, verlässlich ablaufen ... für mich gehört dazu, dass Schulleitung eben nach innen und nach außen hin klare Strukturen entwickelt hat, auf die sich jeder verlassen kann."

Schulqualität manifestiert sich in erster Linie im Wohlgefühl, in einem guten Lern- und Arbeitsklima im Kollegium und in den Klassen. Toleranz und Wertschätzung sind die Indikatoren. Der Andere muss mit seinen Stärken wahrgenommen werden und diese einbringen können[483]. Darüber hinaus wird ein von allen getragenes Leitbild genannt sowie Transparenz und Mitwirkung an den Entscheidungen in der Schule. An anderer Stelle wird Unterrichtsentwicklung als das Herz von Schule bezeichnet und die Verbesserung von Unterrichtsqualität als wichtigste Aufgabe genannt. Dabei wird aber darauf hingewiesen, „dass es irgendwo zu Verhaltensänderung von Lehrkräften

---

[483] Aus Gründen der Lesbarkeit wird an einigen Stellen auf die Verwendung des Konjunktivs zur Kennzeichnung der indirekten Rede verzichtet.

kommen muss, um eine Verbesserung von Unterrichtsqualität herbeizuführen. Und diese Verhaltensänderung von Lehrkräften einzufordern, das zu bewirken, ist eine äußerst schwierige Sache". Eine Lehrerin nennt den „guten Unterricht" als Qualitätsmerkmal einer Schule zunächst gar nicht, und zwar mit der problematischen Begründung, das sei eine Grundvoraussetzung, dass sie ihn so gut gestalte, wie sie könne.

Das bedeutet: Lehrkräfte sind davon überzeugt, einen guten Unterricht zu erteilen; sie müssen es auch wohl sein. Unterrichtsqualität als veränderbare Größe kommt nicht ohne weiteres in den Blick.

Schließlich werden Kriterien wie Schülererfolg, positive Außenwirkung, viel Unterricht und keine finanziellen Engpässe aufgezählt. Die Ressourcenfrage wird an anderer Stelle aufgegriffen und mit einem Stimmungsbild aus den Schulen verknüpft: Schulleiter weisen nämlich darauf hin, dass sie fast täglich „ums nackte Überleben kämpfen". Für Schulentwicklung fehlen die geeigneten Rahmenbedingungen, vor allem die personellen Ressourcen. Verständlich, dass ein Vertreter der Schulbehörde dem entgegenhalten muss, „dass es die Pflicht der Schulen sei, innerhalb der bestehenden Rahmenbedingungen das Optimum anzustreben". Das aber kann bei den Schulleitern nicht ankommen.

Die aufgezählten unterschiedlichen subjektiven Vorstellungen zur Qualität von Schule, die ja alle irgendwie durchaus zutreffend sind, bedürften im Diskurs einer ständigen Ausformung und Konkretisierung durch eine Verbindung von Selbstreferenz und Fremdreferenz[484], wodurch letztlich eine Reflexionskultur implementiert würde, auf die in einigen Interviews hingewiesen wird.

Das MK hat zu Beginn des Schuljahres 2006/2007 allen Schulen einen seit 2001 überarbeiteten ausführlichen „Orientierungsrahmen Schulqualität in Niedersachsen" mit sechs Qualitätsbereichen zur Verfügung gestellt. Dieser Orientierungsrahmen ist unstrittig ein sehr gutes Instrument zur Reflexion über die Weiterentwicklung von Schule. Die Handlungsanweisungen für Schulen und Schulleiter, deren Aufgabenbereich die Steuerung der Qualitätsentwicklung der Schule zugeordnet wird, sind akzeptabel. In der gegenwärtigen Situation ist allerdings zu befürchten, dass diese Schrift mit ihrer ein wenig erdrückenden Fülle von Anregungen ungelesen ad acta gelegt wird, weil Schulentwicklung an vielen Orten wegen der ungünstigen Rahmenbe-

---

[484] H. Fend hat in seinem Werk „Neue Theorie der Schule" (2006) eine dynamische Sicht des Bildungswesens entfaltet und das Handeln der Akteure mit Rückgriff auf Ergebnisse der Systemtheorie beschrieben (s. S. 179 - 184).

dingungen nicht stattfinden kann. Das wäre für lange Zeit das Ende der Qualitätsentwicklung, noch ehe sie so recht begonnen hat.

5.1.5.2 Selbstevaluation

Verstärkte Selbständigkeit der einzelnen Schule mit gezielten Aufträgen der Programmgestaltung und der Selbstevaluation ist nach H. Fend eines von drei strategischen Handlungsfeldern zur Reform des deutschen Bildungssystems.[485]

Seit fast 10 Jahren wird das Thema „Selbstevaluation" in der pädagogischen Literatur durchbuchstabiert. In vielen Informationsveranstaltungen und Fortbildungskursen ist sie von ausgezeichneten Kursleitern erläutert und praktiziert worden. Als Kernstück einer qualitativen Schulentwicklung müsste sie fester Bestandteil der Konferenzarbeit der Schulen sein. Fakt ist aber: Selbstevaluation findet nicht statt, allenfalls Besprechungen zwischen Kollegen als Vorstufe. Dieses Urteil stützt sich nicht allein auf die Aussagen der in den Interviews Befragten, sondern resultiert auch aus dem Einblick des Verf. in die Arbeit vieler Schulen. Die Gründe dafür sind in den Interviews benannt und lassen sich wie folgt zusammenfassen:

Die notwendigen Kompetenzen für Selbstevaluation fehlen in den Schulen. Lehrkräfte könnten zwar die Qualitätskriterien beschreiben; es sei aber schwierig, Indikatoren und Messverfahren zu entwickeln. Die Modelle für Selbstevaluation seien zu kompliziert. Für die Vorbereitung der Selbstevaluation und die Auswertung der Datenmenge fehle es an Zeit. Ein Interviewpartner sieht auch die erforderliche Offenheit der Lehrkräfte als nicht gegeben an. Aus seiner Sicht sind die Klassentüren immer noch geschlossen.

Im Hinblick auf die genannten Faktoren für die Vernachlässigung von Selbstevaluation (fehlende Zeit, fehlende Kompetenz, Schwierigkeitsgrad, mangelnde Offenheit) ist das folgende pessimistische Zukunftsszenario denkbar: Ein Mehr an Zeit durch Entlastungsstunden für Vorbereitungsteams oder durch Herabsetzung der Stundenzahl der Lehrkräfte ist nicht zu erwarten. Die Bereitschaft der Lehrkräfte, sich unter den gegebenen Umständen mit komplizierten Evaluationsmethoden in der unterrichtsfreien Zeit zu befassen und diese dann mit mühevollem Aufwand in der Schule zu implementieren, wird nicht steigen. Die notwendige Offenlegung der eigenen Unterrichtspraxis bedarf eines Einstellungswandels bei vielen Lehrkräften, wobei nicht in Sicht ist, wie dieser ausgelöst werden könnte.

---

[485] Vgl. Fend, H., 2004, S. 350.

Es erscheint daher geboten, auch hier Abschied zu nehmen von den großen Entwürfen und nach pragmatischen Lösungsansätzen zu suchen, für die in den Interviews Anregungen gegeben werden:[486]

Selbstevaluation müsse als beobachtend zu begleitender Prozess begriffen werden, die dem einzelnen Lehrer bei seiner Arbeit obliege. Schule solle besser Beratung durch wohlmeinende Außenexperten in Anspruch nehmen, die kritische Bereiche benennen und Lösungsvorschläge für die Weiterbearbeitung durch die Schule machen könnten. Hier ist also an eine Art Brückenschlag zwischen externer und interner Evaluation gedacht, bei der auch die Schulinspektion eine Rolle spielen könnte. Für ganz wesentlich wird es erachtet, eine Reflexionskultur in der Schule zu entwickeln.

Es soll hier nicht auf den Hinweis verzichtet werden, dass die früheren Schulaufsichtsbeamten und späteren Dezernenten der Bezirksregierungen durchaus Anregungen zur Selbstevaluation und zur Qualitätssteigerung in die Schulen getragen haben.[487] Die neue Verwaltungsstruktur lässt das aber nicht mehr zu.

5.1.5.3 Schulleiterrolle

Es ist keine neue Erkenntnis, dass Führung und Leitung einer Schule sich auf die Leistungskultur und das Schulklima auswirken, also entscheidende Faktoren für die Schulqualität darstellen. Im Spannungsfeld der zugestandenen erweiterten Eigenverantwortung der Schule und ihrer Gegenbewegung einer stärkeren administrativen Einflussnahme und Kontrolle der Schule durch eine verstärkte Rechenschaftspflicht, eine Qualitätskontrolle durch Schulinspektion und durch landesweit einheitliche Testverfahren ist das Anforderungsprofil der Schulleiter einer erheblichen Veränderung ausgesetzt. Nicht nur in gewerkschaftlichen Kreisen wird durch die Erweiterung der Entscheidungsbefugnisse des Schulleiters, die Stärkung seiner Rolle, eine Störung des Klimas und des Arbeitsfriedens in den Schulen prognostiziert. In den Interviews war nach der Veränderung der Rolle des Schulleiters und möglichen Auswirkungen auf das Schulklima gefragt. Es sollte nicht nach Bausteinen für eine neue Führungstheorie geforscht werden.

---

[486] Es sei hier darauf hingewiesen, dass A. Strittmatter schon früh das Problem erkannt hat, wenn er schreibt: „Die Zukunft von qualitativen Ansätzen der Selbstevaluation hängt sehr stark davon ab, wie weit eine realistische, von allen Schulen auf Dauer lebbare Formel für die Verstetigung gefunden werden kann." (Strittmatter, A., 1997, S. 29)

[487] S. Bericht des Dezernats 402 der Bezirksregierung Weser-Ems vom Juni 1999 zu den Fortbildungsveranstaltungen zur Qualität von Schule in Vechta und Oesede im März 1999.

Abweichend vom bisherigen Verfahren, bei dem Aussagen der Interviewpartner in gewissem Sinne ungeordnet verwendet wurden, erscheint es
hier angebracht, Beiträge der verschiedenen Statusgruppen nacheinander vor-
zustellen, um perspektivische Sichtweisen besser voneinander abzugrenzen.

Für beide Vertreter der Schulaufsicht ist klar, dass angesichts der Vielzahl
der Aufgabenbereiche eine Neupositionierung der Schulleitung erforderlich
ist. Die neue Rolle ist mit der alten Führungskonzeption des „Primus inter
Pares" nicht mehr auszufüllen, denn der Schulleiter ergreift einen neuen Beruf.

„... heute heißt es, Verantwortung annehmen, Dinge rechtzeitig erkennen,
transparent Entscheidungen vorzubereiten, die jeder nachvollziehen kann,
nicht unbedingt auch nicht jeder toll finden muss, aber aus dienstlichen
Gründen sie dann umsetzen. Und das ist nicht mehr ‚Erster unter Gleichen'.
Das ist ‚Schul-Leitungstätigkeit'."

Die menschlichen Qualitäten des Schulleiters, sein ständiges Bemühen
um einen guten Kontakt zum Kollegium sind dabei Voraussetzungen für eine
erfolgreiche Tätigkeit:

„Denn nur, wenn er Mensch bleibt, wenn er nach wie vor das Gespräch
sucht mit Kolleginnen und Kollegen, die Sorgen – berechtigt oder nicht –
aufnimmt und bündelt und in Meinungsbildungsprozesse strukturiert über-
führt, aber auch deutlich sagt, was dienstlich nötig ist und nicht erwünscht ist,
dann füllt er seine Rolle gut aus. Also, menschlich muss er bleiben."

Die Dezernenten betonen auch die Notwendigkeit der Qualifizierung der
Schulleiter, weil für das „Change-Management", aber auch für die Wahr-
nehmung der anderen Bereiche Kompetenzen erforderlich sind, über die ein
Lehrer nicht verfügen kann. Ihrer Meinung nach darf Autonomie für die
Schule kein Sparmodell für den Staat sein.

Die Möglichkeiten des Missbrauchs des Machtzuwachses, des unsicheren
und des unvernünftigen Umgangs damit, werden gesehen und – wie von den
anderen Interviewpartnern auch - als personabhängig bezeichnet.

Beide Dezernenten sind mit dem schwer lösbaren Problem der Besetzung
von Funktionsstellen konfrontiert und halten es für unabdingbar, dass die
Funktionsstelle „SchulleiterIn" (ggf. durch Entlastungsstunden – bei kleine-
ren Schulen - und durch eine bessere Besoldung) attraktiver gemacht werden
muss.

In einem Beitrag wird auf die falsche Verwendung der Bezeichnungen
„Dienstvorgesetzter" und „Vorgesetzter" hingewiesen. Nur der Dienstvorge-

setzte sei befugt, Disziplinarmaßnahmen zu verhängen. Die Schulleiter sind vorläufig aber noch Vorgesetzte mit Weisungsbefugnis.

Die interviewten Schulleiter interpretieren ihre Rolle in sehr unterschiedlicher Weise. Für den erfahrenen Leiter der Schule A resultieren aus dem Aufgaben- und Machtzuwachs erhebliche Konsequenzen. Die Rolle des partnerschaftlichen, väterlichen „Primus inter Pares" sei passé. Die neue Rolle sei mit einem hohen Maß an Verantwortung und einer Zunahme des direktiven Moments verbunden. Die Menge der Entscheidungen erfordere viele Alleinentscheidungen, was das Ende der Beteiligungsromantik bedeute. Schule sei insgesamt kein romantischer Bereich mehr. Es gehe um Qualitätsentwicklung.

Sein Kollege von der Schule B plädiert dagegen für die Beibehaltung der Rolle des „Primus inter Pares". Er möchte nicht Chef sein wie in einem Betrieb und lehnt für sich einen anderen Führungsstil ab. Er empfiehlt, in prekären Situationen Gespräche zu führen und nicht von oben herab zu bestimmen.

Die Vertreterin des Schulleiters der Schule A bestätigt, dass die neue Stellung des Schulleiters von einigen Lehrkräften als Bedrohung empfunden würde. Der Umgang der Lehrkräfte mit dem Machtzuwachs der Schulleitung korrespondiere allerdings mit der Akzeptanz der Schulleitung. Sie empfindet die größere Machtfülle eher als belastend und plädiert aus ihrem Demokratieverständnis dafür, dass dieser in einem rechten Verhältnis zu den Einflussmöglichkeiten der anderen Beteiligten an Schule stehen müsse.

Der Vertreter des Leiters der Schule B urteilt dagegen wie sein Kollege. Er ist der Meinung, dass die Stärkung der Schulleiterrolle nicht unbedingt im Interesse der Schulleiter liege. Er bewertet die Zugehörigkeit zum Kollegium und eine harmonische Zusammenarbeit höher. Macht verschaffe ihm kein Wohlgefühl; und Machtausübung bedeute für ihn eine unangenehme Situation. Entscheidend für die Konsequenzen, die sich aus der Schulleiterrolle ergeben, sei die Person des Schulleiters.

Die Lehrerin der Schule A stellt fest, dass der Machtzuwachs des Schulleiters als eine Beeinträchtigung der eigenen Beteiligungsrechte empfunden wird. Auch sie betont, dass der Umgang mit Macht von der Person des Schulleiters und seinem Naturell abhängig sei. Sie wünsche sich für die großen Systeme drei Schulleiter: den Manager, den für die inneren Abläufe Zuständigen und einen für die atmosphärische Dimension.

Die Abhängigkeit des Umgangs mit Macht von der Person des Schulleiters betont auch der Lehrer der Schule B. Er beruft sich auf viele ihm bekannte Beispiele für Machtmissbrauch und weist darauf hin, dass einsame Entscheidungen des Schulleiters zu Irritationen im Kollegium führen könnten. Er plädiert für die regelmäßige Anwesenheit des Schulleiters im Kollegium und hält die Rolle des „Primus inter Pares" für adäquat. Er befürchtet, dass Managertypen in die Schulleitungen gelangen könnten.

5.1.5.3.1 Anmerkungen

Vergleicht man die Interviewbeiträge zu diesem Thema, ist festzustellen, dass die Schulaufsicht und die Vertreter der Schule A sich darüber im Klaren sind, dass sich der Aufgabenbereich und die Rolle des Schulleiters in einer teilautonomen/eigenverantwortlichen Schule unter dem Qualitätsanspruch fundamental verändern werden. Was wünschenswert erscheint, muss von dem, was erforderlich ist, getrennt werden. Das wird von den Vertretern der Schule B noch nicht richtig wahrgenommen. Das Bestehen auf der schon lange obsoleten Rolle des Schulleiters als eines „Primus inter Pares", einer Sichtweise, die aus einer Zeit stammt, als der Schulleiter sich vielleicht durch einen besseren Unterricht und die Wahrnehmung der Verwaltungsgeschäfte abhob, ist ein Indiz dafür. Die hier vertretene Meinung wird allerdings noch an vielen Schulen geteilt.

Das hochkomplexe Aufgabenspektrum des Schulleiters[488] („Change Agent", „Staff Manager", „People Person", „Model Teacher", „Vorbild", „Repräsentant", „Homo Politicus", „Vermittler und Mediator", „Verwalter und Organisator", „Finanzexperte und Unternehmer", „Gebäudemanager") lässt sich mit alten Führungskonzeptionen nicht mehr ausfüllen. Die erforderliche Neupositionierung von Schulleitung wird mit „Transformational Leadership" und – weiterführend – „Post-Transformational Leadership" beschrieben.[489] Vor diesem Hintergrund ist die Forderung der Dezernenten mehr als verständlich, durch geeignete Qualifizierungsmaßnahmen und kontinuierliche Angebote die in verschiedenen Handlungsbereichen fehlende Kompetenz aufzubauen.

Es ist nicht zu übersehen, dass Aufgaben- und Machtzuwachs des Schulleiters sich auf sein Verhältnis zum Kollegium auswirkt.

In kleinen Kollegien ist große Nähe zwischen Schulleiter und Kollegium so normal und unvermeidlich wie in großen Systemen die Distanz. Das Problem wird in Schulen mittlerer Größe virulent. Lässt man außer Betracht, dass in der Praxis die Gestaltung dieses Verhältnisses je nach Qualität des beruflichen Wissens, Könnens und Handelns des Schulleiters und der Zusammensetzung des Kollegiums variiert, lassen sich folgende dilemmatische Konstellationen konstruieren:

---

[488] Vgl. Huber, St. G., 2002, S. 7 – 19.
[489] Vgl. ebd., S. 17 f.

Der Schulleiter steht vor der Entscheidung, seine Aufgaben und Befugnisse konsequent wahrzunehmen, dann gerät er in einen Gegensatz zu seinem Kollegium, oder die Nähe zu ihm zu suchen, dann wird er seinen Aufgaben nicht voll gerecht werden können.

Das Kollegium kann sich mit der veränderten Situation abfinden, dann verzichtet es auf einen engen Kontakt mit der Schulleitung und damit verbundenen Informations- und Beteiligungsmöglichkeiten. Geschieht das nicht aus Einsicht, generiert die Unzufriedenheit ein Konfliktpotential, das die Atmosphäre vergiften kann und der Schulentwicklung abträglich ist.

Von außen betrachtet könnte man diese Dilemmata als notwendigen Ausdruck des Wandels in der Organisation Schule betrachten. Innerschulisch bewirken sie ständige Konfliktsituationen, die für die Betroffenen beider Seiten existentielle Bedeutung gewinnen können, wie sich an Beispielen aus der Praxis leicht belegen ließe.

Die Chiffre „Menschlichkeit" umschreibt ein Verhalten des Schulleiters, in dem Kommunikation eine entscheidende Rolle spielt und das für ihn in der beschriebenen Übergangssituation notwendig ist und hilfreich sein kann, wie ein Dezernent zu Recht mehrfach betont. Das Problem verliert seine Brisanz, darauf weist ein anderer Interviewpartner hin, wenn alle Statusgruppen den Entwicklungsprozess akzeptiert haben und ihre Rolle in ihm gefunden haben, wenn Schulleiter und Lehrkräfte mit einer daraufhin orientierten Einstellung ihren Dienst „wahr"-nehmen.

So einleuchtend die in der Theorie (am „Grünen Tisch") entwickelte Liste der Aufgaben eines Schulleiters in der neu definierten „guten Schule" auch erscheinen mag, die Realisierungsprobleme in der Praxis dürfen dabei nicht übersehen werden. Das pragmatische Handeln der Schulleiter (besonders in größeren Systemen) wird vom Zeitdruck und vom Druck von innen und außen bestimmt. Es wäre interessant zu untersuchen, welche Strategien die Schulleiter neben einem vernünftigen Zeitmanagement anwenden, um zu verhindern, dass sie gesundheitlichen Schaden nehmen. Dass z. B. – wie berichtet wird – der Kontakt zum Kollegium stark reduziert wird, ist nicht unbedingt positiv zu bewerten (s. o.). Die Situation der Konrektoren ist keinesfalls besser. Sie sind täglich vor allem mit der Ausarbeitung von Vertretungsplänen mehr als ausgelastet. Es muss hier noch einmal zum Ausdruck gebracht werden, dass die (hochfahrenden) Pläne einer Qualitätsentwicklung nur eine Realisierungschance haben, wenn die Schulleitungen (und Lehrkräfte) entlastet werden.

Zwingt die finanzielle Situation die Verantwortlichen an der Hierarchiespitze weiterhin, die aufgezeigten Probleme nicht wahrnehmen zu dürfen, werden – vice versa – die Handelnden an der Basis die Botschaften von oben ignorieren.

5.1.6 Schulklima

Die Auswirkungen von größerer Autonomie auf Schulklima und Unterricht werden in den Interviews nicht sehr breit diskutiert. Die in den Beiträgen zur Position des Schulleiters durchscheinende Klimaverschlechterung wird in verschiedenen Aussagen wieder aufgenommen: Ein negativer Einfluss auf das Schulklima sei durch den Machtzuwachs des Schulleiters zu erwarten. Für das Kollegium gewinne der Schulleiter die Stellung des Chefs mit aller Verantwortung; die Lehrkräfte würden sich zurückziehen. Diese Verlagerung der Verantwortung von den Kollegien auf die Schulleitung wird auch an anderer Stelle thematisiert.

Der Leiter der eigenverantwortlichen Schule bestätigt, dass die neue Rolle des Schulleiters sich negativ auf das Schulklima ausgewirkt habe. Früher habe es den Graben zwischen Schule und Schulaufsicht in den Schulaufsichtsämtern gegeben. Schulleiter und Kollegium hätten damals noch ein vertrautes Ganzes gebildet. Man habe ziemlich ungeschützt und gelegentlich auch unüberlegt seine Meinung sagen können und sei solidarisch und loyal behandelt worden („Der ‚Feind' saß auf der anderen Seite des Grabens, bei der Schulaufsicht"). Jetzt werde der Schulleiter mit gewachsener Machtfülle als derjenige wahrgenommen, der Einfluss auf Kollegenschicksale nehmen könnte. Die Zeit der Bündnisse des Schulleiters mit KollegInnen sei vorbei. Er erwarte aber auch, dass der Prozess einen positiven Sinn bekommen werde. Durch die neue Verteilung von Entscheidungsbefugnis, Verantwortung und Rechenschaftslegung bei größerer Autonomie würden auch die KollegInnen eine andere Rolle erhalten. In der Gewöhnungsphase gebe es allerdings viel Misstrauen.

Ein Interviewpartner weist zu Recht auf den Zusammenhang von Größe eines Systems und Klima hin. In größeren Systemen sei es kaum möglich, ein gutes Schulklima herzustellen.

Einige Beiträge befassen sich mit dem Thema Kooperation und ihren klimatischen Auswirkungen. Die Vertreter der Schulaufsicht betonen, dass größere Autonomie mit der Notwendigkeit intensiver Kooperation verbunden sei. Wie im Theorieteil vermutet, wird dagegen von anderen Interviewpartnern auf die Gefährdung der persönlichen pädagogischen Freiheit durch genaue Absprachen, durch ein Übermaß an gemeinsamer Planung hingewiesen. Dazu nimmt ein Dezernent sehr dezidiert Stellung:

Nach seiner Auffassung ist Kooperation gegenüber der pädagogischen Freiheit das höhere Gut. Pädagogische Freiheit sei besser durch pädagogische Verantwortung zu ersetzen. Schule sei eine staatliche Veranstaltung mit gewisser Verantwortungslegung. Das Verhalten einer bezahlten Lehrkraft sei nicht durch grenzenlose Freiheit gekennzeichnet, sondern durch Pflicht und Verantwortung. Die Beachtung von Schulplänen, Rahmenplänen und Anforderungsniveaus sei unabdingbar. Kooperationsverantwortung sei unverzichtbar für die Arbeit in der Schule. Eigenverantwortlichkeit korrespondiere mit Kooperation, andernfalls bedeute sie Vereinsamung. Kooperation, Erfahrungsaustausch sei auch zwischen Schulen erforderlich.

Dieser Auffassung ist angesichts der Situation der Schule heute und im Hinblick auf Qualitätsentwicklung unbedingt zuzustimmen.

Die Bedeutung von Kooperation zwischen Lehrkräften als „Transmissionsriemen" für curriculare, pädagogische und organisatorische Innovationen, als Gelenkstück für Schulqualität und Schulentwicklung also, aber auch als wichtige Voraussetzung für die Entwicklung von sozialem Lernen im Unterricht und für den Lernerfolg der Schüler ist bis ins Einzelne untersucht und beschrieben worden.[490] In alten Analysen zur Schulpraxis war von einem sehr geringen Ausmaß der Lehrerkooperation in den Kollegien ausgegangen worden.[491] Die (wenigen) hier mitgeteilten Befunde belegen, dass sich daran wahrscheinlich noch nichts Entscheidendes geändert hat. Das heißt: Es bleibt nach wie vor eine vorrangige Aufgabe, nach den Gründen für die unzureichende Kooperation zu forschen (fehlende Zeit ist möglicherweise nur ein Vorwand) und in der Lehrerausbildung die Kooperationsfähigkeit zu fördern und die entsprechenden Kompetenzen zu vermitteln.

In der Gesprächsführung wurde die Frage der Zusammenarbeit mit Schülern und Eltern unter dem Demokratisierungs- und Partizipationsaspekt etwas vernachlässigt, so dass die Zahl der Beiträge dazu nur gering ist.

Die Stärkung der Elternrechte, die Erhöhung der Mitspracherechte wird teils begrüßt unter Hinweis auf die Kompetenzen, die von den Eltern eingebracht werden könnten, teils kritisch beurteilt, weil die Eltern eigentlich erst kompetent gemacht werden müssten, um sinnvoll eingreifen zu können. Das Gleiche gelte auch für Schüler, deren Eingriffe sich auf Dinge unterhalb der „Schmerzgrenze" der Schule richteten, unterhalb dessen, was mit „Gestaltung von Schule" zu bezeichnen wäre.

---

[490] Eine zusammenfassende, sehr übersichtliche Darstellung findet sich bei Steffens, U./ Bargel, T., 1993, S. 98 ff.
[491] Vgl. Steffens, U./Bargel, T., 1993, S. 100 f.

Aus verschiedenen Beiträgen ist abzulesen, dass sich die Lehrkräfte, aber auch die Schulleitungen einem für das Klima der Schule nicht förderlichen Druck durch die Eltern ausgesetzt fühlen.

W. Böttcher hat zu Recht darauf aufmerksam gemacht, dass Demokratisierung der Schule immer ein Bestandteil des Autonomieprogramms sei, und empfohlen, das mögliche Spannungsverhältnis von Demokratisierung und Professionalisierung des Lehrerberufs zu analysieren.[492]

5.1.7 Unterricht

Einfluss auf den Unterricht hätte größere Autonomie nur dann, wenn Freiräume für eigene Planung entstünden. Diese erforderten aber wieder Kooperation, und dafür fehle die Zeit. Die erforderliche Mehrarbeit thematisiert auch ein weiterer Interviewpartner. Er verweist dabei auf die bekannte Tatsache, dass der Arbeitseinsatz der Lehrkräfte sehr unterschiedlich sei. Alarmierend ist aber sein Hinweis auf die mangelnde Einsatzbereitschaft der jungen Kollegen, die auch in einem anderen Interview bestätigt wird.

Erst wenn diese Zuschreibung sich in einer weiteren Untersuchung als verallgemeinerungsfähig herausstellen würde, müsste nach den Ursachen geforscht werden, und zwar auch unter der Fragestellung, ob der bekannte Individualisierungsprozess einen Erklärungsansatz bietet. Vor allem aber wäre zu überlegen, wie einer solchen Tendenz entgegenzuwirken sei.

Ob unter den genannten Aspekten größere Autonomie mit einer größeren Arbeitszufriedenheit der Lehrkräfte verbunden sein könnte, bleibt unentschieden.[493] Die Möglichkeit wird nicht ausgeschlossen, dass „ …Autonomie von Schule und stärkere Eigenverantwortlichkeit von Schule intern Prozesse anschieben kann, die zu einer stärkeren Identifikation mit dem Arbeitsplatz führen, und ich sag' noch mal, motivationsfördernd letztendlich wirken können."

Der Schulleiter der Schule A entwirft ein optimistisches Zukunftsszenario. Nach seiner Auffassung besteht ein Zusammenhang zwischen Effektivität und Arbeitszufriedenheit. Im Laufe des Schulentwicklungsprozesses werde die Arbeit effizienter werden und dadurch die Zufriedenheit der Lehrkräfte steigen. Die Lehrkräfte müssten den Prozess erst in Besitz nehmen

---

[492] Vgl. Böttcher, W., 1995, S. 64 ff.

[493] Nach einer von Dr. Axel Gehrmann (FU Berlin) am 10.10.2006 an der Universität Oldenburg vorgetragenen Erhebung aus dem Jahre 2003 wirken sich folgende Faktoren auf die Berufszufriedenheit einer Lehrkraft aus: Autonomie, Korrekturzeit, Lernbereitschaft, Kollegialität, schulinterne Planung, Vor- und Nachbereitungszeit.

(Rolff spricht vom „Eigentum"), d. h., ihn mitgestalten. Weil er neu ist, werde er vorläufig noch als bedrohlich empfunden.

5.1.8 Marktmodell

Das Stichwort „Marktorientierung der Schule" wird von den Interviewpartnern in unterschiedlicher Weise aufgegriffen: unter dem Wettbewerbsgedanken (a), im Hinblick auf die Produktion und den Verkauf einer Ware (b) und unter dem Aspekt der Ausbildung (Qualifizierung) der Schüler für den Arbeitsmarkt (c). In vielen Beiträgen ist die Suche nach der Schnittmenge der Elemente pädagogischen und ökonomischen Denkens deutlich.

Zu a):

Die Marktorientierung unter dem Wettbewerbsgedanken findet bei den Interviewpartnern keine Verfechter; sie ist unerwünscht. Allenfalls werden Ergebnisorientierung und Verantwortungslegung für Handlungen als vertretbare positive Aspekte genannt. Als Folgen unterschiedlicher Marktchancen der Schulen werden die gesetzeswidrige Ungleichbehandlung der Kinder/Jugendlichen und die Gefährdung von Schulstandorten bezeichnet. In den Blick kommt die Personalwirtschaft, die unter dem Aspekt der „Auftragserfüllung" und nicht unter dem Aspekt der „Versorgung" betrieben werden müsse. Versorgung betone den quantitativen und nicht den wichtigeren qualitativen Aspekt. Etwas weiter zurück geht ein anderer Interviewpartner mit seinem Hinweis, dass marktwirtschaftliches Denken bei der Rekrutierung von Lehrkräften angebracht sei. Er bemängelt, dass Lehrkräfte ohne pädagogische Fähigkeiten und ohne Vorbildcharakter eingestellt würden, die nur in kleinen und kleinsten Gruppen eingesetzt werden könnten, während andere Lehrkräfte mit großen Klassen zu kämpfen hätten. Die Probleme der Schule und fehlende wirtschaftliche Anreize seien für einen Verzicht auf Lehrtätigkeit ausschlaggebend. Nur die Sicherheit durch Verbeamtung werde als ein Vorteil angesehen.

Eine Freigabe der Personalwirtschaft wäre in ihren Folgen allerdings unvorstellbar. Die ambivalente Funktion des Beamtengesetzes charakterisiert ein Interviewpartner treffend wie folgt: Es schützt arbeitsunwillige Lehrkräfte, sichert aber den Anspruch kranker/ausgebrannter Lehrkräfte.

Schule als Wirtschaftsbetrieb wird nur sehr eingeschränkt, und zwar dort für möglich gehalten, wo ökonomisches Denken angebracht sei, z. B. im Umgang mit materiellen und sachlichen Gütern. Der Unterricht dürfe nicht durch wirtschaftliche Aspekte bestimmt werden.

Zu b):

Eine Interviewpartnerin berichtet emphatisch und ausführlich über ein mit der Industrie- und Handelskammer Hamburg in einer Klasse 10 HS durchgeführtes, sehr erfolgreiches Projekt „Herstellung und Verkauf von Brot", in dem die Schüler in einen „Rausch der Eigenaktivität" gelangt seien. Sie beschreibt sehr anschaulich die vielen kooperativen Aktivitäten der Schülerinnen und Schüler in einem ständig wachsenden „Vorhaben". Neben den von der Wirtschaft erwarteten Schlüsselfunktionen seien auch alle schulischen Inhalte nach den Rahmenrichtlinien berücksichtigt worden. Die Schüler hätten viel Lebenserfahrung, z. B. im Umgang mit Geldinstituten, sammeln können. Mit einer Riesenabschlussveranstaltung und einer mit dem erwirtschafteten Geld finanzierten Reise nach Paris sei das Projekt beendet worden.

Dass die Betriebe trotz ihrer Bemühungen und gleich gearteter Anstrengungen in anderen Schulen weiter geklagt hätten, habe bei ihr zu einer gewissen Resignation geführt.

Die Interviewpartnerin plädiert für kontinuierliche Gespräche zwischen Vertretern der Wirtschaft und der Schule, in denen die eine Seite zu formulieren habe, was sie erwartet, und die andere Seite darlegen könne, was zu ermöglichen sei und wo die Grenzen gezogen werden müssten.

Zu c):

Die diesem Aspekt zuzuordnenden Beiträge befassen sich mit der Qualifizierung des Schülers für den Arbeitsmarkt. Sie bereiten auf die im nächsten Punkt (5.1.9) zu behandelnde Frage nach der Funktion von Schule vor, in der die Problematik umfassender und mit weiteren interessanten Akzenten diskutiert wird.

Das relevante Problem der „Verwertbarkeit" wird unterschiedlich gewichtet. Ein Interviewpartner weist darauf hin, dass die Schule die Schüler in Ausbildung und Beruf unterbringen und ihre Qualifizierungsarbeit an den Erfordernissen auf dem Arbeitsmarkt orientieren müsse. Verwertbarkeit sei aber nur der eine Aspekt; Stärkung des Selbstbewusstseins und Mündigkeit zur Mitgestaltung von Prozessen der andere.

In einem anderen Beitrag wird Bildung, Menschenbildung, Herzensbildung als Hauptaufgabe der Schule bezeichnet; Nebenaufgabe sei die Ausbildung für den Beruf. Mit einer Reduzierung der Aufgabe auf Qualifikation allein verfehle Schule Wesentliches. Bei Verlust der Arbeit würde der Mensch ins Nichts zurückgeworfen. Er sei dann wertlos, weil ihm keine Werte vermittelt wurden. Nach Auffassung eines anderen Probanden verstellt eine reine Ausrichtung auf den Arbeitsmarkt den Blick auf die Schülerpersönlichkeit. Die Aufgabe der Schule sei mit einer solchen Zielrichtung unterdefiniert und verfehle das Ziel, „vernünftige Menschen" zu erziehen. Ein weiterer Interviewpartner erläutert seinen Standpunkt mit beachtlichen Argumenten zum Bildungsbegriff, die teilweise an J. Kades Unterscheidung von Bildung und Qualifikation erinnern: Marktorientierung sei mit einem unvertretbaren Menschenbild verbunden. Der Schüler sei in erster Linie Mensch. Dem widerstrebe eine Ausbildung auf das Verwertbarkeitsziel hin. Das Verwertbarkeitsprinzip sei kein humanistischer Gedanke. Der Kompetenzbegriff sei dagegen akzeptabel; er sei höherwertiger als der Qualifizierungsbegriff. Qualifikation werde fragwürdig bei Veränderungen in der Wirtschaft oder in der Entwicklung der Berufe. Bildung sei das Umfassende und eröffne Wege. Kompetenzen seien unterhalb von Bildung angesiedelt.

In exzellenter Weise hat J. Kade 1983 eine kritische Neubestimmung der Begriffe „Qualifikation" und „Bildung" vorgenommen und die Bedeutung der Bildungsaufgabe gerade auch durch ihren Widerspruch zur Qualifikation herausgearbeitet. Einige Facetten seiner Überlegungen werden im Folgenden stark verkürzt und vereinfacht, aber in enger Anlehnung an seine Formulierungen wiedergegeben:[494]

Entscheidendes Merkmal des Qualifikationsbegriffs ist das Moment der Verwertung bzw. der Anwendung. Qualifikation ist der Lernerfolg hinsichtlich der Verwertbarkeit. Sie unterscheidet sich von „Kompetenz", die den Lernerfolg im Hinblick auf den Lernenden selbst und seine Befähigung zu selbstverantwortlichem Handeln in privater, beruflicher und gesellschaftlicher Hinsicht bezeichnet. Der Qualifikationsbegriff wird mit dem Bildungsgedanken in Verbindung gesetzt und dient zur Beschreibung des Verhältnisses von Individuum und Gesellschaft. Er steht dabei für die Anpassung an berufliche und gesellschaftliche Ansprüche. Der Bildungsbegriff zielt auf die volle Entfaltung der Persönlichkeit, die nach Kade Mündigkeit und Selbstbestimmung einschließt. Beide Begriffe stehen also in einem gewissen Widerspruch zueinander. Qualifikationen bezeichnen allgemeine Fertigkeiten, die von den je konkreten Handlungssituationen und Individuen abstrahieren. In engem Zusammenhang mit dem Moment der Verselbständigung steht das andere Merkmal „Machbarkeit". Der Qualifikationsbegriff unterstellt nämlich immer schon die gelungene praktische Ausführung der Arbeit, weil er sich über die Besonderheit der handelnden Individuen und der Handlungssituationen hinwegsetzt. Mit Rückgriff auf Humboldt stellt Kade heraus, dass das Argument der Verselbständigung des Anwendungsbezuges zum Kern der Unterscheidung zwischen Bildung und Qualifikation wird. Aber auch die Bildung verliert sich nicht in einer individualisierten Zweck- und Nutzlosigkeit. Auch sie ist auf Anwendung bezogen, birgt sie aber nur als Mög-

---

[494] Vgl. Kade, J., 1983, S. 859 – 876.

lichkeit in sich. Beim Qualifikationserwerb geht es in einem Lehr- und Lernprozess nicht unmittelbar um den Menschen selbst, sondern um ihn in seiner
abstrakten durchschnittlichen Gesellschaftlichkeit und als Träger von Qualifikationen. Qualifikationen drohen immer zu veralten, weil die Handlungssituationen sich verändern. Daher besteht die Notwendigkeit des lebens-
langen Lernens oder Belehrtwerdens. Bildung dagegen bleibt dauerhaft; mit
ihr zusammen wird man alt. Bildung ist nicht zweckfrei. Sie hat ihren Zweck
in der theoretischen und praktischen Verbindung der Individuen mit der gesellschaftlichen Wirklichkeit. Sie ist nicht zu verwechseln mit dem Konzept
einer individualistisch verengten, aufs Private reduzierten Bildungstheorie.
Die Möglichkeit von Bildung hat aber zur Bedingung, dass individuelle Entwicklung sich nicht am Kriterium von Anwendung und Verwertung orien-
tiert.

In kritischer Auseinandersetzung mit den Habermas'schen Schlüsselbegriffen „System" und „Lebenswelt" gelingt Kade eine überzeugende gesellschaftstheoretische Verankerung von Bildung und Qualifikation. Er verweist dabei auf neue Formen gesellschaftlicher Arbeit, die einerseits Qualifikationen zur Voraussetzung haben, andererseits Bildung zur Geltung kommen lassen. Kade spricht von einer dialektischen Konzeption der Form gesellschaftlicher Arbeit.

5.1.9   Zur Funktion der Schule

5.1.9.1 Bildung versus Ausbildung

In den folgenden Beiträgen wird die oben begonnene Diskussion fortgesetzt.
Dass Schule neben anderen Funktionen (die aufgrund der Gesprächsverläufe
nicht angesprochen wurden) die Anschlussfähigkeit an das Arbeitsleben und
die Bildung des Einzelnen gewährleisten soll, diese originäre Doppelaufgabe
wird von keinem Interviewpartner bestritten.

„Es müssen ... beide Funktionen erfüllt werden, weil der künftige Staatsbürger sich auch über beide Funktionen definiert und da tätig werden muss."

Die Akzente werden allerdings unterschiedlich gesetzt.

Aus der Perspektive des Staates formuliert ein anderer Proband:

„... beides muss erfüllt sein. Bildung ist einerseits der Anspruch des Staates, die jungen Menschen so zu bilden, dass sie auch diesen Staat wiederum
erhalten können. Das ist sicherlich ein legitimer Anspruch, genau so legitim
ist der Anspruch des Einzelnen auf individuelle Bildung innerhalb dieses
Schulwesens. Beides muss ausbalanciert werden."

Ein weiterer Interviewpartner argumentiert vom religiösen Standpunkt aus. Er bezeichnet „Herzensbildung" als wesentliche Aufgabe der Schule. Ohne diese Bildung sei die Gesellschaft in ihrem Bestand bedroht. Wenn der Mensch nur noch funktionierendes Einzelteil der Wirtschaft sei, könne nicht mehr vom Menschen gesprochen werden. Die „Leute" brauchten dann nur noch ruhig gestellt, mit Lebensmitteln und Alkohol versorgt und vor den Fernseher gesetzt zu werden. Er erachte es für richtig, Nachdenklichkeit zu erzeugen und Befähigung zu sozialem Handeln zu vermitteln, die auch beim Ausscheiden aus dem Arbeitsleben bedeutsam sein könne.

Mit Blick auf den Hauptschüler werden „Lebenstüchtigkeit" und „Ausbildungsfähigkeit" als wesentliche Ziele herausgestellt und die Maßnahmen der Niedersächsischen Landesregierung zur Profilierung der Hauptschule als richtig bezeichnet. Der Beruf sei die Existenzgrundlage. Unter dem Aspekt der Sicherung der Lebensverhältnisse sei das humanistische Bildungsideal obsolet. Er stelle sich auch die Frage, ob diese Schüler nicht auch für ein Leben in Arbeitslosigkeit ausgebildet werden müssten und wie das curricular geschehen könnte.

Dieses Problem wird auch in einem anderen Interview angesprochen: Schule müsse auf ein Leben ohne Eingliederung in den Arbeitsprozess vorbereiten. Aber auch dann werde erwartet, dass die jetzigen Schüler sich als anständige Nachbarn, vernünftige Familienväter, verlässliche Kunden und selbstbewusste Menschen darstellten.

Mit dem Stichwort „Instrumentalisierung der Bildung" sollte das Gespräch eigentlich darauf gelenkt werden, dass möglicherweise Inhalte vor allem oder ausschließlich unter dem „Nützlichkeitsgedanken" ausgewählt würden, Mathematik sich z. B. hinter ihren technischen Anwendungen verbergen müsse. Die Interviewpartner stellen aber eher einen Zusammenhang mit der Sponsorentätigkeit her: Die Gefahr der Instrumentalisierung von Bildung sei gegeben. Auch die Wirtschaft zähle zu den Auftraggebern von Schule. Sie versuche mit verführerischen Angeboten, Schule im eigenen Sinne zu beeinflussen. Der Verwertungsaspekt gewinne dadurch ein Übergewicht. Dass der Einfluss von Konzernen zur Instrumentalisierung von Bildung führen könne, weil für investiertes Geld eine Gegenleistung erwartet würde, wird in einem anderen Beitrag schärfer formuliert: Es dürfe keine Unterstützung der Schule durch die Wirtschaft geben, weil dadurch Abhängigkeiten geschaffen würden, ein Mechanismus, der nicht immer durchschaut würde.

„Derjenige, der die Musik bezahlt, der will auch irgendeine Gegenleistung."

Ein Interviewpartner erwartet von der Einführung von Kompetenzmodellen als Basis für die pädagogische Arbeit einen wesentlichen Fortschritt: Kompetenzerwerb könne Qualitätssteigerung von Unterricht bedeuten und Ballastwissen ersetzen. Die Arbeit an Kompetenzen begegne der Gefahr der Instrumentalisierung der Bildung; Kompetenzerwerb schließe Mündigkeit ein.

5.1.9.2 Mündigkeit als Erziehungsziel

Für alle Interviewten ist „Mündigkeit" nach wie vor ein zentraler Begriff in der Schule, ein bedeutendes Erziehungsziel. Konkretisierungen werden nur sehr sparsam vorgenommen. In mehreren Beiträgen wird „Kritikfähigkeit" genannt.

Ein Proband verbindet den Hinweis auf die Notwendigkeit, junge Menschen zu kritischen Bürgern zu erziehen, mit einer Zeitkritik. Er sieht die Existenz einer so unkritischen Jugend als ein gesamtgesellschaftliches Problem.

Zwei Vertreter der eigenverantwortlichen Schule regen an, den „angestaubten" Begriff „Mündigkeit" durch „Eigenverantwortlichkeit" zu ersetzen, wobei allerdings überprüft werden müsse, ob dieser Begriff das gleiche Spektrum umfasse. Nach den Worten des Schulleiters kommt es darauf an, den einzelnen Schüler so zu fördern, dass er imstande ist, seinen Lebens- und Berufsweg und die Schwerpunkte für sein soziales Engagement selbst zu wählen. Die Lehrerin weist darauf hin, dass mit der Verwendung des Begriffs „Eigenverantwortlichkeit" auch zum Ausdruck gebracht wird, dass Schule es nicht allein schaffen kann und Schüler und Eltern mit in die Pflicht genommen werden müssen.

Für die Zurückhaltung, den Begriff mit Inhalt zu füllen, hat Brezinka eine plausible Erklärung[495]. Er zählt ihn zu den „pseudo-normativen Leerformeln", den normativen Sätzen, die so unbestimmt sind, dass sie fast alle Handlungsmöglichkeiten offen lassen. Aus solchen „leeren Vorschriften" gehe nicht hervor, was eigentlich konkret darin empfohlen werde. Sie sind nach Brezinka dennoch nicht sinnlos, denn was sie bedeuten, sei nicht aus ihnen selbst, wohl aber aus Interpretationen ihrer Urheber oder Anhänger zu erkennen. Zwei prominente Vertreter sollen weiter unten daraufhin befragt werden.

In mehreren Beiträgen wird die Notwendigkeit betont, den Begriff in Konferenzen mit Inhalt zu füllen; das Thema „Mündigkeit" bedürfe der Re-

---

[495] Vgl. Brezinka, W., 1969, S. 582 f.

flexion in den Kollegien. „Mündigkeit" müsse mit allen Statusgruppen der Schule diskutiert werden, um eine „Blutleere" des Begriffs zu verhindern.

Wege zur Ermöglichung von „Mündigkeit" – ein vernachlässigter Auftrag – werden angedeutet: Sie ließe sich durch eine Stärkung der Stärken der Schüler, durch eine Verstärkung alles Positiven erreichen. Recht konkret ist der folgende Beitrag: Die Schüler müssen den Lehrer als kritische Person erleben und selbst an Kritikfähigkeit herangeführt werden. Sie müssen lernen, sich eine eigene Meinung zu bilden, die durchaus von der des Lehrers abweichen darf. Ein Teilaspekt ist es, differenzierte Sichtweisen einnehmen zu können. Der Interviewpartner verdeutlicht das am Thema Todesstrafe, bei dem anfänglich vorherrschende „Totschlagparolen" durch eine differenziertere Sichtweise ersetzt werden konnten. Eine selbstbewusste Lehrerschaft, die Konflikte mit kritischen Schülern aushält, wird auch in einem anderen Beitrag als Voraussetzung für die Ermöglichung/Entwicklung von Mündigkeit genannt. Bei der Erprobung des Leitfadens nennt der Proband die Übernahme von Verantwortung und Veränderung von Schule durch Eigeninitiativen der Schüler als hilfreich auf deren Weg zur „Mündigkeit". Auf die große Bedeutung und gegenwärtige Vernachlässigung der ästhetischen Bildung für die Persönlichkeitsbildung wird in einem weiteren Beitrag hingewiesen.

Als Ergänzung zu dem 1. Exkurs im Theorieteil dieser Arbeit sollen im Folgenden die Vorstellungen von zwei profilierten Denkern, Langeveld – aus pädagogisch-anthropologischer Perspektive - und Adorno- vom soziologisch-philosophischen Standpunkt her -, zum Problem der „Mündigkeit" und zu den Aufgaben für die Erziehung kurz dargestellt werden.[496]

Nach Adorno ist Mündigkeit ein gesellschaftlich-politisches Ziel und Voraussetzung für Demokratie. Mündigkeit ist danach ein der Demokratie untergeordnetes Ziel, eine Bedingung für Demokratie. Mündigkeit ist demokratische Mündigkeit.

Nach Langeveld ist Mündigkeit ein allgemein menschliches, anthropologisches Ziel. „Staatsbürger" oder „Demokrat" ist ein Teilziel der sittlichen Mündigkeit. Sittliche Mündigkeit ist oberstes Ziel.

Für Adorno ist Mündigkeit kaum abhängig von Naturanlagen, sondern von gesellschaftlichen Bedingungen, also auch von Erziehung. Erziehung kann und muss zur Mündigkeit begaben. Mündigkeit als „Eigenschaft" ist ein unerreichbares Ideal, das alle in der gleichen Weise realisieren müssten.

---

[496] Die folgenden Ausführungen übernehmen sehr verkürzt und ohne entsprechende Kennzeichnung fast wörtlich Teile eines sehr interessanten Forschungsergebnisses von Magdalene Benden. Vgl. Benden, M., 1976, S. 353 – 380.

Bei Langeveld ist Mündigkeit abhängig von den individuellen Möglichkeiten, dazu zählen die inneren und die äußeren Faktoren. Erziehung verhilft zum Mündigwerden. Die Konkretisierung der Mündigkeit ist eine je spezifische, individuelle. Die Erziehung mit dem Ziel der Mündigkeit schließt mit der rechtlichen „Volljährigkeitserklärung" ab. Dann muss das Individuum seine Mündigkeit in die eigene Verantwortung übernehmen.

Nach Langeveld realisieren die Menschen unterschiedliche Formen der Mündigkeit. Adorno fordert dagegen die gleiche Form der Mündigkeit, die unbedingte Autonomie, die absolute Selbstbestimmung unabhängig von jeder Heteronomie.

Für Langeveld besteht die sittliche Mündigkeit darin, dass sich der Mensch an die Selbstverantwortung bindet. Sich binden an Selbstverantwortung besagt einerseits Bindung an das individuelle Wertverständnis, das prinzipiell Gut und Böse zu unterscheiden vermag, andererseits Bindung an den Menschen.

Kriterium der Mündigkeit ist bei Adorno die unbedingte Autonomie, die Verantwortung vor dem selbstautonomen Verstand bzw. der Vernunft.

Bei Langeveld ist es eine Verantwortung vor sich selbst und der Sozietät.

Kriterium der sittlichen Mündigkeit ist nach Langeveld die „persönliche Verantwortung". Es gibt unterschiedliche Formen der Mündigkeit, aber keine Elite von Mündigen. Erziehung hat die Aufgabe, das Erziehungsziel der sittlichen Mündigkeit zu verwirklichen. Sie ist Recht für alle und individuelle Verpflichtung für jeden.

Adorno fordert Mündigkeit für alle, aber sie wird nur von einer Elite konkretisiert, die das Privileg in Anspruch nimmt, sich selbst für mündig und andere für unmündig zu erklären.

Nach Langeveld stellt sich für die Erziehung die schwierige Aufgabe, dem Individuum Hilfe zu geben, einerseits zu der Bindung an die Selbstverantwortung und andererseits zu der Entwicklung einer Werthierarchie. Voraussetzung für die Entwicklung dieser Werthierarchie ist die Entfaltung der individuellen Anlagen.

Die Erziehung muss das „sachliche Milieu" und vor allem den „Umgang" nutzen. Dem Umgang mit Menschen, die selber mündig sind, kommt für ihn eine große Bedeutung zu. Er soll bestimmt werden durch „Freiheit" und „Verbundenheit". Dadurch gewinnt das Kind seine Menschenkenntnis, seine Kenntnis der sozialen Verhältnisse etc. und seine Selbsterkenntnis, eine „kritische Instanz" und Verantwortungsfähigkeit.

Adorno erwartet von der Erziehung die Auflösung des Widerspruchs, der für ihn darin besteht, dass die Voraussetzungen der Mündigkeit von der Unfreiheit der Gesellschaft determiniert sind.

Erziehung muss zur Mündigkeit „begaben", sie ist nicht im Menschen vorgebildet. Er stellt der Erziehung die Aufgabe, den Menschen vor allem zur „Ich-Stärke", zur „Identitätsfindung" zu führen. Das impliziert eine Erziehung zum „Widerspruch" und zum „Widerstand", zum „Nicht-Mitmachen". Der junge Mensch muss außerdem „zu Bewusstsein und Rationalität" erzogen werden. Die Erziehung muss daher „Erfahrungsfähigkeit" im Menschen entwickeln, die für „Denken" und „geistige Erfahrung", für ein „qualifiziertes Reflexionsniveau" wichtige Voraussetzungen sind.

Es ist sicher nicht zu bestreiten, dass diese Hinweise an die Pädagogik aus unterschiedlichen Denkrichtungen für die Reflexion des Problems der „Mündigkeit" in den Schulen ihre Bedeutung nicht verloren haben.

5.1.9.3 Anmerkungen

In den folgenden Ausführungen, die eher als eigene „Suchbewegungen" und nicht als Problemlösungen zu verstehen sind, sollen die geäußerten Beiträge zur Thematik „Bildung im Spannungsfeld von Autonomisierung und gesellschaftlicher Eingliederung" kurz reflektiert werden.

Es ist (selbst-)verständlich, dass Pädagogen im Diskurs einer der beiden o. g. Teilaufgaben der Schule den Vorrang einräumen, in der Regel der „Personbildung", und sich dabei sicherlich als durch die eigene Sozialisation und Bildung/Ausbildung Geprägte erweisen (müssen). Sie möchten ein Sichverlieren der jungen Menschen in der Medien- und Konsumgesellschaft verhindern und setzen auf die Entfaltung von Individualität, auf die Entwicklung zur Selbständigkeit und zur mündigen Gestaltung der Gesellschaft.

Die Bedeutung solcher Einstellungen für die Unterrichtspraxis ist schwer einzuschätzen. Im institutionellen Bereich Schule wird vieles nivelliert. Aus bildungstheoretischer Perspektive fällt alles, was an pädagogischen Absichten zur Realisierung des einen oder anderen Erziehungszieles in Unterrichtsentwürfe oder pädagogische Akte eingebracht wird, unter „frei schwebende Rhetorik" (Schäfer), unter Arbeit „mit ungedeckten Schecks", weil über den Erfolg nichts ausgesagt werden könne. Dem Erzieher müsse aber zugestanden werden, so zu tun, als hänge es von seinen Bemühungen ab, ob ein Kind „angepasst" oder „kritisch" wird. Nach Luhmann muss der Pädagoge solche Paradoxien leugnen und durch Handeln „auflösen". Für Tenorth dagegen erscheint die öffentliche Schule als der einzig bekannte Ort, den Ansprüchen allgemeiner Bildung zu entsprechen, sowohl die Vergesellschaftung des Subjekts zu garantieren, wie die Voraussetzungen zur Bildung seiner Individualität zu fördern.[497]

Wenn allerdings – wie im Lehrplan der Hauptschule vorgesehen – ein großer Teil der Unterrichtszeit in die Betriebe verlagert wird und die Landesregierung damit sogar noch die Vorstellungen von praxisorientierten Reformschulen überholt, sind Bedenken angebracht, denn „(T) tendenziell kann man sagen, dass Nachteile kumulieren … , wenn die Lernprobleme mit den heranwachsenden Jugendlichen durch Abstriche beim Lehrplan bearbeitet werden oder gleich durch Berufsorientierung statt durch Allgemeinbildung"[498], ganz abgesehen davon, dass es damit den Hauptschülern nahezu unmöglich gemacht wird, die für den Realschulabschluss gleiche (früher: gleichwertige) Leistung wie der Realschüler zu erbringen.

Bei den Vertretern der Schule B ist eine wesentlich größere Abwehrhaltung gegenüber dem Eingliederungsgedanken feststellbar und eine höhere Bereitschaft, mit Bildungsvorstellungen zu argumentieren, die sich an der eigenen Schulbildung orientieren, auf eine humanistische Bildung im Sinn E. Fromms verweisen und sicherlich nicht als antiquiert abgetan werden dürfen.

Bemerkenswert sind die Beiträge zur Notwendigkeit ethischer Bildung für die Sinnperspektive des Lebens des Einzelnen, aber auch als Voraussetzung für die Bestandserhaltung der Gesellschaft. Sie lassen sich als ein Bedürfnis nach philosophischer Orientierung deuten. Hier klingen ungelöste Fragestellungen nach dem Sinn des Lebens an, nach einer Zielvorstellung vom „guten Leben" und nach dem Beitrag, den Erziehung und Bildung und die Lehrkräfte im Rahmen des Schul- und Unterrichtsbetriebes dazu leisten können.

In einer gewissen Kritik am Kompetenzbegriff bei PISA stellt R. Ammicht-Quinn diesen Bereich, in dem es um Bildung geht, die den Menschen zum Mitmenschen macht, neben dem Bereich der Selbstbildung und dem der Sachbildung, der praktischen Bildung, als gleichbedeutend heraus.[499]

Eine solche aus pädagogischem Blickwinkel vorgenommene dramatische Zuspitzung der Frage nach der Funktion der Schule – Bildung oder Ausbildung - kennt eine soziologisch orientierte Theorie der Schule nicht. Sie betrachtet das Bildungswesen und das Schulsystem unter dem Aspekt ihrer Systemleistung für die Gesellschaft (s. Kap. 6 des Theorieteils) und geht dabei von einer Reproduktions- und einer Innovationsaufgabe aus. Den gesellschaftlichen Funktionsleistungen, die sich auf die Kultur (Enkulturation),

---

[497] Vgl. Tenorth, H.-E., 1994, S. 180.
[498] Ebd., S. 154.
[499] Vgl. Ammicht-Quinn, R., 2004, S. 317 ff.

Wirtschaft (Qualifikation), die Sozialstruktur (Allokation) und die politischen Systeme (Legitimation und Integration) beziehen, entsprechen jeweils individuelle Handlungs- und Entwicklungschancen.[500] Fend sieht nicht nur die europäischen Bildungssysteme, sondern auch die der Entwicklungsländer auf dem Wege zu leistungsorientierten Bildungssystemen und zur Einbindung des Bildungswesens in das Funktionssystem moderner Gesellschaften.[501] Folgerichtig gewinnt dabei die Qualifikationsfunktion einen hohen Stellenwert. Sie „wird heute – problemloser als vor 20 Jahren – als wesentlich für die Erzeugung eines ‚Humankapitals' im Sinne der Berufsfähigkeit der jüngeren Generation gesehen, das für die internationale Wettbewerbsfähigkeit einer Wirtschaft zentral ist."[502]

Der durch PISA in Mode kommende Kompetenzbegriff wird in zwei Gesprächsbeiträgen angesprochen. Die in der Erwachsenenpädagogik/beruflichen Weiterbildung schon seit langem vollzogene kompetenzorientierte Wende[503] wird nunmehr auch im Bereich der allgemein bildenden Schulen im Zusammenhang mit der Entwicklung von Bildungsstandards angestrebt.

Die dabei verwendete Argumentation erscheint überzeugungskräftig:

- Kompetenz sei ein subjektbezogener Begriff

- Kompetenz beziehe sich mit seinem ganzheitlichen Anspruch auf die ganze Person

- Kompetenz verweise auf die notwendige Selbstorganisationsfähigkeit des Lernenden

- Kompetenzlernen sei auch im Hinblick auf die notwendige Vermittlung von Werten „geöffnet"

- Der Kompetenzbegriff umfasse die Vielfalt der prinzipiell unbegrenzten individuellen Handlungsdispositionen[504]

Der Erwerb von Kompetenzen wird als viel versprechende Basis für die pädagogische Arbeit angesehen; Kompetenzmodelle gelten als eine adäquate Umsetzung eines zeitgemäßen Konzepts von Allgemeinbildung.[505] Eine längerfristige Erprobung in der Praxis steht noch aus. An die Schwierigkeiten,

---

[500] Nach Fend, H., 2006, S. 53.
[501] Vgl. ebd., S. 54 f., s. die Ausführungen in Kap. 11, Theorieteil, aus einer anderen Perspektive.
[502] Nach Fend, H., 2006, S. 52.
[503] Vgl. dazu die eher kritischen Äußerungen von R. Arnold in: Arnold, R./Schüßler, I., 1998, S. 105 ff.
[504] Verkürzt nach Arnold, R./Schüßler, I., 1998, S. 107 f.
[505] Vgl. Tenorth, H.-E., 2003, S. 156 – 164.

Taxonomiestufen in der Unterrichtspraxis zu realisieren, kann in diesem Zusammenhang nur erinnert werden.

5.1.10 Dreigliedrigkeit des Schulwesens

Die Begründungen für die vermeintlich richtige Schulform sind bekannt: Förderung der Leistungsstarken heißt verkürzt das Hauptargument der Anhänger der Dreigliedrigkeit, das in den Interviews wegen der Auswahl der Fälle kaum erwähnt wird. Ein Interviewpartner – ein früherer OS-Lehrer – hält die Aufteilung der Schülerschaft nach Klasse 6 im Hinblick auf den Spitzenbereich für notwendig. Für eine möglichst lange gemeinsame Schulzeit plädieren Schulfachleute, die dadurch eine soziale Kluft, ein Schichtdenken zu überwinden hoffen. Dieses Hauptargument findet sich in den Interviews allerdings nur einmal. Es werden andere Begründungen, die natürlich ebenfalls nicht unbekannt sind, für eine gesamtschulähnliche Schulform ins Feld geführt, deren Dauer mit 6 bzw. 10 Jahren beziffert wird. Der gemeinsame Unterricht wird als wichtiger Bestandteil der notwendigen Förderung genannt. Einerseits sind die Zugpferde für die vermeintlich schwächeren Schüler für eine längere Zeit notwendig (bis Klasse 10), und zwar vor allem auch deswegen, weil es bei ihnen häufig nicht an Intelligenz fehle, sondern wegen ihrer sozio-kulturellen Benachteiligung; andererseits könnten die Leistungsstärkeren dabei sozial gefördert werden.

Es ergibt sich gleichsam eine intellektuelle Förderung der sozial Schwachen und eine soziale Förderung der intellektuell Leistungsstarken.

Dass die schwächeren Schüler für die Stärkeren ein Hemmnis darstellen, sei ein Vorurteil.

Eine Interviewpartnerin erinnert an das Abhängen der potentiellen Hauptschüler in der „Gesamtschule Orientierungsstufe". Für sie ist es ein ungeklärtes Problem, ob Leistungsschwächere in heteronomen Gruppen automatisch profitieren. Sie empfiehlt zu prüfen, ob ganz andere Lernstrukturen, die Ausstattung und Räumlichkeiten betreffend, nützlich sein könnten.

Das dreigliedrige Schulsystem werde zwar den Spitzen gerecht, schöpfe aber vorhandene Ressourcen nicht aus. Das aber könne sich eine Gesellschaft eben auch nicht leisten. Zudem erweise sich die untere Bildungsschiene (HS) zunehmend als wertlos. Dass auch die Hauptschüler leistungsfähiger sind als allgemein angenommen und auch in der Hauptschule Leistungen gefordert werden müssten, wird mehrfach betont.

Eine andere durchaus zu beachtende Argumentationslinie ist folgende: Die Diskussion um die Dreigliedrigkeit des Schulwesens werde plakativ und ideologisch geführt. Nicht die Frage nach der Struktur sei primär, sondern die

Sorge um die individuelle Förderung des einzelnen Schülers und die Frage nach einem Förderkonzept. Förderung aber hänge von den Personen ab und nicht vom System. Förderung müsse als originäre Aufgabe der Schule betrachtet werden und nicht als Reparaturmaßnahme.

„… wenn man Förderarbeit als originäre Aufgabe sieht, muss Schule ganz anders gestaltet werden. Wenn man das zu Ende beantwortet, kann man eigentlich eher auf ein Schulsystem kommen, was so stark gegliedert ist wie bei uns."

Der sozialerzieherische Aspekt bleibt dabei allerdings völlig unberücksichtigt.

Das Ende der Hauptschule wird mehrfach prognostiziert. Die Dreigliedrigkeit werde durch die aktuelle Entwicklung in Frage gestellt. Die bisherigen Maßnahmen bewirkten keine Stärkung der Hauptschule. Jede Aktion verstärke die Besonderheit des Hauptschülers und diene seiner Stigmatisierung. Die psychischen Prozesse bei den Eltern und Schülern würden dadurch nicht beeinflusst. Die Hauptschule sei kein adäquater „Lieferant" mehr und werde von den Eltern abgewählt.

Die Suche nach neuen Wegen wird für erforderlich gehalten, weil eine ganze Generation aus humanitären, moralischen und gesellschaftlich-egoistischen Gründen nicht abgeschrieben werden dürfe. Wichtig sei eine Leistungsorientierung mit Motivation, keine „kalte" Leistungsorientierung.

„…denn wie will man einem jungen Menschen, der eigentlich weiß, dass er mit dem Hauptschulabschluss nur wenige Chancen hat, den Einstieg ins Berufsleben zu finden, wie will man diesem jungen Menschen abverlangen, sich dafür noch anzustrengen."

Die Rettungsvorschläge eines Interviewpartners reichen von der notwendigen Einrichtung kleinerer Lerngruppen, dem Angebot vieler Fördermöglichkeiten bis hin zur Ganztagsbeschulung, bei der es in der Lehrerschaft aus egoistischen Gründen eine unehrliche Argumentation gebe, die mit der Formulierung umschrieben werde, die Eltern hätten ein Anrecht darauf, ihre Kinder nachmittags zu Hause zu haben. Überzeugender wäre u. E. der Hinweis, dass eine aktuelle schlüssige Theorie zur Fundierung ganztagsschulischer Bildung und Erziehung noch nicht vorliegt.

Die in der Literatur gelegentlich anzutreffende Vorstellung einer autonomen/eigenverantwortlichen Hauptschule ohne staatliche Vorgaben wird in keinem Interview vertreten. Der Autonomiegedanke spielt in der Diskussion um die Schulform keine Rolle; er wurde aber auch nicht dezidiert angesprochen.

Fast einhellig wird der Verbund Hauptschule/Realschule von in der Schule tätigen Probanden, die allerdings alle in einem solchen System unterrichten, als erfolgreich bezeichnet, und zwar auch von Gegnern der Gesamtschule, der das Stigma mangelnder Effizienz immer noch angeheftet wird. Die Lösung des Strukturproblems durch die Gesamtschule wäre nur dann vorstellbar, wenn es genügend Sonderschulen E für die nicht einzugliedernden Fälle gäbe. Die Unterschiede zwischen den Schülern der HS und der RS seien nur im Spitzenbereich groß. Die Durchlässigkeit sei ein entscheidender Vorteil. Es gelte, die Akzeptanz dieser Organisationsform bei den Eltern zu vergrößern.

Überwiegend wird also eine mehrjährige gemeinsame Beschulung der Dreigliedrigkeit vorgezogen. Das ist keineswegs überraschend, weil es sich bei den Befragten um Akteure aus dem Bereich der Haupt- und Realschule handelt, für die die Hauptschule keine Zukunft mehr hat. Der sozialerzieherische Gedanke schwingt bei ihnen auch dann mit, wenn er nicht expressis verbis zum Ausdruck gebracht wird.

5.2   Zum Rollenhandeln der Probanden im Hinblick auf die Entwicklung von Schule unter dem Aspekt einer größeren Autonomie

Es empfiehlt sich, die mit der 10. Frage des Leitfadens evozierten Aussagen zur dritten Fragestellung im Rahmen des beschriebenen Forschungsinteresses nach Statusgruppen getrennt zu betrachten.

Beide Vertreter der Schulaufsicht nehmen grundsätzlich eine kritisch-positive Einstellung zur größeren Autonomie der Schule ein. Sie sei im Prinzip sinnvoll, weil die Verantwortung, verbunden mit einer Rechenschaftslegung, dort liegen müsse, wo die Prozesse stattfinden.

Einer der Dezernenten nennt als eine erste Möglichkeit, Schulentwicklung unter dem Autonomiegedanken zu unterstützen, diesbezüglich motivierende Gespräche mit den Schulleitern zu führen. Er stellt sich damit – wie ausgeführt – eine schwierige Aufgabe, weil dafür die Zeit fehlt und die Vor-gaben „von oben" der Idee der eigenverantwortlichen Weiterentwicklung diametral gegenüberstehen und an der Basis als demotivierend empfunden werden.

Eine weitere Aufgabe sieht er in der Gründung und Unterstützung von Schulverbünden zur Förderung der Kooperation.[506] Wegen fehlender Res-

---

[506] Die Bedeutung einer Entwicklungsstrategie, die auf verstärkte Kooperation zwischen verschiedenen Schulen und den Aufbau von Schulnetzwerken setzt, heben auch Huber und Muijs (2007, S. 100) hervor. Mit dem Hinweis auf die von der Systemtheorie auf-

sourcen könne aber das noch ausstehende Unterstützungssystem für die Schulen durch Maßnahmen der Landesschulbehörde nicht ersetzt werden. Er formuliert als seinen (utopischen) Traum, wie früher Schulentwicklungsprozesse als Berater begleiten zu können.

Auch der andere Vertreter der Schulaufsicht bezeichnet die Schaffung und Unterstützung von Kooperationsstrukturen zwischen Personen und Schulen als wichtige Aufgabe. Insbesondere käme es dabei darauf an, den Gedanken einer gemeinsamen Verantwortung - zum Beispiel auch für die Unterrichtsversorgung – unter den Schulen eines Kooperationsbereichs zu fördern. Darüber hinaus könne die eigenverantwortliche Arbeit der Schulen durch die Zurücknahme der eigenen Person gestärkt werden. Die Notwendigkeit, die Rolle eines allmächtigen Beraters abzulegen, ergebe sich auch als Konsequenz der Dezimierung der Zahl der Dezernenten und der unzureichenden Personalausstattung der Behörde. Die Aufrechterhaltung einer gewissen Dienstleistungsfunktion hält er nur bei einer großen Nähe der Verwaltung zu den Schulen für möglich. Hierzu ist allerdings festzustellen, dass die Dezernenten der Landesschulbehörden zunehmend den Kontakt zu den Schulen und Schulleitern verlieren. Daraus resultiert zum Beispiel auch eine große Schwierigkeit bei der Besetzung von Schulleitungsstellen. Die früher möglichen, die Schulleiter entlastenden Gespräche finden immer seltener statt. Die Zuständigkeitsbereiche der Dezernenten haben sich stark vergrößert. Eine (gewollte) Anonymisierung ist die Folge. Personalplanung und Konfliktregelung sind massive Schwerpunkte der Arbeit der Dezernenten.

Der Leiter der eigenverantwortlichen Schule A, ein vehementer Befürworter des Autonomiegedankens, betont die Schlüsselfunktion des Schulleiters für den Entwicklungsprozess der Schule zu mehr Autonomie. Er sieht seine besondere Aufgabe darin, an der Nahtstelle zwischen den Statusgruppen in der Schule und den Interessengruppen in der Gesellschaft um Verständnis für die Entwicklungsprozesse und um Unterstützung dafür zu werben. Auffällig ist, dass ganz entscheidende, mit der von ihm genannten Schlüsselfunktion verbundene und ihm bestens bekannte Aufgaben, die oben ausgeführt wurden, vollkommen ausgeblendet bleiben. Wer den schulischen Alltag kennt, muss nicht unbedingt S. Freud bemühen, um dieses Ausblenden zu erklären: Mit der Wahrnehmung dieser Aufgaben wäre er aus Zeitmangel total überfordert.

Auch der Leiter der Schule B unterstützt den Autonomiegedanken wohl, sieht aber kaum Möglichkeiten, ihn zu fördern, denn ihm ist – als kommissarisch mit der Wahrnehmung der Aufgaben des Schulleiters Beauftragtem -

---

gedeckte Eigenlogik sozialer Systeme lassen sich u. E. allzu große Hoffnungen allerdings ein wenig dämpfen.

das Programm der Landesregierung im Einzelnen nicht bekannt. Die Top-down-Entwicklung beurteilt er negativ. Die in Schulen zu beobachtende konservative Einstellung steht für ihn in Zusammenhang mit der Reformflut von oben.

Die Konrektorin der Schule A richtet ihren Blick auf die Organisation des Unterrichts. Sie will den Autonomiegedanken und die Weiterentwicklung der Schule bei der Gestaltung des Stundenplanes und durch die Herstellung sinnvoller Fächerverbindungen fördern. Als Beispiel nennt sie die Kombination der Fächer Physik und Technik.

Die Gestaltung der Stoff- und Unterrichtspläne bezeichnet auch der Konrektor der Schule B als Ansatzpunkt zur Förderung des Autonomiegedankens. Das Prinzip der Menschenbildung in der Schule sei aber das entscheidende Kriterium für die Akzeptanz von Autonomie. Im Hinblick darauf sei aber große Skepsis angebracht, denn die Autonomie käme zu wirtschaftlich daher.

Die Klassenlehrerin der Schule A nimmt an, dass ihr kreativer Umgang mit Freiräumen (auch mit nicht vorhandenen Freiräumen, muss nach dem Interview ergänzt werden) Signalwirkung auf ihre Kolleginnen und Kollegen haben kann. Wenn für ein Anliegen kein Curriculum vorhanden sei, konstruiere sie eben eines. Sie unterstütze den Autonomiegedanken darüber hinaus durch gute und transparente Arbeit in ihrem Fachbereich und in der für die Schulentwicklung verantwortlichen Steuergruppe.

Ihr Pendant in der Schule B beschränkt sich darauf, als Antwort Facetten eines Gegenbildes zur verordneten Autonomie zu entwickeln. Es dürfe nicht um Gleichmacherei und um Jagd nach Qualifikationen gehen. Autonomie müsse echte größere Selbständigkeit bedeuten und eine andere Gewichtung der Dinge erlauben. Sie müsse zu einer stärkeren Individualisierung der Lernprozesse führen, wofür den Lehrkräften allerdings die Kompetenz fehle. Die finanzielle Unterstützung der Schule müsse auch weiterhin durch die öffentliche Hand erfolgen. Die Schule sei dann selbstverständlich zur Rechenschaft über ihre Arbeit im Sinne größerer Autonomie mit der Zielsetzung der Menschenformung verpflichtet.

Fazit:

Die Dezernenten befinden sich hinsichtlich der Unterstützung der Entwicklung von Schule unter dem Autonomiegedanken auf dem Rückzug, teils aus Arbeitsüberlastung, teils weil aktive Hilfe dem Prinzip der Eigenverantwortlichkeit der Schule zuwiderläuft. Der Weg von den Schulleitern zur Schulaufsicht wird länger.

Die Schulleitungen werden im täglichen Geschäft aufgerieben und verstehen sich eher als Agenten der Sicherung des Status quo, denn als Change-Agents.

Die KonrektorInnen suchen nach bescheidenen Ansätzen zur Veränderung in ihrem „Kerngeschäft", der Organisation des Unterrichts.

Die eine Lehrkraft erwartet, dass von ihrem eigenen Umgang mit Freiräumen und von ihrer eigenen Arbeitsweise Signalwirkungen ausgehen. Die andere distanziert sich vom gegenwärtig vertretenen Autonomiegedanken.

Die erforderliche Schwerpunktverlagerung von pädagogischer Freiheit und Eigenverantwortung zur Kooperation und kollektiver Verantwortung wird nicht thematisiert.

6. Zusammenfassung wichtiger Ergebnisse

6.1 Bewertung des Untersuchungsdesigns

Einige kurze kritische Äußerungen zum gewählten Untersuchungsdesign sollen der Ergebnissicherung zugerechnet werden.

Die Wahl der Fallgruppen hat sich als nicht so ergiebig erwiesen wie erwartet. Die Auswahl von Fällen aus zwei im Entwicklungsstand unterschiedlichen Schulen war sinnvoll, wenngleich sich Rückschlüsse auf das Zusammenwirken institutioneller Faktoren nur gelegentlich anboten. Wegen der Möglichkeit einer Überprüfung, ob die Bewertungen der schulisch relevanten Fragen des Autonomieproblems altersbedingt variieren, und der Gewinnung von Hinweisen zur (in zwei Interviews kritisch beurteilten) beruflichen Einstellung der jüngeren Generation wäre es sicher zweckmäßig gewesen, eine weitere Schule mit einer jungen Schulleitung und einer jungen Lehrkraft in die Untersuchung einzubeziehen. Ein in diesem Sinne ergänzendes Interview ist vorgesehen. Die Begrenzung der Zahl der Dimensionen (Themen) von Autonomie, ihre Vertiefung durch Nachfragen im Gespräch und eine Auswertung unter dem Gesichtspunkt einer stärkeren Ausrichtung auf Theoriegewinnung mag vielleicht im Nachhinein als ein dem gewählten vorzuziehendes Verfahren erscheinen.

6.2   Ergebnisse aus den schulfachlichen Stellungnahmen

Der Autonomiegedanke hat in den letzten zehn Jahren bei den schulischen Akteuren nicht unbedingt an Akzeptanz gewonnen. Die Rahmenbedingungen lähmen; die Vorgaben konterkarieren die proklamierte Gestaltungsfreiheit und signalisieren eher eine verschärfte Fremdbestimmung.

Die Maßnahmen zur Output-Steuerung durch den Staat werden überwiegend für richtig gehalten und daher akzeptiert. Den in der Fachliteratur erhobenen Bedenken wird in der Praxis keine große Bedeutung beigemessen.

Hinsichtlich der Schulqualität herrschen teilweise unpräzise Vorstellungen. Die Interviewpartner nennen sehr unterschiedliche Faktoren und Indikatoren. Unterrichtsqualität wird als zu verbessernde Größe selten reflektiert.

Die in der Fachliteratur für Schulentwicklung hoch gepriesene und für unerlässlich gehaltene Selbstevaluation findet nicht statt. Es fehlen dafür Kompetenzen und Zeit. Es erscheint geboten, nach bescheidenen, aber praktikablen Formen zu suchen.

Die Funktion des Schulleiters in einer auf Effizienzsteigerung ausgerichteten Schule wird unterschiedlich gesehen. An der veralteten Vorstellung von der Schulleiterrolle als eines Primus inter Pares wird vielfach festgehalten. Die Träger der neuen Entwicklung (Dezernenten und Akteure der eigenverantwortlichen Schule) haben sich davon allerdings verabschiedet.

Eine Klimaveränderung in der Schule durch den Machtzuwachs des Schulleiters wird überwiegend bestätigt. Der Umgang mit der Macht wird unisono als abhängig von der Einzelperson bezeichnet. Auf die Korrelation von Klima und Größe eines Systems wird hingewiesen.

Der Stellenwert der Kooperation als wesentliches Erfordernis der eigenverantwortlichen/teilautonomen Schule wird (in den Interviews) nur von den Dezernenten voll erfasst. Die Annahme, dass Lehrkräfte sich in ihrer pädagogischen Freiheit gefährdet sehen, wird bestätigt. Eine auch diesbezüglich im Sinne der Schulentwicklung zwingend erforderliche Verhaltensmodifikation muss langfristig über eine zu implementierende Reflexionskultur angestrebt werden, deren Erfolg aber vom „institutionellen Kontext" und den „Akteurkonstellationen" (Fend) abhängt.

Marktorientierung von Schule wird unterschiedlich interpretiert. Unter dem Aspekt der Qualifizierung des Schülers für den Arbeitsmarkt wird eine einseitige Ausrichtung auf Verwertbarkeit – wenig überraschend – abgelehnt.

Individuelle Bildung und Erziehung zum Staatsbürger wird – unterschiedlich akzentuiert – als Doppelaufgabe der Schule bezeichnet. Mit Blick auf den Hauptschüler wird „Lebenstüchtigkeit" und „Ausbildungsfähigkeit" in einigen Beiträgen ein besonderes Gewicht zugemessen. Die Ausrichtung darauf durch eine bestimmte Berufsorientierung bleibt sehr problematisch.

„Mündigkeit" ist nach wie vor eine anerkannte Zielgröße, die in der „reflektierenden Konferenzarbeit" allerdings vernachlässigt wird.

Der Hauptschule wird überwiegend keine Zukunft mehr eingeräumt. Ein Verbund Haupt- und Realschule wird vorgezogen.

6.3   Verwendung der Ergebnisse

Überlegungen zur Verwendung der Befunde müssen spekulativ bleiben. Gedacht ist an ein Gruppengespräch mit den Interviewten beider Schulen nach Absprache und mit Beteiligung des jeweiligen Dezernenten im Anschluss an ein Kurzreferat des Verf. über die Ergebnisse. Weiterführend wäre vielleicht eine gemeinsame Aussprache mit allen acht Interviewpartnern. Der Nutzen (Wert) könnte darin bestehen, in diesen Gesprächen die unterschiedlichen Auffassungen zu den in den Interviews angesprochenen Problemen im Sinne der mehrfach „angemahnten" Reflexionskultur gegeneinander abzuwägen (Gegenüberstellung von Selbstreferenz und Fremdreferenz) und dem Gedanken der Schulentwicklung dadurch einen (ganz) kleinen Antrieb zu geben.

7.   Ausblick

Ob die Entwicklung des Bildungswesens auf Dauer den Annahmen des Neo-Institutionalismus[507] folgt und zu der angestrebten Effizienzsteigerung führt, ob dann auch – ein Aspekt, der in Vergessenheit zu geraten droht – zufriedene und optimistisch eingestellte Jugendliche ins Leben entlassen werden, muss die Zukunft zeigen. Fakt ist, dass diese Entwicklung von den schulischen Akteuren unterstützt werden muss. Sicher ist das nicht, denn ihr Handeln ist keineswegs ausschließlich an den offiziellen Vorgaben ausgerichtet: „Was offiziell angestrebt wird, ist oft erstaunlich unwirksam. Es wird von eingespielten Routinen gewissermaßen neutralisiert, auch wenn die vorgegebenen Ziele als ‚Attrappen' bestehen bleiben und so zu Mythen werden kön-

---

[507]   Zum Neo-Institutionalismus vgl. Fend, H., 2006, S. 160 ff.

nen, etwa Mythen der ‚Effizienz', der ‚Evaluation', der ‚Wirksamkeit', der ‚Qualität'."[508]

Hilfreich kann es sein, an der Basis Einsicht für die Notwendigkeit und die Dynamik des Wandels zu erzeugen. Sie ist keinesfalls in erforderlichem Maße vorhanden; dazu muss auch die Verwaltungsspitze beitragen. Die für die Ausbildung des Lehrernachwuchses zuständigen Institutionen (Universität und Lehrerseminare) müssen die erforderlichen Kompetenzen und (so weit das möglich ist) die richtige Einstellung vermitteln, Binsenweisheiten, die aus guten Gründen formuliert werden dürfen. Angesichts der Schwierigkeit, die Mentalität der älteren Lehrkräfte zu verändern, müssten gerade die jungen Lehrkräfte die Ideen und den Impetus für Entwicklung in die Schule tragen.

Vor allem aber bedarf es auch eines Instruments, mit dem sichergestellt werden kann, dass für die Erziehungs- und Bildungsarbeit ungeeignete Personen aus der Schule herausgehalten werden.

Die angestrebten Veränderungen erfordern Zeit. Besonders Schulen erweisen sich bekanntlich gegenüber Wandel widerständig. Wenn die institutionellen Rahmenbedingungen verbessert und erforderliche Ressourcen bereitgestellt werden, wenn die Schulleiter die ihnen zugedachte Rolle als Initiatoren und Steuerleute des Entwicklungsprozesses wahrnehmen können und es ihnen gelingt, die Kolleginnen und Kollegen mitzunehmen, ist Pessimismus nicht angebracht.

„Per aspera ad astra" lautet bekanntlich ein lateinisches Sprichwort. Dass es ein steiniger Weg wird, ist sicher, ob er auch zu den Sternen (sprich: den o. g. Zielen) führt, ist wünschenswert, aber – wie oben bereits festgestellt – ungewiss.

In der schwierigen Übergangsphase mag die (Fullan zugeschriebene) Einsicht hilfreich sein, nach der zunächst alles schlechter wird, bevor es besser wird („Implementation Dip").

---

[508] Fend, H., 2006, S. 163. Dem Verf. sind solche Mythen aus der eigenen Praxis bekannt (z. B. im Zusammenhang mit der „Umstrukturierung der dritten Bildungsstufe der Volksschule in Niedersachsen").

Literaturverzeichnis

Abels, H.: Einführung in die Soziologie. Bd. 1: Der Blick auf die Gesellschaft, Bd. 2: Die Individuen in der Gesellschaft. Hagener Studientexte zur Soziologie, Bände 7 u. 8. Westdeutscher Verlag GmbH, Wiesbaden 2001.

Adick, Christel: Globale Trends weltweiter Schulentwicklung: Empirische Befunde und theoretische Erklärungen. In: Zeitschrift für Erziehungswissenschaft, 6. Jg., Heft 2/2003, S. 173 - 187.

Aebli, Hans: Grundformen des Lehrens. Ein Beitrag zur psychologischen Grundlegung der Unterrichtsmethode. Ernst Klett Verlag, Stuttgart, 5. Auflage 1968.

Aebli, Hans: Über die geistige Entwicklung des Kindes. Ernst Klett Verlag, Stuttgart, 2. Auflage, 1968.

AG Soziologie: Denkweisen und Grundbegriffe der Soziologie. Eine Einführung. Reihe Campus, Studium Band 1064, 12. Auflage. Campus Verlag Frankfurt/New York 1996.

Albert, Hans: Plädoyer für kritischen Rationalismus, 4. Auflage, 1975. R. Piper & Co. Verlag, München 1971.

Ameln, Falko von: Konstruktivismus. UTB 2585. A. Francke Verlag Tübingen und Basel 2004.

Ammicht-Quinn, Regina: Jojo zählt – Bemerkungen zum Bildungsbegriff und dessen ethischer Verankerung. In: Schavan, Annette (Hrg.): Bildung und Erziehung. Suhrkamp Verlag Frankfurt/M. 2004, S. 313 – 330.

Ariès, Philippe: Geschichte der Kindheit. 6. Auflage 1984. Carl Hanser Verlag, München 1975.

Arnold, Rolf/Pätzold, Henning: Schulpädagogik kompakt. Studium kompakt. Cornelsen Verlag Sriptor GmbH & Co. KG, Berlin 2002.

Arnold, Rolf/Schüßler, Ingeborg: Wandel der Lernkulturen. Ideen und Bausteine für ein lebendiges Lernen. Wissenschaftliche Buchgesellschaft Darmstadt 1998.

Avenarius, Hermann: Schulische Selbstverwaltung – Grenzen und Möglichkeiten. In: Recht der Jugend und des Bildungswesens, Heft 2/94, S. 256 – 269.

Bachmann, Helmut/Iby, Manfred/Kern, Augustin/Osinger, Dietmar/Radnitzky, Edwin/Specht, Werner: Schulautonomie – eine Chance der Schulentwicklung. In: Erziehung und Unterricht, 1996, Heft 4, S. 226 – 233.

Baecker, Dirk: Organisation und Management. Suhrkamp Taschenbuch Wissenschaft 1614, 1. Aufl. 2003, suhrkamp Verlag Frankfurt/M. 2003.

Baecker, Dirk: Organisation als System. Suhrkamp Taschenbuch Wissenschaft 1434, 1. Aufl. 1999. Suhrkamp Verlag Frankfurt/M. 1999.

Baecker, Dirk (Hrsg.)/ Luhmann, Niklas: Einführung in die Systemtheorie. Lizenzausgabe 2003 für die Wissenschaftliche Buchgesellschaft.

Ball, Stephen J.: Urbane Auswahl und urbane Ängste: Zur Politik elterlicher Schulwahlmöglichkeiten. In: Widersprüche, Heft 89, 23. Jg., 2003, Nr. 3, S. 59 – 74.

Ballasch, Heidemarie/Kiper, Hanna: Vergleichsarbeiten, Bildungsstandards, Kerncurricula. Hilfen zur Verbesserung der Unterrichtsentwicklung? In: Schulverwaltung NI, 16. Jg., Nr. 9, Sept. 2006, S. 241 – 244.

Bärmeier, Erich: Das Verfassungsprinzip der Verhältnismäßigkeit und die Unverhältnismäßigkeit staatlichen Schulehaltens. In: Recht der Jugend und des Bildungswesens, Heft 1, 1993. S. 80 – 91.

Bartels, Klaus: Die Pädagogik Herman Nohls in ihrem Verhältnis zum Werk Wilhelm Diltheys und zur heutigen Erziehungswissenschaft. Weinheim 1968.

Bartnitzky, Horst: Wie VERA und Verwandtes die Bildungsqualität beschädigen. Die potemkinschen Dörfer der gegenwärtigen Schulpolitik. In: Die Deutsche Schule, 98. Jg. 2006, Heft 2, S. 201 – 213.

Bast, Roland: Pädagogische Autonomie. Historisch-systematische Hinführung zu einem Grundbegriff der geisteswissenschaftlichen Pädagogik. Projekt Verlag, Bochum 2000.

Bast, Roland: Grundbegriffe der Pädagogik. Kritik - Emanzipation - Verantwortung. Schwann, Düsseldorf 1983.

Beck, Ulrich: Risikogesellschaft. Auf dem Weg in eine andere Moderne. Edition Suhrkamp 1365. Neue Folge Band 365. Erste Auflage 1986. Suhrkamp Verlag Frankfurt/Main 1986.

Beck, Ulrich (Hrsg.): Kinder der Freiheit. Zweite Moderne. 4. Aufl., Suhrkamp Verlag Frankfurt/M. 1998.

Becker, Hans/Langosch, Ingo: Produktivität und Menschlichkeit, 2. durchgesehene Auflage. Ferdinand Enke Verlag, Stuttgart 1986.

Beetz, Michael: Organisation und Gesellschaft. Eine systemtheoretische Analyse des Verhältnisses von Organisationen zur gesellschaftlichen Funktionssystemen. Verlag Dr. Kova in Hamburg 2003.

Beinke, Lothar (Hrsg.): Was macht die Schule falsch? Positionen, Pädagogen, Bildungsziele. Texte + Thesen, Band 236. Verlag A. Fromm, Osnabrück 1991.

Beinke, Lothar (Hrsg.): Zwischen Schule und Berufsbildung. Bundeszentrale für politische Bildung. Bonn 1983. Schriftenreihe der Bundeszentrale für politische Bildung, Band 198.

Bellenberg, Gabriele/Böttcher, Wolfang/Klemm, Klaus: Stärkung der Einzelschule. Beiträge zur Schulentwicklung. Luchterhand Verlag GmbH Neuwied, Kriftel 2001.

Bellmann, Johannes: Ökonomische Dimensionen der Bildungsreform. Unbeabsichtigte Folgen, perverse Effekte, Externalitäten. In: Neue Sammlung. Vierteljahresschrift für Erziehung und Gesellschaft, 45. Jg., Heft 1, 2005, S. 15 – 31.

Benden, Magdalene: Mündigkeit, Recht und Verpflichtung für alle oder Privileg für eine Elite? In: Pädagogische Rundschau 30, 1976, Heft 6, S. 353 – 380.

Benner, Dietrich/Brüggen, Friedhelm: Mündigkeit. In: Benner, Dietrich/Oelkers, Jürgen: Historisches Wörterbuch der Pädagogik. Beltz Verlag, Weinheim und Basel 2004.

Benner, Dietrich/Tenorth, Heinz-Elmar: Bildung zwischen Staat und Gesellschaft. In: Zeitschrift für Pädagogik, Bd. 42, S. 3 - 16.

Benner, Dietrich/Oelkers, Jürgen: Historisches Wörterbuch der Pädagogik. Beltz Verlag, Weinheim und Basel 2004.

Berger, Peter L.: Sehnsucht nach Sinn. Glauben in einer Zeit der Leichtgläubigkeit. Campus Verlag Frankfurt/New York, 3. Aufl. 1996.

Bertram, Hans: Die Stadt, das Individuum und das Verschwinden der Familie. In: Aus Politik und Zeitgeschichte, Beilage zur Wochenzeitung Das Parlament, B. 29 - 30/94, S. 15 - 35.

Bertram, Hans/Borrmann-Müller, R.: Individualisierung und Pluralisierung familiärer Lebensformen. In: Aus Politik und Zeitgeschichte. Beilage zur Wochenzeitung Das Parlament, B. 13/88, S. 14 - 23.

Bessoth, Richard: Lehrerberatung - Lehrerbeurteilung. Praxishilfen Schule. Luchterhand Verlag Neuwied, Kriftel/TS, Berlin 1994.

Beutler, Kurt: Zur Frage der marxistischen Methode in der Pädagogik. In: Jahrbuch der Pädagogik 1997. S. 81 – 98.

Biehler, Kurt: Gestaltungsautonomie an Grundschulen. Untersuchung zur Einstellung von Lehrern, Schulleitern und Schulräten. Verlag Empirische Pädagogik, Landau 2001.

Biermann, R.: Interaktion im Unterricht. Wissenschaftliche Buchgesellschaft Darmstadt 1978.

Biesenbach, Klaus-Peter: Subjekt ohne Substanz. Georg Simmels Individualitätsbegriff als produktive Wendung einer theoretischen Ernüchterung. Europäische Hochschulschriften, Bd./Vol 371. Verlag Peter Lang GmbH, Frankfurt/M. 1988.

Bildungskommission NRW: Zukunft der Bildung - Schule der Zukunft. Denkschrift der Kommission Zukunft der Bildung - Schule der Zukunft beim Ministerpräsidenten des Landes Nordrhein-Westfalen. Hermann Luchterhand Verlag GmbH & Co KG, Neuwied, Kriftel, Berlin 1995.

Bittner, Stefan: Learning by Dewey? John Dewey und die Deutsche Pädagogik 1900 - 2000, 1. Auflage, Bad Heilbrunn, Klinkhardt 2001.

Bitz, Ferdinand/ Wollenweber, Horst: Schlüsselqualifikationen in der Realschule. Schule und Wirtschaft im Dialog. Bundesvereinigung der Deutschen Arbeitgeberverbände, ohne Jahresangabe.

Blankenburg, Stephanie: Neoliberalismus. Ökonomische Theorie, gesellschaftliche Wirklichkeit und „Dritter Weg". In: Faber, Richard (Hrsg.): Liberalismus in Geschichte und Gegenwart. Verlag Königshausen & Neumann GmbH, Würzburg 2000.

Blankertz, Herwig: Die Geschichte der Pädagogik. Von der Aufklärung bis zur Gegenwart. Büchse der Pandora. Verlags GmbH, Fuldaer Verlagsanstalt 1982, Wetzlar.

Blättner, Fritz: Geschichte der Pädagogik. 13. Aufl., durchgesehen und erweitert von Dr. Hans-Georg Herrlitz. Quelle & Meyer, Heidelberg 1968.

Blickenstorfer, Jürg: Pädagogik in der Krise. Hermeneutische Studie mit Schwerpunkt Nohl, Spranger, Litt, zur Zeit der Weimarer Republik. Verlag Julius Klinkhardt, Bad Heilbrunn 1998.

Bock, Marlene: „Das halbstrukturierte – leitfadenorientierte Tiefeninterview". In: Hoffmeyer-Zlotnik, Jürgen H. P. (Hrsg.): Analyse verbaler Daten. Über den Umgang mit qualitativen Daten. Westdeutscher Verlag GmbH, Opladen 1980.

Bogner, Alexander/Littig, Beate/Menz, Wolfgang (Hrsg.): Das Experteninterview. Theorie, Methode, Anwendung. Verlag Leske + Budrich, Opladen 2002.

Böhnisch, Lothar/Schröer, Wolfang: Pädagogik und Arbeitsgesellschaft. Historische Grundlagen und theoretische Ansätze für eine sozialpolitischreflexive Pädagogik. Juventa Verlag, Weinheim und München 2001.

Bohnsack, Fritz: Demokratie als erfülltes Leben. Die Aufgabe von Schule und Erziehung. Ausgewählte und kommentierte Aufsätze unter Berücksichtigung der Pädagogik John Deweys. Verlag Julius Klinkhardt, Bad Heilbrunn 2003.

Bohnsack, Fritz: Erziehung zur Demokratie. John Deweys Pädagogik und ihre Bedeutung für die Reform unserer Schule. Otto Maier Verlag Ravensburg 1976.

Bohnsack, Fritz: John Dewey. Ein pädagogisches Portrait. Beltz Verlag, Weinheim und Basel, 2005.

Bohnsack, Fritz/Rückriem, Georg: Pädagogische Autonomie und gesellschaftliche Fortschritte. Strukturen und Probleme der Zielsetzung und Eigenständigkeit der Erziehung. Verlag Julius Beltz, Weinheim, Basel, Berlin 1969.

Bohnsack, Ralf: Rekonstruktive Sozialforschung. Einführung in Methodologie und Praxis qualitativer Forschung. Leske + Budrich, Opladen 1991.

Bonacker, Thorsten: Kommunikation zwischen Konsens und Konflikt. Möglichkeiten und Grenzen gesellschaftlicher Rationalität bei Jürgen Habermas und Niklas Luhmann. Bibliotheks- und Informationssystem der Universität Oldenburg,1997.

Bönsch, Manfred: Schule verbessern. Begründungshorizonte und praktische Realisierungsvorschläge. Hahnsche Buchhandlung, Hannover 1990.

Borrelli, Michele (Hrsg.): Deutsche Gegenwartspädagogik. Schneider Verlag Hohengehren 1993.

Böttcher, Wolfgang: Kann eine ökonomische Schule auch eine pädagogische sein? Schulentwicklung zwischen Neuer Steuerung, Organisation, Leistungsevaluation und Bildung. Juventa Verlag Weinheim und München 2002.

Böttcher, Wolfgang: Autonomie aus Lehrersicht. In: Daschner, Peter/Rolff, Hans-Günter/Stryck, Tom (Hrsg.): Schulautonomie/Chancen und Grenzen. Juventa Verlag Weinheim und München 1995, S. 55 – 82.

Bourdieu, Pierre/Passeron, Jean Claude: Abhängigkeit in der Unabhängigkeit. Die relative gesellschaftliche Autonomie des Bildungssystems. In: Hurrelmann, Klaus (Hrsg.): „Soziologie der Erziehung". Beltz Verlag, Weinheim, Basel 1974.

Bracher, Karl Dietrich: Zeit der Ideologien. Eine Geschichte politischen Denkens im 20. Jahrhundert. Lizenzausgabe für die Wissenschaftliche Buchgesellschaft Darmstadt. Deutsche Verlags-Anstalt GmbH, Stuttgart 1982.

Brezinka, Wolfgang: Erziehungsziele, Erziehungsmittel, Erziehungserfolg. Beiträge zu einem System der Erziehungswissenschaft. 3. neu bearbeitete und erweiterte Auflage. Ernst Reinhardt Verlag München, Basel 1995.

Brezinka, Wolfgang: Aufklärung über Erziehungstheorien. Beiträge zur Kritik der Pädagogik. Ernst Reinhardt Verlag München, Basel 1989.

Brezinka, Wolfgang: Philosophie der Erziehung. In: Zeitschrift für Pädagogik, Verlag Julius Beltz, Jg. 15, Heft. 5, Okt. 1969, S. 551 – 597.

Brockmeyer, Rainer/Edelstein, Wolfgang (Hrsg.): Selbstwirksame Schulen. Wege pädagogischer Innovation. Verlag Karl Maria Laufen/Verbund selbstwirksamer Schulen, Oberhausen 1997.

Brosziewski, A.: Niklas Luhmann. In: Stark, Carsten/Lahusen, Christian, (Hrsg.): Theorien der Gesellschaft, R. Oldenbourg Verlag München 2002.

Buchen, Herbert: Von der Schulleitungsfortbildung zum Institutionellen Schulentwicklungsprogramm (ISP). In: Schulmanagement, 22. Jahrgang, H. 2, 1991, S. 7 - 11.

Büeler, Xaver: System Erziehung. Ein bio-psychosoziales Modell. Verlag Paul Haupt, Bern; Stuttgart; Wien 1994.

Büeler, Xaver: Schulqualität - Prozeß oder Produkt? In: Bildung und Erziehung, Jahrgang 49 (1996), Heft 2, S. 134 - 153.

Capra, Fritjof: Wendezeit. Bausteine für ein neues Weltbild. Scherz Verlag, Bern; München; Wien. 3. Auflage 1983.

Cloer, Ernst: Die Sechs- bis Zehnjährigen. Ausgewählte Aspekte des Kindseins heute. In: Pädagogische Welt 11/1988, S. 482 – 487.

Dalin, Per: Theorie und Praxis der Schulentwicklung. Hermann Luchterhand Verlag GmbH, Neuwied; Kriftel, 1999.

Dalin, Per/Rolff, Hans-Günter: Schulentwicklungsprogramm. Eine neue Perspektive für Schulleiter, Kollegium und Schulaufsicht. Eine Veröffentlichung des Landesinstituts für Schule und Weiterbildung. Soester Verlagskontor 1990.

Dalin, Per/Rolff, Hans-Günter: Institutionelles Schulentwicklungsprogramm. Soester Verlagskontor 1990.

Daschner, Peter/Rolff, Hans-Günter/ Stryck, Tom (Hrsg.): Schulautonomie - Chancen und Grenzen. Impulse für die Schulentwicklung. Eine Veröffentlichung des Instituts für Schulentwicklungsforschung der Universität Dortmund. Juventa Verlag Weinheim und München 1995.

Davies, Paul: Prinzip Chaos. Die neue Ordnung des Kosmos, Goldmann Verlag 7/90.

Dettmann, Ulf: Der Radikale Konstruktivismus. Anspruch und Wirklichkeit einer Theorie. Mohr Siebeck. Tübingen 1999

Dewey, John: Demokratie und Erziehung. Deutsch von Erich Hylla. Georg Westermann Verlag. Braunschweig, Berlin, Hamburg 1949.

Dörner, Dietrich: Die Logik des Mißlingens. Strategisches Denken in komplexen Situationen. Rowohlt Taschenbuch Verlag, Reinbek bei Hamburg 1997.

Draheim, Susanne/Reitz, Tilmann: Währungsreform. Die neue Ökonomie der Bildung. In: Neue Sammlung. Vierteljahres-Zeitschrift für Erziehung und Gesellschaft. 45. Jg., Heft 1, 2005, Klett-Collar Fredrich, S. 3 - 13.

Duncker, Ludwig: Schulkultur als Anspruch und Realisierung von Bildung. In: Pädagogische Welt, 49, Heft 10, S. 442 - 445

Duncker, Ludwig: Zwischen Bildung und Qualifikation. Anmerkungen zum Wandel schulpädagogischer Leitorientierungen. Neue Sammlung. Vierteljahresschrift für Erziehung und Gesellschaft. 45. Jg., Heft 1, 2005, S. 33 - 47.

Duncker, Ludwig: Kulturfragen der Schulpädagogik. Anstöße zur Überwindung des schultheoretischen Funktionalismus. In: Neue Sammlung 32 (1992), S. 17 - 32.

Edelstein, Wolfgang: Selbstwirksamkeit, Innovation und Schulreform. In: Zeitschrift für Pädagogik. 44. Beiheft, Mai 2002, S. 13 – 27.

Ender, Bianca/Schratz, Michael/Steiner-Löffler, Ulrike (Hrsg.): Beratung macht Schule. Schulentwicklung auf neuen Wegen. Studien zur Bildungsforschung und Bildungspolitik, Band 15, herausgegeben von Herbert Altrichter und Michael Schratz. Studienverlag Innsbruck; Wien 1996.

English, Andrea: Negativity and the New in John Dewey's Theory of Learning and Democracy. Toward a Renewed Look at Learning Cultures. In: Zeitschrift für Erziehungswissenschaft, 8. Jg., Heft 1/2005, S. 28 - 37.

Erdmann, Johannes Werner/Rückriem, Georg/Wolf, Erika (Hrsg.): Kindheit heute. Differenzen und Gemeinsamkeiten. Verlag Julius Klinkhardt, Bad Heilbrunn 1996.

Erdmann, Johannes Werner/Wolf, Erika (Hrsg.): Kindheit heute. Differenzen und Gemeinsamkeiten. Verlag Julius Klinkhardt, Bad Heilbrunn 1996.

Ermert, Karl (Hrsg.): „Gute Schule" - Was ist das? Aufgaben und Möglichkeiten der Lehrerfortbildung. 6. Überregionale Fachtagung der Lehrerfortbildner. Loccumer Protokolle 17/86. Evangelische Akademie Loccum. Rehberg-Loccum.

Euler, Peter: Bildung als „Kritische" Kategorie. In: Zeitschrift für Pädagogik, 49. Jg. 2002, H. 3, S. 413-421

Faber, Richard (Hrsg.): Liberalismus in Geschichte und Gegenwart. Verlag Königshausen und Neumann GmbH, Würzburg, 2002.

Fabian, Rainer: Schule und Wertewandel - vom Unterricht zur Erziehung? Unveröffentlichtes Manuskript.

Fauser, Peter: Nachdenken über pädagogische Kultur. In: Die Deutsche Schule, 1989, S. 5 - 25.

Feindt, Andreas/Meyer, Hilbert (Hrsg.): Professionalisierung und Forschung. Oldenburg: Carl von Ossietzky Universität/Didaktisches Zentrum 2000.

Fend, Helmut: Qualität im Bildungswesen. Schulforschung zu Systembedingungen, Schulprofilen und Lehrerleistung. Juventa Verlag Weinheim und München 1998.

Fend, Helmut: Neue Theorie der Schule. Einführung in das Verstehen von Bildungssystemen. VS Verlag für Sozialwissenschaften, Wiesbaden 2006.

Fend, Helmut: Was stimmt im deutschen Bildungssystem nicht? Wege zur Erklärung ihrer Funktionsweise und Wege zur Reform. In: Schavan, Annette (Hrg.): Bildung und Erziehung. Suhrkamp Verlag Frankfurt/M. 2004, S. 331 – 353.

Ferchhoff, Wilfried: Jugend an der Wende des 20. Jahrhunderts. Pädagogische Herausforderung und Konsequenzen für die Lehrer(aus)bildung. In: Seminar, Heft 1, 1998, Merkur Verlag Rinteln,   S. 31 - 74.

Fetscher, Iring: Marx. Verlag Herder, Freiburg im Breisgau, ohne Jahresangabe.

Fichten, Wolfgang/Meyer, Hilbert: Gütekriterien der Teamforschung. Unveröffentlichtes Manuskript (ohne Jahresangabe), S. 1.

Fichten,Wolfgang/Meyer, Hilbert: Pragmatisches Mischmodell der qualitativen Inhaltsanalyse. Unveröffentlichtes Manuskript (Stand: 01.02.06).

Fischer, Dietlind/Rolff, Hans-Günter: Autonomie, Qualität von Schulen und staatliche Steuerung. Chancen und Risiken von Schulautonomie. In: Zeitschrift für Pädagogik, 43. Jg. 1997, Nr. 4.

Fischer, Hans-Rudi (Hrsg.): Autopoiesis. Eine Theorie im Brennpunkt der Kritik. 2. korrigierte Auflage. Carl-Auer-Systeme, Verlags-Buchhandlung, Heidelberg 1993.

Fischer, Walter A./Schratz Michael: Schule leiten und gestalten. Mit einer neuen Führungskultur in die Zukunft. Studien zur Bildungsforschung & Bildungspolitik, Band 176. Österreichischer Studienverlag 1993.

Flick, Uwe: Qualitative Sozialforschung. Eine Einführung, Rowohlt Taschenbuch Verlag GmbH., Reinbek bei Hamburg 2002.

Flick, Uwe: Triangulation. Eine Einführung. Qualitative Sozialforschung, Bd. 12, VS Verlag für Sozialwissenshaften/GWV Fachverlage GmbH, Wiesbaden 2004.

Flick, Uwe/Kardoff, Ernst v./Steinke, Ines: Qualitative Forschung. Ein Handbuch. Rowohlts Enzyklopädie. Rowohlt Taschenbuch Verlag GmbH, Reinbek bei Hamburg 2000.

Flitner, Andreas: Für das Leben - Oder für die Schule? Pädagogische und politische Essays, Forum Bildungsreform. Herausgegeben von der Akademie für Bildungsreform. Beltz Verlag Weinheim und Basel 1987.

Flitner, Andreas: Reform der Erziehung. Impulse des 20. Jahrhunderts. Serie Piper. R. Piper GmbH & Co KG, München 1992.

Fölling-Albers, M. (Hrsg.): Veränderte Kindheit - Veränderte Grundschule, Beiträge zur Reform der Grundschule – Bd. 75. Arbeitskreis Grundschule e. V. Frankfurt/M. 1989.

Friebertshäuser, Barbara/Prengel, Annedore (Hrsg.): Handbuch Qualitative Forschungsmethoden in der Erziehungswissenschaft. Juventa Verlag, Weinheim und München 2003.

Fried, Lilian: Pädagogisches Professionswissen und Schulentwicklung. Eine systemtheoretische Einführung in Grundkategorien der Schultheorie. Basistexte Erziehungswissenschaften. Juventa Verlag Weinheim und München 2002.

Friedrichs, Jürgen: Methoden empirischer Sozialforschung. 13. Aufl., 1990. Westdeutscher Verlag GmbH, Opladen 1980.

Fromm, Martin: Bildung im Zeitalter der modernen Medien. In: Pädagogische Rundschau, 55, S. 169 - 184 (2001).

Fuchs, Hans-Werner: Auf dem Wege zu einem Weltcurriculum? Zum Grundbildungskonzept von PISA und der Aufgabenzuweisung an die Schule. In: Zeitschrift für Pädagogik, 49. Jg. 2003, Heft 2, S. 161 - 179.

Fuchs, Peter: Das Unbewußte in Psychoanalyse und Systemtheorie. Die Herrschaft der Verlautbarung und die Erreichbarkeit des Bewußtseins. Suhrkamp Taschenbuch Wissenschaft 1373. 1. Auflage, Frankfurt/M. Suhrkamp 1998.

Fuchs, Peter (Hrsg.): Der Mensch – das Medium der Gesellschaft? Suhrkamp Taschenbuch Verlag, Frankfurt/M., 1994.

Fuchs, Werner/ Klima, Rolf/Lautmann, Rüdiger/ Rammstedt, Otthein/ Wienhold, Hanns (Hrsg.): Lexikon zur Soziologie. 2. verbesserte und erweiterte Auflage 1978; ungekürzte Sonderausgabe 1988. Westdeutscher Verlag GmbH, Opladen.

Fullan, M.: Die Schule als lernendes System. Konzepte für eine neue Kultur in der Pädagogik. Stuttgart, Klett-Cotta 1999.

Gamm, Hans-Jochen: Kritische Schule. Eine Streitschrift für die Emanzipation von Lehrern und Schülern. Paul List Verlag KG, München 1970.

Gamm, Hans-Jochen: Zehn Thesen zum Materialismus in pädagogischer Absicht. In: Jahrbuch für Pädagogik 1997. S. 17 – 30.

Geißler, Erich E.: Die Schule. Theorien, Modelle, Kritik. 1. Auflage. Ernst Klett Verlag GmbH & Co KG, Stuttgart 1984.

Geißler, Georg: Die Autonomie der Pädagogik. Verlag von Julius Beltz, Berlin-Leipzig 1929.

Gensicke, Thomas: Sozialer Wandel durch Modernisierung, Individualisierung und Wertewandel. In: Aus Politik und Zeitgeschichte, Beilage zur Wochenzeitung Das Parlament, B. 42/96, S. 3 - 17.

Gensicke, Thomas: Wertewandel und Familie. In: Aus Politik und Zeitgeschichte. Beilage zur Wochenzeitung Das Parlament, B. 29 - 30/94, S. 36 - 47.

Gensicke, Thomas: Wertewandel und Erziehungsleitbilder In: Pädagogik. 46. Jg., Heft 7 – 8, 1994, S. 23 – 26.

Gerstenmaier, Jochen/Mandl, Heinz: Wissenserwerb unter konstruktivistischer Perspektive. In: Zeitschrift für Pädagogik, 41. Jg. 1995, Nr. 6, S. 867 - 888.

Gewirtz, Sharon: Die managerialistische Schule. Konsequenzen und Widersprüche der Post-Wohlfahrtsstaatlichkeit in der Bildung. In: Widersprüche. Zeitschrift für sozialistische Politik im Bildungs-, Gesundheits- und Sozialbereich, Heft 89, 23. Jg. 2003, Nr. 3, S. 19 - 37.

Giddens, Anthony: Der dritte Weg. Die Erneuerung der sozialen Demokratie. Suhrkamp Verlag, Frankfurt/M. 1999.

Giddens, Anthony: Soziologie. 3. überarbeitete Auflage. Verlag Nausner & Nausner, Granz-Wien 1999.

Gidion, Jürgen: Von der Widersprüchlichkeit der alten Schule. In: Neue Sammlung, 37. Jg., Heft 3, S. 407 ff.

Giegel, Hans-Joachim: Konflikt in modernen Gesellschaften. Suhrkamp Taschenbuch Wissenschaft 1363. 1. Auflage Frankfurt/M. Suhrkamp 1998.

Giegel, Hans-Joachim/ Schimank, Uwe (Hrsg.): Beobachter der Moderne. Beiträge zu Niklas Luhmanns „Die Gesellschaft der Gesellschaft". Suhrkamp Taschenbuch Wissenschaft 1612. 1. Aufl. 2003. Suhrkamp Verlag Frankfurt/M. 2001.

Giesecke, Hermann: Die pädagogische Beziehung: pädagogische Professionalität und die Emanzipation des Kindes. 2. Auflage. Juventa Verlag, Weinheim (u. a.) 1999.

Glasersfeld, Ernst von: Radikaler Konstruktivismus. Ideen, Ergebnisse, Probleme. Suhrkamp Taschenbuch Wissenschaft. 1. Aufl. 1997. Suhrkamp Taschenbuch Verlag Frankfurt/M.

Gmelch, Andreas: Erfahrungs- und handlungsorientiertes Lernen. In: Europäische Hochschulschriften, 1987.

Göstemeyer, Karl-Franz: Pädagogik nach der Moderne? Vom kritischen Umgang mit Pluralismus und Dogmatismus. In: Zeitschrift für Pädagogik, 39. Jg. 1993, Nr. 5, S. 857 - 870.

Graeser, Andreas: Positionen der Gegenwartsphilosophie. Vom Pragmatismus bis zur Postmoderne. Verlag C.H. Beck oHG, München 2002.

Greve, Gustav/Pfeiffer, Iris: Qualitätsmanagement in Unternehmen. In: Zeitschrift für Erziehungswissenschaft, 5. Jg., Heft 4/2002, S. 570 ff.

Grimm, Andrea (Hrsg.): „Betrieb Schule" - „Haus des Lernens". Perspektiven und Probleme der Schulentwicklung. Loccumer Protokolle 1/97.

Gripp-Hagelstange, Helga: Niklas Luhmann. Eine erkenntnistheoretische Einführung. Wilhelm Fink Verlag GmbH & Co. KG, München 1995.

Groth, Thorsten: Wie systemtheoretisch ist „Systemische Organisationsberatung?" Neuere Beratungskonzepte für Organisationen im Kontext der Luhmannschen Systemtheorie. Soziologie Bd. 24. LIT Verlag Münster 1996.

Grothoff, H. H./Stallmann, M. (Hrsg.): Pädagogisches Lexikon, 4. Aufl., 1968, S. 51.

Grunder, Hans-Ulrich/Schweitzer, Friedrich (Hrsg.): Texte zur Theorie der Schule. Grundlagentexte Pädagogik, Juventa Verlag Weinheim und München 1999.

Gruschka, Andreas: Funktionalisierung von Mündigkeit. In: Jahrbuch für Pädagogik 1998, S. 99 – 115.

Gruschka, Andreas: Pädagogische Aufklärung nach Adorno. In: Zeitschrift für kritische Theorie. Heft 18/19, 2004, S. 188 – 200.

Gruschka, Andreas: Unvermeidbar und ohnmächtig - Thesen zum Bedeutungswandel der Bildung. In: Pädagogische Korrespondenz, S. 5 - 31.

Gudjons, Herbert: Pädagogisches Grundwissen. Überblick - Kompendium - Grundwissen. Verlag Julius Klinkhardt. Bad Heilbrunn 1993.

Habermas, Jürgen: Theorie des kommunikativen Handelns. Bd. 1: Handlungsrationalität und gesellschaftliche Rationalisierung. Bd. 2: Zur Kritik der funktionalistischen Vernunft. Neue Folge, Bd. 502, 1. Auflage 1988, Suhrkamp Verlag Frankfurt/M. 1981.

Habermas, Jürgen: Zeitdiagnosen. Zwölf Essays. 1980 - 2001. Suhrkamp Verlag, Frankfurt/M. 2003.

Habermas, Jürgen: Nachmetaphysisches Denken. Suhrkamp Verlag Frankfurt/M. 1988. 1. Auflage 1992.

Habermas, Jürgen: Faktizität und Geltung. Suhrkamp Verlag. Frankfurt/M. 1992.

Habermas, Jürgen: Die postnationale Konstellation. Suhrkamp Verlag Frankfurt/M. 1998.

Habermas, Jürgen: Die Neue Unübersichtlichkeit. Kleine politische Schriften V. Suhrkamp Verlag Frankfurt/M. 1985.

Haenisch, Hans: „Schools Change Slower Than Churches" In: Pädagogik 5/91, S. 27 – 31.

Hager, Fritz-Peter: Zur Bedeutung der Philosophie für die autonome Pädagogik bei Dilthey und Nohl. In: Pädagogische Rundschau 51, 1997, S. 233 - 259.

Hahn, Rolf/Homeier, Wulf: Die Schulinspektion. Vorgaben - Arbeitsweisen – Erfahrungen. In: Friedrich Jahresheft 2007: Guter Unterricht (Becker, G./ Feindt, A./Meyer, H./Rothland, M./ Stäudel, L./Terhart, E. – Hrsg.), S. 104 – 106.

Haken, Hermann: Synergetik. Die Lehre vom Zusammenwirken. Ungekürzte Ausgabe. Neuauflage des Ullstein-Buches 34220. Franfurt/M., Berlin, Ullstein 1990 (Ullstein-Buch Nr. 34725, Ullstein-Sachbuch).

Haller, Max: Soziologische Theorie im systematisch-kritischen Vergleich, Uni-Taschenbücher 2074, Leske + Budrich, Opladen, 1999.

Hamann, Bruno: Geschichte des Schulwesens. Werden und Wandel der Schule im ideen- und sozialgeschichtlichen Zusammenhang. 2. überarbeitete und erweiterte Auflage. Verlag Julius Klinkhardt. Bad Heilbrunn 1993.

Hartig, Paul (Hrsg.): Amerikakunde, 4. neu bearbeitete und erw. Auflage. Verlag Diesterweg, Frankfurt, Berlin, Bonn, München 1966.

Hartmann, Hans-Peter/Milch, Wolfgang E./Kutter, Peter und Paál, János (Hrsg.): Das Selbst im Lebenszyklus. Suhrkamp Verlag Frankfurt/M. 1998.

Hasse, Raimund/Krücken, Georg: Neo-Institutionalismus. 2. vollständig überarbeitete Auflage 2005. transcript Verlag, Bielefeld 1999.

Heid, H.: Qualität. In: Zeitschrift für Pädagogik, 41. Beiheft, S. 41 - 52.

Heidegger, Martin: Der Begriff der Zeit. Max Niemeyer Verlag Tübingen 1995.

Heinrich, Max: Das Schulprogramm als effektives Reforminstrument? Von den Versuchen, alte Strukturen aufzubrechen. In: Pädagogische Korrespondenz, S. 87 - 103.

Hellekamps, Stephanie: Selbsterschaffung und Bildsamkeit. Bildungstheoretische Überlegungen zu Rortys Konzept des „creation of the self". In: Zeitschrift für Pädagogik, 1996, Jg. 42, Nr. 5, S. 767 – 783.

Hentig, Hartmut von: Bildung. Carl Hanser Verlag, München; Wien 1996.

Hentig, Hartmut von: Cuernavaca oder: Alternativen zur Schule. Ernst Klett Verlag. Stuttgart, Kösel-Verlag München 1971.

Hentig, Hartmut von: Die Schule neu denken. Eine Übung in praktischer Vernunft. Carl Hanser Verlag München; Wien 1993.

Hentig, Hartmut von: Was ist eine humane Schule? Carl Hanser Verlag, München; Wien 1976.

Hepp, Gerd: Wertewandel und Bürgergesellschaft. In: Aus Politik und Zeitgeschichte, Beilage zur Wochenzeitung Das Parlament, B. 52 - 53/96, S. 3 - 12.

Hepp, Gerd F.: Wertewandel und bürgerliches Engagement - Perspektiven für die politische Bildung. In: Aus Politik und Zeitgeschichte, Beilage zur Wochenzeitung Das Parlament, Bd. 29/2001, S. 31 - 38.

Herrmann, Ulrich: Pädagogische Autonomie. Ein politisch-pädagogisches Prinzip und seine Folgen in der Zeit der Weimarer Republik in Deutschland. In: Die Deutsche Schule, Jg. 81, 1989, Heft 3, S. 285 – 296.

Herrmann, Ulrich/Oelkers, Jürgen: Reformpädagogik - ein Rekonstruktions- und Rezeptionsproblem. In: Zeitschrift für Pädagogik, 40. Jg. 1994.

Hessen, Sergius: Das Problem der Autonomie der Bildung. In: Faust, August (Hrsg.): Festgabe für Heinrich Rickert zum 70. Geburtstag am 25. Mai 1933. Concordia AG. Für Druck und Verlag, Bühl-Baden.

Hildebrandt, R.: Staat und Gesellschaft unter dem Einfluss der Globalisierung. Peter Lang GmbH, Europäischer Verlag der Wissenschaften. Frankfurt/M. 2002.

Hobmair, Hermann (Hrsg.): Pädagogik. Stam Verlag, Köln, 2. Auflage 1996.

Hofer, Manfred/Reinders, Heinz/Fries,Stefan/Clausen, Marten: Der Einfluss des Wertewandels auf die Entwicklung im Jugendalter: Ein deduktiver Ansatz. In: Zeitschrift für Pädagogik, 51. Jg. 2005, Heft 1.

Hoffmeyer-Zlotnik, Jürgen H.P. (Hrsg.): Analyse verbaler Daten. Über den Umgang mit qualitativen Daten. Westdeutscher Verlag GmbH, Opladen 1992.

Höfling, Wolfram: Demokratiewidrige Schulautonomie? In: Recht der Jugend und des Bildungswesens, Heft 4, 1997, S. 361 – 371.

Holtappels, Heinz-Günther: Pädagogische Konzepte und Schulprogramme. In: Schulmanagement, 30. Jg., Heft 1, 1999, S.

Honig, Michael-Sebastian: Pädagogische Qualität als erziehungswissenschaftliches Problem. In: Neue Praxis, Heft 3/2002, S. 216 - 230.

Hopf, Arnulf: Grundschularbeit heute. Didaktische Antworten auf neue Lebensverhältnisse. Ehrenwirth Verlag GmbH, München 1993.

Hopfner, Johanne: Das Subjekt im neuzeitlichen Erziehungsdenken. Ansätze zur Überwindung grundlegender Dichotomien bei Herbart und Schleiermacher. Beiträge zur pädagogischen Grundlagenforschung. Juventa Verlag Weinheim und München 1999.

Horkheimer, Max: Traditionelle und kritische Theorie. Fünf Aufsätze. Fischer-Taschenbuch Verlag GmbH, Frankfurt/M. 1992.

Horn, Christoph: Einführung in die Politische Philosophie. Wissenschaftliche Buchgesellschaft, Darmstadt 2003.

Hörner, Wolfgang: Von der Autonomie der Pädagogik zur Autonomie des Schulsystems. Zum Wandel eines erziehungswissenschaftlichen Problems. Oldenburger Universitätsreden Nr. 46 Bibliotheks- und Informationssystem der Universität Oldenburg 1991.

Horster, Detlef: Niklas Luhmann. Beck'sche Reihe Denker. BsR 538. Beck'sche Verlagsbuchhandlg. (Oscar Beck) München 1997.

Horster, Detlef: Sozialphilosophie. Reclam Verlag Leipzig 2005

Hoyer, Timo: Bildung im Kontext. Gesellschaftspolitische und tugendethische Dimensionen einer unverzichtbaren pädagogischen Kategorie. Rezensionsaufsatz. In: SLR H, 48 (2004).

Huber, Stephan/Muijs, Daniel: Mission failed? – Was die englische Schulforschung über schlechte Schulen herausgefunden hat. In: Friedrich Jahresheft 2007, S. 99 – 101.

Huber, Stephan-G.: Schulleitung im internationalen Trend – erweiterte und neue Aufgaben. In: Journal für Schulentwicklung. Schulleitung – Schulaufsicht. Studienverlag Innsbruck – Wien. Heft 1/2002, S. 7 – 19.

Hügli, Anton: Philosophie und Pädagogik. Wissenschaftliche Buchgesellschaft Darmstadt 1999.

Hurrelmann, Klaus: Einführung in die Sozialisationstheorie. 7. Auflage 2001. Beltz Verlag. Weinheim und Basel 1986.

Hurrelmann, Klaus (Hrsg.): Soziologie der Erziehung, Weinheim 1974.

Jach, Frank-Rüdiger: Abschied von der verwalteten Schule. Vorschläge zu einer umfassenden Bildungsreform. Luchterhand Verlag GmbH Neuwied, Kriftel 2002.

Jach, Rüdiger: Schulvielfalt als Verfassungsgebot. Schriften zum Öffentlichen Recht, Bd. 608. Duncker & Humblot GmbH, Berlin 41, 1991.

Jahrbuch für Pädagogik 1995: Ausschwitz und die Pädagogik. Redaktion: Kurt Bentler und Ulrich Wiegmann ... 1995.

Jahrbuch für Pädagogik 1997: Mündigkeit. Zur Neufassung materialistischer Pädagogik. Redaktion: Hans-Jochen Gamm und Gernot Koneffke ... 1997.

Jahrbuch für Pädagogik 1999: Das Jahrhundert des Kindes? Redaktion: K.-Chr. Wingellbach und Hasko Zimmer. Peter Lang Europäischer Verlag der Wissenschaften. Frankfurt/M. 2000.

Jank, Werner/Meyer, Hilbert: Didaktische Modelle. 5. völlig überarbeitete Auflage, Cornelsen Verlag Scriptor GmbH & Co KG, Berlin 2002.

Joas, Hans: Philosophie der Demokratie. Beiträge zum Werk von John Dewey. Suhrkamp Taschenbuch Wissenschaft 1485. Suhrkamp Verlag Frankfurt/M. 2000.

Joas, Hans/Knöbel, Wolfgang: Sozialtheorie. Suhrkamp Taschenbuch Wissenschaft 1669. Suhrkamp Verlag Frankfurt/M. 2004.

Jörke, Dirk: Demokratie als Erfahrung. John Dewey und die politische Philosophie der Gegenwart. Westdeutscher Verlag/GWV Fachverlage GmbH, Wiesbaden 2003.

Kade, Jochen: Bildung oder Qualifikation? Zur Gesellschaftlichkeit beruflichen Lernens. In: Zeitschrift für Pädagogik, Jg. 29, Heft 6, Dez. 1983, S. 859 – 876.

Kant, Immanuel: Kritik der praktischen Vernunft. Felix Meiner Verlag, Hamburg 2003.

Kant, Immanuel: Grundlegung zur Metaphysik der Sitten. Felix Meiner Verlag Hamburg 1999.

Kant, Immanuel: Was ist Aufklärung; ausgewählte kleine Schriften/Immanuel Kant. Hrsg.: Horst D. Brandt. Verlag Felix Meiner, Hamburg 1999.

Kath. Erziehergemeinschaft (KEG): Gestaltete und verantwortete Schulkultur. Verlag Ludwig Auer Donauwörth, 1. Aufl. 1995.

Keupp, Heiner u.a.: Identitätskonstruktionen. Das Patchwork der Identitäten in der Spätmoderne. Rowohlt Taschenbuch Verlag GmbH, Reinbek bei Hamburg 1999.

Kieserling, André: Kommunikation unter Anwesenden. Studien über Interaktionssysteme, 1. Aufl., Frankfurt/M. Suhrkamp 1999.

Kincheloe, Joe/ Sünker, Heinz: Begabungsideologie, Hegemonie der Eliten und Bildungspolitik. In: Widersprüche. Zeitschrift für sozialistische Politik im Bildungs-, Gesundheits- und Sozialbereich, Heft 93, 24. Jahrgang 2004, Nr. 3.

Kiper, Hanna: Bildungspolitik (nicht nur) in Niedersachsen. Schulpädagogische Reflexionen und kritische Kommentare als Antwort auf bildungspolitische Impulse. Carl-von-Ossietzky-Universität Oldenburg, Didaktische Zentrum (diz), 2003.

Kiper, Hanna: „Autonomie von Schule": Illusion oder Reformchance? In: Loccumer Protokolle 1/97 (Hrsg.: Andrea Grimm): „Betrieb Schule" – „Haus des Lernens". Perspektiven und Probleme der Schulentwicklung. S. 27 – 46.

Kiper, Hanna: „Wenn der Inspektor kommt..." – Die Niedersächsische Konzeption der Schulinspektion kritisch betrachtet. In: Schulverwaltung. Zeitschrift für Schulleitung, Schulaufsicht und Schulkultur. Ausgabe Niedersachsen, 16. Jg., Nr.2/Febr. 2006, S. 43 – 46.

Kiper, Hanna/Mischke, Wolfgang: Einführung in die Theorie des Unterrichts. Beltz Verlag Weinheim und Basel 2006.

Klafki, Wolfgang: Neue Studien zur Bildungstheorie und Didaktik. Beiträge zur kritisch-konstruktiven Didaktik, Beltz Verlag, Weinheim und Basel 1985.

Klafki, Wolfgang: Studien zur Bildungstheorie und Didaktik. Verlag Julius Beltz, Weinheim, 2. Aufl. 1964.

Klafki, Wolfgang: Schultheorie. Schulforschung und Schulentwicklung im politisch-gesellschaftlichen Kontext. Ausgewählte Studien herausgegeben von Barbara Koch-Priewe, Heinz Stübig und Wilfried Hendricks. Beltz Verlag. Weinheim und Basel 2002.

Klafki, Wolfgang (u.a.): Erziehungswissenschaft 1, 2, 3. Funk-Kolleg Fischer Bücherei GmbH, Frankfurt/M., 1970.

Klafki, Wolfgang: Kategoriale Bildung. In: Zeitschrift für Pädagogik, Julius Beltz, Weinheim, Schwann, Düsseldorf, Jg. 5/1959, Heft 4.

Klafki, Wolfgang/Otto, Günter/Schulz, Wolfgang: Didaktik und Praxis, 2. Aufl. 1979, Beltz Verlag, Weinheim und Basel.

Klages, Helmut: Brauchen wir eine Rückkehr zu traditionellen Werten? In: Aus Politik und Zeitgeschichte, Beilage zur Wochenzeitung Das Parlament, B 29/2001, S. 7 - 14.

Klein, Günter: Wege zur erneuerungsfähigen Schule. Bedingungen und Perspektiven pädagogischer Innovationen. In: Die Deutsche Schule, 2/98. S. 155 - 173.

Klemm, Klaus/Schratz, Michael: Leistungstests und Schulentwicklung. In: Journal für Schulentwicklung. Externe Evaluation. Studienverlag. Innsbruck – Wien- München – Bozen, Heft 2, 2001, S. 4 - 8.

Klieme, Eckard/Köller, Olaf/Stanat, Petra: TIMMS und PISA: Von der Untersuchung fachlichen Lernens zur Analyse allgemeiner Kompetenzentwicklung. In: Journal für Schulentwicklung. Externe Evaluation. Studienverlag, Innsbruck – Wien- München – Bozen, Heft 2, 2001, S. 18 – 32.

Klika, Doris: Herman Nohl. Sein „Pädagogischer Bezug" in Theorie, Biographie und Handlungspraxis. Beiträge zur historischen Bildungsforschung. Böhlau Verlag Köln Weimar Wien 2000.

Klingberg, Lothar: Lehrende und Lernende im Unterricht. Zu didaktischen Aspekten ihrer Positionen im Unterrichtsprozeß. Volk und Wissen Verlag GmbH, Berlin 1990.

Klusmeyer, Jens: Unternehmenskultur als berufspädagogische Grundkategorie? Eine Analyse aktueller berufspädagogischer Beiträge zum Unternehmenskulturansatz im Rahmen beruflicher Bildung. Reihe: Beiträge zur Berufs- und Wirtschaftspädagogik. Projekt- und Seminarberichte, Skripten: Heft 7/94. Druckzentrum der Carl von Ossietzky Universität Oldenburg.

Kneer, G./Nassehi, Armin: Niklas Luhmanns Theorie sozialer Systeme, 4. unveränderte Auflage. Wilhelm Fink Verlag München 2000.

Koerrenz, Ralf: Reformpädagogik als Systembegriff. In: Zeitschrift für Pädagogik, 40. Jahrgang 1994, Nr. 4, S. 549 – 564.

Kotter, Karl-Heinz/Dell, Joachim: Ein Qualitätsmanagement-Modell für „School Excellence" und seine Anwendung in deutschen Schulen. In: Pädagogische Führung, Hermann Luchterhand Verlag GmbH, 4/2002.

Krafft, Alexander/Ulrich, Günter: Theorie und Praxis regionaler Selbstorganisation - bis - Bibliotheks- und Informationssystem der Universität Oldenburg 1997.

Krainer, Konrad: Die „Testwirklichkeit" nicht zur „Unterrichtswirklichkeit" machen! Oder: Standardisierte Leistungstests tragen zwar zur Generierung von Steuerungswissen bei, sind aber als Normvorgabe für den Unterricht kontraproduktiv. In: Journal für Schulentwicklung, „Externe Evaluation", Studien-Verlag Innsbruck – Wien – München – Bozen 2001, Heft 2, S. 33 – 44.

Krainz-Dürr/Krall, Hannes/ Schratz, Michael/Steiner-Löffler, Ulrike (Hrsg.): Was Schulen bewegt. Sieben Blicke ins Innere der Schulentwicklung. Beltz Verlag , Weinheim und Basel 1997.

Krapp, Andreas/Weidemann, Bernd: Pädagogische Psychologie: ein Lehrbuch. 4. überarbeite Auflage; Weinheim: Beltz, PVU, 2001.

Krause, Detlef: Luhmann-Lexikon. 3. Auflage. Lucius & Lucius Verlagsgesellschaft mbH Stuttgart 2001.

Krieger, David J.: Einführung in die allgemeine Systemtheorie. Uni-Taschenbücher 1904. Wilhelm Fink Verlag. München 1996

Kriz, Jürgen: Systemtheorie für Psychotherapeuten, Psychologen und Mediziner. Facultas Universitätsverlag Wien 1999.

Krohn, Wolfgang/Küppers, Günter/ (Hrsg.): Emergenz: die Entstehung von Ordnung, Organisation und Bedeutung. Suhrkamp Taschenbuch Wissenschaft 984. 1. Aufl. 1992, Suhrkamp Verlag Frankfurt/M.

Krüger, Heinz-Hermann: Einführung in Theorien und Methoden der Erziehungswissenschaft, UTB, Leske + Budrich, Opladen 1997.

Krüssel, Hermann: Lehren als Bereitstellen von Perspektiven. In: System. Zeitschrift für innovative Schulpraxis, Heft 4, Dezember 1998, S. 106 – 113.

Kuper, Harm: Entscheidungsstrukturen in Schulen. Eine differenzielle Analyse der Schulorganisation. In: Zeitschrift für Pädagogik, 48. Jg., 2002, Nr. 6, 856 – 878.

Kupffer, Heinrich: Pädagogik der Postmoderne. Beltz Verlag, Weinheim und Basel 1990.

Küppers, Günter: Chaos und Ordnung. Formen der Selbstorganisation in Natur und Gesellschaft. Universal-Bibliothek Nr. 9434, Philipp Reclam jun., GmbH & Co, Stuttgart 1996.

Kurtz, Thomas: Niklas Luhmann und die Pädagogik. In: Soziale Systeme 9 (2003), Heft 1, S. 183 - 193.

Lange, Hermann: Schulaufsicht zwischen normativen Anforderungen und faktischen Wirkungsmöglichkeiten. In: Zeitschrift für Pädagogik. 49. Jg., 2003, 47. Beiheft, S. 137 – 155.

Lange, Hermann: Qualitätssicherung in Schulen. In: Die Deutsche Schule, 91. Jg. 1999, H. 2, S. 144 - 159.

Lange, Stefan: Diagnosen der Entstaatlichung. Eine Ortsbestimmung der aktuellen politischen Zeitdiagnostik. In: Leviathan. Zeitschrift für Sozialwissenschaft. Westdeutscher Verlag. Heft 4/2002, S.455 – 481.

Leggewie, Claus: Wozu Politikwissenschaft? Über das Neue in der Politik. Wissenschaftliche Buchgesellschaft, Darmstadt 1994.

Leggewie, Claus: Die Globalisierung und ihre Gegner. Verlag C. H. Beck oHG, München 2003.

Lemmermöhle, Doris/ Nyssen, Elke: Schule und Gesellschaft in der Moderne - über (un-)eingelöste Versprechen und vergessene Zusammenhänge. In: Jahrbuch für Pädagogik 1998, S. 149 - 169.

Lenzen, Dieter: Orientierung Erziehungswissenschaft. Was sie kann, was sie will. Rowohlt Taschenbuch Verlag GmbH, Reinbek bei Hamburg 1999.

Lenzen, Dieter (Hrsg.): Pädagogische Grundbegriffe. Rowohlt Taschenbuch Verlag, Band 1, 7. Aufl. 2004, Band 2, Auflage 2005.

Lenzen, Dieter (Hrsg.): Irritationen des Erziehungssystems. Pädagogische Resonanzen auf Niklas Luhmann. Suhrkamp Taschenbuch Wissenschaft 1657. Suhrkamp Verlag, Frankfurt/M. 2004.

Lenzen, Dieter/Luhmann, N.: Bildung und Weiterbildung im Erziehungssystem. Lebenslauf und Humanontogenese als Medium und Form. Suhrkamp Taschenbuch Wissenschaft 1344. 1. Aufl. 1997. Suhrkamp Verlag Frankfurt/M.1997.

Lessenich, Stephan: Soziale Subjektivität. Die neue Regierung der Gesellschaft. In: Mittelweg 36, 4/2000, S. 80 – 93.

Leu, Hans-Rudolf/Krappmann, Lothar: Zwischen Autonomie und Verbundenheit. Bedingungen und Formen der Behauptung von Subjektivität. Suhrkamp Taschenbuch Wissenschaft 1413. 1. Aufl. 1999. Suhrkamp Verlag Frankfurt/M. 1999. Suhrkamp Taschenbuch Verlag.

Liket, Theo: Freiheit und Verantwortung. Das niederländische Modell des Bildungswesens. Verlag Bertelsmann Stiftung Gütersloh 1993.

Lohmann, Chr. (Hrsg.): Schule als soziale Organisation. Klinkhardts Pädagogische Quellentexte. Verlag Julius Klinkhardt. Bad Heilbrunn 1978

Lohmann, Georg: „Beobachtung" und Konstruktion von Wirklichkeit - Bemerkungen zum Luhmannschen Konstruktivismus. In: Rusch, Gebhard/Schmidt, Siegfried J.: Konstruktivismus und Sozialtheorie. Delfin 1993. Suhrkamp Verlag Frankfurt/M. 1994, S. 205 - 219.

Lohmann, Ingrid/Rilling, Rainer (Hrsg.): Die verkaufte Bildung. Leske + Budrich, Opladen 2002.

Luhmann, Niklas: Soziale Systeme. Grundriß einer allgemeinen Theorie. 5. Aufl. Frankfurt/M. Suhrkamp 1994, Suhrkamp Taschenbuch Wissenschaft 666.

Luhmann, Niklas: Das Erziehungssystem der Gesellschaft. Suhrkamp Taschenbuch Wissenschaft 1593. 1. Aufl. 2002, Suhrkamp Verlag Frankfurt/M. 2002.

Luhmann, Niklas: Die Gesellschaft der Gesellschaft. 1. Aufl. 1997. Suhrkamp Verlag Frankfurt/M. 1997.

Luhmann, Niklas: Das Kind als Medium der Erziehung. In: Zeitschrift für Pädagogik, 37. Jg. 1991, Nr. 1, S. 19 - 39.

Luhmann, Niklas (Baecker, Dirk, Hrsg.): Einführung in die Systemtheorie. Lizenzausgabe für die Wissenschaftliche Buchgesellschaft 2003.

Luhmann, Niklas: Die Wissenschaft der Gesellschaft. Lizenzausgabe 2002 für die Wissenschaftliche Buchgesellschaft. Suhrkamp Taschenbuch Verlag, Frankfurt/M. 1990.

Luhmann, Niklas: Schriften zur Pädagogik. Herausgegeben und mit einem Vorwort von Dieter Lenzen. Suhrkamp Taschenbuch Wissenschaft 1697. Suhrkamp Verlag Frankfurt/M. 2004.

Luhmann, Niklas: Ökologische Kommunikation. 3. Auflage, Westdeutscher Verlag GmbH, Opladen 1986.

Luhmann, Niklas: Die Politik der Gesellschaft. Herausgegeben von André Kieserling. Lizenzausgabe 2002 für die Wissenschaftliche Buchgesellschaft.

Luhmann, Niklas: Das Recht der Gesellschaft. Wissenschaftliche Buchgesellschaft, Suhrkamp Verlag, Frankfurt/M. 1993.

Luhmann, Niklas/Schorr, Karl-Eberhard: Zwischen Anfang und Ende. Fragen an die Pädagogik. Suhrkamp Taschenbuch Wissenschaft 898. 1. Aufl. Suhrkamp Verlag Frankfurt/M. 1990.

Luhmann, Niklas/Schorr, Karl Eberhard: Wie ist Erziehung möglich? Eine wissenschaftssoziologische Analyse der Erziehungswissenschaft. In: Zeitschrift für Soziologieforschung und Erziehungssoziologie 1981, S. 37 - 54.

Luhmann, Niklas/Schorr, H.-E.: Das Technologiedefizit der Erziehung und die Pädagogik. In: Zwischen Technologie und Selbstreferenz. Fragen an die Pädagogik. 1982, S. 11 - 40.

Luhmann, Niklas/Schorr, K.-E. (Hrsg.): Zwischen System und Umwelt. Fragen an die Pädagogik. Suhrkamp Taschenbuch Wissenschaft 1239. Suhrkamp Verlag Frankfurt/M. 1996.

Maag Marki, Katharina/Büeler, Xaver: Schulautonomie in der Schweiz. Eine Bilanz auf empirischer Basis. In: Handbuch zur Schulentwicklung, S. 131 - 161.

Maier, Harm: Bildungsökonomie. Uni Taschenbuch 1814, Schäffer- Poeschel Verlag Stuttgart 1994.

Maier, Harry: Bildungsökonomie: die Interdependenz von Bildungs- und Beschäftigungssystem. Schätter-Poeschel Verlag Stuttgart 1994.

Maier, Robert E.: Mündigkeit. Zur Theorie eines Erziehungszieles. Verlag Julius Klinkhardt, Bad Heilbrunn 1981.

Matthes, Eva: Von der geisteswissenschaftlichen zur kritisch-konstruktiven Pädagogik und Didaktik. Der Beitrag Wolfgang Klafkis zur Entwicklung der Pädagogik als Wissenschaft. Verlag Julius Klinkhardt, Bad Heilbrunn/OBB. 1992.

Matthes, Eva: Möglichkeiten und Grenzen der Pädagogik – Einige Überlegungen im Anschluss an Theodor Litt. In: Pädagogische Rundschau 56, 2002, S. 281 – 295.

May, Michael: Unternehmer seiner selbst: Die neoliberale Variante von Selbstbildung. Eigenverantwortung und Autonomie. In: Widersprüche. Zeitschrift für sozialistische Politik im Bildungs-, Gesundheits- und Sozialbereich., Heft 89, 23. Jg. 2003, Nr. 3, S. 75 - 92.

Menne, Albert: Einführung in die Methodologie. Elementare allgemeine wissenschaftliche Denkmethoden im Überblick. Wissenschaftliche Buchgesellschaft Darmstadt. 3. Aufl. 1999.

Meuser, Michael/Nagel, Ulrike: Das ExpertInneninterview – wissenssoziologische Voraussetzungen und methodische Durchführung. In: Friebertshäuser, Barbara/Prengel, Annedore (Hrsg.): Handbuch Qualitative Forschungsmethoden in der Erziehungswissenschaft. Juventa Verlag, Weinheim und München 2003, S. 481 – 491.

Meyer, Hilbert: Unterrichtsmethoden; I Theorieband, II Praxisband, Scriptor Verlag GmbH, Frankfurt/M., 2. durchgesehene Auflage 1988.

Meyer, Hilbert: Türklinkendidaktik. Aufsätze zur Didaktik, Methodik und Schulentwicklung. Cornelsen Skriptor GmbH & Co. KG, Berlin 2001.

Meyer, Hilbert/Vogt, Dorothea: Schulpädagogik. Bd. I. Die Menschen zuerst. Bd. II Schulen entwickeln sich. Carl-von-Ossietzky-Universität Oldenburg. Zentrum für pädagogische Berufspraxis 1997.

Miller, Damian: Herman Nohls „Theorie" des pädagogischen Bezugs. Eine Werkanalyse. Peter Lang AG, Europäischer Verlag der Wissenschaften, Bern 2002.

Miller, Reinhold: Schilf-Wanderung, Wegweiser für die praktische Arbeit in der schulinternen Lehrerfortbildung. Beltz Verlag Weinheim und Basel 1990.

Miller, Reinhold: Sich in der Schule wohlfühlen. Wege für Lehrerinnen und Lehrer zur Entlastung im Schulalltag. 2. unveränderte Auflage. Weinheim; Basel, Beltz Verlag 1989 (Beltz grüne Reihe).

Moser, Heinz: Instrumentenkoffer für den Praxisforscher. 2. erw. Aufl. 1998. Lambertus-Verlag, Freiburg/Br. 1997.

Moser, Heinz: Grundlagen der Praxisforschung. Lambertus-Verlag, Freiburg/Br. 1995.

Müller, Johann Baptist: Staat und Minimalstaat. In: Zeitschrift für Politik, 50. Jg., 2/2003, S. 144 – 170.

Münch, Hans-H.: „Organisationskultur" in der Schule. In: Schulmanagement, 20. Jg., H. 5, 1989, S. 27 - 32.

Münchmeyer, Richard: „Endstrukturierung der Jugendphase" In: Aus Politik und Zeitgeschichte, Beilage zur Wochenzeitschrift Das Parlament Nr. 31/1998, S. 3 – 13.

Munín, Helena: Schulautonomie. Beltz Verlag. Weinheim und Basel 2001.

Nagel, Ludwig: Pragmatismus. Campus Verlag, Frankfurt/M., New York 1998.

Nassehi, Armin: Geschlossenheit und Offenheit. Studien zur Theorie der modernen Gesellschaft. Suhrkamp Taschenbuch Wissenschaft 1636. Suhrkamp Verlag Frankfurt/M. 2003.

Nave-Herz, Rosemarie: Familie heute. Wandel der Familienstrukturen und Folgen für die Erziehung. Wissenschaftliche Buchgesellschaft Darmstadt 1994.

Negt, Oskar (Hrsg.): Die zweite Gesellschaftsreform. 27 Plädoyers, 1. Aufl., Steidl Verlag Göttingen 1994.

Neuberger, Oswald: Führen und geführt werden. 3. völlig überarbeitete Auflage von „Führung", Ferdinand Enke Verlag Stuttgart 1990.

Noelle-Neumann, Elisabeth/Petersen, Thomas: Zeitenwende. Der Wertewandel 30 Jahre später. In: Aus Politik und Zeitgeschichte, Beilage zur Wochenzeitung Das Parlament, B 29/2001, S. 15 - 22.

Nohl, Herman: Die Pädagogische Bewegung in Deutschland und ihre Theorie. 6. Unveränderte Auflage. Verlag G. Schulte-Bulmke, Frankfurt/M. 1963.

Nohl, Hermann: Erziehergestalten. Kleine Vandenhoeck-Reihe 55. Vandenhoeck & Ruprecht, Göttingen 1958.

Oelkers, Jürgen: Pragmatismus und Pädagogik: Zur Geschichte der demokratischen Erziehungstheorie. Vortrag anlässlich eines Kolloquiums „Erziehen-Lehren-Lernen". Zu Kontinuitäten, Brüchen und Neuorientierungen im pädagogischen Denken am 09.07.2004 in der Carl-von-Ossietzky-Universität Oldenburg.

Oelkers, Jürgen: Neue Seiten der „Pädagogischen Anthropologie". In: Zeitschrift für Pädagogik, 40. Jg., 1994, Nr. 2, S. 195 – 199.

Oelkers, Jürgen: Bruch und Kontinuität. Zum Modernisierungseffekt der Reformpädagogik. In: Zeitschrift für Pädagogik, 40. Jahrgang 1994, S. 565 - 583.

Oelkers, Jürgen: Schulen in erweiterter Verantwortung. Eine Positionsbestimmung aus erziehungswissenschaftlicher Sicht. In: Zeitschrift für Pädagogik, 44. Jahrgang, Nr. 2, S. 179 – 190.

Oelkers, Jürgen: Reformpädagogik. In: Benner, Dietrich/Oelkers, Jürgen (Hrg.): Historisches Lexikon der Pädagogik, Beltz Verlag Weinheim und Basel, 2004, S. 783 - 806.

Oelkers, Jürgen: Reformpädagogik. Eine kritische Dogmengeschichte. 3. vollständig bearbeitete und erweiterte Auflage 1996. Juventa Verlag Weinheim und München.

Osterwalder, Fritz: Technologie und Erlösung. In: Zeitschrift für Pädagogik, 48. Jahrgang 2002, Nr. 2.

Osterwalder, Fritz: Markt, Staat, Öffentlichkeit und Bildung. In: Gonon, Philipp u. Oelkers, Jürgen (Hrsg.): Die Zukunft der öffentlichen Bildung. Explorationen. Studien zur Erziehungswissenschaft. Peter Land AG, Europäischer Verlag der Wissenschaften, Bern 1993, S. 55 – 76.

Papmehl, André/Siewers Rainer (Hrsg.): Wissen im Wandel. Die lernende Organisation im 21. Jahrhundert. Wirtschaftsverlag Ueberreuter 1999.

Prechtl, Peter/Burkard, Franz-Peter (Hrsg.): Metzler Philosophie Lexikon Begriffe und Definitionen. Metzlersche Verlagsbuchhandlung Stuttgart, Weimar 1996.

Preuss-Lausitz, Ulf: Soziale Ungleichheit. Integration und Schulentwicklung. Zu den Qualitätskriterien bei der „Entstaatlichung" von Schule. In: Zeitschrift für Pädagogik. Jg. 43, Heft 4, S. 583 – 596.

Pütt, Heinz/Stach, Reinhard: Aspekte einer humanen Didaktik, Bd. 1 der Schriftenreihe: Bildung und Wissen. Ludgerus Verlag Hubert Wingen GmbH & Co, Essen 1980.

Radtke, Frank-Olaf/Weiß, Manfred (Hrsg.): Schulautonomie, Wohlfahrtsstaat und Chancengleichheit, Leske + Budrich, Opladen 2000.

Ramseger, Jörg: Unterricht zwischen Instruktion und Eigenerfahrung. In: Zeitschrift für Pädagogik 1993, S. 825 – 836.

Raters, Marie-Luise/Willaschek, Marens (Hrsg.): Hilary Putnam und die Tradition des Pragmatismus. Suhrkamp Taschenbuch Wissenschaft 1567. Suhrkamp Verlag Frankfurt/M. 2002.

Recum, Hasso von: Bildungspolitische Steuerung - Oder: Die Kunst, das Unmögliche möglich zu machen. In: Zeitschrift für internationale erziehungs- und sozialwissenschaftliche Forschung (ZiesF) 14/1997, S. 227 – 260.

Recum, Hasso von: Annäherungen an die Zukunft - Bildung und Bildungssteuerung im Kräfteverhältnis von Marktparadigma, Globalisierung und Wissensgesellschaft. In: Zeitschrift für internationale erziehungs- und sozialwissenschaftliche Forschung (ZiesF) 16 (1999) 1 / 2 S. 73 - 107.

Recum, Hasso von: Die Kunst bildungspolitischer Steuerung. In: Zeitschrift für internationale erziehungs- und sozialwissenschaftliche Forschung (ZiesF), 1997, Heft 2, S. 227 - 261.

Recum, Hasso von: Dimensionen des Wertewandels. In: Aus Politik und Zeitgeschichte. Beilage zur Wochenzeitung Das Parlament. B. 25/84, S. 3 - 13.

Recum, Hasso von: Sozio-kultureller Wandel, Wertedynamik und Erziehung. In: Zeitschrift für internationale erziehungs– und sozialwissenschaftliche Forschung (ZiesF) 12/1995, S. 1 – 40.

Reese-Schäfer, Walter: Jürgen Habermas. Originalausgabe. Frankfurt/M; New York. Campus Verlag 1991 (Reihe Campus, Bd. 1041).

Reich, Kersten: Systemisch-konstruktivistische Pädagogik. Einführungen in Grundlagen einer interaktionistisch-konstruktivistischen Pädagogik. Hermann Luchterhand Verlag GmbH, Neuwied; Kriftel, Berlin 1996.

Richter, Arnd: Die Jagd nach Identität. Ideen zu einer postmodernen Bildungsphilosophie auf der Grundlage einer Kritik an humanistischen identitätsgeprägten Bildungsvorstellungen der Moderne. - bis - Bibliotheks- und Informationssystem der Universität Oldenburg 1997.

Richter, Ingo: Freiheit als Begründung der Schulautonomie. In Erinnerung an Hellmut Becker. In: Neue Sammlung. Zeitschrift für Erziehung und Gesellschaft. 43. Jahrgang, Heft 4, S. 477 - 487.

Richter, Ingo: Theorien der Schulautonomie. In: Recht der Jugend und des Bildungswesens. (RdJB). Heft 1/94, S. 5 – 16.

Richter, Ingo/Winklhofer, Ursula: Veränderte Kindheit - veränderte Schule? In: Die Deutsche Schule, 89. Jg., 1997, H. 4, S. 459 - 473.

Richter, Rudolf: Soziologische Paradigmen. Wien; WUV-Universitätsverlag, Wien 2001.

Riedel, Klaus: Schulleiter urteilen über Schule in erweiteter Verantwortung: Ergebnisse einer empirischen Untersuchung. Hermann Luchterhand Verlag GmbH, Neuwied, Kriftel 1998.

Rieger-Ladich, Markus: Pathosformel Mündigkeit. Beobachtungen zur Form erziehungswissenschaftlicher Reflexion. In: Vierteljahrsschrift für Wissenschaftliche Pädagogik, 2002, Heft 2, S. 153 - 183.

Risse, Erika: Ein Schulprogramm für den „Kunden Schüler". In: Pädagogische Führung, 6/1995, Heft 2, S. 69-71.

Risse, Erika/Schmidt, Hans-Joachim (Hrsg.): Von der Bildungsplanung zur Schulentwicklung. Hermann Luchterhand Verlag GmbH. Neuwied, Kriftel 1999.

Ritsert, Jürgen: Kleines Lehrbuch der Dialektik. Wissenschaftliche Buchgesellschaft Darmstadt 1997.

Rolff, Hans-Günter: Schulentwicklung als Entwicklung von Einzelschulen? Thesen und Indikatoren von Entwicklungsprozessen. In: Zeitschrift für Pädagogik, 37. Jahrgang 1991, Nr. 6, S. 865 – 886.

Rolff, Hans-Günter: Autonomie als Gestaltungs-Aufgabe. Organisationspädagogische Perspektiven. In: Daschner, Peter/Rolff, Hans-Günter/Stryck, Tom (Hrsg.): Schulautonomie – Chancen und Grenzen. Juventa Verlag Weinheim und München 1995.

Rolff, Hans-Günther: Schule im Wandel. Kritische Analysen zur Schulentwicklung. Neue Deutsche Schule Verlagsgesellschaft mbH., 1. Aufl., Essen 1984.

Rolff, Hans-Günther: Wandel durch Selbstorganisation. Theoretische Grundlagen und praktische Hinweise für eine bessere Schule. Weinheim; München; Juventa Verlag 1993.

Rosenow, Eliyahu: Postmoderne Erziehung in einer liberalen Gesellschaft. In: Zeitschrift für Pädagogik, 47. Jg., Nr. 5, S. 753 – 766.

Roth, Leo (Hrsg.): Pädagogik, Handbuch für Studium und Praxis. 2. überarbeitete und erweiterte Auflage. Oldenbourg Schulbuchverlag GmbH, München 2001.

Ruhloff, Jörg: Emanzipation. In: Benner, Dietrich/Oelkers, Jürgen (Hrsg.): Historisches Wörterbuch der Pädagogik. Beltz Verlag Weinheim und Basel 2004, S. 279 – 287.

Rülcker, Tobias/Oelkers, Jürgen: Politische Reformpädagogik. Studien zur Erziehungswissenschaft. Peter Lang AG, Europäischer Verlag der Wissenschaften. Bern, Berlin, Frankfurt/M., New York, Paris, Wien 1998.

Rustemeyer, Dirk: Stichwort: Konstruktivismus in der Erziehungswissenschaft. In: Zeitschrift für Erziehungswissenschaft, 2. Jg., Heft 4/1999, S. 467 – 484.

Safranski, Rüdiger: Wieviel Globalisierung verträgt der Mensch? Hanser Verlag München; Wien 2003.

Salamun, Kurt (Hrsg.): Ideologien und Ideologiekritik. Ideologietheoretische Reflexionen. Wissenschaftliche Buchgesellschaft Darmstadt 1992.

Saldern, Matthias: Erziehungswissenschaft und Neue Systemtheorie. Berlin. Duncker und Humblot 1991.

Sänger, Monika: Kurswissen. Praktische Philosophie/Ethik. Grundpositionen der normativen Ethik. Ernst Klett Verlag für Wissen und Bildung GmbH, Stuttgart 1993.

Schäfer, Alfred: Einführung in die Erziehungsphilosophie. UTB 2597. Beltz Verlag Weinheim und Basel 2005.

Schavan, Annette (Hrsg.): Bildung und Erziehung. Suhrkamp Verlag Frankfurt/M. 2004.

Scheuerl, Hans: Reformpädagogik - Kontinuitäten und Gegensätze. In: Rülcker, Tobias/Oelkers, Jürgen: Politische Reformpädagogik. Studien zur Erziehungswissenschaft. Peter Lang AG, Europäischer Verlag der Wissenschaften, Bern, Berlin, Frankfurt/M, New York, Paris, Wien 1998.

Scheuerl, Hans (Hrsg.): Klassiker der Pädagogik II, C. H. Beck'sche Verlagsbuchhandlung (Oscar Beck), München 1979.

Scheuerl, Hans (Hrsg.): Klassiker der Pädagogik, 2. Band. C. H. Beck'sche Verlagsbuchhandlung (Oscar Beck), München 1979.

Scheunpflug, Annette: Stichwort: Globalisierung und Erziehungswissenschaft. In: Zeitschrift für Erziehungswissenschaft. 6. Jg., Heft 2/2003, S. 159 - 172.

Schiess, Gertrud: Die Diskussion über die Autonomie der Pädagogik. Pädagogische Studien. Bd. 23, Beltz Verlag Weinheim und Basel 1973.

Schilmöller, Reinhard: Projektunterricht – Möglichkeiten und Grenzen entschulten Lernens in der Schule. In: Münstersche Gespräche zu Themen der wissenschaftlichen Pädagogik, Heft 12, S. 166 – 212.

Schimank, Uwe: Theorien gesellschaftlicher Differenzierung. 2. Aufl., Leske + Budrich, Opladen 2000.

Schleiermacher, Friedr.-F.-D.: Ausgewählte Schriften. Besorgt von Ernst Lichtenstein. 4. Aufl., 1994. Ferdinand Schöningh-Verlag, Paderborn 1959.

Schlippe, Arnt von/Schweitzer, Jochen: Lehrbuch der systemischen Therapie. 4. Aufl. 1997. Vandenhoeck & Ruprecht, Göttingen.

Schmid Noerr, Gunzelin: Emanzipation des Subjekts - von sich selbst? Pädagogisches Handeln angesichts der Paradoxien der Moderne. In: Zeitschrift für kritische Theorie, Heft 18/19, 2004, S. 7 – 27.

Schmidt, Siegfried, J. (Hrsg.): Kognition und Gesellschaft. Der Diskurs des Radikalen Konstruktivismus 2. Suhrkamp Taschenbuch Wissenschaft. 1. Aufl. 1992. Suhrkamp Verlag Frankfurt/M. 1992.

Schmidt, Siegfried, J. (Hrsg.): Der Diskurs des Radikalen Konstruktivismus. Suhrkamp Taschenbuch Wissenschaft. 1. Aufl. Suhrkamp Verlag, Frankfurt/M. 1987.

Schmied-Kowarzik, Wolfdietrich: Marx und die Pädagogik der menschlichen Emanzipation. In: Jahrbuch der Pädagogik 1997, S. 67- 79.

Schnack, Jochen: Systemzwang und Schulentwicklung. Bergmann + Helbig Verlag GmbH, Hamburg 1997.

Schöneck, Nadine M./Voss, Werner: Das Forschungsprojekt. Planung, Durchführung und Auswertung einer quantitativen Studie. VS Verlag für Sozialwissenshaften/GWV Fachverlage GmbH, Wiesbaden 2005.

Schreier, Helmut (Hrsg.): Rekonstruktion der Schule. Das pädagogische Credo des John Dewey und die heutige Erziehungspraxis. Klett-Cotta, Stuttgart 2001.

Schulze, Gerhard: Die Erlebnisgesellschaft. Kultursoziologie der Gegenwart. Campus Verlag Frankfurt/M; New York 1993.

Schulze, Theodor: Die Wirklichkeit der Erziehungswirklichkeit und die Möglichkeiten der Erziehungswissenschaft. In: Hoffmann, D./Neumann, K.: Tradition und Transformation der geisteswissenschaftlichen Pädagogik.   S. 13 – 34.

Schwarzer, Ralf/Jerusalem, Matthias (Hrg.): Das Konzept der Selbstwirksamkeit. In: Zeitschrift für Pädagogik, 44. Beiheft, Mai 2002,   S. 28 – 53.

Seifert, Helmut: Einführung in die Wissenschaftstheorie. Wörterbuch der wissenschaftstheoretischen Terminologie. Verlag C. H. Beck 1997.

Senge, Peter M.: Die fünfte Disziplin. Kunst und Praxis der Lernenden Organisation. Aus dem Amerikanischen von Maren Klostermann. 3. Aufl., Stuttgart; Klett-Cotta 1996.

Shu-Mei-Chang: Kontinuität und Wandlung der emanzipatorischen Pädagogik bei Hermann Giesecke. In: Pädagogische Rundschau, 59, 2005, S. 451 – 465.

Stark, Carsten/Lahusen, Christian: Einführung in zentrale Paradigmen der soziologischen Gegenwartsanalyse. R. Oldenburg Verlag München, Wien.

Steffens, Ulrich/Bargel, Timo: Erkundungen zur Qualität von Schule. Hermann Luchterhand Verlag GmbH & Co KG, Neuwied; Kriftel, Berlin 1993.

Steinbicker, Jochen: Zur Theorie der Informationsgesellschaft. Ein Vergleich der Ansätze von Peter Drucker, Daniel Bell und Manuel Castells, Leske + Budrich, Opladen 2001.

Stock, Martin: Pädagogische Freiheit und politischer Auftrag der Schule. Pädagogische Forschungen, Bd. 48. Quelle und Meyer, Heidelberg 1971.

Stock, Martin: Auf dem Weg zur „teilautonomen" Schule? In: Recht der Jugend und der Bildung (RdJB), Heft 4, 1997, S. 372 – 391.

Strasser, Hermann/Randall, Susan C. (Hrsg.): Einführung in die Theorien des sozialen Wandels. Soziologische Texte 113. Hermann Luchterhand Verlag GmbH & Co KG, Darmstadt und Neuwied 1979.

Strauss, Anselm L.: Grundlagen qualitativer Sozialforschung. Wilhelm Fink Verlag GmbH & Co. KG. München, 2. Aufl., 1998.

Strittmatter, Anton: Mythen und Machbares in der Qualitätsevaluation. In: Evaluation und Schulentwicklung. Journal für Schulentwicklung, Heft 3, 1997, S. 22 -29.

Strittmatter, Anton: Schulleitungsleute tragen Sombreros. Zur Professionalisierung der Schulleitung. Unveröffentlichtes Manuskript 1994, S. 10.

Struck, Peter: Pädagogik des Schullebens. U & S Pädagogik, Urbarn & Schwarzenberg, München-Wien-Baltimore 1980.

Suhr, Martin: John Dewey. Junius Verlag GmbH. Hamburg 2005.

Sünker, Heinz: Politik, Bildung und soziale Gerechtigkeit. Perspektiven für eine demokratische Gesellschaft. Peter Lang GmbH, Europäischer Verlag der Wissenschaften, Frankfurt/M. 2003.

Sünker, Heinz/Krüger, Heinz-Hermann: Kritische Erziehungswissenschaft am Neubeginn?! Suhrkamp Taschenbuch Wissenschaft 1388. 1. Aufl. 1999. Suhrkamp Verlag Frankfurt/M. 1999. Suhrkamp Taschenbuch Verlag.

Tegethoff, Hans-Georg/Wilkesmann, Uwe: Lean Administration. Lernt die öffentliche Verwaltung bei der Schlankheitskur? In: Soziale Welt 1/95, S. 27 - 50.

Tenorth, Heinz-Elmar (Hrsg.): „Alle alles zu lehren". Möglichkeiten und Perspektiven allgemeiner Bildung. Wissenschaftliche Buchgesellschaft Darmstadt 1994.

Tenorth, Heinz-Elmar: Zur deutschen Bildungsgeschichte 1918 - 1945. Studien und Dokumentationen zur deutschen Bildungsgeschichte. Bd. 28. Deutsches Institut für internationale pädagogische Forschung. Böhlau Verlag, Köln-Wien 1985.

Tenorth, Heinz-Elmar: „Reformpädagogik". Erneuter Versuch, ein erstaunliches Phänomen zu verstehen. In: Zeitschrift für Pädagogik, 40. Jg. 1994, Nr. 3, S. 585 – 604.

Tenorth, Heinz-Elmar: Autonomie und Eigenlogik von Bildungseinrichtungen - ein pädagogisches Prinzip in historischer Perspektive. In: Zeitschrift für Pädagogik, 49. Jg. 2003, 47. Beiheft, S. 106 – 119.

Tenorth, Heinz-Elmar: Autonomie, pädagogische. In: Historisches Wörterbuch der Pädagogik, S. 107 - 125.

Tenorth, Heinz-Elmar: Bildungsziele, Bildungsstandards und Kompetenzmodelle – Kritik und Begründungsversuche. In: Recht der Jugend und der Bildung (RdJB) 2003, Heft 2, S. 158 – 164.

Tenorth, Heinz-Elmar (Hrsg.): Allgemeine Bildung. Analysen zu ihrer Wirklichkeit. Versuche über ihre Zukunft. Juventa Verlag Weinheim und München 1986.

Terhart, Ewald: Qualität und Qualitätssicherung im Schulsystem. Hintergründe - Konzepte - Probleme. In: Zeitschrift für Pädagogik, 46. Jg., 2000, Heft. 6, S. 809 – 829.

Terhart, Ewald: Über Traditionen und Innovationen oder: Wie geht es weiter mit der Allgemeinen Didaktik? In: Zeitschrift für Pädagogik, 51. Jg., 2005, Heft 1, S. 1 – 13.

Terhart, Ewald: Schulkultur: Hintergründe, Formen und Implikationen eines schulpädagogischen Trends. In: Zeitschrift für Pädagogik, 40. Jg. (1994), S. 685 - 699.

Terhart, Ewald: Konstruktivismus und Unterricht. In: Zeitschrift für Pädagogik, Jahrgang 1999, Nr. 5.

Teufel, Erwin: Was hält die moderne Gesellschaft zusammen? 1. Aufl. 1996, Suhrkamp Verlag Frankfurt/M. 1996.

Tillmann, Klaus-Jürgen: Was ist eine gute Schule? Bergmann + Helbig Verlag GmbH, Hamburg 1989, 1. Aufl. 1989.

Tillmann, Klaus-Jürgen: Leistungsvergleichsstudien und Qualitätsentwicklung oder: Auf dem Weg zu holländischen Verhältnissen? In: Journal für Schulentwicklung. Externe Evaluation. Studienverlag, Innsbruck – Wien – München – Bozen, Heft 2, 2001, S. 9 – 17.

Tillmann, Klaus-Jürgen (Hrsg.): Schultheorien, Bergmann + Helbig Verlag Hamburg, 1. Aufl. 1987.

Timmermann, Dieter: Abwägen heterogener bildungsökonomischer Argumente zur Schulautonomie. In: Zeitschrift für Pädagogik, Jahrgang 41, Heft 1, Januar/Februar 1995, S. 49 – 60.

Tremel, Alfred K.: Allgemeine Pädagogik: Grundlagen, Handlungsfelder und Perspektiven der Erziehung. Kohlhammer GmbH Stuttgart, Berlin, Köln 2000.

Türcke, Christoph/Bolte, Gerhard: Einführung in die Kritische Theorie. Wissenschaftliche Buchgesellschaft Darmstadt 1994.

Türk, Klaus: Neuere Entwicklungen in der Organisationsforschung. Ein Trend Report. Ferdinand Enke Verlag Stuttgart 1989.

Uhle, Reinhard: Geisteswissenschaftliche Pädagogik und kritische Erziehungswissenschaft, Kösel Verlag, München 1976.

Ulfig, Alexander: Lexikon der philosophischen Begriffe. Bechtermünz Verlag GmbH, Eltville am Rhein 1993.

Ullrich, Heiner: Ursprungsdenken vom Kinde aus - Über die widersprüchliche Modernität des reformpädagogischen Grundmotivs. In: Rülcker, Tobias/Oelkers, Jürgen: Politische Reformpädagogik. Studien zur Erziehungswissenschaft. Peter Lang AG. Europäischer Verlag der Wissenschaften, Bern, Berlin, Frankfurt/M., New York, Paris, Wien 1998, S. 241 – 259.

Vogel, Johann Peter: Verfassungsrechtliche Bemerkungen zur Verselbständigung der Schule. In: Zeitschrift für Pädagogik, 41. Jg. 1995, Nr. 1, S. 39 – 48.

Vogel, Peter: Kritik der Staatspädagogik – Bemerkungen zur Tradition eines Problems. In: Zeitschrift für Pädagogik. Jg. 28, Heft 1, Februar 1982, S. 123 – 138.

Vogel, Werner: Komplexe Erziehungswissenschaft jenseits von emp!rieloser Theorie und theorieloser Empirie. In: Zeitschrift für Erziehungswissenschaft, 8. Jg. Heft 1/2005, S. 112 – 133.

Voß, Reinhard (Hrsg.): Die Schule neu erfinden. Systemisch-konstruktivistische Annäherungen an Schule und Pädagogik. Luchterhand Verlag GmbH Neuwied, Kriftel, Berlin 1996.

Voß, Reinhard (Hrsg.): Schulvisionen. Theorie und Praxis systemisch-konstruktivistischer Pädagogik. Carl-Auer-Systeme Verlag, Heidelberg 1998.

Watzlawick, P. (Hrsg.): Die erfundene Wirklichkeit. Wie wissen wir, was wir zu wissen glauben? Beiträge zum Konstruktivismus. 9. Aufl., Dez. 1995. R. Piper & Co Verlag, München.

Weibel, Walter: Was bringt die schulische Qualitätsdiskussion? In: Pädagogische Führung, Hermann Luchterhand Verlag GmbH, 4/2002, S. 142 – 147.

Weiß, Manfred: Quasi-Märkte im Schulbereich. Eine ökonomische Analyse. In: Zeitschrift für Pädagogik, 43. Beiheft (2001), S. 69 - 85.

Wenzel, Hartmut/ Wesemann, Matthias/ Bohnsack, Fritz (Hrsg.): Schulinterne Lehrerfortbildung. Ihr Beitrag zur schulischen Selbstentwicklung. Beltz Verlag. Weinheim und Basel 1990.

Weskamp, Ralf: Fachdidaktik: Grundlagen & Konzepte. Studium compact. Cornelsen Verlag, Berlin 2001.

Wiater, Werner: Rezeptionsgeschichtliche Studien zur Reformpädagogik. Verlag Vögel München 1997.

Willke, Helmut: Systemtheorie, 3. Aufl. UTB, Gustav Fischer Verlag. Stuttgart; New York 1991.

Willke, Helmut: Supervision des Staates. Suhrkamp Verlag Frankfurt/M. 1997.

Winkel, Olaf: Wertewandel und Politikwandel als Ursache von Politikverdrossenheit und als Chance zu ihrer Überwindung. In: Aus Politik und Zeitgeschichte, Beilage zur Wochenzeitschrift Das Parlament 12/1996, S. 13 – 25.

Winkel, Rainer: Reformpädagogik konkret. Bergmann + Helbig Verlag GmbH, Hamburg 1993, 1. Aufl. 1993.

Wissinger, Jochen: Schulleiter - Beruf und Lehreridentität - zum Rollenkonflikt von Schulleiterinnen und Schulleitern. Ein Beitrag zur Schulentwicklungsforschung. ZSE 14. Jg. 1994, Heft 1, S. 38 – 57.

Wissinger, Jochen: Rolle und Aufgabe der Schulleitung bei der Qualitätssicherung und -entwicklung von Schulen. In: Zeitschrift für Pädagogik, 46. Jg. 2000, Nr. 6, S. 851 – 865.

Zima, Peter V.: Theorie des Subjekts. Subjektivität und Identität zwischen Moderne und Postmoderne. UTB 2176. A. Francke Verlag Tübingen und Basel 2000.